本书为国家社科基金项目"九江城市转型与鄱阳湖流域社会经济变迁研究（1450—1949）"（批准号：14BZS068）结项成果

九江

从常关

到海关

1949 —————— ◁ —————— 1450

陈晓鸣 著

江西人民出版社
Jiangxi People's Publishing House
全国百佳出版社

图书在版编目（CIP）数据

九江：从常关到海关（1450—1949）／陈晓鸣著． —— 南昌：江西人民出版社，2022.12

ISBN 978-7-210-13162-5

Ⅰ．①九… Ⅱ．①陈… Ⅲ．①九江-地方史-1450-1949 Ⅳ．①K295.63

中国版本图书馆 CIP 数据核字（2021）第 245255 号

九 江：从 常 关 到 海 关（1450—1949）
JIUJIANG:CONG CHANGGUAN DAO HAIGUAN（1450—1949）

陈晓鸣　著

责 任 编 辑：李月华
封 面 设 计：闵　鹏

江西人民出版社　出版发行
Jiangxi People's Publishing House
全国百佳出版社

| 地　　　　址：江西省南昌市三经路 47 号附 1 号（邮编：330006）
| 网　　　　址：www.jxpph.com
| 电 子 邮 箱：270446326@ qq.com
| 编辑部电话：0791-86898143
| 发行部电话：0791-86898815
| 承 印 厂：南昌市红星印刷有限公司
| 经　　　销：各地新华书店

开　　本：720×1000毫米　1/16
印　　张：26.5
字　　数：428 千字
版　　次：2022 年 12 月第 1 版
印　　次：2022 年 12 月第 1 次印刷
书　　号：ISBN 978-7-210-13162-5
定　　价：99.00 元
赣版权登字-01-2022-529

目　录

绪　论

一、选题意义和价值

九江是自明代以来设有常关、晚清又设海关的为数不多的几个城市之一,同时也是近世中国著名的"三大茶市"和"四大米市"之一。它位于江西省的最北端,扼鄱阳湖与长江交汇处,襟江带湖,倚山背野,地理位置十分重要,素有"江西门户""七省通衢"之称谓。本书以长时段的视野,选择九江从常关到海关的发展角度,考察九江的城市功能转型与其腹地鄱阳湖流域的社会经济变迁,其价值和意义在于:

首先,具有城市史研究的典型意义。九江扼鄱阳湖与长江中下游交汇处,地跨赣、鄂、皖三省,既是鄱阳湖流域经济贸易流通的重要通道,也是长江流域水水、水陆联运换装的重要港口,所谓"途通五岭,势拒三江",经济腹地广阔。从常关到海关的九江,在与国内和国际的政治、经济、文化交往过程中,自觉或不自觉地在进行自我调整,以适应日益变化的局势。通过对九江城市发展的实证研究,探讨它在转型过程中的成败得失,不仅在江西城市史研究中具有典型意义,在长江流域城市史研究中也具有类型学意义。

其次,具有区域史研究的理论价值。鄱阳湖流域,内河航运发达。明清时期,得益于广州一口通商,鄱阳湖流域过境贸易繁荣,其区域经济得到发展;近代以降,西方列强侵入中国,长江流域被迫开放一系列通商口岸,中国传统商路和贸易格局发生了重大的变化。而鄱阳湖流域面对西方的冲击,社会经济开始变迁并呈逐渐边缘化的态势。这里面既有中国从传统到近代社会发生剧变的背景,也有鄱阳湖流域自身应变能力的反映。通过九江从常关到海关的变迁过程,探讨其与鄱阳湖流域社会经济发展的关系,揭示区域社会经济发展的动力和机制,从而具有较好的区域史研究的理论价值。

复次,具有现实价值和实践意义。本书的研究以九江的城市功能为视角,探索各种社会因素,包括外来因素对鄱阳湖流域社会经济转型的影响,进而探讨内腹地区接受外来冲击的应变能力,揭示其变与不变的内在原因。并力图从九江这样一个重要的城市个体转型来看整个鄱阳湖流域的近代社会变迁,从中总结区域社会经济发展的一些规律性问题,服务于当下"鄱阳湖生态经济区"的建设,因而也具有很好的现实价值与实践意义。

此外,九江是内陆通商口岸的一个典型,对它的个案考察结果,也有利于探求此类城市近代化的普遍问题,从而有利于进一步从重要个体看整体,来把握中国近代社会变迁的脉络,也为今后城市的发展提供一定的借鉴。

二、研究现状述评

本书是基于鄱阳湖流域视域下的城市问题研究。在区域中,九江是一个港口城市,鄱阳湖流域则是其经济腹地。一方面,腹地给城市的发展提供了重要的经济支撑;另一方面,港口城市功能的发挥也给区域带来社会经济的变迁。20世纪以来的中国城市史、区域史与鄱阳湖流域历史的研究从理论到方法,从研究水平到社会影响,都取得了长足的发展。

(一)城市史研究

城市既是一个空间单元,又是一个社会单元;它是一个多层次、多侧面所构成的多功能复合体,是一个动态的、系统的立体社会。城市问题的研究也就成为学界关注较高的领域之一,它涉及地理学、经济学、历史学等诸多学科,历史学是较早关注城市史研究的学科领域。

1. 古代城市史研究

中国古代城市研究中,古都研究是较早开辟的一个领域,史念海、杨宽、侯仁之、王学理、辛德勇、徐卫民、姜波等学者对古都制度、文化、建筑以及典型的个案进行了很好的研究。① 1983 年成立中国古都学会接纳高等院校、科研机构、城市规划等诸多部门的古都文化研究组成，成为在国内外具有较大影响的全国性学术团体。至今，中国古都学会先后召开了近 30 次大规模的学术年会。《中国古都研究》收录了大量中国传统城市的研究，著作众多，不胜枚举。

　　断代城市史研究成果也颇为丰富。秦汉城市研究中张继海、周长山等学者把文献资料与考古材料并举，对汉代城市空间分布、汉代城市人口等一系列问题做了较全面的研究；②任重、陈仪、刘淑芬等学者对魏晋南北朝时期的城市管理机制、城市经济繁荣等方面做了深入细致的探讨；③宁欣、程存洁则对唐代城市进行了综合性研究；④宋代城市研究成果集中于东京和江南城市，在江南地区，城市变革表现得尤为明显；⑤明清时期城市史研究相当活跃，它主要表现在城市和市镇两个方面的研究。城市问题有韩大成、刘凤云、王卫平等学者综合性的研究著作出现；⑥而市镇的研究大部分成果主要集中在江南市镇：樊树志、陈学文、王家范、刘石吉、陈忠平、范金民、徐茂明、包伟民、吴仁安、张海英等一大批学者从市镇实态、专业化生产、商品市场、会馆公所以及乡村社会等多层次、多侧面、

　　① 史念海：《中国古都和文化》，中华书局 1998 年版；杨宽：《中国古代都城制度史研究》，上海古籍出版社 1993 年版；王学理：《咸阳帝都记》，三秦出版社 1999 年版；曲英杰：《先秦都城复原研究》，黑龙江人民出版社 1991 年版；徐卫民：《秦都城研究》，陕西人民教育出版社 2000 年版；辛德勇：《隋唐两京丛考》，三秦出版社 1992 年版；杨鸿年：《隋唐两京考》，武汉大学出版社 2000 年版；姜波：《汉唐都城礼制建筑研究》，文物出版社 2003 年版；侯仁之主编：《北京城市历史地理》，北京燕山出版社 2000 年版；尹钧科等：《古代北京城市管理》，同心出版社 2002 年版，等等。

　　② 张继海：《汉代城市社会》，社会科学文献出版社 2006 年版；周长山：《汉代城市研究》，人民出版社 2001 年版。

　　③ 任重、陈仪：《魏晋南北朝城市管理研究》，中国社会科学出版社 2003 年版；刘淑芬：《六朝的城市与社会》，台湾学生书局 1992 年版。

　　④ 宁欣：《街：城市社会的舞台——以唐长安城为中心》，《文史哲》2006 年第 4 期；《转型期的唐宋都城：城市经济社会空间之拓展》，《学术月刊》2006 年第 5 期；程存洁：《唐代城市史研究初篇》，中华书局 2002 年版，等等。

　　⑤ 周宝珠：《宋代东京研究》，河南大学出版社 1992 年版；陈国灿：《宋代江南城市研究》，中华书局 2002 年版。

　　⑥ 韩大成：《明代城市研究》，中国人民大学出版社 1991 年版；刘凤云：《明清城市空间的文化探析》，中央民族大学出版社 2001 年版；王卫平：《明清时期江南城市史研究：以苏州为中心》，人民出版社 1999 年版。

多角度考察江南市镇情况,成绩斐然。①

　　2. 近代城市史研究

　　近代城市史研究中,西方学者率先开启了通商口岸城市的研究。马士(H.
B. Morse)《中朝制度》主要是研究中国对外贸易制度的著作,更多的是涉及中国
近代的口岸城市的贸易。② 费正清(J. K. Fairbank)《中国沿海的贸易与外交:条
约口岸的开放》,以外交与商贸为视角,对中国沿海通商口岸进行了深入研究,
揭示了中国与西方交往过程中所发生的近代性变化,并提供了"西方冲击—中
国回应"的中国近代化模式。③ 马士、费正清的开拓性研究激发了西方学者研究
中国通商口岸的热潮。举其要者:墨菲(Rhoad Murphey)、魏斐德(Frederic
Wakeman)等学者围绕上海的研究,罗威廉(Willian T. Rowe)的汉口城市研究,鲍
德威(David D. Buck)的济南研究,等等。④ 这些著作直接促成了西方学术界对
近代中国城市史的研究,出版了一系列海外中国学研究著作。⑤ 施坚雅(Wil-
liam. G. Skinner)等编的《中华帝国晚期的城市》《两个世界之间的中国城市》两

　　① 任放:《二十世纪明清市镇经济研究》,《历史研究》2001 年第 5 期;范金民:《明清江南城市文化
研究举要(1976—2000 年)》,《人文论丛》2003 年卷。

　　② H. B. Morse, *The Trade and Administration of China*, Revised Edition, Kelly and Walsh, Limited, 1913.

　　③ J. K. Fairbank, *Trade and Diplomacy on the China Coast*: *The Opening of the Treaty Ports*, Harvard Uni-
versity Press, Cambridge, 1953.

　　④ Roads Murphey, *Shanghai*: *Key to Modern China*, Cambridge, Mass, Harvard University Press, 1953;
David D. Buck, *Urban Change in China*: *Politics and Development in Tsinan*, *Shantung*, *1890 - 1949*, The Uni-
versity of Wisconsin Press, 1978; William T. Rowe, *Hankow*: *Commerce and Society in a Chinese City*, *1796 -
1889*, Stanford University Press, 1984; Frederic Wakeman, *Policing Shanghai*, *1927 - 1937*, Stanford Universi-
ty Press, 1995.

　　⑤ 国外出版的研究中国近代城市史的著作颇多:贺萧(Gail Hershatter):《天津工人:1900—1949
年》,斯坦福大学出版社 1986 年版;韩起澜(Emily Honig):《姐妹与陌生人:上海纺纱女工1911—1949》,斯
坦福大学出版社 1986 年版;克里·麦克弗森(Kerrie MacPherson):《遍地荒沼:上海公共卫生的起源
(1843—1893)》,牛津大学出版社 1987 年版;裴宜理(Elizabeth J. Perry):《上海工潮:中国劳工政治》,斯
坦福大学出版社 1993 年版;布琳娜·顾德曼(Bryna Goodman):《出生地、城市与国家:1853—1937 年上海
的地方网络》,加利福尼亚大学出版社 1995 年版;琳达·约翰逊(Lynda C. Johnson):《上海:从市镇到通
商口岸(1074—1858)》,斯坦福大学出版社 1995 年版;日本学者的研究有高桥孝助等编:《上海史——巨
大都市形成与人们的经营》,东方书店 1995 年版;市野政子:《上海平民生活》,日中出版社 1998 年版,等
等。

部著作汇集了众多城市个案研究和理论探讨,值得借鉴。① 20 世纪 80 年代,随着中国改革开放的进一步深入,城市在中国社会经济中的地位日渐突出,中国史学界也开始了城市史尤其是通商口岸城市史的研究。1986 年,由张仲礼主持的上海研究、隗瀛涛主持的重庆研究、罗澍伟主持的天津研究、皮明庥主持的武汉研究列入了国家社会科学"七五"期间重点科研项目。他们研究的终端成果,一度在国内学术界引起强烈反响。② 这些成果在国内城市史的研究中不仅具有拓荒性质,而且对于突破中国近代史研究领域既有的以政治、经济、思想文化为主的分析框架体系,拓宽学术研究领域不无裨益。

20 世纪 90 年代以后,学者们的视野进一步拓展至区域城市系统、城市群体的研究。张仲礼等主编《东南沿海城市与中国近代化》《长江沿江城市与中国近代化》、隗瀛涛主编《中国近代不同类型城市综合研究》、茅家琦主编《横看成岭侧成峰——长江中下游城市近代化的轨迹》、何一民主编《近代中国城市发展与社会变迁(1840—1949)》以及杨天宏的《口岸开放与社会变革——近代中国自开商埠研究》等著作,将城市史从个案研究提升到区域研究的层次,以阐述城市发展脉络,探求其特点与共性。③

时至当下,城市史研究出现多元发展的繁荣局面:城市化理论研究、城市发展类型研究、城乡关系研究以及对众多中小城市的研究等,随着城市史研究领域的不断深入而广泛开展。研究者将城市置入更广阔的空间环境、网络系统以及区际之间,研究城市与周边的关系、城市的功能定位以及城市间的比较研究等,深化了对中国城市发展规律的把握与认识,成果不胜枚举。熊月之、何一民、吴松弟、戴鞍钢、张利民、杨天宏等一大批学者对此做出了重要贡献。在他们的影响和带动下,

---

① 施坚雅(William G. Skinner)等编:《两个世界之间的中国城市》(*The City Between Two Worlds*),斯坦福大学出版社 1974 年版;施坚雅:《中华帝国晚期的城市》(*The City in Late Imperial China*),斯坦福大学出版社 1977 年版。

② 张仲礼主编:《近代上海城市研究》,上海人民出版社 1990 年版;隗瀛涛主编:《近代重庆城市史》,四川大学出版社 1990 年版;罗澍伟主编:《近代天津城市史》,中国社会科学出版社 1990 年版;皮明庥主编:《近代武汉城市史》,中国社会科学出版社 1993 年版。

③ 张仲礼主编:《东南沿海城市与中国近代化》,上海人民出版社 1996 年版;张仲礼等主编:《长江沿江城市与中国近代化》,上海人民出版社 2002 年版;隗瀛涛主编:《中国近代不同类型城市综合研究》,四川大学出版社 1998 年版;茅家琦主编:《横看成岭侧成峰——长江中下游城市近代化的轨迹》,江苏人民出版社 1993 年版;杨天宏:《口岸开放与社会变革——近代中国自开商埠研究》,中华书局 2002 年版。

近年来人们亦开始关注一些中小城市的研究，且有不断延伸之势头。①

3. 九江城市问题研究

九江作为长江流域重要的通商口岸，其城市的发展也引起学者们高度关注：陈荣华、何友良、孙述诚等学者的著作分别从九江开埠通商、海关机构的设置、港口码头建设以及水路交通等方面阐述了九江港的发展演变过程；②在论文方面，黄长春《近代九江经济发展述略》对近代九江的对外贸易、农产品的商品化以及九江近代工业的兴办进行了很好的研究；③许檀、松浦章等学者对九江常关的设置、民船通行状况、商品流通的种类做了比较详尽的论述；④周飞、许海泉、刘生文、赖日新、丁友文等学者则从九江被迫开埠后城市经济结构、近代海关设立以来的商品流通情况、九江对外贸易与近代江西市场的演变等问题做了较全面的论述。⑤ 陈晓鸣等的系列论文则对早期的九江常关、海关及其开埠后九江城市社会、

---

① 据不完全统计，从 20 世纪 80 年代中期到 90 年代末，中国大陆出版的有关近代城市研究的专著和资料集达 500 余部，相关文章上千篇。（曾业英主编：《五十年来的中国近代史研究》，上海书店出版社 2002 年版，第 307 页。）就专著而言，择其要者：隗瀛涛、周勇《重庆开埠史》，重庆出版社 1983 年版；来新夏主编《天津近代史》，南开大学出版社 1987 年版；史正明《走进近代北京城》，北京大学出版社 1997 年版；周峰主编《民国时期杭州》，浙江人民出版社 1997 年版；戴鞍钢《港口·城市·腹地——上海与长江流域经济关系的历史考察》，复旦大学出版社 1998 年版；张海林《苏州早期城市现代化研究》，南京大学出版社 1999 年版；周忍伟《举步维艰——皖江城市近代化研究》，安徽教育出版社 2002 年版；此外，广州、长沙、昆明、安庆、常州、南通、无锡、秦皇岛、青岛、烟台、鞍山、本溪、开封、包头、自贡、济南、宁波、温州、景德镇等近代城市亦都有各自的专史论著问世。90 年代陆续推出的各种"老城市"著作，为城市史研究提供了形象的材料，也拓展了城市史研究的道路。

② 陈荣华、何友良：《九江通商口岸史略》，江西教育出版社 1985 年版；孙述诚主编：《九江港史》，人民交通出版社 1991 年版。

③ 黄长椿：《近代九江经济发展述略》，《江西师大学报》（哲学社会科学版）1986 年第 3 期。

④ 许檀：《清代前期的九江关及其商品流通》，《历史档案》1999 年第 1 期；（日）松浦章：《清代九江常关与民船的通行》，《关西大学文学论集》第 42 卷，第 3 号，1993 年。

⑤ 周飞、许海泉：《被迫开埠与九江城市近代化》，《江西师范大学学报》（哲学社会科学版）1998 年第 3 期；刘生文：《近代九江海关及其商品流通（1861—1911）》，南昌大学硕士论文，2005 年；赖日新：《九江开埠设关及其对外贸易（1861—1938 年）——以九江海关贸易报告为中心》，厦门大学硕士论文，2008 年；丁友文：《九江贸易与近代江西市场的演变》，《东华理工大学学报》（社会科学版）2009 年第 4 期；丁友文：《九江开埠与江西市场经济近代化的困境》，《江西社会科学》2009 年第 12 期。

九江与长江流域的关系、九江与江西内腹地区的关系进行了初步的探讨。①

（二）区域史研究

所谓区域史也称为地方史，而区域史研究实际上就是对地区历史的研究工作。中国历代王朝比较重视地方历史的著述，出现了一大批地方历史的著作。据《中国地方志综录》不完全统计，现存地方志有 8000 多种，除此之外，还有汗牛充栋的各类谱牒以及近代以来外国侵略者对中国内腹地区和边疆地区经济地理、商品市场和社会文化的历史进行过专门研究所出版的著作。

在区域史的研究方面，20 世纪 80 年代初，西方学者施坚雅（William. G. Skinner）、孔飞力（Philip Alden Kuhn）的区域社会史研究理论进入中国，并被中国学者吸收，促使中国史学界开始聚焦区域史的研究。其中傅衣凌、全汉升、刘石吉等一批学者开始在区域社会经济研究领域耕耘，取得令人瞩目的成果，掀起了区域史研究的热潮。尤其以明清江南商业市镇的研究取得的成果丰硕。吴量恺、李伯重、陈忠平、许檀、范金民、樊树志、张海英等出版了江南农业、商业、市镇、赋役和社会生活等一系列著作，②足以显示江南市镇研究的总体水平。王笛、戴一峰则分别以省域为考察对象探讨区域经济的发展与社会变迁。③ 值得

---

① 陈晓鸣：《九江开埠与近代江西社会经济的变迁》，《史林》2004 年第 4 期；陈晓鸣、张蕾：《中国近代城市史个案研究举要》，《上海师范大学学报》（哲学社会科学版）2004 年第 2 期；陈晓鸣、张蕾：《九江开埠以后江西农业生产结构的变化》，《农业考古》2005 年第 3 期；张蕾、陈晓鸣：《双重角色：九江的历史与现实》，《南昌大学学报》（人文社会科学版）2006 年第 3 期；李学忠、陈晓鸣：《港口与腹地——近代九江与南昌贸易互动因素的历史考察》，《江西教育学院学报》2010 年第 5 期；李学忠、陈晓鸣：《开埠通商对近代沿江城市商业空间结构的影响——以九江为例》，《农业考古》2011 年第 1 期；陈晓鸣：《区位与兴衰：九江关与江海关地位变迁的历史考察》，《明清以来长江三角洲地区城镇地理与环境研究》，商务印书馆 2013 年版；陈晓鸣、钟凌云：《昌九双核城市空间结构演变的历史考察》，《理论导报》2017 年第 9 期；陈晓鸣、胡岸：《九江开埠与城市近代化述论》，《中国社会转型研究》（第一辑），江西教育出版社 2017 年版；陈晓鸣：《从常关到海关：九江在长江流域贸易地位的变迁》，《江西社会科学》2018 年第 12 期；陈晓鸣、钟凌云：《九江兵变述略——以〈申报〉报导为中心》，《历史教学》（高校版）2019 年第 4 期；陈晓鸣、钟凌云：《从土货出口看九江与鄱阳湖流域经济关系》，《江西师范大学学报》（哲学社会科学版）2020 年第 2 期。

② 吴量恺：《清朝前期国内市场的发展》，《社会科学辑刊》1986 年 2 期；李伯重：《英国模式、江南道路与资本主义萌芽》，《历史研究》2001 年第 1 期；陈忠平：《明清徽商在江南市镇的活动》，《江淮论坛》1985 年第 5 期；许檀：《明清时期农村集市的发展》，《中国经济史研究》1997 年第 2 期；范金民：《明清地域商人与江南市镇经济》，《中国社会经济史研究》2003 年第 4 期；樊树志：《明清江南市镇探微》，复旦大学出版社 2003 年版；张海英：《明清江南商品流通与市场体系》，华东师范大学出版社 2002 年版。

③ 王笛：《跨出封闭的世界——长江上游区域社会研究（1644—1911）》，中华书局 2001 年版；戴一峰：《区域性经济发展与社会变迁——以近代福建地区为中心》，岳麓书社 2004 年版。

一提的是,台湾张朋园、李国祁等学者所开展的以中国大陆省域为单位的中国区域现代化研究,到目前已有 7 部专著相继问世,而且还将有一大批成果相继出来,此处不予赘述。

(三)鄱阳湖流域研究

1. 鄱阳湖流域综合性研究

鄱阳湖流域综合性研究主要有鄱阳湖研究编委会汇编的《鄱阳湖研究》《鄱阳湖区自然和社会经济历史资料选》,涉及鄱阳湖政治、经济、自然条件、水文气候、资料选编等方面,也是目前鄱阳湖研究可资参考的重要文献;①钟起煌主编的《江西通史》,可谓是江西历史研究的集大成著作。该书分先秦卷、秦汉卷、魏晋南北朝卷、隋唐卷、北宋卷、南宋卷、元代卷、明代卷、清前期卷、清后期卷和民国卷共 11 卷近 500 万字,是目前江西地方历史研究中具有里程碑意义的著作。② 另外许怀林的《江西史稿》和陈文华、陈荣华的《江西通史》均是对江西地区历史的全面的介绍。③

2. 鄱阳湖流域开发历史研究

鄱阳湖流域开发历史的研究有魏嵩山、肖华忠的《鄱阳湖流域开发探源》,对鄱阳湖流域的早期开发做了较全面的论述。④ 另外,关于各历史时期鄱阳湖流域经济开发的研究成果比较丰富,基本各个朝代上都有涉及。举其要者如刘良群对汉代江西经济发展的研究,周兆望、杜文玉、吴金娣针对六朝隋唐时期鄱阳湖—赣江流域的经济开发研究,许怀林对宋元以前鄱阳湖地区发展的研究等,具有代表性。⑤

---

① 鄱阳湖研究编委会:《鄱阳湖研究》,江西科学技术出版社 1985 年版;《鄱阳湖区自然和社会经济历史资料选》,江西科学技术出版社 1986 年版。

② 钟起煌主编:《江西通史》,江西人民出版社 2008 年版。

③ 许怀林:《江西史稿》,江西高校出版社 1993 年版;陈文华、陈荣华:《江西通史》,江西人民出版社 1999 年版。

④ 魏嵩山、肖华忠:《鄱阳湖流域开发探源》,江西教育出版社 1995 年版。

⑤ 刘良群:《论汉代江西经济的发展》,《江西社会科学》1994 年第 3 期;周兆望:《六朝隋唐时期鄱阳湖—赣江流域的经济开发与可持续发展》,《江西大学学报》(社会科学版)1992 年第 3 期;杜文玉:《唐五代时期江西地区社会经济的发展》,《江西社会科学》1989 年第 4 期;吴金娣:《唐宋鄱阳湖地区的经济开发》,《上海师范大学学报》(哲学社会科学版)1997 年第 1 期;许怀林:《宋元以前鄱阳湖地区经济发展优势的探讨》,《江西师范大学学报》(哲学社会科学版)1986 年第 3 期。

3. 鄱阳湖区的地理研究

鄱阳湖体演变，多属地理学者研究的范畴，举其要者如黄第藩、黄旭初、吴艳宏、项亮等学者，采用自然科学的方法，对历史时期鄱阳湖的地质构造、湖体的形成与演变、地壳运动与水体扩张和地表形态变化等方面进行了较为全面的研究。① 历史地理的研究成果首推谭其骧、张修桂《鄱阳湖演变的历史过程》一文，系统地阐述了从先秦到时清时期鄱阳湖湖体的形成、发展和演变整个过程，引征史料翔实、研究方法先进，堪称鄱阳湖自然环境与地理演变奠基之作。② 苏守德、刘文正，以较为详细的历史资料论证了鄱阳湖的成因与湖体的演变。③ 除此之外，许怀林、戴天放、熊立根、胡细英等学者重点关照了历史时期鄱阳湖流域生态环境的研究，为鄱阳湖流域区域社会经济的考察奠定了基础。④

4. 鄱阳湖流域社会经济研究

鄱阳湖流域区域交通的研究有如沈兴敬主编的《江西内河航运史》、江西公路史编写组的《江西公路史》等⑤，对江西的内河航运、公路修筑做了较全面的论述。社会经济的研究也比较丰富：刘义程对近代江西工业发展情况做了较全面的考察，万振凡等则对近百年来江西社会的发展做了较全面的细致梳理，温锐等对 20 世纪以来的江西经济发展做了较全面的研究；⑥尤其是方志远《明清湘鄂赣地区的人口流动与城乡商品经济》，视湘鄂赣为一整体区域，系统考察了人口流动、市镇分布、市场网络与商人活动等相关问题，内容全面、史料翔实、成果

① 黄第藩等：《长江下游三大淡水湖的湖泊地质及其形成与发展》，《海洋与湖沼》1965 年第 4 期；黄旭初、朱宏富：《从构造因素讨论鄱阳湖的形成与演变》，《江西师院学报》（自然科学版）1983 年第 1 期；吴艳宏：《鄱阳湖湖口地区 4500 年来环境变迁》，《湖泊科学》1999 年第 1 期；项亮：《鄱阳湖历史时期水面扩张和人类活动的环境指标判识》，《湖泊科学》1999 年第 4 期。
② 谭其骧、张修桂：《鄱阳湖演变的历史过程》，《复旦学报》（社会科学版）1982 年第 2 期。
③ 苏守德：《鄱阳湖成因与演变的历史论证》，《湖泊科学》1992 年第 1 期；刘文政：《彭蠡泽与鄱阳湖考》，《南昌大学学报》（人文社会科学版）1996 年第 2 期。
④ 许怀林等：《鄱阳湖流域生态环境的历史考察》，江西科学出版社 1993 年版；胡细英：《鄱阳湖流域近百年生态环境的演变》，《江西师范大学学报》（自然科学版）2001 年第 2 期；戴天放、熊立根：《鄱阳湖流域农业生态环境变迁及其启示》，《环境科学与管理》2011 年第 2 期。
⑤ 沈兴敬主编：《江西内河航运史》，人民交通出版社 1991 年版；江西公路史编写组：《江西公路史》，人民交通出版社 1989 年版。
⑥ 温锐等：《百年巨变与振兴之梦——20 世纪江西经济研究》，江西人民出版社 2000 年版；万振凡、林颂华：《江西近代社会转型研究》，中国社会科学出版社 2001 年版；刘义程：《发展与困顿：近代江西的工业化进程（1858—1949）》，江西人民出版社 2007 年版。

扎实。① 关于鄱阳湖流域社会经济的相关论文较多,不胜枚举;②另外,值得一提的是,许怀林的江西史研究、梁洪生的江西区域史资料整理与研究、何友良的苏区史研究、黄志繁的赣南区域社会研究、张芳霖的南昌商会研究、廖声丰的赣关研究等,此类研究成果繁多,笔者见识肤浅,难免挂一漏万。

由此可见,学术界还是比较关注九江历史以及其腹地鄱阳湖流域历史的研究,并且取得了瞩目的成果。学者们卓有成效的工作,无疑为我们进一步深入研究打下了坚实的基础。毋庸讳言的是,目前对九江城市问题和鄱阳湖流域的研究还存在许多方面的不足,甚至还有不少空白点:

其一,九江口岸与鄱阳湖流域的研究长期以来存在着"两条线、两张皮"的现象。前辈和时贤对鄱阳湖流域历史发展做过很多很好的研究,但是很少把九江口岸作为切入点来考察九江与鄱阳湖流域社会经济发展的内在联系。而九江口岸与其腹地——鄱阳湖流域关系又非常密切,把九江口岸与鄱阳湖流域历史研究割裂开来,很容易忽视一些重大历史事件对社会经济发展的相互关联和影响。因此,把九江口岸发生的历史事件与鄱阳湖流域社会经济发展结合起来研究,既是对以往的研究的补充,也能更好地、更全面地把握区域社会历史发展的变迁。

其二,在以往的研究中,由于缺乏对海关贸易资料的系统运用,所以在进出口贸易的考察中缺乏系统性的研究成果。如进口种类方面,对非正常贸易的鸦片以及棉制品、金属制品、工业替代品等缺乏系统的分析;同样在土货出口方面,除了对茶叶有较充分的研究外,其他如纸张、夏布、烟叶、木材等几乎没有深入的描述。本书将系统地运用海关贸易资料,全面系统总结鄱阳湖流域的进出口贸易状况,并在此基础上进一步深入分析进出口贸易对鄱阳湖流域的产业结构的逐步调整以及对整个经济产生不同的最终影响进行分析,看鄱阳湖流域近代化的进程。

其三,在九江与鄱阳湖流域研究的时间轴上有缺失。区域社会发展是一个长期的演变过程。阐释区域结构的转变包含了地理因素、政治因素、经济因素以及社会文化要素。这些要素变化在时间轴上存在着短时段、中时段和长时段的

---

① 方志远:《明清湘鄂赣地区的人口流动与城乡商品经济》,人民出版社2001年版。
② 陈荣华:《20世纪上半叶的江西近代经济》,《江西社会科学》2000年第12期;许新民:《晚清江西商道与社会变动述略》,《历史教学》2003年第7期;胡卫星:《近代江西新式交通发展与社会经济变迁》,江西师范大学硕士论文,2010年;林清:《商人、商路与区域兴衰——以明清以来鄱阳县为中心的个案研究》,江西师范大学硕士论文,2011年。

变化趋势,既体现了多重的时间进程,也蕴含着许多有待发掘的时空剖面。以长时段作为九江城市转型以及区域社会经济变迁研究的视野,有助于考察九江城市转型与鄱阳湖流域农业结构、商业贸易和经济格局的演变,分析鄱阳湖流域区域结构的变化过程。这种结构史,正是集合了不同时段变化的长时段整体历史,因而具有"总体史"的特征。

前辈和时贤卓有成效的工作,无疑为进一步深入城市史与区域社会史的研究奠定了扎实基础。本书顺应当下城市史的研究趋势,发挥历史学长时段、综合性研究的优势,将城市的发展置于区域社会发展的内在脉络当中,探讨九江从常关到海关变化过程中城市功能转换的具体表现,以及不同历史时期九江与鄱阳湖流域社会发展的互动关系,以期能在前辈和时贤的基础上,将城市史和区域社会经济史研究进一步推向深入。

三、研究资料综述

(一)档案资料

档案资料是本书研究的基础史料之一。九江常关时期的档案资料主要在中国第一历史档案藏宫中档《朱批奏折·财政类》项目下的关税档案,反映了九江与长江流域的商业交往状况以及常关税收等方面的情况。

九江海关档案资料比较分散,而且散失得也比较严重,在江西省档案馆存有少量卷宗,大部分收藏在中国第二历史档案馆,还有就是在英国、美国等国家的档案馆或大学图书馆存有一部分。目前可以系统利用的档案资料主要是已经出版的两部旧海关史料集。

其一是中国第二历史档案馆、中国海关总署办公厅的《中国旧海关史料(1859—1948)》,该资料由茅家琦主持编辑整理,京华出版社 2001 年出版,共170 册。主要包括海关年刊(Annual Trade Report and Returns),由贸易统计(Trade Return)和贸易报告(Trade Report)两部分组成,这是各个港口的税务司于每年末按时呈交给海关总税务司的一个年度性的总结报告;十年报告(Decennial Report),是各海关税务司每十年对港口的社会状况进行的一个总论性报告,从1882 年到 1931 年为期五十年,一共撰写了五册,内容包括口岸地区的政治经济、进出口贸易、关税收入、交通航运、公共卫生、文化教育等二十多个方面;通商各关华洋贸易总册(Chinese Version on Return of Trade and Report of Trade),即海关年刊的中译本。起初，华洋贸易总册中只有相关的贸易统计，直到1889年才出现中文报告，即通商口岸华洋贸易情形论略，与贸易报告互为补充，其内容大致相当于贸易报告的中文翻译版，1913年，贸易统计报表开始以英汉对照的格式出现，华洋贸易情形论略也一并收入海关年刊中，至此通商口岸华洋贸易总册不再单独编撰。

其二是吴松弟的《美国哈佛大学图书馆藏未刊中国旧海关史料(1860—1949)》，广西师范大学出版社2014年—2016年出版，共283册。是根据美国哈佛燕京图书馆所藏的旧海关出版物系统整理后出版的旧海关史料，在体例上主要分为统计系列(Statistical Series)、特种系列(Special Series)、杂项系列(Miscellaneous Series)、关务系列(Service Series)、官署系列(Office Series)、总署系列(Inspectorate Series)、邮政系列(Postal Series)7大类。

这里重点介绍统计系列，其主要内容就是各口岸的贸易统计和贸易报告，也是海关出版物内容最为重要、数量最为庞大的部分。《中国旧海关史料》只收录了统计系列的核心内容，仅占哈佛所藏的60%左右。而《美国哈佛大学图书馆藏未刊中国旧海关史料》第1—199册均是对统计系列的大量补充，其中收录了1869—1929年各通商口岸历年的贸易季报，补充了1864—1881年各通商口岸的贸易报告，1923—1928年各关年刊，同时还有一部分通商口岸的贸易月报，以及部分通商口岸1859—1866年进出口贸易统计册，弥补了海关各项统计数据的不足。在特种系列中，最主要的门类是医学报告，除此之外就是各类别的调查报告，并涉及各个区域的调查内容，包括蚕丝、鸦片、大豆、茶叶、水路、条例法规等多方面，共计10册，对相关专题研究史料价值很高。

旧海关史料以严谨、科学而著称，从1859年开始，中国旧海关就开始按照西方管理和统计的理念，出版了一系列内容广泛、系统完整的资料。"因其内容精确，所占地域广大，已成为研究我国经济之唯一可靠，有系统的资料。"[①]旧海关史料卷帙浩繁，内容涵盖五花八门，记载翔实可靠，是近百年社会经济史研究中一项最为完整的统计数据和文字资料，在学术研究中具有不可估量的史料价值。

值得一提的是，九江市档案馆存有部分民国档案，共15个全宗，4116卷。大体包括三个方面的档案：一是党团机构的档案；二是政府、军事、政法机构的档

---

① 郑友揆：《我国海关贸易统计编制方法及其内容之沿革考》，《社会科学杂志》(北平)1934年第3期，第298页。

案;三是教育部门的档案。其中 20 世纪三四十年代招商局九江分局的档案资料,近代九江教会传播西方文化和新式教育方面的资料弥足珍贵。

（二）地方志资料

区域史研究还需要大量的地方志资料做支撑,本书的研究涉及长江—鄱阳湖流域,与之相关的地方志资料举其要者如《江西通志》《江西通志稿》《九江府志》《德化县志》以及鄱阳湖流域各府州县志等数十种。英国人斯坦利·莱特（Stanly Wright）所撰《江西地方贸易与税收》比较全面地反映江西地方的地理物产、商业贸易、关税收入、交通运输等社会经济状况;除此之外,九江市政府 1935年编《九江市政》、九江指南社 1932 年编《九江指南》等,虽然只是介绍九江政府机关、公共机构、市政建设、商业状况、城坊里巷、餐馆酒店等通俗性读物,但它们为我们了解当时九江城市空间、社会发展等方面提供了基础性资料。在方志资料中,相当多的日文资料也可做参考,它们是中支建设资料整备委员会的《江西省经济事情》（编译汇报,第五十九编,昭和十六年三月）;外务省通商局的《在九江帝国领事馆管辖区域内事情》（大正十二年十一月）;日本国际协会编纂发行的《支那各省经济事情》以及东亚同文会编纂发行的《支那省别全志》,等等。

（三）近代报纸杂志

近代区域史的研究中,报刊是不可或缺的资料。与本书研究相关的报刊资料主要有上海《申报》《江南商务报》《农商公报》《江西官报》（江西）、《经济旬刊》（江西）、《工商通讯》《湖北官报》《东方杂志》等一系列报刊资料。当然,大量的近代报刊所刊内容相对较为庞杂且比较凌乱,如果细加检索,还是有一部分可以和其他文献材料相互印证,尤其是其中有关社会生活方面的资料弥足珍贵。

四、本书的研究取向

（一）相关问题的界定

1. 常关

本书中的"常关",泛指近代海关出现之前的榷关总称。日本学者高柳松一郎曾云:虽然在中国从 1915 年才开始统一使用"常关"称谓,但是所谓的常关税收应该是指中国古代最古老的国内榷关税收。"要而言之,除外人管理之海关以外,凡以关名之征税机关,均应包括于今之常关中者也。"①此言极是。

2. 海关

"海关",在英文里名词是"The Customs"。英国牛津大学出版社的《现代高级英语辞典》对这个名词的解释是:"taxes due to the government on goods imported into a country;import duties; department of government(the Customs) that collects such duties",即海关是征收外国货物进口税的政府机构,这种进口税称为关税。显然,这是比较简单的解释。事实上,海关是一个国家在同外国进行贸易往来过程中管理国境货税的专门机构。海关是国家门户,承担保护国家经济权益和增加国家财政收入的职责。

中国近代海关长期由西方人把持。1858年11月8日,桂良、花沙纳与英国对华全权专使额尔金(J. B. Elgin)在上海签订了《中英通商章程善后条约》,规定"任凭总理大臣邀请英人帮办税务"。1859年,两江总督何佳清委派英籍人李泰国为海关总税务司,驻在上海。1861年,晚清政府设立总理各国事务衙门,正式任命李泰国为中国海关总税务司。我们所称的近代中国海关史,就是指在中国海关系统里实行外籍税务司统治制度为开端的历史,这个历史的全过程直到1949年中华人民共和国成立前夕为止。如果从1859年英籍人李泰国任海关总税务司算起,整个半殖民地性质的近代中国海关史竟达九十年之久。

3. 鄱阳湖流域

现阶段叠加在鄱阳湖上的地理概念依次有鄱阳湖、鄱阳湖区、鄱阳湖地区和鄱阳湖流域几个称谓。鄱阳湖是指水域湖体,它位于江西省的北部,是中国第一大淡水湖,作为长江的泄水湖,其湖体面积盈缩高低相差达几千平方公里;鄱阳湖区是指鄱阳湖的水域、湖滩洲地所及的地理范围,面积19,761.5平方公里,它分别隶属于沿湖周边的南昌、新建、永修、德安、都昌、湖口、星子、九江市、进贤、鄱阳、余干11个市县区,为了便于区域经济的统筹规划,也将这11个市县行政区域总称为鄱阳湖区;鄱阳湖地区的范围在鄱阳湖区的基础上,另外增加了鄱阳湖区外围毗邻的彭泽、九江县、乐平、万年、余江、临川、东乡、抚州市、丰城、清江、高安、安义等14个市县共计25个市县,面积38,760.6平方公里;鄱阳湖流域是

---

① (日)高柳松一郎:《中国关税制度论》,商务印书馆1924年版,第41页。

指鄱阳湖水系集水范围的总称。它汇聚赣江、信江、饶河、抚河、修水五大河流，整个流域面积共计为 162,225 平方公里，占江西省面积 16.69 万平方公里的 97.2%，因此江西省是中国流域面积和政区高度吻合的唯一省份。本书所探讨的鄱阳湖流域的概念往往就等同整个江西省域。

（二）论域的框定与研究阶段

1. 论域的框定

其一，时域的框定。本书的研究将"时域"限定在 1450—1949 年。研究上起 1450 年，缘于明景泰元年（1450）明政府在九江设立钞关，且该钞关又成为长江流域榷关，由此九江成为正式意义上的商品流通关隘，发挥着全国商品流通的调剂中心作用。下限终于 1949 年，这主要是基于九江近代海关税务司制度的考量。九江近代通商口岸的形成是以九江海关成立为标志的。1949 年中华人民共和国成立，标志着在中国海关系统里实行外籍税务司统治制度的终止，中国关税完全实现独立自主。

其二，在"场域"上，考察九江城市的发展一定要有横和竖两个坐标体系。所谓横的坐标是指长江流域。九江城市的形成、发展和长江黄金水道密不可分，可以说，撇开长江来谈论九江城市发展，这是无法想象的。所谓竖的坐标是指鄱阳湖流域。九江的发展是和鄱阳湖流域的腹地支撑密切相关的。本书将研究的重点放在九江和鄱阳湖流域这一区域，这是因为九江与江西存在的传统行政辖属关系。但是九江又背靠江西，面向长江，因此，在论述问题的过程中，本书将适当拓展其范围。九江是点，九江—南昌—鄱阳湖流域是轴线，而长江流域则是面。点、线、面之间互动关联，其内涵才更丰富。

2. 本书的研究阶段

历史的分期，在史学上并无明确定论，学者依据自己的研究目标，使用不同的尺度，得出不同的分期结果。由于本书研究的关注点在于社会经济转型与空间重构的互动过程，所以对历史的分期以显著的社会变迁或社会转型作为分期的"标点"。九江作为通商口岸，在本书探讨的近五个世纪中，在时间轴上来看大体经历了两个时期、三个发展阶段。两个时期：即常关时期和海关时期；三个阶段即常关阶段、晚清海关阶段和民国海关阶段。

第一阶段：1450—1858 年。这个阶段九江作为传统社会的榷关，一直在长江流域发挥着重要的货物调剂中心的职能,通过与长江流域的贸易互动带动鄱阳湖流域社会经济的发展。其关税额持续增长,乾隆五十年(1785)达74.33万多两,即使至道光年间也一直徘徊在50万~60余万两区间,在近代海关制度尚未完全建立之前,其关税额仅次于粤海关而居第二位,为内河关税收的首位。此时的九江关不仅在长江流域发挥着重要作用,在鄱阳湖流域也是重要的门户港口。当然,此时江西额设两关——赣关与九江关,一南一北,在广州一口通商时期,赣关的作用更加趋向于对外洋的贸易,而九江关则更多是在国内和长江流域的商业贸易中发挥极其重要的作用。

第二阶段:1858—1911年。这个阶段是西方势力楔入九江的初始时期。租界的开辟引入了西方的管理模式和城市文明;洋行以及教堂的设立引进了西方的工业文明,传播西方文化和新式教育;海关机构的设置使九江纳入新的世界市场体系,开始促使九江城市转型。从九江与鄱阳湖流域关系而论,在九江开埠的传导下,机制洋货和日常用品渐入寻常百姓家,西风东渐,人们观念和习俗的变化;资本主义商业与传统商业展开了争取市场和消费者的竞争;民族资产阶级掀起投资棉纺织业、工矿业、机械制造业等近代工业企业的热潮,近代经济开始大面积兴起,促使鄱阳湖流域在不断转型。

第三阶段:1912—1949年。这个阶段经历了民国鼎革、英租界被收回,外国的直接影响力在九江逐渐降低,九江自主调控近代化进程作用在增强。1927年,九江设市政委员会,至1928年,设立市政府,自主管理市政建设。在这个阶段,九江城市建设得到迅速的发展,大中路和滨江路得到改造,九江城市规模得到拓展,近代化进程得以快速发展。而相对于鄱阳湖地区而言,出现了近代交通——铁路、公路等,近代化进程迈出一大步,由于南昌的强势崛起,九江城市功能转型以及与其腹地鄱阳湖流域的社会经济变迁多通过南昌行政中心调控,九江通商口岸的职能在不断下降。因此,九江城市转型的不完整性,并没有扭转鄱阳湖流域近百年边缘化态势。

第一章

港口·城市·腹地:九江的地理区位与城市功能

九江是内陆著名的港口，也是历史上有名的"通都大邑"，它扼鄱阳湖与长江中下游交汇处，地跨鄂赣皖三省，既是江西省经济贸易流通的重要通道，也是长江流域水水、水陆联运换装的重要港口。其位居"三江门户""七省通衢"，为兵家必争之地；其贸易"四方商舟，骈集其地"，辐射范围十分广阔；其功能"襟江带湖"，在长江和鄱阳湖流域担当着重要角色；港口水陆交通发达，经济腹地广阔，对促进鄱阳湖流域经济的振兴，促进长江流域经济的发展，都有着极为重要的作用。

第一节　三江门户：九江的地理区位与交通格局

一、九江的自然地理

（一）九江的地理位置

今天的九江市区，位于江西省的最北端，长江中下游交接处的南岸，地理坐标为北纬29°54′，东经106°04′。周边与江西省的湖口县、德安县、瑞昌市相连，北濒长江与湖北省黄梅县、安徽省宿松县相邻。作为行政辖区的九江市下辖3个区、3个县级市、7个县，它们分别是浔阳区、柴桑区、濂溪区，庐山市、瑞昌市、共青城市，武宁、永修、修水、德安、都昌、湖口、彭泽县。九江市位于江西省北部，地处赣、鄂、湘、皖4省交界处的长江中下游南岸。地理坐标为北纬28°41′～30°05′，东经113°56′～116°54′。周边分别与江西省的鄱阳县、安义县、新建县、靖安县、奉新县、铜鼓县接壤；跨省域与安徽省东至县、宿松县、望江县，湖南省平江县以及湖北省武穴市、黄梅县、崇阳县、通城县、通山县、阳新县相毗邻。九江市行政辖区东西长约270公里，南北宽约140公里，面积18,823平方公里，占江西省面积的11.3%。从地形上看，九江城区处于长江中下游平原地带，区内间杂平原、山地、丘陵、冈地分布，地貌形态多样。平原由河谷平原和滨湖平原组成，适宜粮棉等农作物种植；冈地广泛分布于区内各大河流两侧，以红壤为主；山地零星分布在区内各地，海拔较低，面积较小。丘陵主要分布在沿湖区及山地边缘。

（二）九江的气候土壤

九江地区处于亚热带的湿润季风气候带，四季分明，常年冬、春季气温低，1

月平均约3℃~4℃,盛行偏北风,多寒潮;夏季气温高,7月平均达28℃~30℃,潮湿多雨,为"梅雨季节";秋季常刮偏南风,晴热少雨,气候干旱;年平均气温在17℃左右,全年无霜期平均为266天,热量丰富;年均降水量在1,300~1,700毫米之间,雨量丰沛,有利于农业生产。九江市的土壤条件以红壤分布最广,在低丘、山冈等丘陵地区广泛分布。该类土壤含铁较高,缺乏有机质和磷,但土层较深厚,容易改良,深耕熟化后也宜种水稻。在九江市还分布着沙壤土、草甸土,主要处于湖滨平原和河谷平原,该类土壤多宜种植棉花类作物。

(三)港口的自然条件

九江港行政区划属江西省九江市。它北濒长江,南接鄱阳湖,地理位置重要。它不仅是江西省连接长江—鄱阳湖的咽喉,也是江西省进出口贸易以及客货运输的最大港;而且在长江水运走廊上,九江港承东启西,得天独厚,是长江干线上水水联运、水陆转运的重要换装港,在江南广大地区交通运输业中发挥重要作用。

九江港条件优越:气候平稳,适宜港口装卸,码头水深,终年不冻,便于船舶进出和靠离作业。九江港航道特征:长江流经九江港的河段为微弯河段。九江市区位于河段的凹岸,区内航道水深,多年来淤变甚少,为深水河段。深泓无显著的左右摆动,主流与深泓线吻合,河段稳定。主流靠南岸走向,水流与岸线平行,水势平稳,江面宽阔,坡岸稳定,无滑坡现象,对船舶进出和港口装卸均无影响。在长江中下游各港中九江港区航道最为稳定,无沙洲形成,无坡岸崩塌滑坡现象。总之,九江港区航道河面开阔,水势平稳,水深适宜,岸线稳定,宜航宜港,是一个难得的天然良港。

二、九江的交通格局

中国古代,国内市场流通多依赖水运,内河交通异常发达。自隋唐以后,随着京杭大运河的开通,运河—长江—鄱阳湖—赣江—大庾岭—北江—广州,这条被称为"京广大水道"的流通路线成为全国漕运和南北货物对流的运输线。从明代海禁,到清朝乾隆二十二年(1757)实行广州一口通商,特殊的历史条件使大庾岭商道在长达数百年的时间内成为南北贸易的重要干线。明人李鼎说:"燕、赵、秦、晋、齐、梁、江、淮之货,日夜商贩而南,蛮海、闽广、豫章、楚、瓯越、新安之货,日夜商贩而北。"①九江在连接东西贯通的长江流域和南北纵向的京广大水道的交通优势更加彰显。

(一)全国性交通干道

1. 京广大通道。是明清时期纵贯南北的重要驿路。它不仅是北京通往南方地区的重要通道,也是各国使臣进贡的官方指定道路,同时还是南北物资运输和商旅往来的重要商路。九江处在该路的水陆联通的要害之区,所谓"途通五岭,势拒三江",由此成为全国交通干线上的重要枢纽。

京广大通道分水路和陆路两部分:水路也称"京广大水道",从北京到通州沿运河而下至镇江入长江,再溯江而上至九江或由湖口入鄱阳湖溯赣江出赣关、大余翻越大庾岭下南雄沿浈水下广州。九江由于常关的设置参与"京广大水道"的循环。陆路也称"京广驿路"。大致路线是北京—河间—济宁—徐州—凤阳—黄梅县渡江南下到九江。据明朝黄汴《天下水陆路程》记载京广驿路在九江府属德化县浔阳驿出发,行120里至德安县,再行120里到建昌县(今永修)再行100里到南昌府的南浦驿。② 然后南下临江府—吉安府—赣州府—南安府越过大庾岭进入广东而达于广州,估计京广驿路也是水陆交错并用。

2. 南京至广东驿路。南京在明代属南直隶,该条道路从南京到江西境内鄱阳湖—赣江水运与京广大水道重叠,它也是九江联通鄱阳湖区再通往安徽至江苏南京的区间交通要道。据黄汴《天下水陆路程》记述该路走向是:从南京过江苏境至安徽境内的望江县,再行120里到彭泽县的龙城驿,又行120里到湖口县的彭蠡驿,又行120里至星子县匡庐驿,再分别走20里和120里到新建县的吴城驿和樵舍驿。又行60里到南浦驿与京广大通道南下广东路联通。③

(二)省际交通要道

顾祖禹在《读史方舆纪要》中讲到九江与周边的关系时云:"九江府东至江南池州府五百五十里,东北至江南安庆府四百十里,东南至饶州府四百三十里,

---

① (明)李鼎:《李长卿集》卷19,《借箸篇》。
② (明)黄汴:《天下水陆路程》卷1,"北京至江西广东二省水路",山西人民出版社1992年版,第11页。
③ (明)黄汴:《天下水陆路程》卷2,"南京至江西广东二省水路",山西人民出版社1992年版,第47页。

南至南康府百八十里,西至湖广兴国州二百里,至武昌府五百四十里,西北至湖广蕲州二百四十里。自府治至布政司三百里,至江南江宁府一千二百六十里,至京师四千六百里。"①就大致描述了九江与南昌、北京、南京以及其他省的交通线路。现就省际交通路线胪列于下:

1. 九江与浙江的省际路线:这条路要借道鄱阳湖—信江相联通。其大致走向是经九江—鄱阳湖—饶州府余干—信江—广信府铅山县河口镇—玉山—常山与浙江省境相连,该条道路沿衢江、富春江可达杭州、宁波。

2. 九江与安徽的省际路线。这条区间线路分为两路:其一在原属德化县的小池口渡江至黄梅县再由陆路至安徽宿松县和望江县;其二是经九江—湖口—鄱阳湖—鄱阳县—浮梁,进入安徽徽州地区。

3. 九江与湖北的省际路线。水路从九江溯长江而上到汉口,商货沟通以此路最为重要。除此之外,还有区间交通道路:一是渡过长江能通黄梅县、广济县与湖北相连;二是通过鄱阳湖入修水至义宁州可通湖北通城县与湖北境内相通。

4. 九江与湖南的省际路线。这条路要借道江西境内的袁江连接湖南。其大致路线是经九江—湖口—鄱阳湖—南昌—樟树—清江—袁水—萍乡—渌水—湘江至湖南各府州县。

5. 九江与福建的省际路线。该条路也有两条:其一是借鄱阳湖—抚河进入抚州府转由陆路达建昌府途经杉关至福建邵武府;其二是借鄱阳湖—信江进入广信府铅山县河口镇进入崇安县(今武夷山市)与福建省境相连。

除此之外,九江府属之德化县、湖口县、彭泽县、德安县、瑞昌县5县除了部分有水路交通外,彼此之间还有陆路驿铺相通,使九江府属交通联为一体,此不赘述。

(三)九江与鄱阳湖流域水运网络

九江襟江带湖,水运网络十分重要。同治《鄱阳县志》曾云:"吉、赣、袁、临、徽、饶、抚、信十数州之水,由彭蠡以北入于江。"②康熙《南康府志》亦记载:江西省区域内十三个府州六十多个县的河流水系全部汇聚到鄱阳湖,并由湖口而出

① (清)顾祖禹:《读史方舆纪要》卷85,《江西三》,中华书局2005年版,第3925页。
② (清)项珂、陈志培:《鄱阳县志》卷1,《舆地志》,同治十年刻本。

流入长江，每年在春夏汛水季节，也正值长江雨水聚集，江水暴涨，水流湍急，而鄱阳湖水势相对平缓被长江水流所遏制不得出，甚至江水倒灌，"则水益涨而益阔，弥漫数百里，长洲巨滩皆不见踪迹，与洞庭、震泽俱为天下之巨浸焉"①。这均说明江西水运网络是以赣北鄱阳湖为中心的向心水系，几乎整个江西全省的河流最终都汇入鄱阳湖而后泄注长江。众河的汇入，为水上木帆船业的运输提供了较为便利的条件。

其一，出江航线：赣江—鄱阳湖水系与长江相通，由此形成江西与长江上下游之间的水运网络体系。由湖口而上经九江、汉口与长江中上游各省之间发生贸易往来；由湖口而下可与长江下游之安庆、贵池、铜陵、芜湖、马鞍山、南京、仪征、镇江、上海等港口相联系；由长江入淮安与运河联通可直达通州与北方相连。汇流于赣江南行的交通线由两大部分组成：一部分是长江中游的商船由汉口顺流而下来到九江，经鄱阳湖汇流于赣江；另一部分原属于长江下游地区的内河船舶尽量由内河渠向鄱阳湖及赣江靠拢，汇流于赣江以后，顺着赣江南行，翻越大庾岭，最终跟珠江水系之浈水（北江）相衔接顺流而下达广州与欧亚远洋航线发生间接的联系。江西的出江航线的商货水运十分活跃，明清时期的江右商人的活动，上至云、贵、川；下至苏、皖、浙；北至京、津、冀等地，足迹遍及全国。

其二，环鄱阳湖区航线：鄱阳湖沟通江西省内各干支流航线，为江西水运网络体系的总枢纽。除可出长江，与长江各港口相联结外，沿湖区有湖口、姑塘、星子、吴城、都昌、鄱阳、瑞洪、余干、进贤等大小港口，组成了环鄱阳湖港口群体，是湖区及其附近地区城镇乡村之间物资交流的优越水运条件。同时也是联结赣江、抚河、信江、饶河等各干流航线的中继站，在江西省内货物流通中起着重要的调剂作用。

其三，干流航线：鄱阳湖水系由赣江、抚河、信江、饶河、修河五大河流组成。江西省内各市镇圩场绝大部分商货流通均依赖五大干流航道进行运输，因此，五大干流航线便成为全省重要的交通纽带中，而其中尤以赣江航道的地位最为突出，来往船只，异常频繁，成为贯通南北的大通道。

明清时期的货物流向错综复杂，因货而异。长距离运输多在干流航道上进

---

① （清）廖文英 、伦品单：《南康府志》卷10，《艺文志》，康熙六十年刻本。

行,由支流运输的货物,均就近在干流的港口集散,外省与岭南广州的过境物资,一般都要通过赣江、信江两条干流航道,但因受各河航道水深的影响,大多在南昌、赣州、吴城、河口、樟树、鄱阳、玉山等港口中转换船,其中以南昌为汇集中心,形成通达全省十三府大部分县,并与浙、闽、皖、鄂、湘、粤之水相连的四通八达的水运网络。"楚浙闽广,舟车络绎。"①

第二节　商舟骈集:九江港口的辐射范围

从理论上说,港口城市由于便捷的交通和大量的货物吞吐而形成区位优势,相应地会带动其周边社会经济的发展而形成区域空间经济,即港口经济。而被港口影响所涉及的地区则被视为该港口的经济腹地。港口与腹地就形成了区域经济发展轴心,它表现在以港口为中心,以港口城市或临港区为依托,以港口影响所及广阔的腹地作为支撑,形成与港口紧密联系的经济发展方式。九江作为一个港口城市由来已久。嘉靖《九江府志》曾云九江:"四方商舟,骈集其地,实当合流会派之冲。"②说明九江有着广阔的经济腹地作为支撑。

一、九江港的形成

九江开始形成城镇,最早见于汉代灌婴筑城的记载,称为溢城,亦称溢口城。晋张僧监著《浔阳记》记载:"溢城,灌婴所筑。"③唐李吉甫在《元和郡县图志》亦载:浔阳,"(江)州理城,古之溢口城也,汉高祖六年(前201)灌婴所筑"。灌婴所筑溢城属柴桑县,居长江南岸,与北岸寻阳遥相呼应,同为江滨镇守要地。清代蒋湘南《江西水道考》谓:"德化县溢浦港在府城西半里,源出瑞昌县清溢山,亦名盆水,流入境又东经城下,西通龙开河,北接大江。渊深不测,昔为商旅泊舟处。……其入江处谓之溢口,自昔为戍守处。"④

东汉末年,由于北方连年混战不休,中原人民大量逃入荆、扬二州,豫章郡人

① (清)于成龙、安世鼎等修,杜果等纂:《江西通志》卷9,驿盐漕运,康熙二十二年刻本。
② (明)冯曾、李汛:《九江府志》卷16,新迁九江钞关记,嘉靖刻本。
③ (明)陶宗仪:《说郛》卷61,《清异录》。
④ (清)蒋湘南:《江西水道考》卷1,《江水》。

口增长十分迅速,达 167 万有余,而柴桑、寻阳一带也因此逐渐开发,已经具备了形成港口的条件,长江九江河段的南北两岸,出现了两个停泊港口——柴桑港和浔阳港。蒋湘南谓:"九江府城北有数洲,江阔二十里,舟行其间有内路外路之分,江北岸为外路,南岸为内路。"[1]两港隔江对峙,互相呼应。它们是三国东吴时期九江港形成阶段的一个特殊形态,是当时九江港的一个整体。

龙开河口码头

(图片来源:九江市志办公室编:《九江老照片》,武汉出版社 2012 年版,第 77 页。)

　　隋唐以降,全国的经济重心逐渐南移。长江流域经济不断上升,京师长安粮食供应主要依赖江南,中央财赋收入也大都取自长江流域。唐中期韩愈说:"今赋出于天下,江南居十九。"[2]隋朝开通的京杭大运河成为沟通南北的大通道,且通往岭南的大庾岭商道重要商业价值也在不断显现。进入宋元时期,人口在江

---

[1]　(清)蒋湘南:《江西水道考》卷 1,《江水》。

[2]　(唐)韩愈:《昌黎文集》卷 4,《送陆歙州诗序》,见《韩昌黎文集注释》(上),三秦出版社 2004 年版,第 246 页。

南迅速增长,长江流域得到进一步开发,江南经济最终越过了北方,据《宋史》卷173,《食货志》记载:及至南宋"虽失旧物之半,犹席东南地产之饶,足以裕国",都说明江南经济之盛。

赣江、大庾岭运道相沟通,形成了纵贯中国南北的水上运输线,成为唐代全国五条主要驿路中的一条,即从长安出发,南方通向广州。开通大运河和扩展大庾岭驿道,在经济文化上具有极其重要的意义。它使全国交通形成以水运为主的大网络。南北物资,官邮、商旅多通过大运河—长江—赣江—大庾岭—珠江运输往来。而江州(九江)港在这个交通大网络中起到了重要的中间港、枢纽港作用,突破了原来地区性港口的局限,向全国性港口转化,成为全国交通运输的重要一环,南北水上通道上的重要港埠。明清时期,由于商品流通日益频繁,为了加强对流通环节的管理,政府在九江设立钞关,九江城市的规模也相应扩大,其基础设施的建设亦得到相应的改善。尤其是九江港区的码头建设得到完善。据明嘉靖《九江府志》记载有龙开河口码头、溢浦港、小江港、濂溪港、女儿港等数处。

上述众多的木帆船码头中,以龙开河口船只进出最为繁忙,并是九江港的重要渡口。明弘治年间,设"渡夫四名,守之两岸",渡送往来商旅行人。但是,河口两岸,"每水涸时,土岸崩峭,雨动辄泥泞",影响船只停靠和上下客货。嘉靖十三年(1534),官府命工运石,在河口两岸兴建石堤工程。"度东西两岸深长,下植木桩数千对,砌石级共长六十余丈,宽二丈,上砌二平台,随舟往来抵泊。"①这项工程完善了龙开河口码头的建设,为它的商贸繁荣奠定了基础,也为九江港口留下了早期的码头建筑。九江港口明代就有石砌的驳岸(护岸)设施,驳岸基础打下了数千对木桩,方便客货上下,是从便于船只集中停靠考虑设计的,以便具备更大的货物吞吐能力。因此,可以认为明代九江港码头已经出现以改进自然停靠条件为目的的人工码头设施。

二、九江港口的辐射范围

通常情况下,港口的辐射范围是指以港口为中心通过其物资集散而能影响

---

① (明)冯曾、李汛:《九江府志》卷3,《津梁》,嘉靖刻本。

到的地域范围，也称为"腹地"。这里所说的腹地有狭义与广义之分：狭义上的港口经济腹地，是指港口能够集散的商品物资以及客货人员的地区范围；广义上的港口经济腹地，是指以港口为中心依托与之建立起来的贸易网络与周围地区发生经济联系并能够带动其经济发展的地域范围。历史时期，九江港口的辐射范围经历了一个发展演变的过程。

（一）常关时期的辐射范围

九江北濒长江，南背鄱阳湖，地理位置重要。"襟江带湖"，从航运角度而言长江航运贯穿上下，与鄱阳湖赣江航运交织成一个"T"字形；九江处于湖与长江这个巨大的"T"字形航道的交汇点上，是一个充满活力与吸引力的开放性城市。九江凭借其"襟江带湖"的特殊位势，成为长江交通网络以及以运河—长江—鄱阳湖的南北贸易网络的汇合之地，将长江流域域与鄱阳湖流域连为一体，成为长江中下游交接处著名的"七省通衢"之地。其腹地在长江上下游流域和赣江—鄱阳湖流域均产生辐射。

1. 长江流域

从水路而言：主要是以长江航运为中轴，上下联通，使九江传统的航运价值具有全局性的意义。作为军事重镇，秦始皇"使尉佗、屠睢将楼船之士，南攻百越"[1]。元鼎五年（前112），汉武帝遣伏波将军路博德出桂阳（今湖南郴州），下湟水（源出桂阳）；楼船将军杨仆出豫章，下横浦（源出大庾岭南麓），会师于番禺（今广州），平定南越。[2] 这两次军事行动中都利用了长江航道，即水路从长江入赣江，陆路越过大庾岭，再水路顺溱水南下达今广东地区。这条通道对于扼赣江与长江交汇处的寻阳港是有重要影响的。顾祖禹认为："府南面庐山，北负大江，据江、湖之口，为噤喉之地。汉伍被谓淮南王：'有寻阳之船，守下雉之城，结九江之浦，绝豫章之口，强弩临江而守，以禁南郡之兵。'三国吴寻阳常为津要，置都护领之。自晋置江州，以浔阳中流襟带，倚为重镇。"甚至到了唐代，"江西道为者州十，而其镇则九江。……屯浔阳而江之东西可以襟带，上游之势成，而后可以根本建康，左右淮、浙，是浔阳为东南重地也。"[3]实际上九江作为军事重

---

[1]　（汉）司马迁：《史记》卷112，《平津侯主父偃列传》，中华书局1982年版，第2958页。
[2]　（汉）司马迁：《史记》卷113，《南越列传》，中华书局1982年版，第2975页。
[3]　（清）顾祖禹：《读史方舆纪要》卷85，《江西三》，中华书局2005年版，第3926—3927页。

镇的影响还是很大。

在经济上,九江作为重要的商业都会在西晋以来曾发挥重要作用,西晋以江州来命名九江,因其有全国性重要枢纽地位。隋唐时期,开通大运河和扩展大庾岭驿道,全国各地经过九江港集散的商品物资迅速增加,九江港有了新的发展而成为江南西道的重要港口和商埠。宋元时期,全国经济重心南移,进出长江水运的货物不断增加,九江港口的区位优势开始进一步释放,船只往来频繁,进出货物日益增多。宋人王应麟曾这样评价九江:"西扼武昌,东引京口(今江苏镇江市),陆通五岭,江行岷汉,亦一都会也。"①顾祖禹也曾云"自唐以来,浔阳、武昌并为滨江重地",其评价江州(九江):"盖自豫章以西江(指赣江)与鄱阳(湖)之浸,浩瀚吞纳而汇于溢口(今九江市区),则九江为之都会","襟带中流,舟车冲要"。②这些对九江港地位作用的评价,是恰当的。它指出由于赣江和鄱阳湖水系都汇集于九江,所以九江港成为一个商业港埠。这个港口位于长江中流,车船聚集之地,交通四通八达,起到了中间港、枢纽港作用,成为南北水上通道的重要全国性港埠。

历史时期,政府在九江港设置了一系列征税、仓储、转运机构。北宋时有"转搬仓",南宋有"茶盐合同场"和"茶运司"。元代更在九江设置"榷茶都转运司"。

宋代,长江流域诸路茶叶产量以江州(九江)所在的江南东西路最高。据《宋史》卷183,《食货志》记载:江南东西路具体产茶地点有江州、饶州、洪州、信州(今江西上饶市广信区)、抚州(今江西抚州市)、筠州(今江西高安)、袁州(今江西宜春市)、宣州(今安徽宣城)、歙州、池州(今安徽池州市)和临江军(今江西樟树市)、建昌军(今江西南城)、南康军(今江西庐山市)、广德军(今安徽广德)、兴国军(今湖北阳新)共10个州5个军。官府指定江南东西路茶叶运往真州(今江苏仪征)"榷货务"交售。真州位于长江下游北岸,而上述江南东西路茶叶产地则分布在长江中游的赣北、赣东北、赣中和皖南一带,因此茶叶运往真州大都要先在江州港集并,换装江船再沿江东下,江州港茶叶进出量应是很大的。据《宋史》卷184,《食货志》记载:南宋建炎三年(1129),"置行在都茶场,罢合同

①　(宋)王应麟:《玉海》卷19,《官制》。
②　(清)顾祖禹:《读史方舆纪要》卷85,《江西三》,中华书局2005年版,第3927页。

场十有八,唯洪、江、兴国、潭(今湖南长沙)、建(今福建建瓯)各置合同场一,监官一"。此时,江州(九江)是南宋五大茶叶合同场(茶叶征税、收购机构)之一。至乾道年间,官府又在江州设置了"茶运司"机构,①负责茶叶的贸易、转运等事宜。

进入元代,据《元史·食货志》卷94记载:"(至元)十七年(1280)置榷茶都转运司于江州,总江淮、荆湖、福广之税"。《元史·食货志》卷97记载:"至正二年(1342),……国朝(指元朝)既于江州设立榷茶都转运司,仍于各路出茶之地设立提举司七处,专任散据卖引,规办国课。"这两则史料说明江州"榷茶都转运司"是元王朝办理江南地区茶叶征税、专卖、转运的总管理机构。它管辖的范围包括了相当于今江苏、江西、浙江、福建、湖北、湖南、安徽等地的产茶区。并在茶叶产地分设了7个分支机构——提举司,统由江州都转运司管辖。因此,九江港发展成为江南茶叶运销的重要集散地,是名副其实的"七省通衢"。

进入明清时期,随着商品经济的发展,九江港口"四方商舟,骈集其地"。航运与港口的兴盛,使九江城市成为"万商往来之区",全国著名的四大米市、三大茶市和行销国内外景德镇瓷器的集散中心,"滨临大江,上通川楚,下至苏杭,每日客舰络绎不绝"。②九江港在全国和长江均负盛名,中外瞩目。城因港兴,九江市就是借助于九江港而兴起的。

由此可见,九江作为长江流域商品流通的重要枢纽,其重要性受到人们关注。时人顾祖禹在《读史方舆纪要》卷85《江西》中曾云:"九江为全省之噤喉,又为湖广、江南之腰膂也。"明人张瀚在《松窗梦话》卷5《商贾纪》中写道:"九江据上流,人趁市利。"数量众多的漕船和商船,为国内民众运输粮食以及日用品,其结果是商品的流通活动得以在国内展开。江苏、浙江的布类、生丝,江西、湖北、湖南等地的竹材、木材、瓷器、纸、油等货物,均经由船舶流转输送至北京。这些物品的流通,将长江以及大运河运输功能推展到极致。不仅是江西省进出长江、联系沿海的咽喉,对外贸易运输的唯一口岸和客货运输的最大港口,而且是长江干线上几个重要的大港口之一,是全国交通运输业中水水联运、水陆联运的重要换装港,联系着赣、浙、闽、粤等江南广大地区。由于九江港地理位置优越,经济腹地广阔,范围以江西省为主,并辐射邻近浙、闽、粤、鄂、湘、皖等省,腹地资

---

① (明)冯曾、李汛:《九江府志》卷3,《方舆志》,嘉靖刻本。
② (清)陈鼐修、吴彬纂:《德化县志》,同治十一年刻本。

源丰富。

2. 鄱阳湖流域

作为鄱阳湖流域的重要港口,其腹地范围几乎涉及整个流域,但以赣江—鄱阳湖航道为主。到了晋代,九江通往岭南的重要交通价值也在不断显现。王隐《晋书·地道记》对这条运道与寻阳港的关系就有了明确的记载:"寻阳(九江)南开六道,途通五岭,北导长江,远行岷汉,来商纳贾,亦一都会也。"这段记载不仅表明晋代寻阳(九江)港已经开发,港口所处地位重要,已是长江中下游来商纳贾、水运商业繁盛的港埠,而且表明这条以大庾岭连接的水上通道在晋代已经用于商旅贸易往来,所以明确指出寻阳南开六道,途通五岭,是南北交通干线的重要港口。

隋代,南北大运河开通,成为南粮北运商旅往来的重要水运通道,与赣江、大庾岭运道相沟通,形成了纵贯中国南北的水上运输线,联系京城长安,南方通向广州。唐王朝于开元四年(716)冬,特命大臣张九龄负责开凿扩展大庾岭驿道。"不日则已坦坦而方五轨,阗阗而走四通。"道路平坦宽广,可以行驶车马,商旅行人在途中可以"有宿有息",货物"如京如坻",①驿道开通后,广州至上都(指京都长安)的交通,即"取虔州(今江西赣州市)大庾岭路五千二百一十里的路线"。② 这条路线由广州经韶州(今广东韶关市),越大庾岭,入赣水,经虔州、吉州(江西吉安市)、洪州(今江西南昌市)至江州(今江西九江市)。商旅货物至江州港后,分为两条走向相悖的路线,其一是在江州沿大江(长江)西上,经蕲州(今湖北蕲春)、鄂州(今武汉市武昌)入汉水北上,经沔州(今武汉市汉阳)、安州(今湖北安陆)、随州(今湖北随州)、襄州(今湖北襄阳市)至商州(今陕西商洛市商州区)、蓝田关(今陕西商洛市商州区西北)而达长安。《新唐书·食货志》卷53记载:"肃宗末年,史朝义兵分出宋州(今河南商丘市),淮运于是阻绝,租、庸、盐、铁溯汉江而上","江、淮粟、帛,繇(通由)襄、汉越商於(今陕西商洛市商州区)以输京师。"即是指的这条运输路线。第二条路线是从江州(九江)沿大江东下,经扬州(今江苏扬州市)进入运河,过楚州(今江苏淮安市淮安区)、泗州(今江苏泗洪东南)、宿州(今安徽宿州市)、汴州(今河南开封市)进入黄河,至洛

① (唐)张九龄:《曲江集》卷17,《开凿大庾岭路序》。
② (唐)李吉甫:《元和郡县图志》卷34,《岭南道一》。

阳(今河南洛阳)而达长安。

开通大运河和扩展大庾岭驿道,在经济文化上具有极其重要的意义。它使全国交通形成以水运为主的大网络。南北物资,官邮、商旅多通过大运河—长江—赣江—大庾岭—珠江运输往来。而江州(九江)港在这个交通大网络中起到了重要的中间港、枢纽港作用,突破了原来地区性港口的局限,向全国性港口转化,成为全国交通运输的重要一环,南北水上通道的重要港埠。

以瓷器为例:宋代制瓷业在唐和五代的基础上有了全新的发展。产品在质地、釉色、式样和产量上都超越了前代。浮梁昌南镇在景德年间因以烧制精美的御用瓷器闻名全国而改名景德镇。景德镇窑能烧制一种介于青瓷与白瓷之间的"青白瓷"。这种瓷器胎薄质细,釉色淡雅,图案华美。据中国硅酸盐学会编《中国陶瓷史》记载:新中国成立后在九江市发掘的两个宋墓中,曾出土两件瓷钵,就是这种青白瓷,一件造于宋咸平三年(1000),一件造于宋咸平五年(1002)。景德镇窑还能根据不同地区对瓷器的不同喜好,烧制出不同的花色品种,以满足市场需要。如两浙人"器尚黄黑";湖、川、广人"器尚青白";江、浙、闽人喜欢绣花、银绣、蒲唇、弄弦之类的碗碟;而川、广、荆、湘人却喜欢鱼水碗、高足碗、海眼碟、雪花碟等。

江西瓷器外运,以水路运输为主。水路运输有3条路线:一条是自饶州溯赣江而上,经虔州,越过大庾岭至广州出口。一条是由虔州沿贡水,经汀州(今福建长汀),沿晋江至泉州(今福建泉州市)出口。这是江西瓷器运销海外的两条路线。第三条路线主要是运销国内的路线。由景德镇顺昌水而下,经饶州,入鄱阳湖,出长江,至江州换载,销往长江流域和北方各地。[①] 这条路线也是运销日本、高丽的路线。"九江,是古代江西与长江中下游经济交往的重要港口,在九江侨居和经商的外国商人很多,江西瓷器经他们收购运销到其他各国。……经南昌、九江至东海各港的运输线,是古代长期形成的一条商旅路线。"[②]

以漕粮为例:漕粮是封建王朝向农民征收田赋(实物粮食),用于封建王朝官俸、军饷和宫廷靡费需要。这些粮食主要利用天然河道或运河转输至京师和边远边区。漕粮运输称为漕运。漕运为"军国重务",南粮北运,关系重大,是封

---

① 容敬臻:《吉州窑瓷器的特色及其外销》,《景德镇陶瓷》1983 年总 21 期。
② 容敬臻:《吉州窑瓷器的特色及其外销》,《景德镇陶瓷》1983 年总 21 期。

建王朝的经济命脉,受到历代封建统治者的特别重视。

漕粮北运是各个朝代赋予大运河的最主要的历史使命。唐朝"安史之乱"以后,更加依赖江南粮食和物资的北运。据《新唐书》卷53,《食货》记载:唐代宗宝应二年(763),时任转运使的刘晏改革漕运,"江南之运积扬州"。扬州便成了江南各地北运物资的中转站。直至宋代,仍是采用分段运输的办法。"宋之转运,则尤以扬子为要区,乃置发运使治其地,以总天下之漕。"①宋代江西漕粮数量,据《宋史·食货志》卷175载:"政和七年(1117)……张根为江南西路(领江、赣、吉、袁、抚、瑞州)转运副使,岁漕米百二十万石给中都。"南宋吴曾撰《能改斋漫录》亦载:"唯本朝(指宋朝)东南岁漕米六百万石……而江西居三分之一。"这些都说明江西漕粮在宋代数量是巨大的。

为了管理漕运事宜,宋代设置转运使,实行漕粮分段转运的转搬法。因此,在运河、淮水、汴河等河口处设置转搬仓。转搬仓是专门管理漕粮分段转运和受纳储存漕粮的机构。在设置转搬仓的地方,备有专门的储存设施,以便受纳各地运来交兑的漕粮,然后再转运京师。据清顺治《浔阳蹠醢》记载:"宋天圣中,江州置转搬仓。"江州位于长江与鄱阳湖交汇处,与通向江西腹地的赣江水系紧紧相连,是江西漕粮进入长江,转输京师的必经孔道。这个优越的地理位置,促成江州港成为江西漕粮的重要中转港口。江州转搬仓的设置表明,宋代江州港在江西漕粮运输中起着十分重要的作用。虽然有关江西漕粮在江州港转运的具体数量未见史载,但是既设置转搬仓,无疑就要受纳、储存和转运漕粮,江州港具有江西漕粮的储存和转运的作用。

综上所述,在隋唐至明清近十个世纪的时间里,江州港以转输茶叶、瓷器、漕粮为大宗,兼有岭南货物、外贸货物在此进出口中转,因此,港口进一步繁荣发展。《马可·波罗游记》中记载了元代江州港的情景。他说:"九江市,这座城市虽然不大,却是一个商业发达的地方。由于九江市濒临江边,所以它的船舶非常之多。"②马可·波罗从1275年到1292年在元朝任职17年,并担任扬州总督3年。他因为处理盐务来到江州,所述之事均为亲身经历,大致应是可信的。马可·波罗记述的江州情景,正是当时江州港繁忙景象的最好佐证。

———————————

① (清)尹会一修、程梦星等纂:《扬州府志》卷9,《水利》,雍正十一年刻本。

② 马可·波罗著,陈开俊等译:《马可波罗游记》,福建科技出版社1981年版,第170页。

（二）海关时期的辐射范围

第二次鸦片战争后，九江港于 1861 年 3 月辟为对外通商口岸。随着外国资本的入侵，近代航运业在九江兴起，九江港发生了很大的变化，古老的九江港跨入了新的发展阶段。与先进的交通工具——轮船停靠、装卸相适应的近代化码头开始出现在九江港。九江港也开始由停靠木帆船装卸作业转型为以轮船装卸作业的近代港口，成为江西省进出口货物改用轮船运输的重要通道和对外贸易通商的唯一口岸。最先在九江港设立近代化码头的轮船公司是美商旗昌公司和中国的轮船招商局。旗昌公司是 1862 年就开始通航上海至汉口线，在九江港口建有一个现代化的客货码头；轮船招商局则是在 1873 年在九江建立了一个客货码头。随后几十年间，怡和、太古、日清等外国轮船公司以及三北、鸿安、大达、宁绍等中国民营航运企业和江西省小轮航运企业亦先后来九江港设立机构、建设码头、停靠轮船、上下客货，港口得到迅速发展。1915 年 2 月，南浔铁路建成通车，增加了九江港进出集散的货物量，最高达 7000 余万海关两，居全国江海港口的第 9 位，在长江各港口中占据第 2 位。港口年货物吞吐量达到 73 万吨，进出口轮船年五六千艘，木帆船年约 25000 艘，轮船码头增至 14 座，港口呈现一派欣欣向荣的景象，其腹地范围也相当广泛。

九江海关设立后，1864 年其征税范围被划定为：上至湖北武穴，下至江苏江宁的水面；置江西全境和安徽、湖北部分地区为其腹地。因此，九江海关成立初期，在长江流域的商业贸易链中具有相当的影响力。按 1876 年《烟台条约》规定："至沿江安徽之大通、安庆，江西之湖口，湖广之武穴、陆溪口、沙市等处均系内地处所，并非通商口岸，按长江统共章程，应不准洋商私自起下货物。今议通融办法，轮船准暂停泊，上下客商货物，皆用民船起卸，仍照内地定章办理。"[①]该条约规定实际上是置安徽的安庆和大通、湖北的武穴、江西的湖口为九江的寄航港，其进出口贸易均需通过九江港来完成；九江海关十年报告称：九江的进出口贸易行情在很大的程度决定武穴、大通和安庆等地的市场状况。[②] 由此可以推断，九江辐射范围不仅包括江西，也包括安徽、湖北部分地区。贸易史资料记载：

---

① 王铁崖：《中外旧约章汇编》（第一册），生活·读书·新知三联书店 1982 年版，第 349 页。

② Kiukiang Decennial Report, 1882 - 1891. 中国第二历史档案馆、中国海关总署办公厅：《中国旧海关史料(1859—1948)》第 152 册，京华出版社 2001 年版，第 200 页。

九江的洋布除通过南昌销往鄱阳湖流域外，"次一个最大的销售市场为安徽省会安庆，1874 年运往该处洋布为 45,510 匹；1873 年为 32,392 匹。"①九江的一些商业流通机构也以赣鄂皖三省周边为销场，如 1916 年在九江开设的谭德和纱布庄，掌握了安徽、湖北一带乡村纺织品市场需求信息后，立即与九江兴中纱厂签订经销棉纱合同，迅速把棉纱推销到安徽宿松和湖北黄梅一带，并在湖北武穴开设分店，影响遍及皖鄂周边地区。② 九江在长江流域存在着较为广阔的市场空间与腹地范围。九江作为一个商业圈有长江流域能够影响到的地区，还有光绪年间的《政治官报》中两则资料可以引征：

> 九江商埠，当扬子江之中枢，为上下游之枢纽，商舶营运，舳舻相接，与湖北之汉口、山东之烟台情事相同，允宜设立商务总会。③

九江位于长江的中枢部位，来自上游下游的船舶络绎不绝。此地与湖北的汉口、山东的烟台等地同样繁荣，所以同意在此地设置商务总会。关于这个商务总会管辖的区域：

> 该会区域界线，下至镇江，上抵湘、鄂，岳州、宜昌等处，包举五省，沿江数千里，联络节制。④

下游至连接大运河的镇江，上游达湖南岳州、湖北宜昌等地。包括了湖北、湖南、江西、安徽、江苏这五个长江流域的省份。可以说，这个商圈管辖区的范围，与前面引述的九江在古代的辐射范围几乎相当。

总之，九江在长江流域的影响力与同期同类口岸相比，其市场空间和腹地范围更大，辐射整个鄱阳湖流域及安徽、湖北部分地区，因此有较大的聚合优势。

---

① 姚贤镐：《中国近代对外贸易史资料》（第二册），中华书局 1962 年版，第 827 页。

② 陈晓鸣：《从常关到海关：九江在长江流域贸易地位的变迁》，《江西社会科学》2018 年第 12 期。

③ 《农工商部奏九江商埠设立商务总会请给关防折》，《政治官报》，光绪三十三年十月二十八日第 9 号，第 4 页。

④ 《农工商部奏九江商埠设立商务总会请给关防折》，《政治官报》，光绪三十三年十月二十八日第 9 号，第 8 页。

其进出口贸易总额在长江流域仅居上海、汉口之后,与重庆在伯仲之间。

同时,作为江西唯一的进出口贸易的通商口岸,其辐射了整个鄱阳湖流域。通过内河航运和南浔铁路等水陆交通,把修水、信江、饶河、抚河、赣江与鄱阳湖区整个置于其腹地范围。从1869年的九江贸易报告,可以看出九江口岸是置整个鄱阳湖流域为其腹地范围,其全文描述如下:

> 我们已经看到此港口赖以繁荣的几乎所有商品皆来自位于横贯全国的长江之南的江西省,长江自湖北开始进入江西省的边界,并接着经过江西流入安徽省。长江北岸区域对我们的出口没有做出任何贡献。而在长江以南,我们贸易的影响区域的边界主要依据地形来推定——西面的山脉把江西和湖北与湖南省隔离开来,而东面的另一个山脉也同样将江西省与福建,浙江,安徽分离开来,这种地形边界几乎将江西省完全孤立,许多河流从西、南、东方向汇入一个共同的盆地,形成了鄱阳湖。在这片辽阔的山谷中,九江及其周边的市镇坐落在鄱阳湖的入江口形成的平原上,显然这是一个天然良港,而汇入鄱阳湖的水系沿岸的城镇群则是出口贸易的重要组成部分。
>
> 自鄱阳湖西边的流域起,我们有修水县山谷的红茶区,其盛产的宁州茶和武宁茶成为我们港口贸易的绝佳供应之一,它们可以顺着水势,经鄱阳湖口而出长江,一路顺流而下直抵上海的海港。除了突发的自然灾害影响,它们皆能够经由湖口进入往年的贸易商路。该省的西半部分再往南是修水的山谷和柳江河,此地是粗纸、粗夏布和一些麻、铁和煤的原产地。这纸也是用船运到湖里,然后经过长江去向集散地;夏布是用手推车运过来的,麻是用船运过来的,细夏布在南昌一带,尤其是在抚河周围生产制造并经由港口出售。接下来我们要关注的地方是这里的正南方处,赣江灌溉了沿岸并通行了从吉安府运来纸的货船。产于宁都和吉安附近区域的夏布,和本省生产的糖也同样顺着赣江运往南昌和吴城。然后我们再看抚河,抚河沿岸的谷地上,人们聚居并形成建昌府和抚州府以及其管辖的地区。前者是造纸区,后者是我描述过的细夏布还有棉布的生产地,这些我会在后面提到。而这些都在且必须在我们的掌控范围之内。这些流域的出路最终都会汇总于九江或其他类似的港口,唯一的区别在于是本地船只还是外籍船只承担运输任务而已。发源自浙江

省界并汇流在福建武夷山脉间的广信河向鄱阳湖面滚滚而去,其上的船只盛装着珍贵的河口红茶和优质纸张。这条河以及邻近北部的溪谷,即瑞江流域,是绿茶、纸和瓷器的生产地和制造地,其源源不断的产品供应使得九江港在货运规模上能够与沿海港口相抗衡。如果想要销往沿岸,乐平的煤就必须进入鄱阳湖而再通过长江运出;但是除非水路运输能够更加快捷和高效,否则绿茶和瓷器往往会绕过鄱阳湖口而选择短途的陆路运输。我描述过的这个国家的其他作物如大米、茶油和本地消费的粗茶,往往不参与对外贸易。到目前为止,所有这些商品中大部分都是通过水路来运输的,幸运的是,那些通过陆地运输的商品很少,因为道路在运输途中会遭受很多的困难。①

关于海关时期的九江腹地范围,笔者专辟了一节"从子口贸易看九江的腹地范围",详见第五章第二节。

第三节 "襟江带湖":九江城市功能的双重角色

九江"襟江带湖"的特殊位势,使它在历史上所扮演的角色带有明显的双重性。即在行政辖属上属于江西,是江西的地方行政中心之一,发挥着区域中心城市的职能,素有"赣北重镇""江西门户"之称;在经济上,其功能则往往超越江西,具有全国意义,属中国的九江,抑或是长江流域的九江,发挥着全国货物的转输和调剂功能,而有"七省通衢""三江门户"之谓。这种角色,使得九江与鄱阳湖流域以及九江与长江流域的关系带有特殊性。

一、江西门户:赣北地方行政中心的形成

东晋咸和年间(326—334),先后将寻阳郡治、寻阳县治(今湖北黄梅、广济一带)从江北徙入江南柴桑鹤问寨(其城址在今南浔铁路赛湖桥附近);咸康六年(340),又将江州州治由豫章移驻寻阳。至此,九江就成为州、郡、县三级政权

① Kiukiang Trade Report, for the year 1869. 吴松弟整理:《美国哈佛大学图书馆藏未刊中国旧海关史料(1860—1949)》第173册,广西师范大学出版社2014年版,第343页。

同治寻阳。义熙八年(412)，寻阳郡改名为江州郡。由此，九江开始成为江西地方行政中心之一。以后政区虽有更迭，但作为郡（府、州）级治所，一直循而未改。作为地方行政中心，在明清两代，九江不仅一直是府治之地，而且地位明显比一般府治重要得多。明代洪武九年(1376)，全省十三府划分为南瑞、九江、湖东、湖西、岭北五道。"九江道"辖饶州、南康、九江三府，道治在德化(今九江)。清代广饶南九道(即广信府、饶州府、南康府、九江府)之治所亦驻在九江。这不仅使九江地方行政中心的地位更加巩固，而且也使九江行政中心的调控功能扩展到了几乎整个赣北地区。

　　由于九江在全国战略上的重要意义以及在地区行政区划上的重要地位，历史上在九江先后设置过的各级各类机构亦特别繁复。据不完全统计主要有：布政司、巡按署、检校厅、察院都府、指挥署、兵备按察司、直隶九江卫署、九卫南署司、道标中军厅、九卫北司、千户署、卫经历、卫知事、卫镇署、九江道、推官署、通判署、操江厅、九江递运所、司狱司、所署、百户署、总旗署、仓大使、批验茶引所、税课司、芦课司、鱼苗厂等一系列行政、军事、民事、税务机构。①

　　至民国鼎革，鉴于晚清时期重叠复杂的省、府、州、道、县等设置问题，曾经展开一次改变晚清时期政区的讨论。在江西，如何建置复杂的地方行政区划意见分歧很大，如在改省为州直隶还是道直隶，以及州道辖县数量等问题上，变化频繁，方案迭出。1913 年 11 月，主张改省为州直隶者："将江西省分为洪州、江州、赣州三州，江州治九江，辖九江府、南康府、广信府、饶州府所领的 23 县。"②主张省为道直隶者则把赣北范围划为浔阳道，道治九江，辖领"地属九江、南康、饶州三府，兼得南昌之义宁、武宁、奉新、靖安"以及地近九江的"兴国(即阳新县)、广济、黄梅"共 23 县。③ 最终，江西全省分为豫章、浔阳、庐陵和赣南四道，其中豫章道下辖 23 县，庐陵道辖 21 县，浔阳道辖 20 县，赣南道下辖 17 县，共计 81 县。浔阳道治九江，管辖原九江府的九江、德安、瑞昌、湖口、彭泽，原南康府的星子、都昌、永修、安义，原饶州府的波阳、浮梁、乐平、万年、德兴、余干以其从原南昌府

---

①　(清)高植：《德化县志》卷 4,《公署》,乾隆四十五年刻本。

②　《全国析八十三州之动议》,见《申报》,1913 年 11 月 26 日。

③　《张总长道制草案》,见《申报》,1914 年 1 月 12 日。

划出来的奉新、靖安、武宁、修水、铜鼓共 20 县。[①] 至此,原属九江、南康、饶州三府以及南昌府的部分地区全部归属专区一级的浔阳道管辖。这从一个侧面反映了九江在江西行政系统中的重要地位,亦说明九江在赣北的重要性。

二、三江门户:九江在长江流域的地位

九江在古代相当长的时期是作为全国意义的重要重镇存在的。早在西晋元康元年(291),晋惠帝司马衷从扬州分出 7 郡、从荆州分出 3 郡,设置"江州",下辖 10 郡。西晋时期的"州"属于一级政区。在公元 304 年,西晋王朝分别从武昌郡、庐江郡析出三县设立了浔阳郡,江州辖郡达 11 个,且江州州治即在浔阳郡的柴桑县(现九江市区内)。西晋江州 11 郡包括浔阳、豫章、鄱阳、庐陵、临川、南康、建安、晋安、武昌、桂阳、安成。此时的江州所包含的地域相当广大,相当于我们今天的江西省全部、福建省大部、湖北省东南角、湖南省东南角,是西晋朝廷为了削弱荆州、扬州实力而设置的。西晋末年,位于今湖南省东南角的桂阳郡重新被划归荆州,所以在东晋之时,江州仅仅包括 10 郡,涵盖今天的江西全省、福建大部、湖北东南角。从东晋开始,江州辖境开始不断缩小,南朝宋孝建元年(454),武昌郡(湖北东南角)被划入新成立的郢州;南朝齐时期,江州辖境未变;南朝梁普通五年(524),建安郡(福建省北部)被划归给东扬州,其余辖境大体未变。只是在梁朝最后一两年(556、557),整个江州被短暂地被裂解成西江州、南江州、吴州、高州。南朝陈时期,纠正了南梁末年的过分裂解,逐步重新整合各州的辖境,首先以福建省全部为丰州(558),在光大二年(568)以今日的江西省全部为"江州"。唐王朝时期,由于州级政区增加到 300 多个,由此在州县政区上设置了"道"这一级监察机构,州级行政区从原来一级政区,降到了二级政区。江州政区也就缩减到现在江西的北部区域(相当今九江市),因此九江作为江州的主要治所也就成为九江市的曾用名延续至今。虽然九江的建置在长江流域从全国性地位逐渐下降,但其在长江流域的区位优势并未因此完全丧失。晚清蒋湘南在其《江西水道考》中谈及九江与长江的关系:

---

① 《各省所属道区域表》,见《申报》,1914 年 6 月 8 日,并见于《江西年鉴》,第 1 篇,第 2 章,"江西省之设置",1936 年版,第 19 页。

　　大江自富池驿而东又东南六十里经广济县之龙平镇又东南十里经黄梅县之新开口镇又东南五十五里即九江府城也。江流至此阔二十余里,波涛浩瀚谓之寻阳江。舟行其间有内路外路之分,亦谓之九江也。古称盆口重镇,中流襟带,盖府城当吴楚要会,不特江右安危视九江之缓急而上游之势淮南江左与共,所谓地有常险者非欤?①

　　九江背依鄱阳湖流域,北以长江为界与湖北、安徽两省隔江相望。长江至九江,江面宽阔达二十余里,舟行其间分内路与外路,所谓"中流襟带",同时也当吴楚襟喉,事关江左与江右的安危与祸福,是我国东南沿海的腹地,有"吴头楚尾,粤户闽庭"之称。唐代诗人王勃在《滕王阁序》中赞誉江西"襟三江而带五湖,控蛮荆而引瓯越",足见其地理位置的重要性。

　　历史时期,九江因为扼控赣江—鄱阳湖水系入长江之交的位势,同时又处长江中下游交汇处的战略地位,使得它也是一个重要的军事力量集结中心,成为兵家必争之地。作为全国军事重镇,从三国魏晋开始,及至宋元,中国封建政府在九江或设都督、节度使、招讨使、镇守使、总管等类军事长官,总揽本地区之军民事务。到明代初期,鉴于"九江据省上流,牵制沿江州郡且与南康密迩,巨湖吞浸,实保境要害重关"②的特殊位势,明政府更是在九江设立直隶九江卫,加强该地的军事统治力量,作为当时全国政治中心——南京的重要藩辅之一。

　　同样,鄱阳湖流域不仅是长江的重要补水地域,同时也是长江中下游和东南腹地的重要屏障与枢纽。晚清蒋湘南《江西水道考》在讲述江湖之关系时云:"大江虽在九江一府之境而为彭蠡湖水所归;湖水又为赣水所会,赣水又为众水所注,自宜以江水为经,湖水为纬,湖水又以赣江为经,众水为纬,巨细无遗,脉络庶几分明。"③

　　也就是说,长江是鄱阳湖众水所归,在水运时代,应该是民船航行的动脉;鄱阳湖是以赣江为主体的五大河流所注,同时也是整个流域水运的经络,而九江控其下游的湖口、彭泽,同时也就襟带了长江与鄱阳湖之利,蒋湘南《江西水道考》云:

---

① （清）蒋湘南:《江西水道考》卷1,《江水》。
② （明）赵秉忠撰:《江西舆地图说》。
③ （清）蒋湘南:《江西水道考》凡例。

大江自九江府城而东六十里经湖口县城北,湖口江西喋吮也,彭蠡之水自县西南二十里注于大江,环城而北出,故县以湖口为名;又东北六十里经彭泽县西北二里,江流至此益折而北,江心有小孤山与宿松县分界,江滨又有马当山与东流县分界,小孤、马当皆江津之险也,自彭泽而东北凡百二十里至望江县之雷港口,盖江南江西湖广三省之地犬牙相错,滨江环峙,为设险处。①

由此可见,九江长期以来是长江流域水水联运的重要换装港,且在长江黄金水道的商业贸易中发挥着极其重要的作用。由此,九江甚至可以认为是中国的九江抑或是长江流域的九江矣。

---

① (清)蒋湘南:《江西水道考》卷1,《江水》。

第二章

"两关四镇":九江与鄱阳湖流域的经济关系

明清时期,"江右一省额设二关,赣关抽收江粤往来商税,九江关抽收江楚往来船税"①。这一南一北两关,从制度上决定了鄱阳湖流域贸易的基本路径和货物流向,同时也决定了鄱阳湖流域的市场格局和在全国的贸易地位。由于京广大水道的作用和朝贡贸易体系的形成,鄱阳湖流域成为全国物资流通的重要通道,形成以景德镇、河口镇、樟树镇和吴城镇"四大名镇"为集散中心的过境贸易的繁荣。九江关、赣关在鄱阳湖流域承担的角色和地位也随着全国商品经济的发展和商路网的兴衰与演变而不断地发生变化。

第一节 九江关、赣关的设立与区域商贸格局的制度安排

一、明清时期的九江关

九江作为全国商品融通枢纽由来已久,榷税机构也相继设置。宋朝九江设置转搬(运)仓、茶运司,元朝设置榷茶转运司,这些机构分别承担了漕粮的储存转运、茶叶、食盐以及竹木等货的征税任务。明清时期,为了管控长江流域的商船和货物往来,政府也在九江设立相应的榷税机构。

(一)明代九江钞关

随着社会经济的发展,明朝时长江和运河航运得到迅速的拓展。九江"南距五岭,北奠九江,据百粤上游,为三楚重辅,瓯越荆吴之交,江湖林麓之裕,实江东一大都会也"②。鉴于如此重要的位势,明朝政府于景泰元年(1450)在九江设立了长江通商船只的征税机构——钞关。《大明会典》对九江钞关的设置记载如下:"景泰元年,差主事二员,于湖广金沙州、江西九江监收船科钞,一年更代。"③嘉靖《九江府志》记载:"景泰庚午,朝廷用议者于九江府地方,设立钞关一所。凡船只上下,计料多寡,收钱钞有差,以供经国之费。"④景泰初年,由于国家财政状况不佳,朝廷为开辟财源,开始从商船征收船料以做弥补。时人王汝宾在

---

① 中国第一历史档案馆藏宫中档:朱批奏折,乾隆十四年五月十九日唐绥祖折。
② (明)赵秉忠撰:《江西舆地图说》。
③ 《大明会典》卷35,户部22,《课程四·钞关》。
④ (明)冯曾、李汛修纂:《九江府志》卷9,《职官志·公署》,嘉靖刻本。

《新迁九江钞关记》云："景泰初年，以国用不敷榷舟税以充之。四方商舟，骈集其地，而关之地，适当合流合派之冲。"①

九江钞关之设，一直存续到明朝末年，但关署设置地也曾有过疑虑。如嘉靖四十二年（1563），张鸣瑞请求将关口移至位于鄱阳湖入口的湖口，此项奏议，于巡抚与按察使之议未得其便，于是折中在湖口新设一关。隆庆元年（1567）湖口关被废，所以有明一代，基本是以九江关为中心的。

钞关是明朝政府在长江、运河沿岸设立的一种税收机构。整个明代，先后设置了十二所钞关。即漷县（后移河西务）、临清、济宁、徐州、淮安、扬州、上新河、金沙洲、九江、浒墅、北新、正阳十二钞关。随着时代变迁，所设钞关时有增减。至明后期仅剩九江、临清、河西务、浒墅、北新、淮安、扬州、崇文门八大钞关，九江关是唯一设在长江上的。顾祖禹《读史方舆纪要》卷85《江西》中云："九江据省上流，牵制沿江州郡，且与南康密迩，巨湖吞浸，实保境要害重关。"

九江关向来往经过九江的商船征收关税，所谓"船之由九江即有输料"。这些船包括如下四个方面：其一，自长江中上游而下经过九江直趋安庆等下游地区者；其二，自长江上游而下经过九江至湖口入江西内河赣江者；其三，自长江下游上溯经九江前往湖广、川蜀上游地区者；其四，取道湖口，来往于九江与赣江之间从事水运贸易的商船，"本水绅衿自置船课"。前三类船"纳料论遭"，"舟过其处……报税交税"，第四类船只"纳料止四季"，"名曰季料，盖平时验单放行"。②

船料征收在《万历会计录》记载如下："船料则例，原以货物多寡为率。后从简便，仍验船梁阔狭，定收料银。大率自伍尺以上，始榷其利。"③船料在最初是按船载重量征收从量税的，但后来为图简便，按船的宽度来征收。九江钞关的船料数额，也基于这条规定征收。同书记载："五尺，钞贰拾壹贯伍百伍拾伍文，钱肆拾叁文壹分壹厘，共折银壹钱贰分陆厘贰毫伍丝。"④

---

① （明）冯曾、李汛修纂：《九江府志》卷16，《诗文志》，嘉靖刻本。

② （清）谢旻修：《江西通志》卷34，《榷关》，雍正十年刻本。

③ 《万历会计录》卷42，《关钞船料》，见《北京图书馆古籍珍本丛刊》53，书目文献出版社1987年版，第1327页。

④ 《万历会计录》卷42，《关钞船料》，见《北京图书馆古籍珍本丛刊》53，书目文献出版社1987年版，第1319页。

（二）清代九江关

清代榷关的设立，始于顺治元年（1644）。据《大清会典》载，清政府从这一年起，差员赴关，以掌榷务。当时，设关之处"俱照明季旧例"，即沿用了明代钞关的旧址。清代，随着全国地区商品市场和劳动力市场的不断扩大，各种层次的城市、市镇经济网络的形成和发展，交通条件的改善，转运贸易的发展，国内市场突破区域性地方市场进一步向全国市场发展。在流通的格局上，清代也发生了很大的变化，明代以运河为主干、江南为中心的流通格局，在清代逐渐发展为以长江、沿海交通为主要的商品流通干线。① 随着长江水运商业的进一步发展，地处长江流域榷关的地位越来越重要。

清代的九江关在设置上也曾有九江与湖口之争议。《圣祖实录》卷一百一，康熙二十一年（1682）二月十四日条道：

> 九卿议覆，给事中雅齐纳条奏：调将九江榷关移于湖口地方。一议不准行，一议准行，上命画一议奏。寻九卿议. 暂移九江关于湖口收税，以一年所得为定额，若有不便，具题另议。从之。

九江关的榷署被移至湖口，并以湖口一年的税收为定额。其后，湖口关之移设成了一个问题。从雍正元年（1723）九月初一日江西巡抚裴率度的奏折可以看出这一点。其奏折道："为敬陈湖口设关之险，仍请移回九江，并分立口岸，保商裕课事。"②

湖口乃长江与鄱阳湖汇合之地，有上钟山和下钟山在湖水之中，导致该段湖区气流十分不稳定，经常是风浪骇发，因此，载重的货船经常在这一区段突遇风浪而遇险。由于湖口立关地位置不佳，加之湖口泊船不利，所以裴率度建议将关口移回九江，并设立多个口岸。关于将关口移回九江的好处，裴率度说：③

> 移回九江，仍于大姑塘设立口岸. 征收往来江南、江西船料。大姑塘去

---

① 许檀：《清代前期流通格局的变化》，《清史研究》1999 年第 3 期。

② 《宫中档雍正朝奏折》第一辑，台北故宫博物院 1977 年版，第 670 页。

③ 《宫中档雍正朝奏折》第一辑，台北故宫博物院 1977 年版，第 670—671 页。

九江叁拾余里，虽分两处，其实壹关。如有九江已经纳税，仍往大姑塘，及大姑塘已经纳税，仍往九江者，彼此验票即放至。江西民船只在鄱阳湖生理，并不出江者。

在雍正元年（1723）裴率度奏请之后，关于九江关关署一事终于被决定，这一体制一直延续至清末。

（三）明清时期赣关

明正德初年，赣南崇义山区的横水、桶岗等地发生了动乱，明政府派兵镇压。为了筹措军饷，正德五年（1510），南赣饬兵副使王秩建议将经过大庾岭商道的"广闽商船货物，估定规则，立厂盘掣，以备军饷"[①]的方案被明中央政府采纳。正德六年（1511）南赣都御史陈金在赣州府的章江、贡江二水合汇处龟角尾设立抽分厂——赣关，征收过往的商税银，赣南明军的军饷，"俱仰给于此"[②]。正德十二年（1517），南赣巡抚王守仁将折梅亭税关移至龟角尾，与赣关合并，成为一个机构。由此以来，明政府既便于管理关税，又将过往章江、贡江二水的商货全部纳入了征税范围。

清代赣关沿袭明代赣州钞关旧例，仍在赣州府城外的章、贡二水的东南门、百胜门、涌金门等处增设收税之处。[③] 有清一代，清政府在大庾岭商道上设立了太平关和赣关两个榷关。赣关主要负责稽查由中原地区来往岭南的客商，也管理从福建前往江西、湖南和中原地区的客商。由此，清政府既能够将来自各大经济区域的长途商品通过税囊括其中，又能够维持治安。赣关从顺治七年（1650）到宣统三年（1911），共存在了 261 年。

明清时期，榷关机构虽然沿袭，但清制与明制有根本上的不同，即将钞关分别划归户部和工部管辖。自清初至乾隆间，划归户部管辖的有直隶天津关、山海关、山东临清关、江苏海关、江苏浒墅关、扬州关、西新关、安徽凤阳关、芜湖关、江西九江关、赣关、闽海关、浙海关、北新关、湖北关以及粤海关、太平关等。而划归工部管辖的，则有山东临清关、江苏龙江关、宿迁关、浙江南新关、湖北荆关、湖南

---

① （清）魏瀛修、鲁琪光纂：《赣州府志》卷28，《经政志·榷税》，同治十二年刻本。

② （明）王守仁：《议南赣商税疏》，载同治《赣州府志》卷66。

③ 中国第一历史档案馆藏宫中档：朱批奏折，乾隆元年七月初五日，江西巡抚俞兆岳折。

辰关以及四川渝关等。①

二、区域商贸的制度安排

清政府之所以在江西设置九江关和赣关，在很大程度上是和当时国家政策有莫大的关系。为了防止倭寇和海外走私贸易，明代实行了海禁政策，清朝乾隆二十二年（1757）又实行了广州一口通商，把对外贸易置于国家实际控制之下。在此背景下，设计一定的贸易路线，掌控地方的商品交流和区域之间的物资调配就成了当时国家商业政策的重点。在南北物资的供应链上，鄱阳湖流域成为连接南北货流的最好且最为便宜的水运路线。因此在扼鄱阳湖入长江交接处的九江设关和控制赣江与大庾岭商路是一种最佳的选择；同样要控制大庾岭商道至广州的贸易线路，在赣县设关又是最好的选择。因此，"江右一省额设二关"，实际上也是明清时期政府对区域商贸控制的一种制度安排。其作用大体有如下几个方面：

第一，严格按照税则征收关税，充实国家财政。

清政府设立常关的目的就是征收商税，乾隆时期明确规定："凡天下水陆衢会，舟车之所辐辏，商旅之所聚，集设关置尹，掌其治禁，以安行旅，以通货贿，爰系之税，以便调几以佐国家经费。"②同时还规定"凡天下关津权务，户部掌之。其隶工部者专税竹木，商旅辐辏之地间权船货，皆因地制宜"③。为了规范常关权税，政府将通过常关的货物分别列为用物、衣物、杂货和食物四大类别。每个类别项下再按商品进行细分，同类别但不同商品其计征税则也不相同，而且按商品单位计征的税收也不完全一样。

政府为了获得税收，要从制度上安排商品的流通渠道。如河口镇的迅速发展，和其作为武夷山茶的集散地，可以方便地利用江西省内航运将茶输往广东有着很深的关系。其实，武夷山生产的茶叶利用武夷山南麓阳溪、建溪、闽江等航运至福州集散，再利用沿海航运到达广州这一路径更加便利，但经由这一路径的

---

① 乾隆《钦定大清会典则例》卷47，《工部·税关》，景印文渊阁《四库全书》第521卷，第475—479页，第624册，第287—293页。

② 乾隆《钦定大清会典则例》卷16，景印文渊阁《四库全书》第619卷，第150页。

③ 乾隆《钦定大清会典则例》卷75，景印文渊阁《四库全书》第619卷，第690页。

运输直到《南京条约》签订后的五口通商时代才为清政府所允许，在此之前武夷山的茶叶只能经由江西省运输。贸易史资料记载了江西铅山县河口镇作为茶叶集散中心的原因：

> 　　但茶叶也可能从山区各处沿最近便的道路运送，不仅顺邱渠而下，而且旧着几条注入鄱阳湖的较小的河川运出来。从星村至河口为 210 华里，再沿鄱阳湖至江西省会南昌府为 495 华里。在这三个地方均设有税卡，对往来货物征税。中国政府的政策是在交通要道上择适当地点设卡对货物征收内地关税。不仅茶叶，其他一切货物都被迫通过这些关卡。这种措施是否为了更精确地知道消费数量，还是为了政府收税的方便，抑或是对非经强迫不肯多纳税的制造商们缺乏信任，殊难断言，也许各种原因都有。无论如何，政府很灵巧地利用了山川自然形势的特点，在某些地方设置征税员吏，使扰害人民不重，而逃税则惩处维严。禁止一切本国船只将丝茶由海路运往广州，也是这种政策的一部分。……沿途每到一个税卡，运茶管理员都需呈验货物、人数及行李的清单。自星村至广州一路共有七个税卡，各卡货税是每担银一分四厘。[①]

　　应该看到，清政府关税政策的出发点，无疑是既能够维持社会安定，又能够保证税收的足额。因此在一定程度上，清政府为商人创造了较为有利的商品流通条件，客观上有利于商人经营和商品经济的发展。从更深的层次上看，清政府既希望利用常关征取关税，还希望通过常关口岸管理商人。在中国传统社会，政府对于衣食之业著于土地的农民用户籍制度和赋役制度管控他们，但对在外流动贩运经商的商人却难于进行有效的管控。明清政府通过分布在各地的常关口岸，对来往于大江南北的流动商人，进行榷税登记，就十分巧妙地掌握了物资流动和商人买卖的信息，同时也能够对商民进行比较有效的监督与管理。

　　第二，负责整治商路及常关周边流通环境。

　　明清时期，政府为了保证商品的有序流通，不仅要在关隘地区设关征税，而

---

　　①　姚贤镐编：《中国近代对外贸易史资料（1840—1895）》（第一册），中华书局 1962 年版，第 261—265 页。

且也要负责整治常关的周边环境。当时常关口岸由于有许多商贾要候关纳税,也就有一些地方恶霸和地痞流氓坑害过往的商人和抢夺他们的货物事件发生。如九江关"濒临江湖之地,向来舟行多被匪窃为害,凡偷抢诈骗之术不一而足。其在陆路则携裹掉包,持棍断路,水程则托业渔舟,乘夜钻舱或借装孤客附舟诱赌,或伪充兵役查河恐吓勒诈,商旅被害,又恐累人官司"①。江西巡抚胡宝泉组织力量,围剿了这些违法分子,保证了商人的旅途安全。从而一定程度上维护了正常的商业活动。

另外在鄱阳湖边的大姑塘常关,现今保存了一块道光年间的禁碑,碑文记录道光二十三年(1843)在大姑塘分关码头出现"一班痞徒"欺诈抢劫客商,为祸来往商人,政府加以惩戒禁止的事件。该碑所刻告示400余字,是以德化县令的名义"出示严禁以安客商",其内容大致是:湖南湘乡县陈志锦等9人用大小数只钓钩船只贩运了米谷、煤炭等项杂货从龙开河口码头运往大姑塘报关纳税,被一伙不法之徒抢劫,"蜂拥接踵上船,手舞足蹈,执棍打斗,甚至揪扭客商,肆强恶索",手段极其恶劣,影响了正常的商旅往来,需要严加禁止。"嗣后如有前项老幼男妇恶丐并在配军流、游方僧道仍敢盘踞河下结党强乞,肆行扰害,许该保人等协同客商,指名赴县,具禀以凭,严拿究惩。倘敢纵容隐匿,定将该河保甲头等并究不贷。"②如此之多的枉法之徒盘踞在大姑塘关周围,成群结党,肆无忌惮地公开劫掠,使得过往客商没有任何安全感,所以要加以禁示,保证商旅的安全。

第三,规定商人的行走路线,控制区域商贸流通。

清政府规定,商人运输商品时,必须"直赴关口按例输税,陆路不许远避别口,水路不得走支河,若有船户、脚夫包送,希图漏税等弊,将奸商、船户等分别究治,地方官并予议处"③,并对某些容易发生商贩绕越漏税的常关给予非常明确的规定。明清时期,实行广州一口通商,虽然海运成本低,费时也少,但直到道光二十年(1840),清政府仍规定"内地各省行销茶叶、湖丝、绸缎三项,止准由内地行走,不准涉海"④。江海关、浙海关和闽海关均不得贩运。在清代,自福建省经

① 《宫中档乾隆朝奏折》第14辑,台北故宫博物院1982年版,第638页。
② 吴彩虹等:《姑塘市与姑塘道光禁碑》,《南方文物》1999年第4期。
③ (清)席裕福纂:《皇朝政典类纂》卷90,《征榷八》。
④ 中国第一历史档案馆藏宫中档:朱批奏折,道光二十年十一月十三日,江苏巡抚孙善宝奏折。

由江西省至广州，需要 50～60 日。五口通商之后，武夷山茶经由内陆航运至福州，春季需要 4 日，秋季需要 8 日，再自福州经海路运往广州，需耗费 14～15 日。要节约一个多月的时间。但由于明代海禁和清代独口通商，虽长途运茶叶所需费用巨大，但政府还是规定了商人行走路线。《大清会典事例》中就有严禁茶叶从近海口岸外运的事例：①

　　闽、皖商人贩运武彝、松萝茶叶，赴粤省销售，向由内河行走，自嘉庆十八年，渐由海道贩运，近则日显增多。洋面辽阔，漫无稽查，难保不夹带违禁货物，私行售贾。从前该二省巡抚并不查禁，殊属疏懈。念其事属已往，姑免深究。嗣后着福建、安徽及经由入粤之浙江三省巡抚，严饬所属，广为出示晓谕，所有贩茶赴粤之商人，具仍照旧例，令由内河过岭行走，永禁出洋贩运。倘有违禁私出海口者，一经拿获，将该商人治罪，并将茶叶入官。若不实力禁止，仍听私运出洋，别经发觉，查明系由何处海口偷漏，除将守口弁严参外，并将该巡抚惩处不贷。漏税事小，通夷事大，不可不实心实力，杜绝弊端也。

　　上述就是记载嘉庆年间，禁止闽、皖、浙三省茶叶从海上运往广州，并晓谕"所有贩茶赴粤之商人，具仍照旧例，令由内河过岭行走，永禁出洋贩运"的事例。同样姚贤镐编《中国近代对外贸易史资料》中辑录了一些西方商人通过实地考察，写出"闽茶运穗"的具体路线和里程。全文如下：

　　福建与江西所产的茶，除了翻越广东北部的梅岭那一段陆路，以及有时从山上到船上要经过短程陆路运输以外，全部由水道运至广州。从广州到武夷山，据原稿作者的估计为 2885 华里，即约 930 英里……茶叶严密地装在箱内，外用草席包扎，加上标记，首先汇集在星村。从星村运至邱渠（译音，今名沙河）。邱渠发源于武夷山，注入鄱阳湖。至少有一部分茶叶是由陆路运至河口的，河口是鄱阳湖东南方一个主要的茶叶集散地。但茶叶也

---

①　(清)崑冈、李鸿章等修：《光绪大清会典事例》卷630，《兵部·绿营处分例·海禁》，光绪朝版本。

可能从山区各处沿最近便的道路运送,不仅顺邱渠而下,而且旧着几条注入鄱阳湖的较小的河川运出来。从星村至河口为 210 华里,再沿鄱阳湖至江西省会南昌府为 495 华里。在这三个地方均设有税卡,对往来货物征税。中国政府的政策是在交通要道上择适当地点设卡对货物征收内地关税。不仅茶叶,其他一切货物都被迫通过这些关卡。这种措施是否为了更精确地知道消费数量,还是为了政府收税的方便,抑或是对非经强迫不肯多纳税的制造商们缺乏信任,殊难断言;也许各种原因都有。无论如何,政府很灵巧地利用了山川自然形势的特点,在某些地方设置征税员吏,使扰害人民不重,而逃税则惩处维严。禁止一切本国船只将丝茶由海路运往广州,也是这种政策的一部分。①

由此可见,明清政府在鄱阳湖流域设置九江关和赣关是整个国家商贸格局和政策的制度安排。它不仅服务于国家实际控制之下而形成朝贡贸易体系,而且也造就了江西过境贸易的繁荣。在各区域横向经济联系日趋密切的形势下,江西由于在商业交通中的特殊位势,从而得以将地方物产推销全国甚至国外,因而出现了一批以生产、推销和转运商品的工商市镇,其中以景德镇、河口镇、樟树镇和吴城镇最为典型。② 广信府铅山县河口镇作为信江流域的商贸集镇兴起,所谓"舟车驰百货,茶楮走群商",③成为闽浙赣三省的商业要冲"货聚八闽川广,语杂两浙淮扬"④。饶州府浮梁县景德镇"其所被自燕云而北,南交趾,东际海,西被蜀,无所不至,皆取于景德镇,而商贾往往以是牟大利",⑤形成"遍国中及海外彝方,凡舟车所到,无非饶器也"⑥。临江府清江县的樟树镇"为舟车孔道,四

① 姚贤镐编:《中国近代对外贸易史资料(1840—1895)》(第一册),中华书局 1962 年版,第 261—265 页。
② 关于江西四镇的研究,如,萧放:《明清江西四大镇的发展及其特点》,《平准》第五辑下;梁淼泰:《明清景德镇城市经济研究》,江西人民出版社 1991 年版;梁洪生:《吴城商镇及其早期商会》,《中国经济史研究》1995 年第 1 期;许檀:《明清时期江西的商业城镇》,《中国经济史研究》1998 年第 3 期,等等。
③ 蒋士铨:《忠雅堂诗集》卷 33,河口。
④ (清)张廷珩:《铅山县志》卷 2,《地理·疆域》,同治十二年刻本。
⑤ (明)王宗沐:《江西省大志》卷 7,《陶书》,明嘉靖刻本。
⑥ (清)蓝浦:《景德镇陶录》卷 8,《陶说杂编》。

达之地"①"樟树镇在丰城、清江之间,烟火数万家,江广百货往来与南北药材所聚,足称雄镇"②。南昌府的吴城镇"南通两粤,北走二京,为楚越瓯闽必经之路"③"贾船商艇,往来无虚日"④。江西四大名镇各有特色:"景德以陶,豫章书陶政篇是也;河口以茶,皆土产;樟树以药;吴城无土物,则贩通往来而已。"⑤四镇的繁荣,正是当时江西过境贸易繁荣的缩影,四镇成为江西乃至全国商品市场的重要网结。而扼大庾岭商道上的南部章水边的南安府大庾县,"乃两广往来襟喉,商贾如云,货物如雨"⑥。"商货辐辏,五方杂处""诸夷朝贡,四方商贾,贸迁货物上及仕宦俱于是焉取道"。⑦

第四,常关制度既是社会经济发展的反映,也是传统社会关税史上的一个创新。

明清常关制度一脉相承。随着明清时期社会经济的不断发展,为商品流通区域的扩展、商路和商业网络的形成提供了重要条件;因此,明清时期长途贩运贸易的发展,不仅促进了区域间的物资交流,也为建立更多的征收长距离商品流通税的常关成为可能。明清常关也就从运河、长江为经纬逐渐拓展到内陆、沿海和边关,其分布也与全国性经济布局的变化相一致,是社会经济发展的重要标志。常关制度由明代钞关制度演变而来,但正是在清代,逐渐形成了一套较为规范的管理体制,成为长期实行的一种财政制度,在中国财政史上具有重要地位。清代常关的建立与发展是中国封建社会关税史上的一个创新。清政府对常关制度的创新,是通过一系列具体的制度来实现和完成的。为了保证税收的完成,清政府无论是对常关的管理、税则的制定、税收的报解和官员的考核,还是对关税的使用方面,都是有章可依的。

明清时代的常关制度既是政府管控商品流通、商人流动的重要手段,同时也是政府巨大的财富来源之一;清朝政府的常关税收是仅次于田赋、盐税的第三大

---

① (明)管大勋、刘松:《临江府志》卷9,《防围·兵制》,隆庆刻本。
② (明)王士性撰:《广志绎》卷4,《江西》。
③ (清)承霈修、杜友棠、杨兆崧纂:《新建县志》卷77,《艺文》记"复兴章江记",同治十年刻本。
④ 傅春官:《江西农工商矿纪略》,《清江县·商务》。
⑤ (清)谢永泰等修、程鸿诏等纂:《鄱县三志》卷6下,同治十年刻本。
⑥ (清)陈荫昌、石景芬等修纂:《大庾县志》卷2,《地理·风俗》,同治十三年刻本。
⑦ (清)陈荫昌、石景芬等修纂:《大庾县志》卷15,《艺文》记周诰"重修梅岭记",同治十三年刻本。

财政收入来源,在清王朝财政中占有重要地位。为此,我们应该客观地评价常关的历史地位。

第二节 "遗算湖口"：九江关与鄱阳湖流域的商品流通

九江"襟江带湖"的区位优势在明清时期有一个逐渐发展的过程。林传甲在论及九江与湖口的关系时云："顾祖禹以九江为险在门户间也者,实则九江之险,不如湖口,九江为交通形势之地,不如湖口为战守形势之地也。今以九江设商埠码头,湖口设礮台营垒,形势各异。港湾不利停泊。湖口之形势不完。九江能扼上游,不能扼下游入湖之路,形势亦不完。此江西门户之险,不足以守。"①九江之于湖口的关系,九江扼于江,湖口扼于湖;因此,如何处理九江与湖口的关系,就显得十分重要。

一、历史上的"遗算湖口"问题

"江西诸水总汇鄱阳湖,泻注大江。"②湖口县城是赣江—鄱阳湖水运与长江接通的"襟喉之要"。顾祖禹云："湖口在九江府东六十里,今为湖口县。其地上据钟石,旁临大江,彭蠡之水汇章、贡及群川之流,北注于江,湖口县委输处也。"③鄱阳湖流域的商船通过湖口,"西则出寻阳而达湖广",东则经彭泽直趋下游。④凡由赣江经鄱阳湖达湖口入长江直下安庆、池州下游地区或由这些地区行至湖口入赣江的来往商船则"纵之脱然"于九江关的征税范围之外。"今江西之运凡四十余万石,悉自湖口以达于江,所谓粮运资储,仰此气息者非乎？且自皖口溯江西上,则越小孤山径彭泽,不待叩寻阳之城,而直掩湖口,江西岌岌矣。湖口于九江又独当东南一面之险也。"⑤这就是历史上所谓"遗算于湖口"。

面对如此情形,嘉靖四十二年(1563),明政府据给事中张鸣瑞之议,于湖口

① 林传甲：《大中华江西地理志》第23章"江西水陆之形势",裕成印刷公司1918年版,第45—46页。
② (清)蒋湘南：《江西水道考》卷1,《江水》。
③ (清)顾祖禹：《读史方舆纪要》卷83,《江西》,中华书局2005年版,第3889页。
④ (清)蒋湘南：《江西水道考》卷1,《江水》。
⑤ (清)蒋湘南：《江西水道考》卷5,《方舆纪要》。

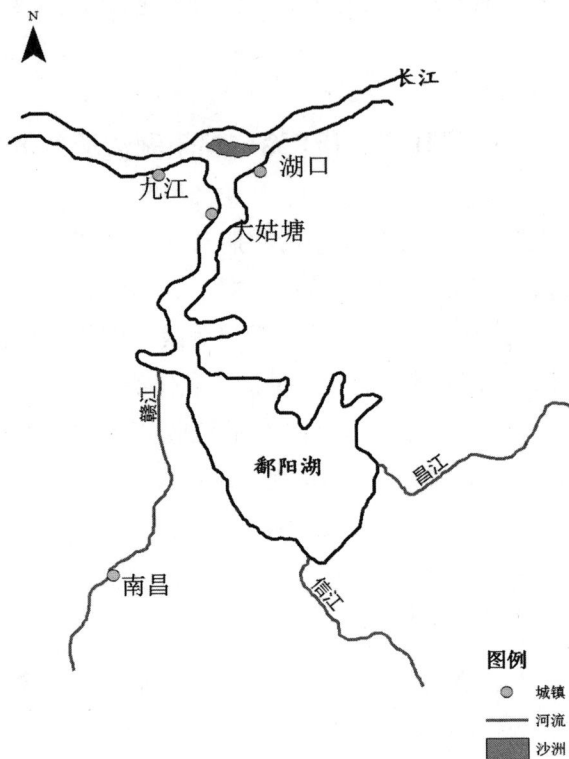

九江·湖口概图

添设分关,征收来往于鄱阳湖与长江下游地区的商船税,以解决"遗算于湖口"的商船偷漏税问题。但是,由于鄱阳湖流域的地势是三面环山,北部地势平坦,从鄱阳湖进入长江处是一个大的缺口。当冷空气由北部的湖北、安徽南下进入这个缺口之时,犹如江水流入峡谷,风力特别强劲。所以,每当偏北风起,长江江面就风高浪急,而鄱阳湖的出江商船往往又是吃水较浅的平底帆船,常有沉溺之患。因此,在湖口设关征税,无法保证纳税商船的停泊安全。到明朝隆庆元年(1567),也即湖口设关后仅4年,御史张启元上奏疏论及此种情形曰:

　　　　九江之厂,所以讥商贾也。而榷征关之,嘉靖四十二年,又添设一厂于湖口,所收料银附九江并解,当时建议者不过网罗商旅,讥察江河而已,讵知其为南土之陷阱,大江之炮烙也。臣备员南路遇东南来者莫不蹙额曰,昔年盗在江中,今日盗在湖口,江中之盗劫财,湖口之盗劫命。始作俑者恨不得生啖之,其初逐利于家僮,今乃流毒于生灵,而莫可挽也。何则?湖口形势,两山夹峙,岸石巉岩,江汉合流,湍回浪急。未有关厂,则舟樯上下,观便取径,不必穿泡挺涛,冒险停桡。设关以来,不问军民,必取湾泊,下水者当回流之横冲,难于近岸;上水者逆溜头之激射,难于进港。或风浪骇发,跳掷待毙而已。自立厂之日,以迄于今,不知几千人葬鱼腹中也。①

张启元上奏当年(隆庆元年),明政府遂撤罢湖口关。万历中期,明朝廷为解决财政困难,向全国派遣矿监税使,搜刮百姓脂膏,湖口关于万历二十六年(1598)再设。直到万历四十三年(1615)在全国反矿监税使斗争的压力下,明王朝撤回各地税监,湖口关亦于次年撤销,此后到明末,湖口关没有再设。所以,终明一代,除了嘉、万两次短期添设湖口分关外,九江钞关的职责范围始终存在着"遗算于湖口"的情况。② 这个现象造成了九江关与江西水运商业联系较少的客观事实。

清代的情况与明代大致相同。顺治四年(1647),曾将九江关移设于湖口,企图解决"遗算于湖口"的问题,终因湖口风浪险恶,确实难保纳税商船的安全,不得已又于顺治六年(1649)将榷关迁回九江。至康熙二十一年(1682),复将九江关移设于湖口,但湖口自然条件并未改观。康熙五十七年(1718),江西巡抚白潢在奏疏中再次指出:③

查勘湖口县地形,背山面江,左右两山,巉岩夹峙,直插江中。泊船处所,只有虹桥一港,偏在山脚。夏秋水涨,仅容小船一二百只;及冬春水涸,不得不沿江(指长江)湾泊。江风陡作,不无撞岸触石之虞,此商船候验停泊之险也。且水涸时,湖广与江南上下之船,到关报税,不能直捷径行,必由梅家洲嘴转行十有余里。来若风顺,则去必风逆,上下挽驾,艰难万状。及

① (清)曾国藩、刘坤一等修:《江西通志》卷87,《榷税》,光绪刻本。
② (清)谢旻修:《江西通志》卷117,《艺文》,雍正十年刻本。
③ (清)曾国藩、刘坤一等修:《江西通志》卷87,《榷税》,光绪刻本。

至水涨，则湖水江流交汇于虹桥港口之前，两水冲激，汹涌异常，少有微风，即蹈不测，此又商船出入港口之险也。

因此，至雍正元年（1723），不得不仍将榷关自湖口移归九江。总之，湖口地势难于设关。这也是湖口历史上长期未能发展的重要原因。

二、大姑塘关的设立

其后，湖口关之移设成了一个问题。从雍正元年（1723）九月初一日江西巡抚裴率度的奏折可以看出这一点。其奏折道："为敬陈湖口设关之险，仍请移回九江，并分立口岸，保商裕课事。"[①]由于湖口立关地位置不佳，所以裴率度建议将关口移回九江，并设立多个口岸。湖口乃长江与鄱阳湖合流之地，另外有上钟山、下钟山等山在水中。因此，载货重的民船经常在此地遇难。关于将关口移回九江的好处，裴率度说：

> 移回九江，仍于大姑塘设立口岸，征收往来江南、江西船料。大姑塘去九江叁拾余里，虽分两处，其实壹关。如有九江已经纳税，仍往大姑塘，及大姑塘已经纳税，仍往九江者，彼此验票即放至。江西民船只在鄱阳湖生理，并不出江者。[②]

大姑塘位于庐山东北麓、鄱阳湖西岸，地形呈半岛状，水深浪平，是船舶停泊的理想港口，它陆路距九江市区约 20 公里。从水路而言，大姑塘正处于鄱阳湖北部湖区狭长的"瓶颈"地带，正好扼控鄱阳湖入长江航道之上，是建关设卡收税的好地方。在这里设立税关，鄱阳湖区来往商旅的就全部被纳入国家榷关的控制之下。这样，通过湖口直趋安庆等下游地区者也在九江关纳税范围之内。

在九江设关时，于大姑塘设置口岸，征收江南及江西之船料。大姑塘虽然离九江近 20 公里，但九江与大姑塘两个地方实际是一个关所。无论是在九江还是在大

---

① 《宫中档雍正朝奏折》第 1 辑，台北故宫博物院 1977 年版，第 670 页。
② 《宫中档雍正朝奏折》第 1 辑，台北故宫博物院 1977 年版，第 670 页。

姑塘纳税,只要持有纳税证明就能通过另一处关口。如此一来,以鄱阳湖为生活舞台的江西民船,可以自由航行至鄱阳湖与长江之交汇处而无须纳税。光绪《江西通志》卷87《经政略·榷税》详细记载了这一事实:

> 雍正元年(1723)部议覆准九江关仍自湖口移归九江,其不由九江经过往来之商船于大姑塘别设口岸,令江西巡抚选贤能官二人,一驻九江,一驻大姑塘,凡船经九江纳税过大姑塘验票放行,过大姑塘纳税至九江亦如之,禁重征苛勒以税务。责巡抚令地方官监收,停其遣官由巡抚题委道府递管。大姑塘分司题委知府同知通判递管,乾隆四年,设监督九江关税,窑务以内务府员外郎管理,四十三年始移广饶九南兵备道驻九江兼监督九江钞关税务。

关于在大姑塘设立分关的好处,英国早期驻九江领事德鲁先生(Mr Drew)在考察了鄱阳湖流域市场后,做了如下一个结论:

> 在我看来,大姑塘比九江、湖口和吴城都更具有优势,并且也没有那三个地方所存在的劣势。不可否认,大姑塘具备一个极好的港湾,而且空间大到足以容纳所有的帆船;长江的轮船只需航行7英里驶入鄱阳湖内,便可以在大姑塘与这些帆船会合,同时避免了茶叶在运往九江途中经常发生的耽搁。这里的水足够深,测量显示,如果水位能使轮船到达九江,那也同样能航行到大姑塘。大姑塘的地理位置与湖口一样,十分便于掌控鄱阳湖的进出口,来来往往的民船都得从这里经过;大姑塘比吴城和饶州要好得多,即使这两个地方的交通也很方便,前者无法收取绿茶和瓷器的税收,后者无法收取红茶和纸张的税收。①

英国人斯坦利·莱特(Stanly Wright)在其《江西地方贸易与税收(1850—1920)》中描述:

---

① Kiukiang Decennial Report, 1882–1891. 中国第二历史档案馆、中国海关总署办公厅:《中国旧海关史料(1859—1948)》第152册,京华出版社2001年版,第209页。

　　大姑塘分口(通常简称为姑塘分口)坐落在鄱阳湖西岸的曾经非常繁荣的姑塘镇，它控制着进出鄱阳湖的贸易，包括帆船、货船、汽船和木排等，每年它的税收收入不下于总局，甚至还经常超过总局。①

　　光绪《江西通志》曾经提到九江常关有多个分口，但没有详细记载处所。现存于哈佛大学图书馆中有一份《九江常关报告和统计(1902—1906)》中记载了九江的 11 个分口："九江第二个分关在大姑塘，它在鄱阳湖边上，陆路距离九江 40 里，水路距离九江 80 里。它有 11 个分卡，6 个处于九江常关之下，5 个处于大姑塘关，它们的名称是：在九江关下：溢口、龙开河、老马渡、老鹳塘、清江口、八里江；在大姑塘关下：梅家洲、龙华寺、扶山、白石嘴、马家湾。"②（见九江常关分口位置图)。

　　后来九江海关职员英国人斯坦利·莱特(Stanly Wright)经过调查认为直到 1901 年有 10 个分口，这一数目一直没变，直到税务司最终完全控制九江常关为止，其记载如下：

　　所有的分口中有十个分口不是为了征收法定的税费，而仅仅是负责检查进出该地的本土船只的单据……在这些靠近总局的税关中，第一个分口是位于九江北岸的北关。……北关正对面，在九江城这面，毗邻著名的琵琶亭，曾经是龙开河分口。……设立这一分口的目的是守卫进入龙开河的船只，但铁路出现后，这一分口立刻失去了其存在的价值。……第三分口是老马渡，位于九江南部龙开河弯曲处……这一分口负责检查从瑞昌和沙河来的船只……沿江而下，依次是老官堂分口和清江分口。老官堂分口位于长江南岸美丽的金鸡塔的阴影下，清江分口则位于北岸的小池口村。……再沿长江而下，在鄱阳湖与长江接口的下方，有八里江分口。……在长江北岸，几乎是八里江的正对面，曾经有过一个分口，它和八里江分口一起负责

　　① (英)斯坦利·莱特著，杨勇译：《江西地方贸易与税收(1850—1920)》，江西教育出版社 2004 年版，第 85 页。
　　② 《九江常关报告和统计(1902—1906)》，吴松弟主编：《美国哈佛大学图书馆藏未刊中国旧海关史料(1860—1949)》第 199 册，广西师范大学出版社 2014 年版，第 588 页。

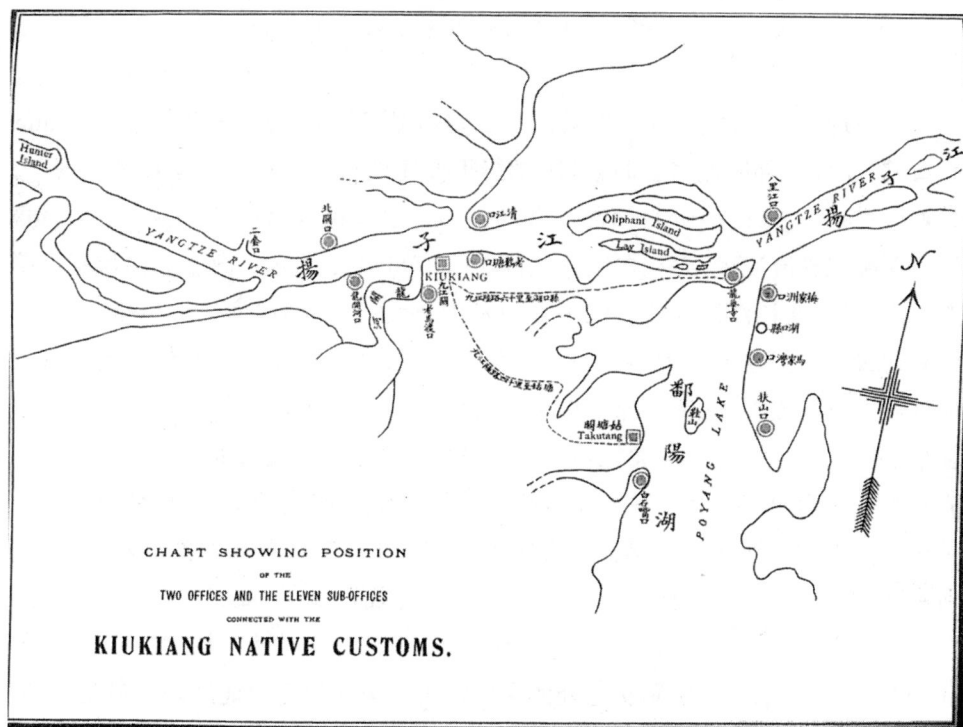

九江常关分口位置图

（图片来源：《九江常关报告和统计（1902—1906）》，见吴松弟：《美国哈佛大学图书馆藏未刊中国旧海关史料（1860—1949）》第 199 册，广西师范大学出版社 2014 年版，第591 页。）

检查沿长江上下的帆船。第七第八分口位于鄱阳湖入口处，一个在湖口一面的龙华寺旁，取名叫龙华寺分口；另一个位于对面的梅家洲。……这些分口的职责是确保那些没有持有姑塘分局证明的船只还能离开鄱阳湖。第九个分口位于福山入口处的一个岬角上，直接面对姑塘，只在涨水季节才运作。设置这一分口的目的之一是为了防备船只沿鄱阳湖的东岸从姑塘逃走，但实际上它主要用来监视那些从事利润丰厚的福山石灰贸易的船只。……第十个分口，也就是最后一个分口位于姑塘稍南一点，靠近虾蟆石，现在叫白石嘴，它负责检查所有进入鄱阳湖船只的税单。[①]

从地理上分析，九江府属五县被长江和鄱阳湖分割成西、东两部分。东部的湖口、彭泽处于鄱阳湖滨，通过鄱阳湖能很便捷地与江西省内水运商业、长江下游地区进行经济往来；处在西部的九江府治之地德化以及德安、瑞昌三县，其境内既无赣江支流流经，而且在三县之间也没有可以提供通航商船的河流相互联通。因此，处在长江江滨的九江关征税范围，除了从江西内河经湖口抵达九江，或者通过九江前往上游的湖广地区的商船之外，九江关无法与其他航向的江西内河商船直接接触，这些商船如果径直前往长江下游地区，自然也就容易脱逃其征税范围之外。既然九江关征税不包括来往于湖口的商船，因而也就不能够与省内的水运商业网以及传统四大名镇等贸易中心发生充分而密切的联系。九江关更多的是与长江上的水运商业紧密相关，随着长江水运商业的发展而变化。所以，江西除了一些需要经过九江发往长江中上游的商品，或者从长江上游经鄱阳湖入赣江水系的商品需要通过九江调剂外，大部分商品并不从九江转运发销。而处在赣江、修水和鄱阳湖交汇处的吴城镇码头与江西内腹地区联系最为密切，成为江西外销之货的极点。吴城镇的商业规模和人口数量在明清时期，甚至超过了常关所在地的九江府城。

然而，自从在姑塘设立分关后，九江常关不仅能直接控制鄱阳湖流域的流通商船，而且也能对相应的流通商品进行榷税管理，实际上也就管辖了鄱阳湖流域商业的基本路径和货物流向。而姑塘镇也由于设立了九江分关，过往商船在此候关纳税，也逐渐发展成为商业贸易的物资集散地，一跃成为贸易繁荣的市镇。市镇内蚁集了大量的商号、货栈、各色店铺，房屋鳞次栉比，与毗邻的九江遥相呼应。《九江海关十年报告（1882—1891）》也将大姑塘设立口岸详细情况记载了下来：

> 人们通常不会想到，地方当局从本地民船的船钞税中获得了可观的收入。九江在大姑塘设有分关，这是帝国的常关和现在的海关所在地；并且其

---

① （英）斯坦利·莱特著，杨勇译：《江西地方贸易与税收（1850—1920）》，江西教育出版社 2004 年版，第 85—86 页。

收入逐年增长已达到 26 万海关两,这几乎有一半是来自船钞,船只每航行一次便要交一次税。

支持大姑塘开放,这比开放湖口或其他地方更为可取。大姑塘位于湖口以上 7 英里,大姑塘的开放可作为初步引进蒸汽船的过渡阶段。大姑塘到九江的陆路只有 13 英里,并且,对于那些出于商业需要,乐于来回两地穿梭,或两地轮换居住的外国人来说,这并不会产生很高的旅途费用。也许一两年后贸易就会转移到那里(大姑塘)。九江开埠的目的是为了控制鄱阳湖流域的贸易往来。如果当时开放的是吴城而不是这个地方(九江):那么对外贸易就会分散于各个旧航道,那么许多进口商品的货流量也许会比现在更高,国外船只也许早就将货物直接运到了汉口,并且在土货的运输贸易中或许会享有更大的份额。但是蒸汽船无法到达吴城;即使这不是问题所在,吴城还存在其他的不足,因为它不是瓷器市场,并且绿茶运输也不经过此地。另一方面,九江的劣势也同样不少。大部分瓷器运往帝国各处,但是这个大型的瓷器贸易中心并不靠近九江,正如已说明的那样,这种情况与从吴城运来的纸张是一样的。茶船也是如此,为了与外国蒸汽船交接,茶船在穿过鄱阳湖后抵达大姑塘,并在那里等待有利的风向,然后前往湖口,再逆水而上费力地航行 17 英里达到九江。在这些举足轻重的土货经销商眼中,九江的地位仅仅是他们运输路线之外的一个登陆点,如果有任何货物要通过轮船运到九江下游的港口,哪怕他们希望快点赶到,但还是要将货物先送到九江。[1]

三、从常关榷税看九江关与鄱阳湖流域的经济关系

明清政府对常关实行比较有效的管理和控制,是通过一系列具体的制度来实现和完成的。清政府设立常关的主要目的,就是要从长途贸易活动中获取税收,除对管关官员有一系列明确的制度约束外,对经过常关的从事长途贸易的商

---

[1] Kiukiang Decennial Report, 1882-1891. 中国第二历史档案馆、中国海关总署办公厅:《中国旧海关史料(1859—1948)》第 152 册,京华出版社 2001 年版,第 208 页。

人,也实行了严格管理。明清时期,政府在江西设关,其在国家财政税收上起了重要作用,而且通过对税收的了解也可以窥见江西在全国的贸易地位。自景泰元年设立九江关后,其关税定额在不断增长,具体情况详如下表:

表 2.2.1　明代九江钞关税额增长表(单位:万两银)

年份	关税定额	年份	关税定额
景泰元年(1450)	0.7	弘治六年(1493)	1.5
万历八年(1580)	1.09	万历二十五年(1597)	2.50
天启元年(1621)	3.75	天启五年(1625)	5.75
崇祯二年(1629)	6.64	崇祯三年(1630)	7.99

(资料来源:(明)王沂:《续文献通考》卷18,《征榷考一》。)

从表格数据中我们可以看到,九江钞关税额,从万历八年的关税定额银1.09 万两至崇祯三年增至 7.99 万两,短短 50 年的时间,增幅达 633% 。这一方面可能反映了明朝后期官府对商业税收征剥的加重;另一方面也确实反映九江钞关在全国关税收入的比重不断增加。我们以明代后期的八大钞关的税收定额做一个横向比较,以资证明,如下表:

表 2.2.2　明代后期各钞关税额增长趋势表(单位:万两银)

年别＼关别	九江	淮安	北新	扬州	浒墅	崇文门	河西务	临清
万历后期	2.50	2.20	4.00	1.30	4.50	6.89	4.60	8.38
天启年间	5.75	4.46	8.00	2.56	8.75	8.89	3.20	6.38
增长(%)	130	102.73	100	96.92	94.44	29.03	−30.43	−23.87

(资料来源:《清朝续文献通考》,卷18,《征榷一》。)

从上表我们可以知道:万历后期九江关税收 2.50 万两,在明代钞关中仅高于淮安关和扬州关而居第六位;当时明代八个主要钞关税收总额为 34.37 万两,九江钞关仅占 7. 27% ；到天启年间九江关的关税额为 5. 75 万两，排在崇文门、浒墅、北新、临清关之后居第五位，且关税额已占八大钞关税收总额的 47. 99 万两的 12% 。从增长幅度来讲，从万历后期至天启年间，九江关关税增长 130% ，增长速度排在八大钞关之首。这从宏观面可以看出，在明朝，沿运河南北线商品流通还是占据全国商品流通的重要地位，所以沿运河的北新、浒墅、临清等关税收入额较高。但至明后期，长江流域在全国商品流通中地位越来越显得重要，九江关的关税额得于迅速增长，相反，运河沿线的河西务、临清关则呈下降之态势，出现负增长。

清代前期，九江关的关税定额较明代钞关时期的关税定额则有大幅度提高，其关税定额也呈不断上升之趋势，具体情况详如下表：

表 2. 2. 3　　清前期九江关税额增长趋势表(单位：万两银)

年份	关税	年份	关税	年份	关税
顺治十三年(1656)	9. 98	康熙四十五年(1706)	17. 23	乾隆四十一年(1776)	36. 38
康熙二十一年(1682)	12. 09	雍正九年(1731)	25. 21	嘉庆四年(1799)	52. 01
康熙二十五年(1686)	15. 39	乾隆二十六年(1761)	35. 16	嘉庆九年(1804)	53. 93

(资料来源：《大清会典》和光绪《江西通志》卷 87《经政略》等有关资料整理。)

从清前期九江关税额增长趋势表中数据我们可以看出，清代前期九江关的关税定额从顺治至康熙年间一直在一二十万两徘徊，但至雍正年间，则呈迅速上升之态势。这是因为，清王朝于雍正元年(1723)另外又在鄱阳湖内距湖口 20 公里的大姑塘，设立了九江关大姑塘分关，彻底解决出入鄱阳湖商船的偷漏税问题。九江关自从把鄱阳湖商船纳入征税范围后，其关税额上升较快，雍正九年(1731)即达 25 万余两；至乾隆年间则一直上升至 30 万两、40 万两、50 万两，鼎盛时期曾达到 70 余万两；直至嘉庆年间还保持在 50 万 ~60 万两区间，较顺治时期增长了 440% 。(详见附表一：《清前期长江流域主要榷关税收比较表》)九江关和全国内河主要的榷关相比，其增长速度也是较快的。为了说明问题，我们同样把当时主要榷关税收也列表于后，以资比较：

表 2.2.4   常关时期内河主要榷关税收比较表(单位:银两)

关名 / 年号	九江关		淮安关		浒墅关		江海关	
	年份	税额	年份	税额	年份	税额	年份	税额
康熙	二十五年	153,889		150,728		168,709		23,016
雍正	九年	252,122		缺	五年	353,216		缺
乾隆	四年	351,642	元年	483,807	三年	381,701	五年	54,934
乾隆	二十六年	363,849	三十八年	556,548	二十九年	541,890	十九年	75,759
乾隆	四十一年	662,129		缺	五十六年	583,050	五十六年	72,869
嘉庆	二十五年	584,687	二十三年	441,153	二十三年	426,854	二十年	73,632
道光	九年	600,008	十一年	324,412	十一年	391,310	十八年	73,683

(资料来源:吴建雍:《清前期榷关及其管理制度》,《中国史研究》1984 年第 1 期,附表改制。)

从上述数据可以看出:在乾隆二十六年(1761),中国内河的常关榷税以淮安关 55.56 万两为最高,其次是浒墅关 54.19 万两。运河榷关的关税收入明显高于长江流域的榷关关税,这说明京杭大运河在乾隆中期以前,在中国的内河航运体系还占据重要位置。但是在乾隆中期以后,京杭运河的航运地位开始让渡于长江干线航运体系了。这主要是由于江南地区社会经济的不断发展,商品流通变得日益频繁,使得长江干流航运在水运时代越来越显得重要,成为东西横向商路的黄金水道;而处在长江中下游的交接处的九江关的地位也就显得越来越重要了。由于过往商船增多,其关税定额也就越来越高,最终上升至内河榷关税收的第一位。而淮安关、浒墅关的地位则呈明显下降之趋势,以道光年间与康熙年间的税额相比较,长江流域的九江关增长 289.9%,江海关增长 220.1%,而运河上的浒墅关增长 131.9%,淮安关增长 115.2%,九江关增长率最高。[①] 再把道光年间各关之间税收定额作一简单的比较可以看出:九江关税收定额达到 60 万两有余,是内河各关中最高的,比浒墅关的税收高出了 53.3%,比淮安关高出了

_____

[①]   由于道光年间缺少同一年份的数字,此表取基本接近的年份,但总体趋势是一致的。

84.9%,更比长江下游的江海关高出了714.3%。由此可见,九江关在清代前期的榷关中占据重要的地位。晚清时期江西巡抚刘坤一在追述清代前期的九江关商贸繁忙与税收日增的情形时说:"从前(九江)民丰物埠,船货流通,收税畅旺,递年加增","旺收之年……征银至五十余万(两)"①,这在长江中下游是令人十分注目的。而且在长江流域的税关中,九江关也是最高的,详情见附表一。

不仅如此,当时九江榷关在全国所有的户部关中亦占有极其重要的地位。为说明问题,我们以道光年间户部二十四关关税定额做一比较:

表 2.2.5 道光时期户部二十四关关税定额比较(单位:银两)

序号	关名	税收额	序号	关名	税收额	序号	关名	税收额
1	粤海关	849,064	9	太平关	128,175	17	江海关	65,980
2	九江关	539,281	10	山海关	111,129	18	张家口	60,561
3	浒墅关	441,151	11	凤阳关	107,159	19	临清关	48,376
4	淮安关	328,679	12	崇文门	102,715	20	杀虎口	32,333
5	芜湖关	229,919	13	浙江关	99,908	21	归化城	16,600
6	北新关	188,053	14	赣关	85,470	22	坐粮厅	12,339
7	闽海关	186,549	15	西新关	74,376	23	左翼关	10,000
8	扬州关	163,890	16	天津关	68,156	24	右翼关	10,000

(资料来源:(清)王庆云:《石渠余记》卷6,《纪关税》中的《直省关税表》相关数据整理。)

从上表我们知道,清朝前期的户部关以粤海关税收最高,近85万两;九江关次之,近54万两。粤海关得益于独口通商,其关税额保持在全国第一位。九江关得益于长江贸易的繁荣,位居内河关税收的第一位,它分别是同属长江流域的芜湖关的两倍多,甚至是江海关的八倍多。由于装载货物的民船均要通过九江关而候关纳税,因此,九江实际上成为当时全国的货物调剂中心之一,其中尤以长江中下游商货交流为主体。

① (清)曾国藩、刘坤一等修:《江西通志》卷87,《榷税》,光绪刻本。

到了清朝,九江关除了征收船料之外,也对一些特殊的商品征收货税。乾隆五十五年(1790),九江关监督善泰奏折曾经提及九江关:"例不征货税,止征竹木盐茶及上下时满船。"①奏折中所称的"时船",在九江关是指除了装运竹、木、盐、茶等货以外的杂货的船,"九江关除盐、苗等船及盐、竹木税外,其余装运杂货俱为时船"②。九江关根据过往商船的装载量大小分为四等来征收船料:其中第一等为满贯船征收船料48.5两,第二等为上则船征收船料银27~47两不等,第三等为中则船征收船料银6~16两不等,第四等为下则船征船料银0.2~5.9两不等。③满贯船征银其中满贯船是指装运商货达1000石以上的最大货船。尽管九江关每年大约有4万~6万只民船装运商货过关,但满贯船经过九江关的数量还不是太多,在乾隆二十三年(1758)和二十四年(1759)分别仅有659条、644条满贯船过关。④所征收的船料以中、下则船居多。因此这说明在近代轮船航运业出现之前,长江流域的民船运输的装载量还不是很大的。清代常关一般不征盐税,但九江关要征收,因为"九江为江楚咽喉,往来孔道"⑤。九江实际上对来自江苏和湖北的食盐征税每年经过九江关的盐船约一千多只,大约1000万斤,盐税收入10多万两。⑥

清代的九江常关在长江流域担负着什么样的责任?这一点从管理九江关税务的舒善于乾隆二十七年(1762)六月初二日提交的奏折中窥知一二:"九江关上接湖广,下通江浙,惟茶、盐、竹、木收税,其余一切船止征船料,不收货税。总视所过船只之多寡,以定料银之盈缩,而船只之多寡,又须视江浙、湖广米价之低昂。"⑦

九江关上游通湖北、湖南,下游连接江苏、浙江,对通过九江关的船只征税,以船料为主。但通过该关的船舶所载茶叶、盐、竹材、木材,需征货税。船舶数的多少,与税收之多寡息息相关。因此,下游的江苏、浙江与上游的湖北、湖南的米

①　中国第一历史档案馆藏宫中档:朱批奏折,乾隆五十五年正月初十日,九江关监督善泰折。
②　中国第一历史档案馆藏宫中档:朱批奏折,乾隆二十四年八月二十六日,江西巡抚阿思哈折。
③　中国第一历史档案馆藏宫中档:朱批奏折,乾隆二十四年八月二十六日,江西巡抚阿思哈折。
④　中国第一历史档案馆藏宫中档:朱批奏折,乾隆二十五年十月二十日,江西巡抚阿思哈折。
⑤　中国第一历史档案馆编:《雍正汉文朱批奏折》第11册,江苏古籍出版社1991年版,第848页。
⑥　中国第一历史档案馆藏宫中档:朱批奏折,嘉庆二十三年四月二十七日,江西巡抚钱臻折。
⑦　中国第一历史档案馆藏宫中档:朱批奏折,乾隆二十七年六月初二,九江关督舒善折。

价变动与通过九江关的船只数有着很大关系。这份奏折中还列举了一个关于米价与通过船只数量之间关系的例子:"乾隆二十四年,江浙米价昂贵之后,湖广米价平减,贩运米粮船只络绎不绝。是以征收船料较多。"①

由于乾隆二十五年(1760)江浙地方丰收,而乾隆二十七年(1762)两湖地区因遇灾害,米价昂贵。从两湖地方贩米到江浙地方不能获利,所以赴江浙地方的船舶数大减。

九江关的税收主要是船料,其次有盐、木材等货税。鸦片战争中英军进攻浙江,所以来航九江的商船数量减少。沈葆桢在同治元年(1862)五月二十八日的《查明九江关实在情形并筹变通办理折》中道:"九江关税例,向以木排为大宗,船料、淮盐次之,茶、竹又次之,此外别无应税之货。嘉庆、道光年间,必木税一项,愈具全额之半,加以各项,方能敷额。"②

位于长江要冲之地的江西省九江,于明代设置钞关,于清代设置常关,管辖通航于长江之上与来往于鄱阳湖和长江之间的民船。在18世纪的全盛时期,通过九江关的船舶数达到每年6万余只,九江发挥了作为连接长江上游的湖北、湖南,下游的安徽、江苏以及江西省内部水运要害之地的功能。

第三节 "七省通衢":长江商业贸易与江西经济的互动

九江处于长江中下游交汇处,又南濒鄱阳湖,在交通地理上位于长江流域与鄱阳湖流域"T"字形航道的交汇点上,将长江干流航运辐射区域与鄱阳湖流域连为一体,成为长江中下游著名"七省通衢"之口岸。明清时期九江兼粮、茶、江湖三者之利,作为货物集散中心,商业贸易十分繁荣。

一、九江与长江流域的商业贸易

在明清时期,尽管九江有江海联运的优势,且在长江中下游之间扮演重要角色,但因不能与欧美国家通商,邻近地区的丝、茶等出口商品均不得不舍九江而

---

① 中国第一历史档案馆藏宫中档:朱批奏折,乾隆二十七年六月初二,九江关督舒善折。
② 沈葆桢:《沈文肃公政书》卷1,《奏折》。

辗转运往广州。九江与外国的经济联系是相当有限的,海外航线在九江港贸易总量中的比例甚微,主要担当了国内贸易的枢纽。九江关主要起联结长江中上游与江南地区商品中转贸易功能作用,"船只之多寡,全赖各省粮食货物之畅行"①;赣关则把江西、浙江、安徽、福建及中原诸省与广东乃至海外市场联为一体。但是,九江关通过与长江流域的贸易互动带动鄱阳湖流域社会经济的发展。

1. 九江关民船的过载量

时清时期,随着长江中上游地区的湖广、四川等省经济开发的渐次展开,社会经济得到持续的发展。在整个长江上下游之间商品流通也渐趋密切,经济来往更加频繁。长江沿线常关中转的商品主要是湖广、四川、江西等省的粮食、茶叶、木材、纸张、糖、瓷器、煤炭等流向长江下游,而长下游的江南、浙江等地区的食盐、绸缎、布匹等商品则流向长江中上游地区。长江流域的贸易主要依靠上下游之间的水运网络体系联络,而九江关在其中发挥重要作用。这些商品流通从民船的过载量就可见一斑。九江关是连接长江上游的湖北、湖南与下游江浙地区水运的要冲,那么通过该关的船舶数大概有多少呢?

江西巡抚陈弘谋乾隆七年(1742)六月十八日的奏折道:"自乾隆叁年捌月拾柒日起,至肆年肆月式拾陆日止,计捌个月零拾日,其过关之船,共有伍万叁千零叁拾式只。"

自乾隆三年(1738)八月十七日至乾隆四年(1739)四月二十六日的八个月零十天之间,通过九江关的船只数达到了53032只。② 另外同奏折中还提道:肆年分任内所过之船,仅止肆万玖千柒百玖拾只。③ 乾隆四年四月二十七日至乾隆五年四月二十六日的一年之间,通关船舶有49790只。两江总督尹继善于乾隆十七年(1752)五月二十日的奏折提及,乾隆十五年(1750),"共过关时满等船四万二千六百一十五只"④。

据松浦章先生的研究,在长江水运中的要冲之地——江西省北部九江关所,乾隆十三年(1748)通关船只48250只,乾隆十四年(1749)通关船舶44795只,

① 中国第一历史档案馆藏宫中档:朱批奏折,道光五年十一月二十五日,九江关监督克恭额折。
② 中国第一历史档案馆藏宫中档:朱批奏折,乾隆七年六月十八日,江西巡抚陈弘谋折。
③ 中国第一历史档案馆藏宫中档:朱批奏折,乾隆七年六月十八日,江西巡抚陈弘谋奏折。
④ 《宫中档乾隆朝奏折》第3辑,台北故宫博物院1982年版,第96页。

乾隆二十五(1760)年通关船只61485只。[1]

经过九江关的民船种类很多，以地域命名的有湖南船、湖广船、镇江船、抚船、芜湖船、临江船、下江黄船等之称，而以功能来命名的有扒船、刁船、舢板沙船、鸦尾船、扁子、钩钩、三官舱等分别。[2]

关于通过九江关的民船之载重等情况，《九江海关十年报告（1892—1901年）》记载：

> 每年约有两万到三万只帆船来到九江。这些船主要来自湖南、湖北、江苏、安徽、江西内地，运载着各省生产的商品货物。……所有的帆船都必须在常关报告，并缴纳船料，以取代海关的船钞。……帆船的船料是根据测量的体积大小来征收的，长度是从船头的第一块可移动木板到舵柱的距离，以及主桅的深度和宽度。帆船分为大小两类来缴纳船料。较小一类的帆船税收在0.20~16.90两，较大一类的帆船税收为27~48.50两，拖在后面的舢板则是另外收费。……帆船的船员数量会因大小不同而异，最大的船不超过15人，最小的船不少于3人。小帆船的船员通常由船主和其家人组成。[3]

下表列出了进出九江港口的18个主要帆船种类，来自的省份，船容量以及船员数量；然而，每种船只大小各异，为了简明起见，表格给出了每种船的最大和最小的规格：

表2.3.1　进出九江港口的主要帆船种类

种类	省份	容量:担	船员数量:人	种类	省份	容量:担	船员数量:人
钩钩	湖南	3000/1000	15~18/11~14	槽子	江苏	2000/1000	14~16/10~12

---

[1]　（日）松甫章：《清代九江常关与民船通行》，《关西大学文学论集》第42卷，第3号，1993年。

[2]　《钦定户部则例》卷78，《九江关税则》。

[3]　Kiukiang Decennial Report, 1892–1901. 中国第二历史档案馆、中国海关总署办公厅：《中国旧海关史料(1859—1948)》，第153册，京华出版社2001年版，第369页。

续表：

种类	省份	容量：担	船员数量：人	种类	省份	容量：担	船员数量：人
小驳	湖南	2000/700	14～16/7～12	舢板	江苏	2000/1000	14～16/10～12
辰船	湖南	1000/700	12～14/6～9	斗船	江苏	650/200	7～9/3～6
巴干	湖南	1000/700	12～14/6～9	白沙洲	江苏	400/200	5～8/3～5
扒船	湖南	800/400	7～10/4～7	赣船	江西	1000/500	12～14/6～9
红船	湖北	3000/1000	17～20/12～15	洛安	江西	700/350	7～10/4～6
鸦箱	湖北	800/300	7～10/3～6	抚船	江西	3000/1000	15～18/11～14
扁子	湖北	700/300	7～9/2～5	罗滩	江西	900/350	11～13/4～6
三官舱	湖北	500/250	4～7/3～6	巴斗	江西	700/200	7～9/3～5
划子	湖北	150/50	3～6/1～4	刁子	江西	900/400	11～13/5～8

从承担水运的船舶数量，可以窥知清代国内经济发展的一端。国内人民使用了数量超乎想象的船舶，从事食品或日用品等运输，商品的流通得以活跃地展开。这些长江流域、沿海地区生产的物品，其主要消费地之一便是首都北京。在北京，无论是宫廷消费的食物还是民间消费的日用品，均有从各地运输而至的。这些物品之中，又以江苏、浙江、江西、湖北、湖南等地产品为主。江苏、浙江的布类和生丝，江西、湖北、湖南的竹材、木材、瓷器、纸、油等物品，很多都经由船舶运输。在这些物品的运输过程中，长江与大运河的水运被充分运用。

2. 商品流通的范围和种类

通过九江常关的船只的地域范围和商品流通种类，在常关报告和海关报告中均有出处，1882—1891 年十年海关报告对此进行了记载：

> 所有帆船运输的货物中，货物清单上只有盐是运往一个固定的目的地，其它的货物缴纳完税厘后，货主可以选择在任何一个港口卸货交付。运往下游的产品包括：来自湖南的石炭、铁和钢；来自湖南和汉口的各种各样的油；土布、白蜡、红花（safflower）、石膏、苎麻、烟叶以及烟花；来自江西的瓷器和纸张。运往上游的产品主要包括：来自镇江的盐；从鄱阳湖流运来的

茶,来自江西的瓷器、纸、蓝,根菜类、米、卷烟及豆类则从安徽运来。①

九江关起运长江流域的物资有长江中下游自湖南、湖北、江苏、安徽、江西、浙江等省份的几十种物资。现择其要者加以叙述,以观一斑:

其一,粮食

明清时期,九江是著名的米市,九江关主要起联结长江中上游与江南地区商品中转贸易的功能作用,"船只之多寡,全赖各省粮食货物之畅行"②。相关的米谷运输的奏折也非常多,兹摘录几例,以资证明:

雍正四年(1726)七月十八日浙闽总督高其倬的奏折中有:"将江西谷石用大船由长江载至镇江,再到苏州一带,用海船载至福建之福、兴、泉、漳四府。秋间北风起时,半月可到。"③福建缺乏粮食,除了靠近赣闽边县输送外,通过赣江—鄱阳湖—长江的内河航运则是更大的输送渠道。亦即是说,江西省产的米谷经由苏州被运至福建省的福州、兴化、泉州、漳州等地。可见在长江的贸易中,江西的米谷甚至可以运到苏州发往福建。

蔡世远的《与浙江黄抚军请开米禁书》中有:"犹江浙之米,原不足以供江浙之食。虽丰年,必仰给于湖广。数年来,大都湖广之米,辏集于苏郡之枫桥。而枫桥之米,间由上海、乍浦以往福建。"④可知,苏州的枫桥是江西省产的米谷流入福建省过程中的通过地之一。

同样,通过京杭大运河而北运的货物流通中,粮食占绝大多数。如通过大运河上浒墅关的商船中,有六七成是运输用于食用的谷物,而装载布帛以及其他日用品的商船占三四成。安宁在乾隆二十六年(1761)七月十八日的奏折中写道:"查浒墅关每年所收税银,米粮税约居夫半,杂货等税,每年多寡不甚悬殊,故每年盈余之多寡,总在米粮数内。而米粮客贩,惟有江广及安徽等省船只,自北而南经过浒关,接济苏杭等处,从无苏杭米船自南而北经过浒关者。是以凡遇江广安徽等省丰收,米粮较苏杭价贱,则米船南下过关者必多。若苏杭米价平减而江

---

① Kiukiang Decennial Report, 1882 – 1891. 中国第二历史档案馆、中国海关总署办公厅:《中国旧海关史料(1859—1948)》第 152 册,京华出版社 2001 年版,第 236 页。

② 中国第一历史档案馆藏宫中档:朱批奏折,道光五年十一月二十五日,九江关监督克恭额折。

③ 《宫中档雍正朝奏折》第 6 辑,台北故宫博物院 1978 年版,第 302 页。

④ 《皇朝经世文编》卷四十四,《户政·荒政》四。

广米价不能甚贱,则南来过关者必少。再淮扬一带米粮价贵,则江广米船就近在上游粜卖,过浒关者亦少。浒关盈余之盈缩总在于此。"①亦即是说,浒墅关的税收多少,主要取决于通过该关的粮船多寡。若苏州、杭州一带米价高腾,那么来自江西、湖广、安徽方面的粮船数量就会增加。

两江总督钱保、江苏巡抚汪日章嘉庆十二年(1807)十二月二十九日的奏折中有:"缘浒墅关税,惟以米谷为大宗,杂货次之。而苏省民间食米,全赖江、广及安徽、四川等省商贩源源接济。今岁江西、湖南、安徽俱属歉收,米船到关稀少,川米亦鲜到苏。是以税课日见短绌。"②在浒墅关的税收中,米谷为大宗,接下来是杂货。而且江苏省民间食用的大米有很大一部分来自江西、湖南、湖北、安徽、四川等省。这一年,江西、湖南、安徽省歉收,所以装载米谷通过浒墅关的船只非常少,四川的米也很少有被运到江苏的。

江西生产的米谷经过长江水系,由镇江入大运河到苏州,然后再由苏州经运河运至上海、乍浦等地,换海船运往福建的福州、兴化、泉州、漳州等地。在旧历的秋天,从江南到福建只需半个月可到达。在清代,苏州作为长江流域水运及大运河水运的调节阀,发挥了极其重要的作用。

其二,木材

明清时期江南商品经济的发展,木材的需求量非常大。其中相当大部分通过九江关向下游输送,因为来自长江中上游的竹、木主要在九江汇合,运销长江下游各地。九江关征收"凡川、广木排、船只由长江来往者"的商税,在关税征收中九江关的竹木税占有一定的比重。而大姑塘关口处在赣江流入鄱阳湖处,征收"本省木排、船只由鄱阳湖而入长江者"的木材税。③ 明清时期,江西盛产木材,尤以赣南、吉安地区最为有名。笔者在中国第二历史档案馆发现一份关于遂川木材生产与交易方面的档案,现摘录部分内容如下:

> 木材一项为遂川特产之大宗,产区纵横百里,居全县总面积之半,年产杉木四百万株,什木二、三万株,过去赣江及长江下游如南昌、九江、安庆、芜

---

① 《宫中档乾隆朝奏折》第17辑,台北故宫博物院1979年版,第533页。
② 中国第一历史档案馆藏宫中档:朱批奏折,嘉庆十二年十二月二十九日,江苏巡抚汪日章折。
③ 中国第一历史档案馆藏宫中档:朱批奏折,乾隆四十五年六月初三日,额尔登布折。

湖、南京、镇江各地之建设材料取给于此，排斥洋木，挽回利权。遂川木材……盖其产区之广，产量之多，不独占赣属产木各县之冠，且为东南各省稀有。木材产区：遂川共分为三十二乡，产木之区大约半数，其最多者衙前、桥头。新江、五江、黄坳等乡原为北乡，河流称为蜀江，又名下龙泉；其次则火坑、堆前、下七、集成、西溪等乡，原为西乡，称为右溪，又名上龙泉；又其次南江、草林、黄坑、左安等乡原为南乡称为左溪。全县木材以北乡多而品质最优，西乡次之而木中平，南乡少而木亦稍逊，此产木区之大概情形也。花色名称：遂川杉木名称，上龙泉则有"白皮""修头""花皮""皂头""单桐""连二桐""连三桐""花校""子木"等名称。下龙泉之木再以排而分为花色有"三抖""四抖""花稍""乱装"等称。惟左溪之木只有"圆头白皮"、而无其他名目，上龙泉以"修头""花皮"为上货，下龙泉以"白皮""三抖""四抖"为上货。交易情形：遂川为山僻之地，山内人民向少外出，经营此种木材生意悉操诸外人之手，所谓"安徽帮""南昌帮""临江帮"，遂川人虽向有经营者，资本亦不多，常为"南昌""临江"各帮所左右。①

这份档案资料从一个侧面反映了吉安遂川木材的交易情况，由于木材交易频繁，在木材交易数量的计算上还出现了以遂川木材交易的"龙泉码"。有一份奏折有助于我们了解九江关的税收情况。据江西巡抚钱臻所言："九江姑塘两关例征盐、茶、竹、木及时船料银，不征货税，自嘉庆九年七月间，户部准九江关盈余为三十六万七千两，正银一十七万二千二百两，每年征收共五十三万九千二百两……过关时船九万余只，征税三十万两……盐船约一千一百号至一千二百号，征税十二万两……牌把、木料征税八万两……此关税之大略情形也。"②从该条材料提供的信息：在前清嘉庆九年（1804）关期的九江常关（含大姑塘分关）税收是539200余两，其中征收船料30万两，占当年常关税收总额的55.64%，排位第一；其次是盐税12万两，占当年常关税收总额的22.26%，位居第二；再其次就是木材税8万两，占当年常关税收总额的14.84%，排位第三。嘉庆十年（1805）十

---

①　江西遂川木材运销合作社呈请办理木材贷款问题与财政部来往函之"为遂川木材社员呼吁请求政府设法救济"，中国第二历史档案馆藏：财政部档案，全宗号三（6）案卷号1493。

②　中国第一历史档案馆藏宫中档：朱批奏折，嘉庆二十三年四月二十七日，江西巡抚钱臻折。

二月十五日，湖北代办直隶购粮船只有 105 只，经过九江关时，"携带木植至三万根，偷漏税银一百二十两"①，如果依据该项记载来推算九江关的木材过关量，九江关年均木材税银 8 万两，相当于经过九江关的木材当不下 2000 万根，可以说明经过九江关的竹、木数量是非常大的。

其三，各种杂货

明清时期，长江流域流通的商品中，日用杂货也占很大比重。《九江海关十年报告（1892—1901）》就有长江中下游民船运输的报告，详细地记述了从长江上游以及下游地区运至九江的物品。其描述如下：

> 每年约有两万到三万只帆船来到九江。这些船主要来自湖南、湖北、江苏、安徽、江西内地，运载着各省生产的商品货物。这些产品主要有：煤、铁、铁器、陶器、石灰、各种油、地席、饼肥、白蜡和黄蜡、油纸、伞、竹器、锡、棕榈，这些出自湖南；药材、苎麻、土布、柿子、葡萄酒、棉花、棕榈，出自湖北；纸、夏布、烟草、靛青、瓷器、茶叶、各种油、土布、药材、木材、苎麻、谷物，出自江西；茶叶、土药、墨、砚台、黄铜、明矾，出自安徽；米、土布、绉布、丝绸、棉、地席、锡、梳子，出自江苏。②

从海关报告的叙述我们可以看出：长江上下游各省域均有一些特色产品提供市场交易。如湖南煤、铁、锡、蜡、油以及各种手工艺品等，湖北的药材土布、棉花等农副产品，江西的纸、烟草、瓷器、谷物等，安徽的茶叶、墨、砚台、黄铜等，而丝绸布匹等手工业品主要来自江浙。这些商品流通，在长江流域的北新关、西新关、芜湖关、九江关是重要的中转地。夏布是江西特色的手工业产品，在整个鄱阳湖流域均有生产，每年产量很高。其中尤其以赣南的宁都州、抚州的宜黄以及袁州府的万载所产为多，每年产量数百万匹。鄱阳湖流域所产夏布不仅分销全国各地，其中有不少的夏布沿赣江途经樟树、吴城，由九江关中转，运往浙江、湖

---

① Kiukiang Decennial Report, 1892 - 1901. 中国第一历史档案馆藏宫中档：朱批奏折，嘉庆十一年正月二十八日，湖广总督瑚图扎折。

② Kiukiang Decennial Report, 1892 - 1901. 中国第二历史档案馆、中国海关总署办公厅：《中国旧海关史料（1859—1948）》第 153 册，京华出版社 2001 年版，第 368 页。

南、湖北等地。而且也出口到日本、朝鲜与南洋各地,货值达数十万甚至上百万海关两。

3. 九江关在长江流域贸易的地位

位于长江要冲之地的九江,明清设置常关,管辖通航于长江之上与来往于鄱阳湖和长江之间的民船。在 18 世纪的全盛时期,通过九江关的船舶数达到每年 6 万余只,九江发挥了作为连接长江上游的湖北、湖南,下游的安徽、江苏以及江西省内部水运要害之地的功能。

明清时期,九江常关的税收主要来源于船料的征收。乾隆年间,两江总督尹继善的奏折曾经提道:

> 九江关征收船料,每年税银之盈缩,实视所到船只之多寡,而所到船只中,又有大小之别。如船大,则料自多,船小,则料自少。历来货物、米粮,俱系大船,人载,多系小船。岁时丰歉、气候阴晴既有不同,过关船只又参差不一,而所征税银亦各有增减。①

九江关船料的征收,由通常与通关船只的船体大小以及数量多少决定。大型船主要用于装载米谷以及其他笨重货物,如煤炭、铁器、瓷器等类,而小型船只则用于装载人员。由此我们可以清楚地知道,九江关船料征收量的多寡,与该区域人流、物流量之多少有着紧密的联系。九江常关作为长江流域乃至全国的重要权关,由此形成了一个相当宽广的商品输送的腹地,它作为一个商业圈能够影响到的地区到了何种范围呢? 有一则史料表述得比较明确:

> 九江商埠,当扬子江之中枢,为上下游之枢纽,商舶营运,舳舻相接,与湖北之汉口、山东之烟台情事相同,允宜设立商务总会。②

九江位于长江的中枢部位,来自上游下游的船舶络绎不绝。此地与湖北的

---

① 《宫中档乾隆朝奏折》第三辑,台北故宫博物院 1982 年版,第 95 页。
② 《农工商部奏九江商埠设立商务总会请给关防折》,《政治官报》,光绪三十三年十月二十八日第 9 号,第 4 页。

汉口、山东的烟台等地同样繁荣，所以同意在此地设置商务总会。关于这个商务总会管辖的区域：

> 该会区域界线，下至镇江，上抵湘、鄂，岳州、宜昌等处，包举五省，沿江数千里，联络节制。①

下游至连接大运河的镇江，上游达湖南岳州、湖北宜昌等地，包括了湖北、湖南、江西、安徽、江苏这五个长江流域的省份。可以说，这个商圈管辖区的范围，与前述来往九江的民船所在地的范围几乎相吻合。

要之，通过往来于九江关的民船的数量和过载量来看，九江关作为长江中枢部的商圈，其影响所及遍及长江中下游甚至运河地区，地位极其重要。

二、九江与鄱阳湖流域的物资流通

1833 年的《中国丛报》(*The Chinese Repository*)对中国政府的广州一口通商政策是这样看的：广州特殊的地理位置以及中国的特殊对外政策，还有其他种种的原因，使得广州成为中国极盛一时的对外贸易中心，除了俄国人跨越中国北部边疆进行贸易以及西班牙和葡萄牙的商业船队来往澳门做生意外，中国与其他西方各国的贸易往来都聚集在广州一口进行。从中国内地省份到广州来的商贾和他们经营的牙行从事大宗的商业买卖，他们不仅经营着国内的商业贸易，而且还大量地参与东南沿海地区如东京、交趾支那(越南)、暹罗(泰国)以及南洋地区的进出口贸易。"但是在对外贸易总额中，由广州中国商人经营的数量却不及外国人经营的那样大，葡萄牙、西班牙、法国、荷兰、瑞典、丹麦、英国和美国，都在广州做生意。"②

从这段文字记述中我们可以看出，独口通商时期，广州在承担对外贸易职能的同时，也充当了全国各大经济区域之间和广东区域内商品贸易的媒介。一位英国商人根据他在广州搜寻到的关于广州对外贸易的地方稿本，于 1833 年在广

---

① 《农工商部奏九江商埠设立商务总会请给关防折》，《政治官报》，光绪三十三年十月二十八日第 9 号，第 8 页。

② 姚贤镐编：《中国近代对外贸易史资料(1840—1895)》第一册，中华书局 1962 年版，第 307 页。

州写下一份报告,全面介绍了当时广州对全国各省贸易的状况:福建与广州的相互贸易是福建输往广州的主要是红茶,除此之外就是靛青、烟草、纸和矿产品等十几种商品,而从广州运往福建的则是毛棉制品、布匹、钟表等类物品;浙江销往广州的是浙江最好的丝织品和纸张、扇子以及金华火腿等类,当然也少不了最上等且极其昂贵的龙井茶;而两湖地区销往广州的是名贵药材大黄与麝香,以及烟草、蜂蜜等食品,还有就是各色珍禽等,而从广东输入的则是洋货与各类土产品;四川与广州之间的贸易是四川销往广州各类金属如金、黄铜、铁、锡,还有就是各种药材,广州销往四川大量的欧洲的布匹、漆器、眼镜等;江西给广州市场输出其特色的瓷器和地道的药材,还有就是苎麻与粗布等货物,从广州运回的则是外国毛织品等类物品。

> 尽管江南(江苏、安徽)离广州很远,每年仍有大量的出产物运到这里换取西方的货物。绿茶和丝织品是该省运到广州来的主要货品,商人常从中赚取很大的利润……直隶则运来人参、葡萄干、枣子、皮货、鹿肉、酒、药材和烟草,从广州运回各种布匹、钟表以及由外国进口的杂货……山西运来皮货、酒、烧酒和麝香。该省有许多资本家放债牟利。从广州运往山西的主要是各种布匹、欧洲皮货、表和中国书籍……陕西对广州也有大量现金交易,运来黄铜、铁、宝石和药材,而运回棉毛布匹、书籍和酒……甘肃运来金子、水银、麝香、烟草等等……而只运去小量的欧洲货物。[1]

从上面的引文可以发现,广州聚集了来自中国东南方向的江苏、浙江、福建、安徽、江西等省份的货物,来自山东、直隶、河南等北方省份的商品,来自西北方向的甘肃、山西、陕西等省份的方物特产,还有来自西南和中南方向四川、湖南、湖北等省份的产品。这些省份运出的主要是本省的所产商品,但也有不少是通过该省转运外地所产的商品。

广州和中国大江南北的物资交流是通过什么路径实现的呢? 从最便捷的路径看,周边省份的商品借道赣江—鄱阳湖流域的内河航运是最便宜的水运路线。

---

① 姚贤镐编:《中国近代对外贸易史资料(1840—1895)》第一册,中华书局 1962 年版,第 305—306 页。

顾祖禹《读史方舆纪要》卷八十三，《江西》一，谈及江西与周边的关系时曾云：

> 江西地当吴、楚、闽、越之交，险阻既分，形势自弱，安危轻重，常视四方，然规其大略，本非无事之国也。是故九江雄据上游，水陆形便，足以指领东西，非特有湖滨而已。南、赣为南方藩屏，汀、漳、雄、韶诸山会焉，连州跨郡，林谷茂密，盗贼之兴，斯为渊薮，故设重臣临之，岂徒扼闽、岭之襟喉哉，抑且临南昌之项背矣。九江、南昌皆与湖广连壤，而袁州逼近长沙，逋民客户，颇难讥察。自吉安以南，益与郴桂相比，称岩险焉。饶州东北与新安相错，而广信东通衢、婺，为江、浙之门户。其南则路入建宁，又江、闽之津梁也。建昌与闽亦为邻境，而驿骚之患，视广信为稍杀焉。夫庐阜为之山，彭蠡为之泽，襟江带湖，控荆引越，形胜有由来矣。①

江苏、浙江、福建、安徽等省的货物则多经赣东北之信江进入鄱阳湖溯赣江而越过大庾岭进入广东省境；直隶、山东、河南等省份的货物对接广州的进出大多通过运河—长江—湖口—鄱阳湖—赣江—大庾岭进广州；山西、陕西、湖北等湖南等地的货物也多经汉口—九江—入鄱阳湖—吴城镇—溯赣江而上越大庾岭进入广东省境。

从上述三条商品流通干线上看，最起码有两条直接与九江关有着密切相关的，以下我们逐一做些介绍：

第一，江苏、安徽、浙江、福建、江西等地所产的丝茶等货物主要是通过赣东北的信江进入鄱阳湖溯赣江而越过大庾岭进入广东省境内。

明代实行海禁，清代乾隆二十二年（1757）实行广州一口通商，虽然海运成本低，费时也少，但直到道光二十年（1840），清政府仍规定："内地各省行销茶叶、湖丝、绸缎三项，止准由内地行走，不准涉海。"②江海关、浙海关和闽海关均不得贩运。这就意味着自江苏、安徽、浙江、福建而来的大量商品，均要通过赣东北地区，借道信江进入鄱阳湖溯赣江而上通过赣关越过大庾岭进入广州。这条商路是以信江为纽带，以玉山、河口镇为集散码头，是沟通福建、浙江与广州联系

---

① （清）顾祖禹：《读史方舆纪要》卷83，《江西》一，中华书局2005年版，第3889—3890页。

② 中国第一历史档案馆藏宫中档：朱批奏折，道光二十年十一月十三日，江苏巡抚孙善宝折。

的重要水运线。这里有下列史料可以说明上述问题，兹列于下：

> 福建与江西所产的茶，除了翻越广东北部的梅岭那一段陆路，以及有时从山上到船上要经过短程陆路运输以外，全部由水道运至广州。从广州到武夷山，据原稿作者的估计为 2885 华里，即约 930 英里；到江苏苏州府，照他计算为 3581 华里，即 1190 英里以上……茶叶严密地装在箱内，外用草席包扎，加上标记，首先汇集在星村（编者注：福建北部崇安县城南约五十里的一个村镇，在武夷山山脚下）。从星村运至邱渠（译音，今名沿河）。邱渠发源于武夷山，注入鄱阳湖。至少有一部分茶叶是由陆路运至河口的，河口是鄱阳湖东南方一个主要的茶叶集散地。[①]

这是对福建茶叶借道鄱阳湖输出的事例。而从安徽、江苏、浙江产的茶叶也同样以信江为输出口。茶商把产于徽州府婺源（今属江西）以及产于安徽与浙江分界的松罗山脉的绿茶运到河口或鄱阳湖，"而这里则可利用玉山至鄱阳湖顺流之便。茶运到鄱阳湖以后，所走路线便和从星村来的路线相同了"[②]。

也就是说：徽州府东北一带山区所产的绿茶运往广州，多半沿衢江之上游的马金溪运至浙西的常山县，然后上岸转陆路西越屏风关而运到赣东的玉山县，自此装船沿上饶江西下，近则可运至河口镇，河口镇为赣东茶叶的一个重要集散地，运则经过鄱阳湖，南溯赣江可直至赣州。

> 而江苏一带茶叶的主要集散地为江苏省苏州府吴江县的一个叫兴塘（译音）的集镇；苏州附近的南壕村（译音）是一个大量焙茶的地方。茶在苏州或兴塘装船之后，首先运到距此 66 里的浙江杭州府，在该地附近有一个重要的税卡和一座常关。这个大城坐落在钱塘区钱塘江口，运茶的船溯钱塘江而上 720 华里，经过杭州府的富阳县与新城县、严州府的建德，及衢州

---

① 姚贤镐编：《中国近代对外贸易史资料（1840—1895）》第一册，中华书局 1962 年版，第 261—262 页。

② 姚贤镐编：《中国近代对外贸易史资料（1840—1895）》第一册，中华书局 1962 年版，第 261—265 页。

府的西安，而达江西边界上的常山县。……当茶叶运至广信府玉山县，便可雇船运至河口或赣州府，视情况而定。自玉山至河口 120 华里，至赣州府 600 华里以上，船费需银 30 两。①

丝茶两项产品，在广州独口通商时期，占据对外贸易的主要份额。一口通商时期广州进出口贸易的商品结构是："夷商来粤交易，向系以货易货，其贩来呢羽、哗叽、棉花、皮张、钟表等物，换内地之绸缎、布匹、湖丝、茶叶、瓷器，彼此准定互易。"②

一口通商时期，粤海关对外贸易结构：出口以茶叶和生丝为大宗，约占出口商品总值的 95% 以上。其中茶叶占商品总值的 82%、生丝占商品总值的 13.6%；其他国家从中国进口的商品是瓷器、药材等，数量也不小；而英国及其殖民地印度出口到中国的商品主要是棉花、毛织品、金属品。从乾隆十四年（1749）至道光十三年（1833）的 60 余年间，棉花占出口总值的 70.7%、毛织品占 27.4%、金属品仅占 1.9%。③

赣关则把江西、江苏、浙江、安徽、福建及中原诸省与广东乃至海外市场连为一体。在这条商路上的重要市镇是河口镇。"它是红茶贸易的一个大市场，中国各地的商人都到河口来，或者是收购茶叶，或者是把茶叶运往其他各地。"④

在五口通商以前，该商路极为发达，江浙一带的生丝棉产品均由该条商道进入江西，于江西内地行销，或溯赣江而上入赣关转大庾岭商道而下广州出口。玉山有从事玉常大道转载业的骡马 7000 余匹、独轮土车 20000 余辆、挑夫 5000 余人，常年在这条商道上转运货物，每天运货万担以上，每天靠岸大小船只 200 多艘。

明清时期运往浙中的货物主要是瓷器、夏布、烟丝、烟叶、茶叶等；运入的货物主要有食盐、丝绸、棉纺织品及日用品。由于这些省份通过江西水路的过境物资的运输量占有很大的比重，时任广东巡抚的黄赞汤给清廷写过一份《请预防

---

① 姚贤镐编：《中国近代对外贸易史资料（1840—1895）》，第一册，中华书局 1962 年版，第 263—264 页。
② 严中平：《英国资产阶级纺织利益集团与两次鸦片战争史料（上）》，《历史研究》1955 年第 1 期。
③ 姚贤镐编：《中国近代对外贸易史资料（1840—1895）》第一册，中华书局 1962 年版，第 275 页。
④ 姚贤镐编：《中国近代对外贸易史资料（1840—1895）》第三册，中华书局 1962 年版，第 1536 页。

失业民夫疏》的奏疏,摘抄部分内容如下:

> 臣查外国所需内地货物,惟福建黑茶、安徽绿茶、浙江湖丝三项最大,每年出口价值至四千万余两之多。其中脚费约计二千余万两。当初并归广东贸易,路运值昂。按价起课,帑项不至于少亏,而穷民亦藉此糊口。今闻江苏闽浙港口分开,一切客商势必舍远就近,黑茶往福州,绿茶往上海,湖丝往宁波,较之前赴广东者,脚费既轻,价值减半,江广两省穷民将无所藉以为生计。臣籍隶西江,界连东粤,稔知江西之广信、南安,广东之南雄、韶州,沿途船户、挑夫藉此营生者不下数千万人,广东省籍洋务营生者不下数万万人。若各货俱于近地贸易,则各处挑运穷民一旦失业,衣食无资,必聚而为盗。①

据此可知,明清时期通过信江、赣江两条运道航运为生的省内外挑夫、客店、小贩再加船民,"藉此营生者不下数千万人"。而在这条商路上的重要市镇——河口集散作用十分明显。便迅速成为全国商品市场的一个重要网结。据同治《铅山县志》记载:"河口之盛,由来旧矣……货聚八闽、川、广;语杂两浙、淮、扬。舟楫夜泊,绕岸灯辉;市井晨炊,沿江雾布。"②

五口通商前,纸和茶叶是其重要的集散货物。纸,则是铅山本地的大宗产品,处于武夷山区的石塘、车盘等处均为纸产地,纸的品种有13种之多,反映了制纸技术的进步,而且产量巨大。"铅山惟纸利,天下之所取足,故四山皆煮竹为生。"③当时铅山、玉山、永丰(今广丰)、上饶各县的纸外销,需由小船运至河口重新包装,而后散之四方。茶也成为其交易的一个重要物品,闽、浙以及赣之浮梁、安徽之祁门之茶均以此为集散中心。所谓"舟车驰百货,茶楮走群商"。④ 明朝后期,河口成为信江商道上集中抽税的地方,足见其贸易地位是重要的。这时,河口由于商业贸易的发展而迅速成为闽赣道上的商业巨镇。

第二,直隶、山东、河南等省份的货物对接广州的进出大多通过运河—长

---

① (清)陈汝祯等修、匡汝谐等纂:《庐陵县志》卷53,《艺文志》。黄赞汤:《请预防失业民夫疏》,同治十二年刊本。
② (清)郑之侨等修:《铅山县志》卷2,《地理·疆域》,乾隆八年刻本。
③ (明)笪继良等修纂:《铅书》,《食货志·第五》,万历刻本。
④ (清)蒋士铨:《忠雅堂诗集》卷33,《河口》。

江—湖口入鄱阳湖—赣江—大庾岭至广州。

明清时期，随着大运河的疏通，"国家都北而仰给于南，持此运河为命脉"①。"一应京储，四方贡献。"②蜀、楚、闽、赣、两广等南方诸省之贡献赋均由长江入运河北上。政府又"许运船附载土宜免征税钞"③。北方物产则随着南归空船运到南方。于是南北物产得到了频繁流转。长江运河上的水运商业由此繁兴起来。船只贩运成为这个地区商品流通的重要形式："自宣德、正统以来，用船数多。"④交通与商业的发展，促进了长江、运河沿岸地区的经济发展，反过来又进一步推动了水运贸易的发达。

《通商汇纂》明治四十一年（1908）第 2 号所载日本在长沙帝国领事馆的报告，署名日期为明治四十年（光绪三十三，1907）11 月 18 日的《江西商情》，对清末航运的情况有如下记载：

> 乾隆以来，天下升平，各地商情旺盛至极。江西在福建、广东、湖南、安徽之间，商况颇为繁华，是为所谓江西商人之基础。当时之物产，以景德镇之瓷器为最，吉安、赣州之商人，多以鬻卖景德镇瓷器起家。⑤

这里主要从地理情况的角度，提示了江西与福建、广东、湖南、安徽之间的商业关系。关于江西的民船航运，同书记载如下：

> 凡民船自南昌而下、溯湖口而上者，必经此地。故货物由广东运往扬子江者，先在樟树集中，之后由吴城输出。自湖南、湖北、安徽、江苏进入扬子江之货物，在吴城集中后至樟树，分配至各路销售。而当时西洋杂货之供给，皆仰广东，漕折之制又未改，至每年来谷运送时期，樟树、吴城实呈帆樯蔽江之景观。⑥

---

① 《皇明经世文编》卷 71，《丘文庄公集》。
② 《皇明经世文编》卷 63，马端肃公奏疏"革大弊以苏军疏"。
③ 《续文献通考》卷 31，《国用部·漕运》。
④ 《皇明经世文编》卷 63，马端肃公奏疏"革大弊以苏军疏"。
⑤ 《通商汇纂》明治四十一年（1908）第 2 号，第 65 页。
⑥ 《通商汇纂》明治四十一年（1908）第 2 号，第 65 页。

可以说,从广东经过江西省内水路,过鄱阳湖连接长江的水路网已经确立。据1923年在九江的日本领事馆的调查:

> 于九江之民船出发到达地,有龙开河口及常关前,常有许多民船在此辐辏。又,造船所在老马渡,列举主要船行之(从业者)之店名,有顺昌隆、蔡广顺、屈德和、陈全等,彼等组织船帮公所。于九江之民船种类如左。抚刀子(多为江西人所用)、桠稍子(多为湖南人所用)吃水三尺至五尺,宁波船(吃水较前者深)、巴斗子(多为武穴人所用)、友板子、纱桃子吃水一尺至二尺。

民船之重量,小者自二百担级别起,大者可至三千担级别。盖四千担以上者无法航行于内河之上也。九江、南昌之间,为重要之民船航线,其航行日数因风力而变,上航大抵七日,下航要五日。[①]　就算到了1923年的时候,民船的活动也较为活跃。到了1930年前后,通过九江关的民船数量上升至30 000只。

第三,广东—大庾岭—赣州—樟树—吴城—汉口商道。

这条商道在鸦片战争以前曾是国内长距离贸易的黄金商道,其中赣州、樟树、吴城三地构成江西货流的主要出入口和集散中心。吴城又是赣江入鄱阳湖的咽喉,赣江流域各种农副产品及由大庾岭商路输入的洋广杂货北出长江,转销江汉皖豫诸省也要经过吴城转口换大船出江。有"装不完的吴城,卸不完的汉口"之盛誉。

五口通商前,在这条商道上外运的主要赣货有米谷、瓷器、茶、夏布、纸、麻、木材、水产、豆类等江西特产;运入的主要货物是盐、糖、棉纱、海产品等商货。以瓷器为例:独口通商时期,景德镇外销的瓷器,溯赣江而上,跨梅岭以入广州。"商多粤人,贩去与西人互市。"[②]由于外国人所需之瓷器,"式多奇巧,岁无定样",商人们为投其所好,则在景德镇烧造白瓷,"另雇工匠,依照西洋画法加彩

---

①　《在九江帝国领事馆管辖区内事情》,外务省通商局,大正十二年(1923),第114页。

②　蓝浦:《景德镇陶录》,卷26。

绘"，"制成彩瓷，然后售之西商"①。这从一个侧面反映此商路之盛。在这条商路上的重要市镇——吴城镇正是集散中心。

吴城地处鄱阳湖西岸，扼赣、修二水入湖之会。由于赣江商运关系，明正德之后，"神灵阐应……商贾辐辏，烟火繁而阛阓黎市廛紫迷，几无隙地"②。清代康熙以后，吴城转运贸易进一步发展，"贾船商艇，往来无虚日"③。吴城是江西外销货物的集中点，集散的大宗商品有茶、木、盐、纸、麻等多种。民间流传的"茶商、木客、盐贩子，纸栈、麻庄堆如山"的歌谣，反映了吴城商业的概况。其中木材贸易尤为主要，吴城集中赣江、修水运来的木材，重新扎排，运出湖口，转赴下江销售。吴城亦是淮盐的集散转运点，是江西淮盐总局下两个分局之一，年销淮盐约 130 多万两。大量的盐船来往于江西、淮扬之间，构成了一条物货交流的大动脉。赣北、赣西苎麻多在吴城集散，麻庄贮麻常达万数捆。时人的记载称："吴城，西江巨镇也。拨起中流，蜿蜒数里，大江环其三而民萃族而居，日中为市，商艘趋之。"④"毗于南浙闽粤，大江之所出荆襄会焉，故诸州之宦游互市者相踵。"⑤

第四，赣江—鄱阳湖内河贸易流通。

九江海关职员斯坦利·莱特曾经这样描述鄱阳湖流域的物资流通：

鄱阳湖的主要供水动脉是赣江，赣江自南向北将江西切成两半。赣江流域以及江西与福建、广东交界的森林地区出产天然漆、棉花、甘蔗、橘子、葡萄、芝麻和苎麻。赣江的西支为章水，章水发源于江西西南的上犹山区。西支的永水、秀水、瑞水源于与湖南交界的山区，这一地区盛产纸张、煤、苎麻和烟草。赣江的东支是贡水，贡水发源于福建，它是江西东南地区木材的天然出口通道。赣江东部同样南北流向的河流是发源于福建西北山区的抚

---

① 刘子芬：《竹林陶说》，引自陈柏坚、黄启臣：《广州外贸史》（上），广州出版社 1995 年版，第 319 页。

② （清）崔登鳌、彭宗岱、涂兰玉等修纂：《新建县志》卷 75，《艺文》"重修望湖亭记"，道光二十九年刻本。

③ 傅春官：《江西农工商矿纪略》，《清江县·商务》。

④ （清）承霈等修：《新建县志》卷 79，《艺文志》，同治十年刻本。

⑤ （清）李光坡：《义建江西吴城八闽会馆碑记》。

河,抚河流域出产大米、棉花、纸张、葡萄、橘子、苎麻和烟草。江西东部和东北的主要河流是信江、乐安江和昌江(饶河),信江源于浙江边境,其流域盛产茶叶、纸张、大豆和棉花。乐安河和昌江都源于安徽西南,在饶州城上方汇合。乐安河是乐平、余干两地靛青和煤的输出通道。昌江源于祁门,流经浮梁和景德镇,是著名的祁门茶和景德镇瓷器的天然出路。剩下的一条重要的河流是修水,它自西向东,在吴城附近汇入鄱阳湖,它灌溉着盛产茶叶的武宁和义宁(今修水)。

另外尚有无数的小河、小溪及人工运河附属于这些主要水道,共同组成了江西的水运网络,使得船只几乎可以轻易地到达江西的每个地方。①

江西鄱阳湖流域贸易的流通,是以赣江为经的江西内河主运道,其起点为赣关,中经樟树,北出吴城。这条商路以樟树为中心,负担江西地区的分销,吴城为极点,担负起外销的任务。而赣州关,由于独口通商的政策影响,外贸进出口货物均要以此集散。因而商贾辐辏,"或桼葰之出入,或钱贝之纷驰,从朝至暮攘攘熙熙"②。往来贸易亦十分繁荣。

这条商路上的重要市镇是樟树镇。樟树镇由于居鄱阳湖流域的中心点上,同时也是袁水和赣江的交汇点,"为舟车孔道,四达之地"③,且在江西省的地理位置趋中性特征十分明显,故樟树成为江西全省南北、东西通道的交汇点,所谓"北迄会城,南通湖南两广"④。樟树不同于制瓷业中心景德镇,而是以商业贸易为主,中药材加工贸易是其主要内容。宋元之际,樟树药材市场在东南地区颇有影响。明宣德四年(1429),公布了33个主要税课城镇,樟树亦列名其中。成化年间,赣江和袁水正式交汇于樟树附近,樟树随着赣江水运的活跃而日渐繁荣。樟树镇工商业的较大发展是在正德以后的嘉靖、隆庆、万历时期,这和其他三镇以及江南市镇的兴起时间大致相同。明隆万时人王士性记道:"樟树镇在丰城、

---

① (英)斯坦利·莱特著,杨勇译:《江西地方贸易与税收(1850—1920)》,江西教育出版社2004年版,第1—2页。

② (清)朱棨等修纂:《赣州府志》卷16,濂溪书院赋,乾隆四十七年刊本。

③ (明)管大勋、刘松等修:《临江府志》卷9,《防围·兵制》,隆庆刻本。

④ (清)潘懿修、朱孙诒纂:《清江县志》卷6。同治九年刊本。

清江之间,烟火数万家,江广百货往来与南北药材所聚,足称雄镇"①;"水陆交冲,商贾云集,为南北川广药物所总汇,与吴城、景德、河口称为江西四大镇";"木筏药材之利甲诸郡"。② 由于交易活动的经常化和商业资本的增大,樟树店铺、商号、居民显著增多,镇区趋于定形,形成了东西向三条主要街道。镇区迥十里,有七坊、十一巷。清代基本承继了这一格局。"商民乐业,货物充轫⋯⋯虽通都大邑无以复过。"③各省商品直接而广泛的交流,一定程度上减少了中转费用,促进了全国各大区域的经济往来,也满足了市场需求。

从常关商品流通的情况看,清代商品尽管种类繁多,但经过各常关的长途贩运的商品种类却并不多,一般集中在粮食、布匹、棉花等几类商品及部分特产品和工艺品上。④ 粮食仍然是清代区域交流的最主要的商品。粮食商品化程度的高低,对于促进社会分工有着重要的意义,清代中前期农业生产的发展,使得商品粮的数量较之以往各朝大为提高,但是人口增长的压力,使农业增长速度跟不上消耗的速度。这对城镇工商业和其他生产事业的发展非常不利。⑤ 清代仍属于自然经济的范畴。

正如费正清所言:"中国前现代时期的经济,中西交往最初始于商业,早在中西形成外交关系、西方概念输入中国之前,贸易便成为中西交往的重要环节。但是中国的经济,就像中国的统治阶级一样,面对西方的攻势反应不够灵敏。这是因为,中国经济规模较大而且能够自给自足。"⑥因为"对外贸易在全国的一般商业生活中,也只占一个很不重要的地位,那时存在的对外贸易,与当时生产相形之下,是微乎其微的,同时凡中国实际上售给外国人的东西,并不是它自行出口的,都是消极地等待外面人前来购买"⑦。美国学者施坚雅也指出"对外贸易和技术上的进展,虽然是这个帝国最重要的城市化因素",但是"此时城市体系的发展更密切地依赖人口的增长,农村的商业化及地区间的贸易,而不是对外贸

---

① (明)王士性:《广志绎》卷4。
② (清)潘懿修、朱孙诒纂:《清江县志》卷2,《市镇》,同治九年刊本。
③ (清)张湄等修纂:《清江县志》卷3,《市镇》,道光四年刻本。
④ 庄维民:《近代山东商品流通结构的变迁及其意义》,《东岳论丛》2000年第2期。
⑤ 郭松义:《清代粮食市场和商品粮数量的估计》,《中国史研究》1991年第4期。
⑥ (美)费正清著,陈仲丹等译:《中国:传统与变迁》,江苏人民出版社2012年版,第296页。
⑦ (英)莱特著,姚曾广译:《中国关税沿革史》,商务印书馆1963年版,第35页。

易"。① 换言之,鸦片战争之前的中国经济以国内贸易为主,对外贸易并不占重要地位。相比较而言,当时赣关主要是对接广州而面向外洋的进出口贸易,九江关更多的是针对以运河和长江黄金水道的国内贸易,所以,相对于赣关而言,九江关的地位在明和清前期更为重要。

三、九江关对九江社会的影响

九江关的设立对九江港口和城市的社会经济的发展影响是深远的,其具体主要表现在如下几个方面:

首先是商埠的形成。九江地处"三省参会,水陆俱冲"②,来自蜀郡岷山的上游江水与洞庭九水合流后,"江流至此阔二十余里,波涛浩瀚……舟行其间,有内路外路之分……舟行附南岸者谓之内路,附北岸者谓之外路"③。这一优越的地理位置使得九江随明代长江水运商业的发展而日显重要。但是,九江地属"高山大川之区,沃衍无多,物产非饶",④并无大宗商品提供市场,投入长江水运商业。商品经济也很有限:"山林之民力镃基,川泽之民业网罟,市廛之民居贸易,商鲜重资。"⑤再加上府治地与江西内地商业联系较少,江西的稻米、茶叶、棉花等物产有相当部分不须通过九江而直接投入长江商运。因此,在设关以前,长江商船除非夜泊停宿、馆谷之需,一般均是经过九江者多,停靠九江者少,专以九江为货物销售地或货物购买地者更少。景泰元年设立九江关后,凡来往经过九江的商船均必须在九江停泊候验纳税。这样一来,"四方商舟骈集其地";⑥"上通川楚,下至苏杭,每日客舰络绎不绝"。这些商船到九江"报税交税……辄经数日"⑦。那么,利用停泊候纳船税期间,乘各处商船,百货汇集之利进行互通贸易,就地出售货物也就很自然的了。这样又吸引了更多的商船及进行短途贩运

① (美)施坚雅主编,叶光庭等译:《中华帝国晚期的城市》,中华书局 2000 年版,第 35 页。
② (清)朱棨修、曹芸绂纂:《九江府志》卷 2,《方舆·风俗》,嘉庆二十三年刻本。
③ (清)蒋湘南:《江西水道考》卷 1,《江水》。
④ (清)朱棨修、曹芸绂纂:《九江府志》卷 16,《食货》,嘉庆二十三年刻本。
⑤ (清)朱棨修、曹芸绂纂:《九江府志》卷 2,《方舆·风俗》,嘉庆二十三年刻本。
⑥ (清)朱棨修、曹芸绂纂:《九江府志》卷 15,《诗文》,嘉庆二十三年刻本。
⑦ (清)谢旻修:《江西通志》卷 117,奏疏三,张启元"请罢湖口新厂疏",雍正十年刻本。

的小商小贩均趋聚九江港口和码头。"九江据上流,人趋市利"①;"江州水陆之冲,舸载担超,人力所凑"②。于是,九江逐渐发展成为"车盖楼船应接不暇"③的商业码头。九江关的征税工作也因此而十分繁忙,所谓"晨昏权算,缪辖纷纭"④。

九江本地的商业贸易由于九江开关和商埠带来的便利,有了较大的发展。到嘉靖初年,九江府城周围出现了三个商业小城镇:离府城西五里左右的小江市"行旅连络,军民杂处,商贾贸易,四时如一,亦要会也";在府城北二十里的扬家穴市"商贾交易不绝";在府城南三十五里的女儿港市"四时贸易无异"。⑤ 这三个商业小市镇与九江府城连成了一个商业贸易网,使九江府当地的商品交流范围进一步扩大,借助于商埠带来的丰富货源和便利,有些商人经营获利,成为"家计素封"⑥的富商、富家。

其次是人口的迅速增加。由于商埠的形成,使得九江对人口吸附力增强。九江开关以后,人口亦迅速增多。洪武二十四年(1391),德化县有 2,686 户,16,280 口。至天启三年(1623)增加到 5,584 户,20,955 口。比明初户数增长 1.1 倍,人数增长 29%。至乾隆四十七年(1782),再增加到 39,522 户,205,999 口。及至道光元年(1821),又增加到 58,601 户,311,242 口,比明末天启年间户数增长 9.5 倍,人数增长 13.9 倍。⑦ 而九江府属其他 4 县的人口却相对增加缓慢。为说明问题,我们以明代为例做一比较,具体情况详如下表:

表 2.3.2　明代九江府属五县居民比较表(单位:户)

时间	德化	湖口	德安	瑞昌	彭泽
洪武二十四年(1391)	2686	4498	1057	2125	4834
永乐十年(1412)	2818	3198	2844	2537	3646

① 张瀚:《松窗梦语》卷4,《商贾记》。
② (清)谢旻修:《江西通志》卷135,《艺文》,刘均"九江关建设仓储记",雍正十年刻本。
③ (清)朱榕修、曹芸绲纂:《九江府志》卷2,《方舆·风俗》,嘉庆二十三年刻本。
④ (清)朱榕修、曹芸绲纂:《九江府志》卷23,《艺文》,嘉庆二十三年刻本。
⑤ (明)冯曾、李汛修纂:《九江府志》卷2,坊乡,嘉靖刻本。
⑥ (清)陈鼐修、吴彬纂:《德化县志》卷8,《地理·风俗》,同治十一年刻本。
⑦ (清)陈鼐修、吴彬纂:《德化县志》卷14,《食货志·户口》,同治十一年刻本。

续表：

时间	德化	湖口	德安	瑞昌	彭泽
成化十八年(1482)	2573	2239	2510	2089	2374
弘治十五年(1502)	2739	2313	2626	2122	2375
正德七年(1512)	3239	2639	2813	2213	2285
嘉靖元年(1522)	3520	2802	2813	2282	2636
天启三年(1623)	5584	缺	缺	缺	缺

(资料来源：嘉靖《九江府志》卷4,《户口》；同治《德化县志》卷14,《食货·户口》。)

从上述表格中我们可以看出,九江设关以后,钞关所在地德化县与不设关的该府其他县相比,其户数呈明显上升之趋势,民户数量显著增多。相反,湖口、彭泽等地之户数则呈明显下降之趋势,这一点只可以理解为德化县对其周边地区人口的不断吸附,城市的聚集效应在不断加强。

值得一提的是,德化县的民户居住在城镇的比例是相当大的。以嘉靖元年为例：德化县治共有18坊,如果按照明代里坊制度"一百户为里,城中曰坊"[①]计算,居住在城内坊中的居民有1980户,约占全县民户总数的56%。由于限于材料,这些城市的民户究竟有多少是纯粹的城市居民,多少是亦农亦商,不能得到确切的证据。但是有一点似乎可以肯定：这些居住在城内的人口均是随着商船停泊而迅速增加起来的。如：自下游上溯经九江关的商船停泊于龙开河,很快就出现"民居两岸","古龙开一水,新市集千家"；[②]自上游而下经过九江关的商船均停泊于城西五里的小港,于是即有"两岸居民"；[③]万历四十一年(1613),九江兵备道葛寅亮开东作门,决通老鹳塘,以便"夏秋间舟达东门","不数日而珠辰结屋者林立,蚁聚业已千计"[④]。还有在万历年间,与长江水相傍的府城西堤筑了新坝,"坎上城街巷,短垣矮屋数十百"[⑤]；商埠的形成对人口的吸附效果极为

---

① （明）王圻撰：《续文献通考》卷13,《户口考》。
② （清）陈澧修、吴彬纂：《德化县志》卷49,《艺文》吴国伦"旅泊浔阳杂诗十首",同治十一年刻本。
③ （明）冯曾、李汛修纂：《九江府志》卷2,《方舆志·山川》,嘉靖刻本。
④ （清）朱荣修、曹芸纂：《九江府志》卷23,《艺文》,嘉庆二十三年刻本。
⑤ （清）朱荣修、曹芸纂：《九江府志》卷23,《艺文》,嘉庆二十三年刻本。

明显。

复次是城市规模的逐渐扩大。城市的人口增长,促进了城镇面积的扩大。到嘉靖年间,九江府城内有五条大街八条巷子,而府城外已有了三条大街二十条巷子。① 这三条大街与大部分巷子均在钞关附近的城西。后来到万历年间,葛寅亮开东作门,"商舟南北经渡"此地,东作门"亦开三街",曰东聚街、北聚街、中集街,于是"城东列肆不减城西"②。到了清代,九江府城内街道由明代的 8 条,扩展到 19 条。九江城市规模进一步扩大,发展起来的九江城主要是个商业消费城市。城市居民从事工商业的很多:"德化民五九,贸布于途,工各居肆,无精奇之巧,取给衣食而已。"③"工贾坐肆","市廛贸易日用所需"④。

近代九江江中景色

（图片来源:中国近代影像资料库,九江。）

---

① （明)冯曾、李汛修纂:《九江府志》卷2,《方舆志·坊乡》,嘉靖刻本。
② （清)朱棨修、曹芸细纂:《九江府志》卷23,《艺文》,"重启东作门并决塘开衢等记"。
③ （清)朱棨修、曹芸细纂:《九江府志》卷2,《方舆志·风俗》,嘉庆二十三年刻本。
④ （清)朱棨修、曹芸细纂:《九江府志》卷2,《方舆志·风俗》,嘉庆二十三年刻本。

　　随着九江城市的扩大,九江城市基础设施的建设亦因开关而得到一定的改善。突出的是港区的码头建设得到一定程度的发展。九江港的木帆船停靠码头已经有数处:龙开河口、溢浦港、小江港、濂溪港、小江港、女儿港等。

　　总之,由于赣江水运体系和江西过境贸易的繁荣,带动了江西地区商品经济的发展。其商品经济的总体格局是赣东北地区以铅山的河口镇为中心,带动了信江流域的商品经济的发展,同时也成为浙、闽、赣省际贸易的主要调剂中心之一。樟树镇,由于地处袁水与赣江的交接之处,同时为江西内陆地区的中心,其趋中性的特征相当明显,发挥着江西省货物调剂中心的职能;景德镇由于传统的制瓷业的优势,相应地带动了周边地区商业贸易的发展;吴城镇,由于其扼赣江、鄱阳湖水系入长江之口,成为江西省际进出口贸易的中心。然而,九江位于南北陆路与长江水道的交汇处,其水道,"据金陵上游,襟带川陕湖滇闽广,为东南要冲"①。其陆路,"据三江之口,当四达之冲,自北而南,驰驿奔轺者殆无虚日"②,发挥着全国货物调剂和转输的作用。

① (明)冯曾、李汛修纂:《九江府志》卷9,《职官志》,嘉靖刻本。
② (明)冯曾、李汛修纂:《九江府志》卷16,《诗文》,嘉靖刻本。

第三章
开埠通商:九江城市功能的转换

第二次鸦片战争以后，西方列强的势力逐渐由沿海向中国内腹地区渗透，长江流域则是他们的首选之区，九江也就变成了西方势力进入的一个重要地点。随着中英、中法、中俄、中美《天津条约》的相继签订，长江流域的口岸逐步开放，九江被列为长江流域首先开埠通商的三个口岸之一。由此，租界开辟，外国洋行进驻，西方资本主义势力开始楔入九江，其城市功能也逐渐发生变化，由传统社会的长江中下游货物调剂中心逐渐转变为江西进出口贸易的中心和长江转口贸易的中介口岸。

第一节　九江开埠与海关的设立

一、九江开埠

1858 年，中英《天津条约》第十条实际上规定了首先开放长江的基本格局，其文如下：

> 长江一带各口，英商船只俱可通商。……准将自汉口溯流至海口各地，选择不逾三口，准为英船出进货物通商之区。①

在《天津条约》签订后不久，中国同意英国远征军全权代表额尔金(J. B. Elgin)率舰队航行长江至汉口考察，便于选定长江三个口岸的地点"辟埠通商"②。为此，1858 年 11 月 8 日，额尔金搭载蒸汽巡洋舰"狂怒号"(Furious)离开上海，并以蒸汽巡洋舰"报应号"(Retribution)和蒸汽炮艇"驱逐号"(Cruizer)、"迎风号"(Lee)及"鸽号"(Dove)等艇护航，溯长江而上，前往九江、汉口等地选定开埠通商的地点。"由于这次旅行的结果，镇江、九江和汉口三城被选定为扬子江上开放对外通商的口岸，镇江立即开放，其他两处则等待把沿江的'叛军'肃清之后再照办。"③

---

① 王铁崖编：《中外旧约章汇编》第 1 册，生活·读书·新知三联书店 1982 年版，第 97 页。
② 马士著，张汇文等译：《中华帝国对外关系史》第一卷，上海书店 2000 年版，第 604 页。
③ 马士著，张汇文等译：《中华帝国对外关系史》第一卷，上海书店 2000 年版，第 604 页。

1860 年 10 月，清朝政府分别与英国、法国互换了《天津条约》的批准文本。依据该条约关于长江开放的约定，驻华英国公使普鲁斯(F. W. A. Bruce)照会清政府拟在汉口、九江先开埠通商"合请亲王并咨湖北、江西各大吏，一体查照遵办"①。清政府依据条约执行，并委任江苏巡抚薛焕署理钦差大臣，督办长江三口通商事务，会同湖广总督官文、江西巡抚毓科筹办汉口、九江通商事宜。"惟汉口、九江两处，系通商创始，所有一切章程，必须按照条约，与之妥为商定，毋令别生枝节，以期永远相安。"②江西巡抚毓科深感此事重大，特向朝廷奏报："九江通商，事属创始，关系甚巨，恐非九江关监督一人所能办理。"③特别委派江西布政使张集馨会同筹办开埠事宜。

1861 年 2 月 24 日，英国公使委派驻华使馆参赞巴夏礼(H. S. Parkes)、拟驻九江领事馆领事许士(P. J. Hughes)以及海军中将贺布(James Hope)等"这个内中包括有上海英侨商会代表们的远征团体"④，赴长江沿岸考察沿岸城市，拟定通商事宜。巴夏礼一行于 3 月 3 日陆续到达九江，与广饶南九道尹兼九江关监督文恒、九江府知府程元瑞等就英商在九江租地通商等事项交换了意见。

1861 年 3 月 16 日，江西负责全权办理九江通商事务的张集馨到达九江与巴夏礼"会商租地立市，合文立据各情"⑤。23 日，巴夏礼以察看九江上、下游一带地势为由与张集馨及其随员省布政司理问马长康、南安府同知唐廷铨等一行到达湖口，"以湖境扼要鄱湖，为江省咽喉，上通吴城，下达江皖，控踞形势"为由，"欲在该处立市"。⑥ 马长康坚决予以拒绝，并告知巴夏礼湖口城内，"地多乱石"而城外又"俱系沙土"，实在难于建造楼房与货栈；而且湖口处于江湖之口，风急浪高，商船停靠十分困难，在此立市，非常危险。英国人放弃了湖口开埠，勘定

① 《英使为分派牛庄等处领事官及英船出入长江按新章纳税事照会》，《第二次鸦片战争》第 5 册，上海人民出版社 1972 年版，第 302 页。

② 《军机大臣寄钦差大臣官文等已准英国先在汉口九江通商著悉心妥办上谕》，见《第二次鸦片战争》第 3 册，上海人民出版社 1978 年版，第 308 页。

③ 《江西巡抚毓科奏英船抵浔派藩司前往会办通商折》，见《第二次鸦片战争》第 3 册，上海人民出版社 1978 年版，第 431 页。

④ 姚贤镐：《中国近代对外贸易史资料(1840—1895)》第二册，中华书局 1962 年版，第 747 页。

⑤ 《筹办夷务始末》(咸丰朝)卷 75。

⑥ 《江西巡抚毓科奏英船抵浔派藩司前往会办通商折》，见《第二次鸦片战争》第 5 册，上海人民出版社 1978 年版，第 431 页。

"九江府西门外地方,自龙开河起,沿大江往东,至思口之西十三丈止,量得共长一百五十丈,进深六十丈……立明四至,共合地基一百五十亩"①的一片土地,作为英国"永租地"。英国人完成了他们在九江口岸开埠通商的准备活动。

紧随其后的是法国、美国、俄国等也依据中法、中美、中俄《天津条约》,取得了在九江开埠通商传教等权利;步英、法、美、俄的后尘,1861 年和 1862 年,德国和葡萄牙等国也与清朝政府签订了《中德通商条约》和《议定西洋国通商条款》等,迫使清朝政府准其在九江等地贸易通商。

英国之所以选定九江作为长江最早开埠通商的口岸之一,是有其重要原因的:

其一,九江作为江西门户拥有广阔的腹地。九江是江西的门户之一,控制九江便可进入整个鄱阳湖流域。鄱阳湖流域降水丰沛,地势良好,资源丰富,"米谷之饶,瓷器夏布之工,则又天下著名者也"②,再加上茶叶、烟草等农副产品,是全国的富源,在咸丰以前,江西商务"极盛",形成了江西商业集中而又发达的四大名镇,并以此为基点,交织成连接鄱阳湖流域以及闽、粤、皖、湘、鄂、赣乃至全国的商业交易网。由于四镇均居江河之边,水运极为便利。由九江入鄱阳湖可至吴城,由吴城溯江而上可至南昌、樟树、吉安、赣州,可得赣、闽、粤等省米谷、食盐、疏果、矿产以及外洋之物;此外由鄱阳湖入饶河溯昌江可达景德镇,入乐安江可至乐平和婺源,入信江可至铅山县河口镇,尽收瓷器、茶叶和煤炭之利。这样畅通的水陆交通,在当时陆路运输十分困难和落后的情况下,对于商务开发具有决定性意义。鄱阳湖流域、鄂东、皖西南所生产的农副产品如茶叶、木材、棉花、油料等,也都可以到九江集散,九江是进行洋货倾销和原材料收购的理想场所。因此,占据九江便具有控制鄱阳湖流域并兼及其邻近省份腹地的战略意义。

其二,九江在长江经济链中有承上启下的地理区位优势。九江位于长江中下游交切点,跨赣、鄂、皖三省,所谓"北阻长江,南屏庐阜,上控武汉,下扼皖吴,截天堑之中流,据溢口为门户"③。九江作为沟通长江上下游的重要商埠,发挥着全国重要的货物集散地作用。作为传统的"米市"与"茶市",九江早已闻名中外。在长江经济链中,九江具有承上启下的意义。由于这些原因,九江扩展为通

---

①　王铁崖:《中外旧约章汇编》第 1 册,生活·读书·新知三联书店 1982 年版,第 157 页。
②　刘锦藻:《清朝续文献通考》卷 314,《舆地十》。
③　《清朝续文献通考》卷 314,《舆地十》。

商口岸，可形成链条式的商业贸易线。这条线，后来随着重庆、宜昌、沙市、芜湖等地辟为商埠，长江经济链最后确确实实一环扣一环地形成了。

其三，九江拥有优良港口条件。九江港江面比较宽阔，水深适宜停泊，航道顺直且终年不冻。1924年总税务司署扬子江技术委员会对长江的一次水文情况做了一次测量，情况如下表：

表 3.1.1　九江水文情况一览表

港口 ＼ 水文	流量（亿立方米/日）	流速（米/秒）	
		冬季	夏季
九江	22.5	0.53	1.77
汉口	22	0.565	1.77
湖口	28.6	0.495	1.71

（资料来源：九江海关档案《扬子江技术委员会第三期年终报告：测量报告》，1924年。）

从航运角度看，其流量与流速都是很理想的。港内既可靠泊大小商船，上下客货；又可靠泊军用舰艇，选作军事基地，以保护租界安全。

二、九江海关的设立

近代九江海关，在1861年设立，开始仅对过关的商人进行监督，并未有征税之责。1862年1月，湖广总督官文联络江西巡抚毓科奏请总理衙门，要求在江汉海关和九江海关行使征税之责。总理衙门委派赫德（Robert Hart）前往会同办理。赫德于7月10日到达汉口，随即与官文及江汉关监督邓兰等筹议关税征收事项以及长江通商"防弊堵漏之法"，拟订了江汉关征收正税、子口税等章程。12月28日，赫德顺流而下来到九江，以江汉关征税章程为基础，与江西及九江的有关地方官员议定了九江海关正式开关征税的有关事项。与此同时，湖广总督官文急将江汉关的有关税务章程逐项开列，咨行江西巡抚沈葆桢及九江海关监督廷曙"循照办理,以免歧异"①。1862 年 12 月 21 日,九江海关正式开关征税,因为它不同于原来征收船钞的权关,又因为它是征收洋货关税和有洋人充当关员的海关,所以,人们便把原来征收船钞的户部关叫作"常关",而把海关叫作"新关"或"洋关"。九江海关也是中国近代海关中推行税务司制较早的海关之一。

此后 40 余年,九江常关和九江海关长期并立存在。据时任九江海关职员的斯坦利·莱特描述:

> 在接下来的四十余年,九江海关和常关肩并肩地运作,但控制权却是各自独立的,一个受条约约束,只对外国船只征税;而另一个则对所有本土船只课税,其征收和管理享有相当大的自主权。义和团运动的兴起打破了这种太平日子。根据 1901 年的《辛丑条约》,开放口岸的常关管理权将要交给总税务司管理,但这一交接在九江产生的波动比其他口岸小得多。1901 年 11 月 11 日,常关正式转让给税务司。②

也就是说,自从九江海关税务司署成立,九江常关和海关并立存在了 48 年之久,直到 1901 年《辛丑条约》规定五十里常关归海关管理后,九江常关的管理权才划归海关。

在常关与海关并立存在、独立运作时期,根据规定,各口海关是单一的整体机构,它的管理活动中心是各口的海关监督署。九江关监督署始设于清乾隆四年(1739),是专门征收盐捐、货厘、船钞的机构。在清朝前期,九江关监督附设九江道府之内,并以广饶南九兵备道员兼任,国家不另外派驻九江关监督。它是九江海关的最高管理机构:既是负责征税的海关行政管理部门,又是负责海关设档登录的监督部门。

但自九江海关税务司使署成立后,海关主要职能——征收洋税以及行政管理工作,就被全部纳入税务司使署所设计的管理体制之内。海关设总税务司署

---

① 《筹办夷务始末》(同治朝)卷 12。
② (英)斯坦利·莱特著,杨勇译:《江西地方贸易与税收(1850—1920)》,江西教育出版社 2004 年版,第 82 页。

九江海关税务司公馆

（资料来源：中国近代影像资料库，九江关）

于上海，受总理衙门委托，统一管理各口海关税务司署。即各口海关的关税行政权集中统一于总税务司署，实行垂直领导。这样一来，各地方的通商口岸的税务司就成了总税务司在各关的代理人。九江税务司就是总税务司在九江海关的代理人。他承办总税务司所派之事，向总税务司负责，"各种公事务以总税务司之示谕是听"[1]。凡商民诉辩之事，与中国官员晤谈及来往文信、海关总巡、理船厅的工作报告等，都必须及时向总税务司汇报，形成了一个不受或少受地方政府干预的独立的权力系统。从而把海关监督排除在处理重大关务之外，"监督仅在署内，依据税务司之报告以办理登录报告之事务而已"[2]。关监督署内部设施，除办理常关税务机构外，为便于与新关联系，另设有交涉科和总务科，如发布告，则联合署名。

　　海关这种组织管理体制，对于摆脱地方政府干预，提高海关工作效率，集中

---

[1]　九江海关档案：《新关内班各项诫程》，《新关内班章程·税务司》，第26页。

[2]　（日）高柳松一郎著，李达译：《中国关税制度论》，商务印书馆1929年版，第36页。

20 世纪初的九江大姑塘海关

（资料来源:九江市志办公室编《九江老照片》,第 97 页）

控制财政税收有一定的积极作用:"按常关自税务司管理后,所有征收税项,暨一切事宜,咸指挥如意,毫无盘错之处,船户亦因西员任事,奉公守法,整饬严明,对于税项意存偷漏者故少,并以风清弊绝,公道和平,事可熟商,情无阂隔,大为获益,咸有怀感之意。"①但也应该看到,这套制度,使清政府失去关税自主权,税务司把持的海关亦成为执行不平等条约的得力工具。

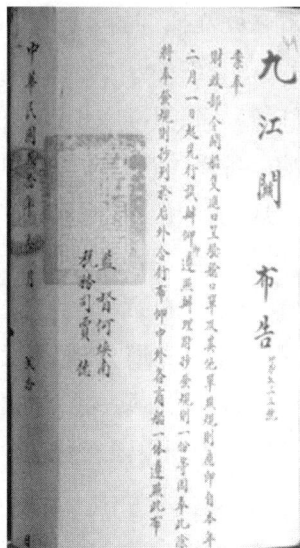

九江海关布告

———————————

① 《中华民国三年九江口华洋贸易情形论略》,中国第二历史档案馆、中国海关总署办公厅:《中国旧海关史料(1859—1948)》第 65 册,京华出版社 2001 年版,第 571 页。

三、九江海关主要职责

近代中国海关职权范围非常广泛，除了承担管理对外贸易、征税、缉私等海关的基本职能，还兼管航务、港务、邮政、检疫、气象等事务，同时涉足政治、外交、军事、财政等领域一系列活动，是西方列强干涉中国内政的重要工具。在近代中国的历史进程中，海关扮演了重要的角色。正如总税务司赫德所言："虽然叫做海关，但是它的范围是广泛的，它确实是一个改革所有海关分支机构行政管理和改进一切帝国行业的应有的核心组织。"①九江关税务司使署内设内班、外班、海班、理船厅、灯塔处等机构，分别管理税务、航运、缉私防漏等方面事务。其具体职责有如下几个方面：

1. 按章程征收关税

随着西方列强的势力进入长江流域，"协定关税"的原则由"五口"推广到"九口"以及全国各通商口岸。1862 年 12 月（同治元年十一月）确定的九江海关征税则例，是《长江各口通商暂订章程》《通商各口通共章程》和《长江收税章程》的应用与具体化。《长江各口通商暂订章程》是英国与清政府于 1861 年 3 月 25 日在九江拟订的。同年 10 月 9 日，该章程在北京修订，改称《通商各口通共章程》。1862 年，《长江收税章程》出笼。其第一条明确规定："凡有英商之船在长江贸易者，只准在镇江、九江、汉口三处贸易……长江出口土货在以上三关进口，均由各该关查验，自行征收税饷，按照条约已开通商各口办理一切事宜。"第三条规定："凡有英商人大洋船以及划艇、风篷等项船只……抵九江，或上江，或下江，须由船主将其护照呈关查验。该船在九江、汉口起下货物，所有纳税一切事宜，均照该口章程办理。"又第四条规定："凡有江照之轮船须在镇江、九江无论上江、下江，须将江照呈关查验。嗣后有江照之轮船须在镇江、九江、汉口轮流完纳船钞。"②可见，《长江收税章程》已明确规定了九江、镇江、汉口等海关的征税范围和管理权限，为这 3 个海关的正式开关征税做了最直接的准备。《九江关税则》就是在此基础上正式形成的。

---

① 1885 年 8 月 15 日总税务司通札（第二类）第 317 号，转引自《厦门大学学报》1980 年第 1 期。
② 王铁崖：《中外旧约章汇编》第 1 册，生活·读书·新知三联书店 1982 年版，第 178、195 页。

九江海关关税的征收是根据《九江关税则》①规定执行的。其主要内容,根据光绪《江西通志》卷87,《经政略四》记载胪列于下:

> 其一,船货征税办法:以咸丰八年(1858)《长江通商章程》的有关规定为准,大要值百税五,金银、钱锭、杂物则免之;其二,船钞(即吨位税),以吨计装载逾一百五十吨则输钞银四钱,仅一百五十吨或不足此数的船只,则只要交纳银钞一钱;既经交纳银钞,限四个月为有效期,逾期仍按原定办法纳钞;三板小船和雇用的中国民船纳钞亦如之;其三,进口货物,准一次纳税,免各子口征收,土货则在首经的子口输交;洋货则在海口完纳,综算货价,每百两征子口税银二两五钱,是为半税;其四,凡土货由本埠出口者,征出口正税,洋货从本埠进口者,征进口正税。请领单照赴内地买卖,沿途不纳厘税,但征子口半税。在他地买土货复进口者,征复进口半税。凡船载货物,交纳正半两税后,若要运往海外,经报江海关给照但未验准者,仍留所纳半税,以抵其后应纳税银。其五,解交税收数额,以满三个月为"一结"上报,一年为"四结"计收。关税开支数额,则每"四结"为一次上报注销。

九江海关的征税范围:1864年划为上至湖北武穴,下至江宁府(今南京市)的长江水域。1883年,总税务司发出第228号通告,重新划分了当时全国19个海关的各自管辖范围。按照新的划分,九江海关所属界限定为"自安徽省城起至湖北省界半壁山止"②,即其征税范围上至湖北田家镇半壁山,下至安徽省安庆。此时,安徽省的芜湖已设立海关,九江海关的管辖范围大大缩小。1901年,清政府同意海关兼管五十里之常关,九江的常关和大姑塘分关亦划归海关管理。九江海关的关税收入从设关之初1863年的不足50万两到1900年代的100多万两,呈不断上升之趋势。如下表:

---

① (清)曾国藩、刘坤一等修:《江西通志》卷87,《经政略·榷税》,光绪刊本。
② 九江海关档案:《新关内班各项诚程通商各口税务司所属界限》,第524页。

表 3.1.2   九江海关历年关税收入表（单位：1899 年前为库平两，后为关平两）

年份	关税收入	年份	关税收入	年份	关税收入	年份	关税收入	年份	关税收入
1863	478,266	1877	680,537	1891	1,180,937	1905	671,119	1919	692,577
1864	579,864	1878	753,052	1892	1,027,899	1906	684,080	1920	670,793
1865	490,920	1879	726,595	1893	1,034,250	1907	756,026	1921	497,416
1866	491,411	1880	727,413	1894	1,000,198	1908	698,146	1922	505,329
1867	470,120	1881	804,356	1895	1,044,465	1909	696,566	1923	664,642
1868	528,982	1882	863,755	1896	1,030,628	1910	692,357	1924	798,096
1869	513,472	1883	785,682	1897	944,247	1911	686,639	1925	694,670
1870	528,458	1884	789,976	1898	931,568	1912	857,421	1926	589,392
1871	544,752	1885	782,526	1899	1,013,657	1913	586,627	1927	502,317
1872	448,726	1886	849,694	1900	880,182	1914	635,176	1928	801,447
1873	538,783	1887	959,747	1901	828,201	1915	616,674	1929	1,518,426
1874	723,593	1888	1,107,048	1902	790,941	1916	640,619	1930	1,121,363
1875	675,431	1889	1,055,225	1903	687,277	1917	614,604	1931	1,797,440
1876	703,221	1890	1,126,805	1904	743,129	1918	602,530	1932	910,313

（资料来源：根据汤象龙《中国近代海关税收和分配统计》，中华书局 1992 年版，第 69—75 页；1900 年以后，根据实业部国际贸易局编《最近三十四年来中国通商口岸对外贸易统计》，商务印书馆 1935 年版，第 247 页，综合制成。）

　　九江海关的税收，在长江流域各口中比重比较大。"就税收而言，九江仅次于上海的 680 万海关两和广东的 250 万海关两，1891 年税收超过百万的港口有五个，九江便是其中一个。"[1]它的税源有关税、货厘和常关税三项，但以征收华、洋进出口贸易货物值百税五和 2.5% 的正半两税为主要税项。从统计资料可知，自 1863 年起至 1927 年的 64 年中，九江海关关税收入一项约有 5000 万海关

---

[1]　Kiukiang Decennial Report, 1882 – 1891. 中国第二历史档案馆、中国海关总署办公厅：《中国旧海关史料（1859—1948）》第 152 册，京华出版社 2001 年版，第 193 页。

两;代征货厘,从 1898 年起至 1927 年的 39 年中,共约征收 580 万两;从 1902 年兼收常关税起至 1927 年止,常关总税收入当在 1000 万海关两左右。总而言之,综合上述数字,九江海关的总收入,当在 6000 万海关两以上。

2. 兼管港务港政

九江海关除了征收关税外,还掌握着港务、港政管理权。九江海关下设理船厅(即港务司),负责港口全部事务,主要职责为:掌管指定船只停泊处所,审批建筑码头及驳岸,稽查出入船只,考查检验船员证书,丈量轮船吨位,检查浮标,指示航路,选用领港引水,管理火药及爆裂物储藏所,兼管防疫所、守望台和水巡等项事务。① 1914 年九江海关制定了九江港《趸船上下货条例》,大体内容摘要如下:轮船运货进口,无论是起上趸船或是起货上岸,均须先向海关理船厅请领起货批单,方准开仓起货;出口货物由船驳下轮船,或先进趸船再装轮船,均须在完清出口税银后,请领海关下货批准单,方准装仓;各码头趸船应在海关指定处所停泊,不准擅自移动,如必须挪移,请领批准单,应先向海关报明,发给批准单方准挪移;趸船未向海关报明,不准将锚链、桩索等拖至岸,趸船与江岸之间的内档,不准停泊驳船,并按海关规定铺设木板栈桥连接到岸。②

1918 年 7 月 3 日,九江海关税务司单尔(P. DeTamer)签署的《九江港口管理船只章程》,是近代九江港第一个正式港章。该章程共计 29 条,另附则 3 条,对九江港港界、轮船指定停泊区域、港内航道疏浚、水域环境保护、港内航行安全、码头安全管理等做了比较详细的规定。自轮船出现在九江港,港口的外部形态发生了很大的变化,增加了适应轮船停靠的码头设施,这标志着九江港步入近代。

3. 负责治理长江航道

1868 年海关部署设立海务处,负责沿海及长江航道、港口等事务。长江沿岸开埠城市的海关分段负责管理长江航道,诸如水位观测、设立水线航道的机械疏浚、设立航标等日常工作也纳入统一规范管理。九江海关相应设立了灯塔管理处专理其事。据《九江海关十年报告(1882—1891)》记载:"区域内有 13 座灯塔,由 32 个中国灯塔值事。"而且详细列举了对本区段内的照明设施和灯塔的维

---

① 《交通年鉴·总务篇》,第 1 章,1935 年版。
② 《交通年鉴·总务篇》,第 1 章,1935 年版。

九 江 港 草 图
Pen and Ink Sketch of Kiukiang (jiujiang) Harbour

港口上游界 Harbour Upper Limited
德国公义行趸船 German Hulk Hamburg American Line
麦边趸船 Geo. Mc Bain Hulk
怡和趸船 J.M.T.Co.Hulk
太古趸船 BFS.Hulk
海关 Custom House
招商局趸船 C.M.S.N.Co.Hulk
港口下游界 Harbour Lower Limited

美孚石油公司油栈（距离港界1397码）Standard Oil Co. Oil Godown 1397 Yards beyond Harbour Limited
晋和元油栈 Tsing Ho Yuan's oil Godown
南关（厘金局）Likin Station
昆慈亭
北 东
龙开闸 Lungkai Creek (Longkai)
大英租界 British Concession
招商局 C.M.S.N.Co. Premises
中国码头外洋街 Chinese bund
常关 Native Customs

九江海关 Custom House, Kiukiang (Jiujiang)
1906年1月9日 9th January 1906

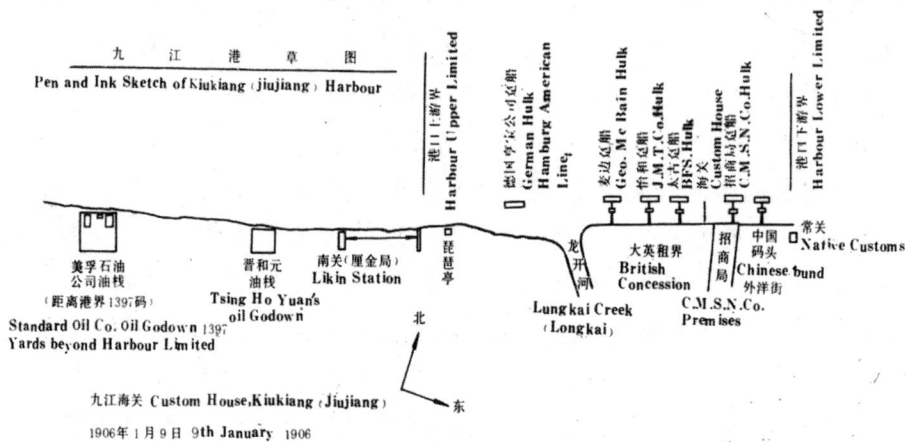

1906 年九江海关所绘制的九江港草图

（资料来源：孙述诚主编《九江港史》，人民交通出版社 1991 年版，第 87 页。）

护如下：

　　1883 年,在江龙沉船处,一艘安装了六等白光长明灯的灯船取代了三角浮架上的普通红灯。1885 年又将其换成了红灯,拦江矶大王庙的浮灯塔在 1883 年废弃,1885 年又重建;1884 年,在莲花洲或沙石埂,一艘安装了六等透镜灯的灯船取代了三角浮架上的普通灯。1886 年,在乌石矶,一座闪烁着红色信号灯的六等白光长明灯,取代了以前使用的普通灯,1891 年,在乌石矶建了一座闪着红灯的灯塔。（Kiukiang Rocks,乌石矶或拦江矶,九江关,德化县）;1886 年,长江水位高涨时期,金刚廖会有一艘六等透镜灯的灯船来标记提醒。当长江水位很低时,灯船就会停在莲花洲或沙石埂。（North – east Crossing,金刚廖或金刚料,九江关,宿松县）;1887 年,八百吊的灯塔被拆毁,很快就被河水冲走了,后来又在长江南岸重建了灯塔;1888 年 1 月,在低水位时期,一个由柳条笼固定的三角浮架停泊在原来的地方（那地方已经变成了一个浅滩）;但在 4 月的时候,这个三角浮架就没有继续使用了,因为那个浅滩完全消失了。1891 年 2 月,长沙洲和八百吊的灯塔已经被转移到了新的地方,前者转移到了长江对岸,大约在长江下游的两英里处,靠近石矶坦村,后者离安庆 1.5 英里,现在在安庆就可以看得到。1891 年 6 月,招商局趸船沉处的灯塔从名单上删除,沉船的残骸沉积在河床下面;1891 年,九江海关配备了一艘备用灯船,以替代维修中的灯塔或作为临时航标。①

而且,在《九江海关十年报告(1892—1901)》详细记载了九江海关区段内河道的水位变化情况表:

表 3. 1. 3 1892—1901 年间九江的水位变化情况表

年份	最低水位		最高水位	
	发生的时间	记录的水量	发生的时间	记录的水量
1892	1 月 1 日	3 英尺 11 英寸	7 月 20 日	40 英尺 10 英寸
1893	2 月 19 日	4 英尺 2 英寸	8 月 30 日	40 英尺 8 英寸
1894	1 月 24 日	4 英尺 0	6 月 24 日	41 英尺 6 英寸
1895	3 月 5 日	2 英尺 7 英寸	8 月 27 日	36 英尺 5 英寸
1896	1 月 29 日	2 英尺 0	10 月 14 日	41 英尺 5 英寸
1897	2 月 2 日	7 英尺 5 英寸	8 月 19 日	42 英尺 4 英寸
1898	12 月 31 日	5 英尺 4 英寸	10 月 7 日	36 英尺 8 英寸
1899	2 月 13 日	2 英尺 3 英寸	10 月 5 日	37 英尺 8 英寸
1900	12 月 31 日	2 英尺 0 英寸	7 月 31 日	30 英尺 0
1901	3 月 12 日和 13 日	0 7 英寸	7 月 16 日	45 英尺 0

(资料来源:中国第二历史档案馆、中国海关总署办公厅《中国旧海关史料(1859—1948)》第 153 册,京华出版社 2001 年版,第 362 页。)

为了有效地管理航道,从 1903 年起九江海关专门配备了一艘巡江艇,名号

---

① Kiukiang Decennial Report,1882 – 1891. 中国第二历史档案馆、中国海关总署办公厅:《中国旧海关史料(1859—1948)》第 152 册,京华出版社 2001 年版,第 231 页。

为"春星号",并派出一名航道主管人员驻扎在九江专司其职,职责是管理水文测量、检查航标和指导各巡江事务段的具体工作,这是九江最早的航道管理机构。

1911 年 5 月,整个长江航道管理的机构做了适度的调整,在长江中下游确定了汉口、九江、芜湖、镇江为 4 个航标管理区段,九江巡江司兼有九江和汉口地区的航标管理权。1920 年,巡江司下设巡江事务处,并由一名段长负责九江巡江事务。这样,巡江司还正式开展了长江上最早的航道测量工作。1922 年,巡江事务处由九江迁至汉口。①

九江海关成立以后,由于其职责范围的不断扩大,使九江海关税务司署人员机构也不断扩充且职位也越来越高,而且历任税务司均为外籍人员。如 1876 年至 1930 年,九江海关正副税务司的职位先后为英国、美国、法国、俄国、葡萄牙、德国、日本和比利时 8 个国籍的人员所占据。其中,以英国籍人员担任此职为主,处于垄断地位。从 1878 年开始,清政府特准"钦加"税务司"三品衔"、副税务司"四品衔",并立定章程,当作制度推行下去。作为垂直管理的机构,海关税务司的官价相同于省级官吏按察使,而高于由道员兼任的海关监督,副税务司则同于道员而高于知府。无论是税务司还是副税务司,都是清政府的高级官吏。

九江关税务司使署初设之时,规模较小,华洋关员共 30 余人。随着管理事务的逐渐增多,管理职权的不断扩大,九江海关的机构亦渐次扩充,人员不断增加。1880 年超过 80 人。《九江海关十年报告(1882—1891)》记载了 1882 年九江海关全体职员数量如下:

　　　1882 年海关职员由以下组成:室内:一名税务司,三个助理,两个中国供事,一个录事,两个文案,七个书办,一个银匠;室外:一个头等总巡,一个三等总巡,一个二等验货,四个三等验货,七个钤字手,七个中国司秤,十个巡役,还有八个给鸦片贴标签的职员;区域内有 13 座灯塔,由 32 个中国灯塔值;这十年来九江海关运作的主要变化是 1887 年鸦片保税仓库的建立,海关承担起洋药的税厘并征。这种当地的创新需要一个特殊的本地职员团

---

① 孙述诚主编:《九江港史》,人民交通出版社 1991 年版,第 76 页。

体,其中包括一个书办,一个录事,一个司秤和六个贴标员;九江海关独特的之处就是轮船公司的四艘趸船取代了海关码头的货物检查。[①]

1901年,九江海关兼管五十里之常关,海关职员的数量又进一步扩充。据《九江海关十年报告(1892—1901)》记载了海关的职员变化,达183人:

> 在工作的分工上,发生了两个值得注意的变化:一是,帝国邮政官局的设立,海关税务司自然是其邮政局长;二是,将常关移交给外国人。这两项额外的事情必然增加了工作量,这需要更多的员工,目前有职员183人,划分如下:室内:一名税务司,四个助理,七个中国供事,两个文案,八个书办;室外:一个头等总巡,一个副头等总巡,一个二等验货,五个三等验货,八个钤字手,七个中国司秤,九个巡役,52个其它;灯塔:40个灯塔值事人和灯塔补给船上的6个水手;邮局:2个邮政局司事,11个信使等;厘金收税员:1个副税务司,1个中国供事,1个文案,1个书办,8个水手。[②]

1926年,九江海关职员已达到296人,同开关初期相比增加了近10倍。详见下表:

表3.1.4　九江海关关员增长趋势表

年份	内班和外班			理船厅和灯塔处			总计
	外国关员	中国关员	合计	外国关员	中国关员	合计	
1876	14	51	65		18	18	83
1884	16	65	81		20	20	101

---

① Kiukiang Decennial Report,1882－1891.中国第二历史档案馆、中国海关总署办公厅:《中国旧海关史料(1859—1948)》第152册,京华出版社2001年版,第239页。

② Kiukiang Decennial Report,1882－1901.中国第二历史档案馆、中国海关总署办公厅:《中国旧海关史料(1859—1948)》第153册,京华出版社2001年版,第371页。

续表:

年份	内班和外班			理船厅和灯塔处			总计
	外国关员	中国关员	合计	外国关员	中国关员	合计	
1899	21	94	115		38	38	153
1926	14	111	125	4	167	171	296

（资料来源:根据九江海关档案《历年新关题名录》整理。转引自《江西近代贸易史资料》,江西人民出版社1988年版,第34—35页。)

在九江海关任职洋员分别来自英、法等15个国家,以1893年至1927年为例,外籍海关职员(不包括税务司)人数依次为英国165人、德国32人、美国22人、法国11人、挪威11人、俄国10人、丹麦10人、意大利7人、瑞典7人、日本7人、葡萄牙5人、奥地利3人、荷兰3人、比利时1人、土耳其1人,是典型的洋人把持的海关,成为执行不平等条约的得力工具。

第二节   西方势力的楔入

随着九江开埠通商,英国率先在九江设立了租界,后又在庐山开辟了避暑地;西方各国的洋行、宗教组织纷纷在租界及其九江城内建立机构,派驻人员,开始逐步楔入九江。

一、租界和避暑地的建立

(一)九江英租界的设立

咸丰十一年二月十五日(1863年3月25日),英国代表巴夏礼(H. S. Parkes)与清政府代表张集馨签订了《九江租地约》,英国终于完成了其在九江口岸开埠通商的准备活动。《九江租地约》其文如下:

现在英国遵照和约来九江通商应定地段以便英国商民盖造房栈居住。今江西巡抚部院毓(科)派委本司会同本参赞查看,定准九江府西门外地

方,自龙开河口起,沿大江往东,至思口之西十三丈止,量得共长一百五十
丈,进深六十丈,经本月十五日本参赞会同九江府德化县定界,立明四至,共
合地基一百五十亩。……现议将此地永租与英国官宪,分为英国商民建造
房栈居住。所应如何分段并造公路,管办此地一切事宜,全归英国驻扎九江
府领事官专管,随时定章办理。……所有界内民房、铺户、栅寮等间,即应计
明间数开册,自定此约之后,不准民人在于界内再造铺屋等间。俟领事官用
地之日,即会同本府、县随时传集本房屋地主呈验地契,当面领价,一面折房
交地。永为英国之业,此议之后,两无异词。现立租约两纸,各执一纸存照
为凭。此约本参赞画押为凭,俟钦差大臣批准后,再盖九江府领事官印。
此照。①

　　九江英租界东至九江府城西门外大街之功叙坊口,西至龙开河,北至长江江
岸,南至接官厅及溢浦港,以木桥(赵公桥)与府城正街相连。九江英租界的南
部是长江的江汉溢浦港的一部分。在租界开辟时,该港已"积久淤塞成塘",租
界内的部分即被填筑成陆,使"旧港仅余一汊"。1891 年,英租界当局又进而填
筑位于界外的一汊,将筑成的数十亩土地开辟为公园、球场,并附设一所招收外
侨子弟的小学,供洋人享用。在修建下水道时,英国人又将与府城正街相通的赵
公桥挖除。在租界各个通道路口砌上砖墙,安设栅门。对于英人的这些行动,九
江官府采取了默认态度。于是,在九江英租界的南部首先形成了界外侵占区。
所谓界外侵占区:有些租界的当局者们在蚕食界外土地时并在那里开辟越界马
路,或者并非开辟越界马路,然后再徐图侵占。因此与租界毗连的界外侵占区与
越界筑路区近似,但又不完全相同,在中国租界史上,共有 5 个租界附有此类准
租界,最早开辟界外侵占区的是九江英租界。下面展示的是九江租界平面图以
及九江租界的实景照片:

　　① 王铁崖:《中外旧约章汇编》第一册,生活·读书·新知三联书店 1962 年版,第 65—70 页。

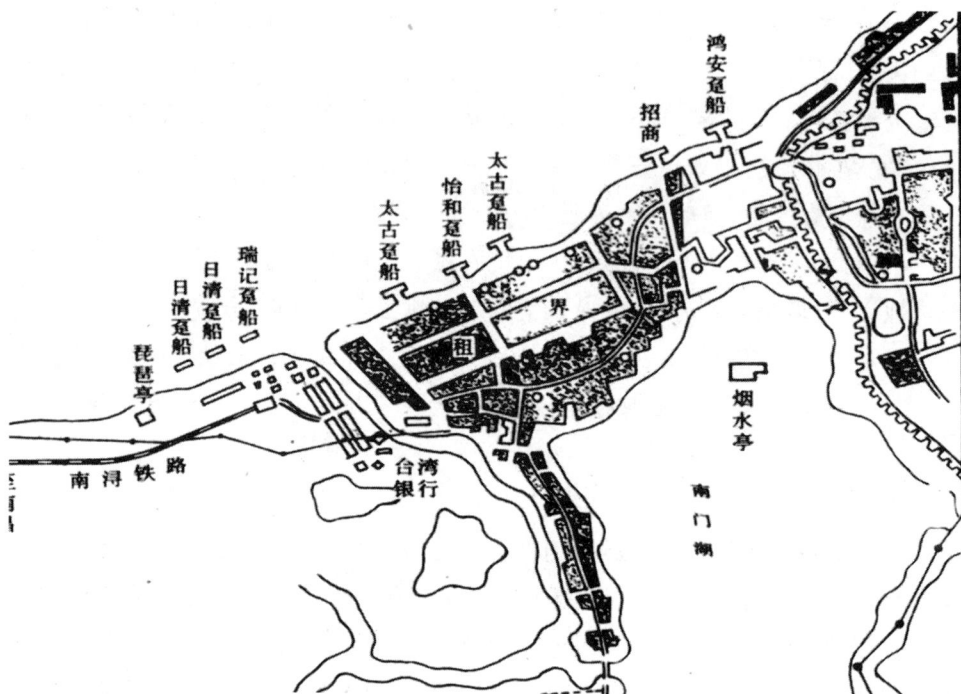

九江租界平面图

(图片来源:日本东亚同文会编《支那省别全志·江西省》,1918年版,页首插图。)

1861年九江龙开河的英国租界实景照片

(图片来源:中国近代影像资料库,九江关。)

　　租界设立后,一些机构亦相继设立,据《在九江帝国领事馆管辖区域内事情》记载,先后有英国领事馆、日本领事馆、九江海关、英国巡捕房、九江邮政局、天主堂、天主堂医院、太古洋行、怡和洋行、顺丰洋行、阜昌洋行、英美烟草公司、美孚洋行、亚细亚洋行、台湾银行、日清汽船株式会社、税务司公馆、巡江司公馆、九江俱乐部以及日本人俱乐部、海关俱乐部、内地会、副税务司公馆等。[①]

1865 年九江租界外洋街

(图片来源:九江市志办公室编《九江老照片》,第 36 页。)

1. 英国领事馆

　　在九江设置领事馆和常驻领事官的国家,开始只有英国。它于 1861 年 3 月

―――――――――――――

　　① 　日本外务省通商局编:《在九江帝国领事馆管辖区域内事情》,1923 年版。并见于日本东亚同文会编《支那省别全志·江西省》,1918 年版。

中洋街(溢浦路)的英国领事馆

（图片来源：九江市志办公室编《九江老照片》，第37页。）

在九江设立领事馆(溢浦路14号院内)，并派出许士为第一任领事官，参与英租界和商埠的开辟。其后的领事官，有名可查的先后有佛礼赐、海格士、乐民乐、狄隆、倭纳等。

2. 日本领事馆

日本是第二个在九江建立领事馆的国家，馆舍建造经历了一个发展过程。甲午战争后日本开始涉足九江，其事务由驻上海总领事珍田舍己兼管。1903年改由日本驻汉口领事矢由兼管。1911年10月，日本在九江设立机关处；1912年起，日本在九江设立领事府，派河西信为常驻领事；1918年新造日本领事署。《申报》1918年10月7日报道："浔埠新造日本领事署于租界中洋街，现已正赶工建筑，年内即可告竣，其房屋甚为高大。"

日本领事馆

（图片来源：九江市志办公室编《九江老照片》，第38页。）

日本领事馆地基铭文拓片

（九江市博物馆汪建策先生提供）

3. 租界工部局和巡捕房

为了管理九江租界，英国确定与实行了完全独立于中国行政系统和法律以外的另一套统治制度，设立了租界管理机构——工部局，工部局行使租界的立法权与行政权。在英领事

大英执事会墙基界石

（九江市博物馆汪建策先生提供）

官的监督下，负责租界的道路、卫生、教育、公营事业、征收捐税、任免人员等行政

事务。巡捕房是租界警政系统,负责维护租界的公共秩序。它的头目由英国人充任,巡捕以雇佣来的英属印度人为多,其中也有少数华人。

这一整套机构的设立,使九江租界成了中国行政与法律不能行使的特殊区域——"国中之国",成为西方势力楔入九江的桥头堡。英国、美国、法国、德国、俄国、丹麦、荷兰、西班牙、比利时、意大利、奥地利、日本等 10 多个国家的商人,经常往来于九江。他们的人数多少不一,商务多寡不同。为了保护他们在九江的政治、经济特权,上述国家的政府,不是常设领事,就是指派其他商埠的领事代表该国政府办理与交涉在九江口岸的有关事务。

九江民军在保护租界

(图片来源:中国近代影像资料库,九江关)

(二)庐山租借地的开辟

英国传教士李德立(Rev. E. S. Little)在光绪十二年十二月(1887 年 1 月),游历庐山时与德化县人士万和庚等签订一份购地契约,即将牯岭长冲、女儿城、高冲、大小校场等处的公地售卖给李德立建立避暑用房,但是遭到九江地方绅士的反对与阻挠。① 1895 年 12 月 31 日,在清政府总理衙门和英驻京公使的干预下,由德化当局与李德立订立租约,即《牯牛岭案十二条》,将"水流萦绕,地势极佳,合建屋避暑之用"②,牯岭长冲一带的土地租予李德立用以建筑避暑用地,租期 999 年,每年租钱 12 千文。李德立得地之后,"辗转租与牯岭公司分别出租,盖屋避暑"③。《九江海关十年报告(1892—1901)》中记载了关于牯岭的开辟过程:

> 牯岭疗养院,位于庐山山脉上,距九江大概五个小时的行程,1896 年首次开放;自从 1894 年以来,李德立先生(Rev. E. S. Little)与当地政府之间一直进行着旷日持久的谈判,直到 1895 年山谷才最终被买下来。从那以后很多人都为该山居住地的成功安置做出了贡献,但李德立先生为寻找这样的一个理想的地方作为避暑胜地可谓功不可没;如果不是李德立先生在官员和绅士提出反对和异议时不断克服挫折困难并做出不懈的努力,那么长江沿岸和上海的居民将仍然饱受平原的闷热,而不是在空气清新和凉意十足的山中充满活力与健康,这样说其实一点也不过分。④

在牯岭的开发过程中,李德立利用各种手段扩展界外土地,分别将东谷的下冲、草地坡、猴子岭与西谷的大林寺冲以及医生洼等地租用。除此之外,还有俄国传教士租地芦林等。使庐山避暑地的面积进一步扩展,形成牯岭、芦林两大避暑地,称为"特区"。⑤

长江中下游夏季酷热,在通商口岸的欧洲人都觉得特别难熬,因此,在长江岸边寻找一块理想的避暑地实为必要,这为牯岭镇的开发提供了市场基础。牯岭镇在开发的过程中,一开始就完全按照西方模式来进行市场化运作。为了有

① 李德立著,文南斗译:《牯岭开辟记》,庐山眠石书屋 1932 年版,第 37—42 页.
② 吴宗慈:《庐山志》第六册,1933 年铅印本。
③ 《九江道瑞与驻英领事乐订立庐山租地条约》,见《申报》1905 年 2 月 23 日。
④ 中国第二历史档案馆、中国海关总署办公厅:《中国旧海关史料(1859—1948)》第 153 册,京华出版社 2001 年版,第 337 页。
⑤ 据吴宗慈:《庐山志》纲之三,《山政·各租借地交涉案汇考》载:"特区者,即长冲、下冲、草地坡、猴子岭、大林寺冲、医生凸、医生洼各租借地之总名也。该租借地本统括名之曰'牯岭',外人避暑地收回警察行政权后,乃名之曰'特区'。"

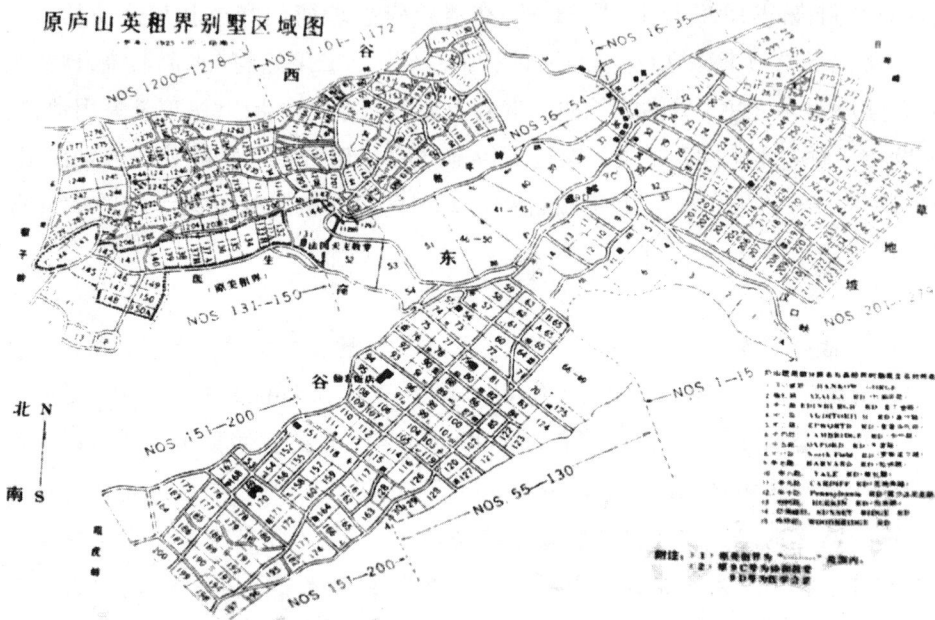

牯岭镇土地利用规划图

（图片来源：庐山档案馆）

序开发牯岭，先后成立了托事部、市政议会和牯岭公司等机构。

托事部：是庐山避暑地开发的最早机构，由李德立在 1896 年成立，初期只有九人组成。它既是负责避暑地早期开发如市政建设、公共建筑建设、路桥维修以及运营的管理机构，也是一个过渡机构。1899 年被市政议会所取代。[①]

市政议会：1899 年，避暑地业主们依据纳税情况共同推举 12 名代表共同组成市政议会，市政议会依据《牯岭避暑地约法》负责对牯岭避暑地进行管理。全面负责公共服务设施的建设，包括牯岭道路、桥梁、公共建筑、植树、公共卫生、给排水、照明等的建设活动。[②]

牯岭公司：牯岭公司是牯岭避暑地管理的办事机构和经营机构，负责房地产、订立契约、道路改良、市政管理、测量划界等，受托事部和市政议会领导。

---

① 冯轶宏：《庐山早期开发及相关建筑活动研究》，清华大学硕士论文，2004 年，第 42—43 页。
② 李德立：《牯岭记事》，见《庐山风景建筑艺术》，江西美术出版社 1996 年版，第 225—227 页。

至 20 世纪初期,在市政议会与牯岭公司不断规划与开发下,庐山避暑地形成南北长约三里,东西宽约二里,不仅拥有教堂、邮局、办公楼、饭店等设施,还有网球场、儿童游乐场、各国学校等公共设施,由英、美、德、法、意、挪威、日本七国组成的国际社区。1914 年《申报》对庐山避暑地进行了令人羡慕的报道：

> 租界以内有外人住宅三百余所。……由此三百余家组一自治机关,经理界内土地买卖、房屋建筑修理、收税、道路工程、卫生、警政、教育、慈善事业及一切事宜。其法以界内土地,除先经购买外,悉归公有,而定价出售之,每长二十五丈,宽十二丈五尺价三百元。建屋则每年所纳税二十元至三十元充界内自治经费,住界内之外国人与外国人偶游庐山入此界者,皆须年纳税一元,充界内筑路费。
>
> 额设董事十二人为名誉职。由此三百余家互举之,无房屋不纳税者无权参与,是为机关之主体,每年六月开常会,此十二人中,规定至少须举常驻界内者三人。……置总办一员及职员若干员,皆有给职,由董事聘用之,总办为外国人,余则中外兼用之,掌执行议决事件。……设警察二十名,夏时令站岗,平时则督工,或令其保管房屋。夏时饮料及市售食物皆须受自治机关卫生员之检查,严禁倾弃污秽之水与一切物于溪内。
>
> 界内有小学校,有礼拜堂,有医院,有公共运动场。但见道路桥梁修治平坦,绿阴夹道,溪深水清,方罫整齐,气疏以达,自治之总办策马巡行于其间,百工各举其职,入其境者,恍游欧美焉。①

由于规划有方,管理有序,庐山避暑地引进了西方近代城市规划理念,打造成了中国乃至世界少有的国际化山岭城镇。100 年后的今天,我们能够有幸看到由当时一张张规划图所衍生的清晰的道路,风格迥异的建筑,便利的生活设施,在山林中若隐若现,云中城镇与大自然浑然一体,下面是录自《庐山历史》中的几组庐山避暑地早期开发图片。

---

① 《牯牛岭》,《申报》1914 年 4 月 9 日。

20 世纪初牯岭英国学堂及别墅群实景

（图片来源：*庐山博物馆*）

学校医院和教堂照片（20 世纪 20 年代牯岭东谷建筑群）

（图片来源：Albert H. Stone and J. Hammond Reed： *Historic Lushan*：*The Kuling Mountains*，the Arthington Press Religious Tract Society，Hankow，1921。）

20 世纪 20 年代牯岭东谷建筑群

（图片来源：Albert H. Stone and J. Hammond Reed：*Historic Lushan：The Kuling Mountains*, the Arthington Press Religious Tract Society，Hankow，1921。）

　　租界和避暑地的开辟，使九江常住外国居民不断增加，在 20 世纪初常住和来往旅客多在一千余人。据九江海关档案记载："（1913 年）在扣除了离开码头的人数后，每年有 1200 多外国旅客到达，住宿在九江。"[1]后来由于牯岭市政之扩张，其规模和设施的不断改善，而有不断增多之趋势。到 20 世纪 20 年代则达2000 余人。如 1922 年 8 月 18 日《申报》记载："今夏江西战事，于避暑西人毫无影响，即九江兵变近在咫尺，亦无丝毫关系，去年来牯岭避暑西人，男妇老幼共二千三百七十六人，今夏则有二千四百九十七人，去年西人所雇华仆共一千三百四十七人，今夏则为一千六百四十五人，是今夏牯岭人口除华人外，就西人及其雇仆计，已有四千一百四十二人，其中美人居一千零三十二人，英人七百三十六人，人数既增，房屋不敷，某教会近于西谷置地十四区，料不日将动工兴造。"[2]另据

――――――――

　　[1]　见九江海关档案：Kiukiang Trade Reports. 转引自《江西近代贸易史资料》，江西人民出版社 1987年版，第 19 页。

　　[2]　《牯岭市政之扩张》，《申报》1922 年 8 月 18 日。

吴宗慈记载："牯岭人口据 1931 年西人统计,在租借地区内,中外人凡 2840,佣仆等 1086。非租借地,约当其半。"①其数亦大体相当,为 2000 人左右。这些外国居民,大多是来庐山避暑度假者为多,但来九江经商和投资的也为数不少。

　　19 世纪末,庐山发展为著名的避暑地,吸引了众多的外国侨民和中国的达官贵人。入山避暑的中外人士大多乘坐长江轮船前往九江,在九江英租界上岸,九江英租界成为他们上下庐山的必由之路以及游览九江的勾留之地,使该租界内的商店、餐饮服务业、旅馆等都获得意外的发展机会,整个租界也因而更趋兴盛。1910 年,江西省第一条公路九莲公路通车,这条公路是应洋人的要求由地方政府投资的。当时山上的别墅只有 400 余栋,这条公路的修建加快了别墅的建筑速度。1915 年,九江商人张谋智购进福特轿车六辆,运载上、下庐山的游人。这是江西省第一家汽车客运公司。

庐山莲花洞驿站喧闹的集市(摄于 1910 年)

(图片来源:庐山博物馆)

---

① 吴宗慈:《庐山志》纲之三《山政·行政》。

　　1926 年设庐山管理局，行使整个牯岭地区的行政管理职能，但其中东谷、芦林、大林冲（路）等地作为避暑地的管理权，在 1936 年之前，由外国人的自治性管理机构行使。1935 年 8 月 8 日庐山牯岭英租借地归还中国。庐山管理局长蒋志澄与英领事默斯，草签了租借地收回的协议。至 1936 年 1 月 1 日，中国政府正式接收租借地，从此以后，国民政府专设庐山管理局管理庐山事务。

　　九江租界和避暑地建立后，外国势力在长江中下游的结合区取得了一个稳固的、并且十分重要的据点。正如西方人在谈论通商口岸的优势时说：

　　　　通商口岸所具有的利益而为非通商口岸所无者，就是外国人可以拥有土地房屋并在那里居住，外国商船可以在那里装卸货物，外国和中国商品可以在交纳一定的关税后进出口，外国货可以由这些口岸有洋关征收关税，洋关的人员全部为欧洲人，而且直接由北京领导，因此完全不受省政府管辖。所有轮船以及洋式船只上的贸易，无论国籍，甚至悬挂中国国旗的船只，洋关也有权监督。这些船上所载的一切货物，无论其货主属于任何国籍，一经进入口岸，都要受这个机关即所谓洋关的管辖。因此中国进出口商与外国商人在纳税方面是处在同样的地位。①

　　在这种种有利的条件下，九江租界不仅成为西方列强贩卖鸦片、开展宗教、政治活动的基地；而且以九江为跳板，外国势力还可以深入鄱阳湖流域及邻近地区，倾销商品、掠夺原材料，进行经济渗透。当然，租界客观上也提供了刺激中国资本主义成长的温床，成为九江近代化的发轫地。19 世纪后半期，外国航运企业纷纷在租界内建立机构，在租界的沿江地带设置趸船、栈桥，修建货栈、码头。租界附近的江面逐渐成为轮船停泊区，这为九江对外贸易的进一步发展奠定了良好的基础。同时，租界的一市两治，也为九江城市市政建设提供了模式，这对以后九江城市的发展奠定了一定的基础。

---

　　①　姚贤镐：《中国近代对外贸易史资料》第二册，中华书局 1962 年版，第 734—735 页。

二、洋行与教会的进驻

（一）洋行的设立

为了深入中国市场，外商千方百计要求多多开辟通商口岸，一旦新的商埠开设，便有洋行纷至沓来。洋行是外资在华开设的企业的总称，包括工商、金融、交通等各个方面，但以贸易洋行为主。随着九江英国租界的建立，许多外国洋行和公司也相继进驻九江通商口岸开展业务。据《九江海关十年报告（1882—1891）》载：

> 由外国人掌控的贸易——九江于1861年春天开埠。1863年，10家英国公司和3家美国公司在九江设立了分部，另外，其中三家是英国本土的公司。1866年，九江有7个香港和上海公司的代表，以及3个代理商。……几年前居住地住满了人，所有留在九江的人口不得不在郊区寻找住所。

海关报告中所列举的10家英国公司和3家美国公司在九江设立了分部，由于资料记载的匮乏，除了美国的琼记、旗昌等号有零星记载外，其他均不详。当时作为江西巡抚毓科幕僚的夏燮，经常到九江处理涉外事务，并把其所见所闻记录在其著述的《中西纪事》之中，关于在1860年代九江外国公司及机构进驻九江的情况兹列于下：

> 予（夏燮）频年奉委赴浔，见九江设关之后，贸易蕃盛，月异而岁不同。……自西门外出城，由大街西行至大码头，约二里许，其地为大江之汊港，即龙开河者是也；又自龙开河沿大江东行至西门外大街之功叙坊口，即大街之后身，亦即英商所定一百五十丈之界，今称洋街者是也；其地楼台縣亘，英商行栈之所萃，东西有界；东界直功叙坊之北（大街以前为南，以北为后）有洋行费礼查新建洋楼一所，赁之于关以为办公收税之地，即今所称洋关者是也；自功叙坊入口，即为大街，大街坐北之地，自功叙坊口起，东行至张公巷止，为美商琼记起止界，即前勘地基，自向民间承买者也；又自张公巷起，沿大街东行，其南为美商旗昌行栈，其北为旗昌下货入江之码头，亦称旗昌洋

行，即旗昌自民间议租者也；凡此皆在大街中，与英界之在大街后者无涉，而其赁自居民，不经地方官换约，亦与英商码头分别办理，固自无嫌；而自功叙坊口沿大街西行，直至溢浦河之南，甘棠湖之北，溢浦河在街后，中隔小河被英商架以板桥，直至大街中间，皆系英商设有行栈，不经地方官之手意，亦步美商之后尘而踵行之，然已出英界之外矣。溢浦对河之大街，其南有巷，为英商沙逊洋行之进路，内即沙逊洋行；行之南为法国天主教堂，正对甘棠湖，此又法人所赁，于英美同一办法。凡此皆与民居市里参错不分者。复查琼记承买之界，因起造未成，又于西门最近之大街，另租琼记洋行贸易于此；而其西，则又有英商仁记栈房；查仁记行栈，又在一百五十丈界内，此又其增设者，在洋商占立民房，多多益善，而浔民贪利私售，将来西门外大街房屋，势不至尽至于夷不止，而城内居民亦将效尤矣。①

据资料记载，从 1861 年始直至 1938 年抗日战争九江沦陷止，先后在九江从事轮船运输、进出口贸易、金融汇兑、存贷业务、茶叶收购与加工、仓储货栈等业务的外国公司及机构有英国的"怡和""太古""汇丰""顺昌"；美国的"琼记""旗昌""美孚"；俄国的"丰顺"和"新泰"两大砖茶制造厂；日本的"日清""东京公司""邮船"等会社；法国的亚洲航运公司，德国的瑞记洋行以及来自不同国度的"美最时""麦边""卜义门""享宝""美星""东方""顺发""五成""中信""新义太""鸿安"等公司与洋行。兹据相关资料，把有比较确切的经营项目的外国公司机构及洋行列表于下：

---

① （清）夏燮：《中西纪事》卷十七，《长江设关》，沈云龙主编：《近代中国史料丛刊》第十一辑，台湾文海出版社 1973 年版，第 162—163 页。

表 3.2.1   九江外国洋行和公司进驻情况表

国别	机构名称	开设时间	经营范围
英国	沙逊洋行	1862	鸦片贸易、纺织品经销
	仁记行栈	1862	进出口贸易、货物存贮
	怡和洋行	1864	进出口贸易、轮船运输、货栈
	太古公司	1873	进出口贸易、轮船运输、货栈
	汇丰银行	1879	金融、汇兑、存贷业务
	鸿安商轮公司(合资)	1888	进出口贸易、轮船运输、货栈
	顺昌洋行	1899	进出口贸易
	英美烟草公司	1902	收购烟叶、推销香烟
	亚细亚火油公司	1915	煤油存贮与经销
美国	旗昌轮船公司	1862	轮船运输、进出口贸易、货栈
	琼记洋行	1862	鸦片贸易、进出口贸易
	美孚石油公司	1910	煤油存贮与经销
俄国	丰顺砖茶厂	1863	茶叶收购与加工出口
	新泰砖茶厂	1875	茶叶收购与加工出口
日本	大阪商船株式会社	1898	轮船运输、货栈、进出口贸易
	东京公司	1900	收购加工鸡蛋出口
	日清公司九江支店	1907	轮船运输
	台湾银行	1913	金融、汇兑、存贷款业务
德国	瑞记洋行	1900	进出口贸易、轮船运输
法国	亚洲航运公司	1903	进出口贸易、航运

(资料来源:根据《申报》《中国纪事》《九江经济调查》《江西近代工矿史资料选编》《九江老字号》《九江百年》等资料记载综合编制而成。)

美国的旗昌、琼记洋行是最早进驻九江口岸的外国公司。同治二年(1863)江西巡抚沈葆桢奏"又有美国琼记、旗昌、美孚等洋商,到浔租地起造",在九江城西门外租用地基 9.36 亩。① 即在九江开埠之时,美国旗昌洋行就率先来九江"租赁民房,设立行栈"②。

旗昌洋行(Russell & Co.)于同治元年(1862)在上海成立轮船公司,同年即在九江张官巷—大街一带设立旗昌九江分公司,"建立码头、货栈、囤船"。1864年,旗昌轮船公司拥有轮船 8 艘,6000 余吨,发展到 1872 年有轮船 19 艘,27,000余吨。旗昌公司还在龙开河西琵琶亭占地 5142 平方丈,与租界毗邻。③ 由于旗昌轮船公司最早进驻九江,得以独霸早期九江航运业务,成为早期长江势力最大的航运集团。1867 年至 1872 年间其获取纯利高达 338 万银两。1877 年,轮船招商局高价收购了旗昌轮船公司资产,九江招商分局也顺利接管旗昌公司在九江码头、货栈。

龙开河西琵琶亭琼记洋行

(图片来源:九江市志办公室编:《九江老照片》,第 76 页)

---

① 《筹办夷务始末》(同治朝)卷 13。

② (清)夏燮:《中西纪事》卷 17,《长江设关》,沈云龙主编:《近代中国史料丛刊》第十一辑,台湾文海出版社 1973 年版,第 163 页。

③ 第二历史档案馆馆藏"招商局档案",全宗号 468,卷宗号 552。

琼记洋行(Augustine Heard & Co.)由旗昌洋行前合伙人、美籍商人奥古斯丁·赫德于1840年成立。公司从事进出口业务,货物包括茶叶及鸦片。早在1861年5月,琼记洋行在九江府城西门外勘定地基,并索要龙开河西琵琶亭空地15亩;10月25日,美国暂署领事官别列子赶到九江办理此事,和九江知府蔡锦青妥筹办理。最后,经美商驻汉口总领事同意,始按中国人议价了结。琼记洋行垄断了九江鸦片业务,使九江成为长江中游鸦片贸易的"总汇之区",由于鸦片贸易的利润丰厚,所以该洋行在开埠初期的九江茶土两帮中的经济实力是最雄厚的。

英国的太古洋行、怡和洋行也相继进驻九江。太古洋行前身是1816年成立的约翰·斯威尔(John Swire)洋行。1872年成立太古轮船公司(China Navigation Co. Ltd)。1875年开辟长江航线后在九江设立分公司,营运轮船9艘,19,436吨。① 在九江主要经营航运业务,还兼营进出口贸易业务。太古轮船公司也是最早从事鄱阳湖内河航运的外国公司,开辟南浔汽船运输航线,即"九江—湖口—南昌",在这条航线上行驶的是"沙市"号轮船。1906年,太古洋行通过驻浔领事出面,向江西地方当局提出申请,希望能"在吴城设驳,并欲装土药"②。江西地方当局以"有碍水道""杜偷漏土药"等理由,予以拒绝。

怡和洋行(Jardine Matheson)是最著名的一家老牌英资洋行,1832年7月1日在中国广州成立。怡和洋行早年参与对中国贸易,主要从事鸦片及茶叶的买卖。1882年正式成立怡和轮船公司,拥有航行船50余艘,共计140,000吨。1882后也开始涉足长江航运,开辟长江航线,8艘轮船专行驶于长江航线,计20,489吨,③经停码头与太古略同,其中九江也是一个重要停泊站。怡和轮船公司在九江设立代表处,也叫九江怡和洋行,建有办公楼和货栈,共有办事员10多名,主要经营航运业务,除此之外,还兼营进出口业务,出口主要为茶叶、瓷器及土特产品,进口为棉织品和日用百货。

俄国人进驻九江的公司是总部设在汉口的丰顺公司办的丰顺砖茶厂。"雇

---

① [日]长野郎著,丁振一译:《中国领土内帝国主义者资本战》,上海联合书店1929年版,第174页。

② 《抚院复驻浔英领事函》,载《江西官报》丙午年(1906)第八期,外交政纪。

③ [日]长野郎著,丁振一译:《中国领土内帝国主义者资本战》,上海联合书店1929年版,第175页。

佣了为数很多的中国工人，在俄国茶叶专家的监督下，从事制造砖茶与茶饼"①，获利甚厚。1882年的《英领事商务报告》中，称赞它是"可以对本埠的贸易有些推动作用"的"一种新的工业"。在19世纪80年代中期，其砖茶的制造规模很大，夏、秋二季的生产"十足开工"。至80年代末，"为俄国市场的砖茶制造业一年一年地重要起来了。末茶价格的低廉，生产成本的便宜，低的出口税率，以及俄国低的入口税，合起来使得这种贸易成功并很能获利"②。

租界内丰顺茶厂远景

（图片来源：九江市志办公室编：《九江老照片》，第100页）

表3.2.2　九江丰顺砖茶厂产值产量表

年份	产值或产量	年份	产值或产量	年份	产值或产量	年份	产值或产量
1867	129,254 镑	1875	199,985 镑	1884	23,000 担	1888	49,273 担
1868	43,084 镑	1877	9,236 担	1885	19,746 担	1889	31,409 担
1870	329,979 镑	1878	112,855 担	1886	34,793 担	1890	15,703 担
1874	93,479 镑	1879	14,797 担	1887	35,821 担		

（资料来源：根据历年《关册》和九江海关档案：《英国领事商务报告》，1875年中的有关资料制作。）

---

① 孙毓棠：《中国近代工业史资料》第一辑（上册），科学出版社1957年版，第62页。
② 孙毓棠：《中国近代工业史资料》第一辑（上册），科学出版社1957年版，第63页。

　　日清公司进驻九江较晚，但发展迅速。1907 年，日清汽船株式会社成立，开辟长江航线，在九江设立子店，由于业务繁忙，升格为支店。在九江航运中日清公司、太古公司、怡和公司与中国的轮船招商局相互竞争，不相上下。日清公司除了在九江经营航运外，还开辟了九江—南昌江西内河航线。这是继英国太古公司之后，把航运范围扩大到江西内河航运的外国轮船公司。除此之外还有亚细亚、美孚两煤油公司的轮船，也直接参与了江西的内河航运业的竞争。具体情况详如下表：

表 3.2.3　　1923 年在海事海关登记并准许驰往内陆地区的外国驳船一览表

注册号	公司名称	吨税	注册号	公司名称	吨税	注册号	公司名称	吨税
中印 3 号	怡和公司	69.00	日清 81	日清公司	75.00	116 号	美孚公司	89.27
中印 4 号	怡和公司	69.00	日清 82	日清公司	86.00	南江号	亚细亚公司	71.00
中印 5 号	怡和公司	69.00	日清 83	日清公司	86.00	长江号	亚细亚公司	71.00
九江 1 号	太古公司	77.00	日清 431	日清公司	95.00	饶江号	亚细亚公司	70.00
九江 2 号	太古公司	77.00	114 号	美孚公司	89.27	远江号	亚细亚公司	70.00
九江 3 号	太古公司	77.00	115 号	美孚公司	89.27	—	—	—

　　（资料来源：《关于洋式驳船及货船问题》，常关 358 号，1923 年 3 月 14 日，中国第二历史档案馆藏海关档案，全宗号 679，卷宗号 1912 号）

　　美孚洋行九江分公司，位于九江英租界内龙开河口。并在市区下游金鸡坡建立油池和码头。码头为浮趸船式，船名"美孚 21 号"，铁质，长 225 英尺，宽 29.5 英尺，深 6.6 英尺，专门起卸煤油。此外，美孚石油公司还在九江自备石油运输

1910 年的九江美孚公司

（图片来源：九江市志办公室编：《九江老照片》，第 101 页）

船"美孚 15 号"一艘,载量 15 吨,航行于九江至南昌、饶州和鄱阳湖沿岸各地,专门运销美孚煤油。还在南昌、吴城、赣州、抚州、饶州等处组成中国人代理店的推销网,为其推销煤油。

金鸡坡的外国油库

（图片来源：九江市志办公室编：《九江老照片》,第 106 页）

英亚细亚洋行九江分公司成立于 1915 年,办公地址设在九江英租界内滨江路,也在金鸡坡建立了油池和码头。油池库容 350 吨。码头为浮趸船式,船名"亚细亚",铁质,长 240 英尺,宽 28 英尺,深 6 英尺,专门起卸煤油。另外,为扩大煤油销量,亚细亚还在鄱阳湖流域重要市镇南昌、吴城以及樟树、吉安等建设油栈和代理店。在江西内河航运专辟九江—南昌、九江—上饶、九江—樟树运油专线。

从外国洋行进驻九江的总体情况来看,包括航运、制造和金融等多种行业,但是,其中尤以航运业为主体。近代航运是资本主义国家争夺市场、倾销商品、掠夺原料的重要工具,亦成为他们重点开发的对象。外国航运业的介入,一方面排挤、打击了中国旧式航运业;另一方面也刺激了中国近代民族航运业的发展。国内民族资本亦纷纷介入九江,冲锋在前的是轮船招商局。

中国首家近代轮船航运公司是 1873 年在上海成立的轮船招商局。1873—1875 年间,轮船招商局在九江设立分局、建立码头,先后建有囤船两艘,货栈一处,客货装运完备。1877 年,招商局高价购买美商旗昌轮船公司全部资产,使得九江"码头仓库为数甚多"①。拥有码头四座,共计码头长度 2744 米;拥有仓库三座,总库容量达 12,000 多吨,并配有办公楼、煤场、电台、职工宿舍等生产、生活设施,占地面积达 127.5 亩。② 九江招商分局在九江的业务以客运和百杂货运输为主,在长江各分局中仅次于汉口分局,列第二位。招商局经常往来于九江港的客货轮船有九艘,船名及吨位如下:

表 3.2.4　中国轮船招商局来往九江客货轮一览表

轮船名	吨 位	轮船名	吨 位	轮船名	吨 位
江顺轮	4327	江华轮	3090	江天轮	2012
江安轮	4327	江裕轮	3090	江大轮	1682
江新轮	3327	建国轮	2868	江靖轮	1682

(资料来源:《经济旬刊》卷 2,1933 年。)

轮船招商局着力经营长江航线,成为与外国轮船公司怡和、太古和日清公司相并立的四大轮船公司之一。随之有三北轮埠公司、大达轮船公司、宁绍轮船公司等民族资本的航运业相继进驻九江从事客货运输。据海关调查资料统计,1902 年度在长江行驶的各轮船公司进出九江口岸船只数量大大增加,总计有 4,22,119 吨;内河小轮进出九江港者计 902 只,总吨位达 24,870 吨,多系华商所有。③ 从绝对数量和比重上说,还是外国轮船公司占绝对优势。

随着外国人来中国活动的增加和中国近代城市的发展,对日常生活用品的西式零售商业的需求也相应扩大了,这就为外国人开设零售商店提供了条件。如果说洋行开设门市部和外国制造商开设经销处是外商进出口业务的直接延伸的话,那么也有一些外商在中国的通商口岸开设一般的零售商店。他们从洋行进货,门市销售。无论是规模较大的百货商店,还是小规模的专业商店,都引进了西方的商业经营方式。外国洋行的大量进驻,不仅使九江的贸易性质发生了

---

① 第二历史档案馆藏:招商局档案,全宗号 468,卷宗号 552,《九江局产》。
② 第二历史档案馆藏:招商局档案,全宗号 468,案件号 552,《九江局产》。
③ 参见黄序鵷:《海关通志》上卷《九江关》,商务印书馆 1917 年版,第 102 页。

转变,同时也使九江的贸易地位发生了变化,成为直接面对世界的窗口,参与到国际经济大循环之中。

(二)教会的进驻

中法《天津条约》第十三条明文规定:"备有盖印执照、安然入内地传教之人,地方官务必厚待保护。凡中国人愿信崇天主教而循规蹈矩者,毫无查禁,皆免惩治。"①这是以条约的形式为天主教在中国的传播开了方便之门。中法《北京条约》还加上了"任法国传教士在各省租买田地,建造自便"的条文,外国教会取得了在中国自由活动的权利。九江开埠通商以后,伴随着外国商品、外国洋行及商人而来的还有西方的传教士。

由九江进入江西最早的传教士,是法国总理江西天主教务代全权大臣罗安当(A. Anot)。他于 1861 年 12 月到达九江。1862 年 1 月 17 日罗安当拿着总理衙门给的执照,带了六个随从由九江至南昌,江西巡抚毓科委派候补知县夏燮负责接待。夏燮在其编著的《中西纪事》中把这些事件较为详细记载下来,兹摘录于下:

> 换约之逾年,法人请赴各省传教,由总理衙门给与执照。有法士罗安当者来至江右,舟泊九江,遣其副方安之赴省,向南昌府衙门呈递照会,约期晋省。时江西巡抚毓科会商善后总局,派委予及前署德化知县张国经充接伴使,前赴抚州门外晤方安之。……据称罗教士现已自浔起程,带有总理衙门咨文,面见大府商请一切事件。并据方安之称省城内筷子巷有法国新置一区,以为育婴公会,内养女婴十余人,请入视之。约以暮归,禀之,大府诺焉。②

这样,罗安当就成为清朝政府"禁教"大门被开以后首先进入江西的传教士。在这次会晤中罗安当提出在南昌扩建天主教堂的要求。"即就进贤门外天主教堂扩充基址,以便劝民入教,按期礼拜,并将筷子巷房屋作为育婴公所。"③

---

① 王铁崖编:《中外旧约章汇编》第一册,生活·读书·新知三联书店 1982 年版,第 107 页。

② (清)夏燮著,高鸿志校:《中西纪事》,岳麓书社 1988 年版,第 259 页。

③ 《筹办夷务始末》(同治朝)卷 5,并见夏燮《中西纪事》卷 21。

此后"九江自中外通商，教堂林立，泰西男妇，聚族而居"①。各国教士纷至沓来，跨过九江大门，遍及江西全省，并向邻近的省份如湖北、安徽等地发展。

此后，法国天主教的传教士们在九江以及江西北部、湖北东部地区，建立了大大小小天主教堂、仁慈堂、医院等十余个教会团体、机构以及学校。同治七年（1868）《教会新报》有一条天主教在江西教区的清单如下：

> 天主教清单：同治七年，江西教区有主教一位，外国神父十人，中国神父十人，书院一所，教友一万，每年用项三千元。②

城内天主堂（1910 年）　　　　城外天主教堂（摄于 20 世纪 50 年代）

（图片来源：九江市志办公室编：《九江老照片》，第 46 页、第 47 页）

基督教也不甘示弱，美国美以美会（卫理公会）在 1867 年派遣传教士赫尔利（Dr. Her Lea）到九江租房屋传教。随着队伍的不断扩大，美以美会不断地向江西内腹地区以及相邻的湖北、安徽等地积极拓展自己的势力，逐渐形成了以九江为中心的赣北、南昌、抚河、赣江、湖北黄梅五教区，共有三十四个教堂。总称江西年会教牧区，总会设在九江，并在九江召开了第一次年会。③ 1905 年后，美国基督教会的中华圣公会、英国浸礼会以及法国的巴黎外方传教会等组织也进

---

① 《各处闹教余闻》，《申报》1891 年 6 月 14 日。

② "天主教清单"《教会新报》，1868 年 10 月 3 日，台湾华文书局印行（影印本），第 39 页。

③ 刘淑荣：《基督教在九江的传播及其创办的学校和医院》，见《九江文史资料》第 1 辑，第 217 页。

入九江建立宗教机构，计有大、小教堂 15 所，创办了同文书院、女子学校、桑林书院、"四翘"小学（翘志、翘秀、翘材、翘德）、辅仁中学、同文小学、圣约翰中学等各级各类学校 10 所以及生命活水医院、但福德医院、圣约翰医院 3 所医院。西方势力不仅存在于九江英租界，而且也渗透到九江城区的各个角落。其他外国势力在九江的分布情况详见下图：

进驻九江之外国势力分布

（图片来源：引自九江政协文史委员会编印：《九江百年》，郑光中作插图。）

同文书院由美国基督教卫理公会传教士赫尔利创办于清同治六年（1867），原名"埠阆小学"，原址在城外江边土桥；同治十一年（1872）迁入"南门湖畔"肖家街。1885 年始办中学，取名"九江同文书院"。1905 年库斯非博士任校长，正式增设大学部。由于在创建大学部时，美国教会人士南伟烈捐了巨资，购置设备和校舍，为学校的创办做出了巨大的贡献，为此该校命名为"九江南伟烈大学"（又称"南伟烈书院"）以示纪念。该书院分设预科、专科，毕业生不仅能获得学历，且还有机会被推荐继续深造或推荐工作。从此，学校声誉大振，人才蔚起，毕业该校而服务于军队、外交、教育、邮政、铁路、海关及商厂公司者，实繁有徒，影响遍及长江南北,中学为其附属。1917 年,大学停办,改"南伟烈中学"。1929年更名为"九江同文中学"。

1910 年代的九江同文中学

(图片来源:九江市志办公室编:《九江老照片》,第 46 页。)

儒励女子中学前身为桑林女学。1873 年由美国传教士吴格矩创办,为半日制女校。1876,半日女校迁至城东南桑林(今庾亮南路46 号)。并在桑林建起了面积有 1600 平方米的第一校舍,亦称桑林书院。1907 年建成了一栋课室楼,楼系教会式的洋房,分三层,面积 1800 平方米。并成立了女子中学,学校遂由"桑林"改为"儒励"。中学定名为儒励女中,小学改为儒励附设小学。

昊格矩(前排中)与九江教会女塾学员

1896年,美基督教卫理公会在九江建立但福德医院,由美国芝加哥医生但福德捐款兴建,1901年12月7日正式开业,以诊治妇、儿科疾病为主。留美医生石美玉任院长。同时创办护士学校,实行半工半读,石美玉兼任校长,毕业学生先后百余人。

1900年代的但福德医院

(图片来源:九江市志办公室编:《九江老照片》,第54页。)

生命活水医院是美以美会在九江建立的一所综合医院。1914 年美基督教卫理公会传教士裴敬思担任生命活水医院院长。中间历经反复,直至1918 年 9 月 20 日,生命活水医院才真正开始运作。该院引进和推广西医治疗。孙中山先生曾为医院题写"生命活水医院"。

裴敬思夫妇像(拍摄时间不详)
(美国德鲁大学卫理档案馆提供照片)

1920 年代的生命活水医院
(图片来源:九江市志办公室编:《九江老照片》,第 57 页。)

还值得一提的是,九江是江西省的北大门,在教士们的心目中,九江既是他们活动的重要据点之一,也是他们向江西及其邻近省份腹地推进的一个理想的跳板。《九江海关十年报告(1892—1901)》详细记载了九江及鄱阳湖流域的外国教会发展情况:

中国内地会——从教会的一名成员向我提供的情况来看，本十年间，这项工作似乎取得了稳步的进展。目前外籍员工有 79 人，其中包括来自澳大利亚、加拿大、丹麦、芬兰、德国、英国、新西兰、瑞典、瑞士和美国的代表。随着皈依的信徒增加，有必要开办学校为年轻人提供教育。目前，这里有大量的走读学校和几所寄宿学校，有 80 到 100 名学生。一名医务人员居住在饶州府……教会总人数约有 800 人，来询问的有近 2500 人。

拉扎尔教会……本省由三个"代牧区"构成，分别是江西北部、江西东部、江西南部。

江西北部的主教是 Mgr. BRAY 和 Mgr. FERRANT，前者是教区牧师，后者是副主教，是宗教的主要负责人。此外，还有 13 个外国教士和 5 个中国教士，5500 个皈依的信徒和 3000 个询问者。这里有七座教堂（其中包括九江的大教堂），约 30 个小礼拜堂和大量的宣讲演说。姐妹慈善会在九江有两个机构——其中一个位于英租界，包括药房诊所、老人收容所、男婴孤儿院、男孩学校和问询学校；另一个位于城市，包括一所孤儿院和女子学校、老年妇女避难所和问询学校。江西东部的主教是 Mgr. VIC，15 个外国教士和 9 个中国教士，有七个姐妹慈善会的机构，14000 个皈依的信徒，约 6000 个问询者。这里有 9 座教堂，49 个小礼拜堂和众多的宣讲演说。每个教区都有大量的学校提供给男孩和女孩上学；三个地区的学生总数超过 4000。在各个药房诊所，每年有八万到十万人得到了免费治疗。天主教的主要中心有：江西北部，九江、南昌、瑞州；江西东部，抚州、饶州、建昌；江西南部，吉安、赣州。

美以美会在九江、瑞昌、南昌、新建、丰城、瑞州、进贤、临川、南城、南丰有分支机构。其成员及考验中的成员有 2254 人。教会有 14 个走读学校，103 个学生和 9 个老师；两所高中有 121 个学生和 12 个老师。

美国教会最近在一位本地教士的带领下开始在九江工作，据说取得了良好的进展；英国和外国的圣经公会在港口和本身的代表是 Mr. L. J. DAY；除此之外，还有一些没有联系到的传教士，大多都是普利茅斯兄弟会的，男女老少约有 52 人。①

　　教会与传教士们在执行着其宗教服务职能的同时,也从事了诸如文化教育、慈善活动以及医疗卫生等许多非宗教性的活动。教会学校的开办,对于传播西方科学知识、介绍学术思想、发展现代教育以及开启民智等都有一定的促进作用,由于传教士的不断努力,在九江甚至出现"独教会所设学校大发达"局面。②教会医疗卫生机构的创办,一方面传播了西方现代医学知识、医药技术和卫生常识;另一方面也引进了西方先进的医院制度、医学教育和护理教育,培养了一批西医、教育人才。如创办于 19 世纪 70 年代的诺立神道女校就是以培养医护教育人员为目标的学校,据该校校友回忆,"目前九江市六十岁以上的女医生、护士、教师大部分都是诺立神道女校的校友"③。这种现象不唯独存在于九江,在近代中国的通商口岸城市是十分普遍的。"中国新医学的来源,显而易见是教会医学,这是没有人能够否认的……教会医学校或医院造就出来的医师,大都为教会服务,被教会用为宣传教义的工具,由此教义由宣传愈广,教会医学传播亦愈普遍了。"④

　　同时我们也应该注意到,近代西方宗教和宗教团体是伴随着西方侵略者强迫晚清政府签订的《天津条约》《北京条约》等不平等条约保护下而传入的。它在输出地开展的一系列活动也是与西方列强侵华扩张活动紧密联系在一起。传教士们总是希望接受了宗教教义的中国人民能与他们一样西方化或者是殖民主义化。这就使得中国人民因为尖锐的民族矛盾而不断地排斥西方宗教,也使教会和传教士们无法依靠宗教本身的力量与中国人民进行心灵上的沟通。同时,近代来华的传教士们也或多或少地挟有"任战胜之威"的民族优越感,在 19 世纪盛行于西方中心观的所谓"进步"观念的支配下,居高临下地审视中国文化,甚至无视中国文化。这种倾向,在九江的宗教团体和传教士们中也普遍存在着,由于他们对中国本地文化知之甚少,同时也缺乏足够的耐心去逐渐了解当地文

① Kiukiang Decennial Report,1892 – 1901. 中国第二历史档案馆、中国海关总署办公厅:《中国旧海关史料(1859—1948)》第 153 册,京华出版社 2001 年版,第 371—372 页。
② 《浔阳小志》,见《申报》,1914 年 4 月 8 日。
③ 刘淑荣:《基督教在九江的传播及其创办的学校和医院》,见《九江文史资料》第 1 辑,第 219 页。
④ 翁之龙:《中国的新医学》,《文化建设》1934 年第 2 期。

化,随着传教士们和九江民众直接广泛接触增多,引起的文化冲突亦从未间断。

第三节　九江与鄱阳湖流域关系的新架构

九江开埠通商,在西方势力冲击下,被迫卷入世界资本主义贸易体系之中。九江城市的角色也随之发生转换,一跃成为江西的贸易中心城市。与之相适应的是,九江与鄱阳湖流域的关系也在重新建构。

一、新旧商路网的兴衰与演变

1. 常关时期的主要商路

常关时期,鄱阳湖流域的传统商路是以赣江—鄱阳湖为主径,以信江、饶河、修河、抚河四大水系为支脉而组成的一个叶络状水运网络而构成的。其省际贸易亦十分频繁。由传统四镇为中心,依托江西发达的水运网络体系,而形成了若干条重要的商路。大体情况概述如下:(详见明清时期鄱阳湖流域主要商路)

其一是广州—大庾岭—大余—赣州—吉安—樟树—吴城—九江—汉口。这条商道在明清时期曾经是中国国内长距离贸易的黄金商道。广州进口的洋广杂货北出长江进入汉口,再经汉水进入鄂豫山陕等西北地区,而湘鄂皖豫山陕等地商货也通过该条商路贩运至广州。这也是鄱阳湖流域省际贸易的主要渠道,其中赣州、樟树、吴城三地构成鄱阳湖流域货流的主要出入口和集散中心。尤其吴城又是赣江入鄱阳湖的咽喉,素有"装不完的吴城,卸不完的汉口"之盛誉。在这条商道上外运的赣货主要有米谷、瓷器、茶、夏布、纸、麻、木材、水产、豆类等江西特产;运入的主要货物是盐、糖、棉纱、海产品等商货。

其二是广州—大庾岭—赣江—鄱阳湖—信江—河口镇—玉常大道—衢江—富春江—杭州。这条商路以信江为纽带,以玉山、河口镇为集散码头,是沟通闽浙皖赣与广州联系的重要水运线。该商路分为两路:其一是"闽茶运穗"的商路,即福建武夷山的茶叶进入赣东北的铅山县河口镇,沿着信江而下入鄱阳湖,再溯赣江而上翻越大庾岭经广州出口;其二是江浙一带的生丝、茶叶经由玉常大道进入江西的玉山县码头,再沿陆路运输至铅山县河口镇,沿着"闽茶运穗"的同样线路越大庾岭商道而下广州出口。常山—玉山的玉常大道每天输送货物均在万担以上;常年在这条商道上从事转载业的骡马 7000 余匹、挑夫 5000 余人、独轮土车 20000 余辆、每天靠岸大小船只 200 多艘。

其三是赣县—贡水—瑞金—汀州—汀江—韩江—漳州—潮汕。这是闽粤赣毗邻区的赣南地区连接潮汕、厦漳泉地区的重要商道。赣关所在的赣县是枢纽,福建汀州是中继站。汀州"山多田少,产谷不敷民食,江右人肩挑背负以米易盐,汀民赖以接济"①。这条商路外运的货物有:贡水流域的宁都、石城、瑞金、会昌等县的稻米、烟叶、大豆、夏布,赣江中游吉安的布匹,樟树的药材,甚至景德镇的瓷器也由该条商路运往福建长汀、广东潮汕;运入的货物最主要是来自闽、粤的盐,另外也有来自福建的纸品、果品等。还有一条线路是赣县—贡水—会昌—筠门岭—平远—嘉应—潮州,主要也是米、盐交易,会昌县南部的筠门岭是集散码头。雍正年间"广东之米取给于广西、江西湖广"。雍正五年(1727),"潮州米贵,每日千余人,在筠门岭及周田圩搬运"。在这条商路上有 200 多条船只,300 ~400 挑夫。②

其四是吴城—赣江—樟树—袁江—萍乡—醴陵—株洲—湘江。这是湘赣贸易的主要通道,其间主要靠袁江和湘江相连,萍乡是重要的集散地。从这条商路运入的货物主要有米谷、黄豆、药材、糖、绸缎、土布,以及销往万载的石硝、硫黄,运出的货物主要有煤炭、宣裱纸、夏布、土瓷、苎麻、牛皮。原材料贸易是这条商道的特征,输入远高于输出,江西常处于出超地位。③

其五是吴城—鄱阳湖—鄱阳—昌江—浮梁—徽州各县。这是皖赣省际贸易道路,也是徽州地区和徽州商人重要出入商道之一。徽州"农者十三……即丰年谷不能三之一。大抵东人负祁水入鄱,民以茗、漆、纸、木行江西,仰其米自给"④。祁门等地的茶、纸、竹木、漆,浮梁县的景德镇瓷器、茶叶等货物以此路运出;运入的货物主要是大米。史料记载大体说明江西与皖南徽州地区的贸易情况,鄱阳是这条路线的重要集散地。⑤

①　(清)卞宝第:《闽峤𫐄轩录》,卷2。

②　丁晓春:《家族与商镇——以筠门岭为个案》,江西师范大学硕士论文,1997 年。

③　刘家豪:《赣湘贸易调查报告》,《经济旬刊》1936 年第 1 期。

④　(清)周溶修、汪韵珊纂:《祁门县志》卷5,《风俗》,同治十一年刊本。

⑤　参见农艺部农业经济组编制:《江西米谷运销调查报告》,第 2 章"米谷市场概况·鄱阳",1937 年。

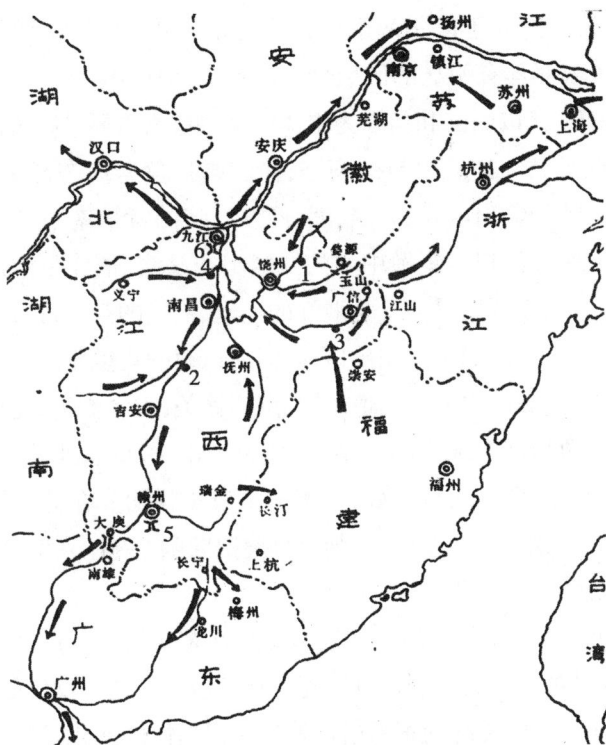

明清时期鄱阳湖流域主要商路图

1. 景德镇,2. 樟树镇,3. 河口镇,4. 吴城镇 5. 赣州关,6. 九江钞关

其六是南昌—抚河—临川李家渡镇—金溪浒湾镇—新城(今黎川)—福建的邵武、建宁等地。这条商道运出的货物是米粮、烟叶、纸、水烟,运入的货物主要是食盐和海产品。"从前闽赣土货交易多以黎川为中心,故大商甚多,富力甚厚。"黎川南津街经营这类货物的商户"视之甚小,而旧日皆年有数十万进出者"①。

上述鄂赣、闽赣、皖赣、粤赣、湘赣、浙赣货运较为集中的六条省际贸易路线,北连接汉口、沪杭地区,南连接福建的厦漳泉地区、广东的潮汕地区等三个重要经济区。江西的物产通过这些路线加入全国市场流通大循环。而鄱阳湖流域可以分成两个基本经济区域:即以赣江中游的万安十八滩为界,其北部处于长江经

_____

① 李璜:《江西纪游》1934 年 11 月成书,台湾文海出版社,《近代中国史料丛刊》第 8 辑第 79 册,第 43 页;《江西厘捐总局完厘单》,《东方杂志》1907 年第 3 期《财政·各省财政汇志》。

济区域的边缘，其南部处于以华南沿海为中心的华南经济区域的边缘。而且这两个基本经济区域都具有明显的区域分工的特点和作用。

从贸易量来看，又以赣江和信江为主体的商路最为重要，这条商路具有三个商贸层次：一是江西吴城与湖北汉口的商路，赣江则担负着广东洋货通过长江进入鄂、皖、湘、豫、山、陕的输出以及鄂、皖、湘、豫、山、陕的货物南下广东的输入，以吴城为集散中心；二是以河口为集散中心的浙赣闽交易线，信江是沟通的纽带，鸦片战争前中国和西方的主要贸易商品是浙江的生丝、福建的茶叶，这两项产品必须借道信江而入赣江出大庾岭而下广州出口，因而河口镇的集散作用十分明显；三是以赣江为经的鄱阳湖流域的内河主运道，其起点为赣关，中经樟树，北出吴城，这条商路以樟树为中心，负担江西地区的分销，吴城为极点，担负起外销的任务。江西南部的赣关，由于独口通商的政策利好，外贸进出口货物均要在此集散，因而商贾辐辏，"或榮戴之出入，或钱贝之纷驰，从朝至暮攘攘熙熙"[1]，往来贸易十分繁荣。

2. 海关时期的商路变化

1842 年，中英《南京条约》签订，规定清政府在东南沿海的广州、厦门、福州、宁波和上海五个口岸对外通商。从一口通商，到五口开放，这不仅仅是对外口岸数量上的变化，它还促使中国传统的贸易格局发生了根本性的变化。此后十余年间，中国对外贸易的中心很快由广州迅速地转向了上海。与此相适应的是，中国传统的商贸路线也发生了根本性的变化，从前以京杭大运河为中轴，以长江为纽带，以鄱阳湖—赣江—大庾岭—浈水—广州为出入口和输送线的南北纵向"京广大水道"逐渐衰落下去。取而代之的则是以上海为中心的长江流域为纽带的东西横向路线。相应地，鄱阳湖流域传统的商路也发生根本性的变化，主要体现在两个层面：

其一，在传统制度安排下的江西的过境贸易也随之逐渐衰落。以前闽、浙、皖、苏等省域的进出口货物多经信江、鄱阳湖、赣江南下大庾岭赴粤，由于路途遥远，转驳频繁，而变得非常不经济了。上海开埠以后，原先南下走大庾岭的商货纷纷改道经赣江趋九江转上海。"洋货广货亦由轮船运入长江，不复经由赣郡。"[2]时任江西巡抚钱宝琛也曾说："由南昌至广州计程二千余里，中隔大庾县

---

① （清）朱宬等修纂：《赣州府志》卷16《濂溪书院赋》，乾隆四十七年刻本。
② 《钞档》光绪十年九月初二日，江西巡抚潘蔚题本。

之梅岭极其高峻,山路陡险"①。其间货物全凭人力挑扛搬运,极不便利。"商贾懋迁趋利乘便,孰肯舍近图远再出广东,以致赣关绝无大宗货物经过,所收税课均属小贩零星,纵使竭力招徕,总不能照前畅旺,实为时势使然,莫能强求。"②因此,以往"商贾如云,货物如雨,万足践履,冬无寒土"③的大庾岭商道在五口通商以后就顿显冷落。由此,原先进出口繁忙的赣关货物出入也急剧减少,传统贸易出口大宗之丝、茶叶等货几无。"仅赖本省所产杉木、白糖、茶油等项以及零星土产。"④同样,由于过往货物锐减而导致赣关税收短绌,以致当时的江西巡抚为了减免赣关税收短绌的地方赔贴,也不得不向朝廷就赣关关税锐减做出详细说明,将其奏折摘录如下:

> 据张道孝荣禀称,赣关货税,向以丝茶为大宗。自各口通商以后,凡洋、广、川、楚、闽、浙、苏、皖往来营运之货,商人利于便捷,皆用轮船装载,不从赣关经过,湖丝则归沪关代收,茶叶则分厘无收,遂因之骤绌矣。然光绪二十六年以前之不闻赔累者,初则因沪关代征丝税,收数较旺,继则因赣属厘金土药膏捐,均归关道经理,堪以挹彼注兹。近年厘金土药,均已派员专办,沪关丝税,又因洋商收买干茧年短一年。外省之客税既无,而本省及广东之土货,亦多被邮政包裹、子口单、三联单、保商票侵占过半。⑤

着商贸路线的变化,江西境内主要的进出货物运输线路发生了逆转,虽然还主要依托赣江—鄱阳湖水系,但已形成了以九江为进出口中枢的赣州—吉安—樟树—南昌—吴城—湖口—九江的基本构架。⑥

其二,开埠以后,以轮船、铁路、公路等代表的近代新的交通格局的变化导致

---

① 《江西巡抚钱宝琮奏》,见中国第一历史档案馆编:《鸦片战争档案史料》第3册,天津古籍出版社1992年版,第103页。

② 刘坤一:《赣关短征四年分盈余银两邀恩援案减免折》(同治五年十月二十八日),《刘坤一遗集·奏疏》卷3,第38页。

③ 桑悦:《重修岭路记》,同治《南安府志》卷21,《艺文》。

④ 《钞档》光绪十年九月初二日,江西巡抚潘尉题本。

⑤ 《抚院胡请免赣关赔贴折》,《江西官报》丙午年(1906年)第7期,《奏牍》。

⑥ 戴鞍钢:《港口·城市·腹地——上海与长江流域经济关系的历史考察(1843—1937)》,复旦大学出版社1998年版,第192页。

传统的贸易商路发生变化。长江轮船运输，逐渐取代了民船的运输，改变了鄱阳湖流域的货物流向，纷纷趋向中游的汉口和下游上海；南浔铁路修通后，铁路便逐渐替代传统的内河水运商路和陆运商路，成为商品流通的真正动脉，就鄱阳湖流域而言，商路货运基本围绕着南昌、九江两个城市的商品流通来展开，开埠城市到内地走向的货运以洋货和工业品为主，反之，内地到开埠城市走向的货运则以茶叶、瓷器等产品为主。而在旧商路或传统的驿路基础上修筑的公路，则改善了道路的运输功能，极大地提高了运输效率。主要商路与县道、镇道相连，形成了以主要商路为骨架的商路网络。农村产地市场、城镇专业市场、城市集散市场以及中心市场、进出口市场在新的商路网络的覆盖下联系在一起，从而使各市场之间形成农副产品与洋货及工业产品的双向流通。在新的商路网络中，乡村从属于城镇，城镇从属于通商口岸；短距离运输从属于长距离运输，商路网络的密度越高，商品流通量也就越大。当然，近代商路网也只是新式交通与传统交通的新旧混合体，传统运输工具如民船、独轮车等仍在商运中担当着不可或缺的角色，但是新式交通运输工具在商运中的比重却在不断上升，并且成为远程贸易赖以发展的条件。由于有了铁路和公路，沿线各类市场的商品流通逐步脱离封闭半封闭的地方性旧模式，并随着流通范围与距离的扩展，与国内外市场建立起长期的商运贸易联系。市场与商路始终是一种相互影响、相辅相成的关系：一方面，商路沿线是最适合各类新兴市场发育的温床，偏离以近代交通工具为特征的商路主干道，任何市场都将失去竞争力；另一方面，商路分布格局又会在市场因素的作用下发生变化，由口岸市场和中心市场向外延伸，最终形成以口岸市场、中心市场为起讫点或交汇点的近代商路网。

以赣关为枢纽，以传统的"四大名镇"为货运中心的传统商路与以九江为中心、以南昌为枢纽的沿江城市为货运中心的新商路，代表着新旧不同的两个商路体系。传统商路基本是一个封闭的系统，货运以满足内地不同城镇的商品购销为目的；新商路则是一个开放的系统，货运服务于沿江、沿海的开埠城市的进出口需要。近代九江通商口岸与内地间的土洋货流通，实际上大部分要靠新商路传递运送，因此，在进出口贸易逐年增长的情况下，新商路的货流量也获得相应增长。

至1916年，南浔铁路全线通车，南昌取代了樟树镇和吴城镇成为进出口货物的聚散和分销的中心点，而九江形成进出口总汇的格局。在新商路各项货运指标不断增长以及传统商路趋于衰落的情况下，20世纪初，赣北和赣中地区的商路密度、通运里程和货流量超过了以赣关为中心的赣南地区。从而形成了鄱阳湖流域"北重南轻"的商品流通格局，从而使赣北、赣东地区的商品经济逐渐超越了赣南和赣西地区。

二、九江与鄱阳湖流域关系的新架构

1. 传统市镇的衰落

随着商路的变迁和全国商品流通格局的变化，鄱阳湖流域过境贸易也逐渐衰落下来。与之相适应的是，鄱阳湖流域以"四大名镇"为中心的传统贸易市镇也开始逐渐衰落。时任广南饶九道之道尹的傅春官曾对江西商贸格局的变迁有如此描述：

> 昔之所谓樟树、吴城最盛之埠，其商业十减八九，盖自《天津条约》立，长江轮船通行，洋货之由粤入江，由江复出口者，悉由上海径运内地，而江西商人之往来汉口金陵，不过本地土产，为数无多，输出输入之货减，故商埠寥落之形见。[1]

这充分说明江西传统商贸格局的变迁导致传统商路的变化，进出货流由赣关作为流转枢纽而转为由九江为进出口中心的客观事实。曾经繁盛的樟树镇和吴城镇就大不如前了，傅春官的《江西农工商矿纪略》这样描述：

> 昔时，江轮未兴，凡本省及汴鄂各省，贩买洋货者，均仰给广东，其输出输入之道，多取径江西，故内销之货以樟树为中心点，外销之货以吴城为极点。自江轮通行，洋货由粤入江，由江复出口者，悉由上海径运内地，江省输出输入之货减，樟树、吴城最盛之埠，商业亦十减八九。[2]

---

[1]　傅春官：《江西商务说略》，《江西官报》丙午年（1906）第27期。
[2]　傅春官：《江西农工商矿纪略》清江县·商务。

同样，昔日依托"闽茶运穗"的万里茶路第一镇——河口镇，也由于茶叶、生丝的出口路线的转变，衰落之趋势十分明显：

> 查铅山地物产庶蕃，人心明敏。海禁之会，茶商纸贩，麇集于斯。小民糊口非艰，谋生甚易，间阎之殷富以此，习俗之浮惰亦以此。至今日茶市一蹶不振，纸业日见衰微。……窃谓河口一埠……今家无尺布之机，女无寸丝之缕，烟赌窃盗，游民遍壤，穷惰之害可胜言哉。[①]

商路变迁加之南浔铁路通车以后，昔日繁华的吴城镇也出现严重衰落之迹象。农艺部农业经济组编制的《江西米谷运销调查报告》就吴城镇的粮食市场的衰落做出了详细的说明，兹摘录以下：

> 在昔修、缭二水流域商品之运输，直径吴城出口……咸丰以后，海轮盛行，民船运输多被放弃，外省来吴城之货物，日见减少……以粮食一项而言，当南浔铁路未通车前，赣江、抚河、修水产品，大都必经吴城转运出口，通车后，赣江、抚河之粮食，南昌起而代之；修水流域之粮食，涂家埠起而代之，于是吴城粮食市场惨落矣。[②]

传统市镇的衰落，只是鄱阳湖流域传统商路变迁与新的商贸格局兴起的一个缩影，它与九江开埠以及长江流域对外贸易的崛起是相吻合的。

2. 九江贸易中心地位的形成

九江开埠以后，承担着江西进出口货物的吐纳功能。美国的旗昌、英国的怡和、法国的亚细亚等外国洋行在此设立码头和货栈，经营进出口贸易。在此之前，从广州运入之洋货及江西运往广州的土货都以樟树、吴城为集散地和贸易枢纽。在此之后，从海外运往江西的洋货均自九江上岸，进入鄱阳湖流域；鄱阳湖流域的土货也从九江出口运往海外。九江取代了樟树、吴城等传统市镇的贸易枢纽地位，成为鄱阳湖流域土洋各货的销售场地，从而逐步发展成全省最繁荣的

---

① 《拟办鹅湖织布公司条议》，《江西官报》甲辰年（1904 年）第 17 期，《函告》。
② 农艺部农业经济组编制：《江西米谷运销调查报告》，1937 年版，第 8—9 页。

贸易中心城市。正所谓"本省一切输出物产,莫不以此为输运枢纽"①。九江"扼沪汉交通之咽喉,轮船接迹,铁轨交驰,赣省商业集中于此。森林矿产,靡不以此埠为转运茇积制造之所"②。

开埠通商后,口岸贸易为传统经济注入了新的市场因素。商品市场由此发生了前所未有的巨变。口岸市场是引发市场嬗变的根源,它的意义在于通过大量国内外商品的吐纳,以不断增长的商品双向流通为联系机制,造就了一种不同以往的市场经济体系。口岸市场依次对周邻市场和内地市场产生影响,适应商品需求、供给、流通和消费的变化,新的市场开始出现,传统类型的市场也依其对口岸市场的关系而发生不同程度的变化,衍生出新的市场功能。九江进出口贸易有了很大的发展。从进口方面而言,九江商埠在洋行纷纷涌入的同时,进口货值也逐渐提高。具体情况详如下表:

表 3.3.1 开埠初期九江洋货净进口价值一览表

年份	洋货净进口	年份	洋货净进口	年份	洋货净进口	年份	洋货净进口
1865	2,625,535	1872	2,723,901	1879	2,675,778	1886	3,026,252
1866	2,678,459	1873	2,797,841	1880	2,954,286	1887	3,329,937
1867	2,636,381	1874	3,209,916	1881	2,829,398	1888	3,619,936
1868	2,869,545	1875	2,758,420	1882	2,623,118	1889	3,880,037
1869	2,655,606	1876	2,724,676	1883	2,250,804	1890	4,183,871
1870	2,844,028	1877	2,505,355	1884	2,078,805	1891	4,540,524
1871	2,567,449	1878	2,514,302	1885	2,528,474	1892	4,755,579

(资料来源:姚贤镐:《中国近代对外贸易史资料》第 3 册,中华书局 1962 年版,第 1626 页。单位:1873 年以前为银两,以后为海关两。)

上述数据告诉我们,在 1865—1885 年开埠初期的 20 年中,洋货净进口价值保持在 250 万两上下,此后则呈快速增长态势,到 1892 年上升为 4,755,579 海

---

① 《工商通讯》第 1 卷,1937 年第 13 期。
② 中央地学社编:《中华民国省区全志》第五编第四卷,《江西省志》。

关两,增长了近一倍,在长江各开埠通商口岸中排在第3位。当然,洋货净进口数仅是指直接从外国进口的货值,并不包括经由上海、汉口等其他口岸转口进口的商品。实际上转口进口货值较之净进口货值要大得多。

　　在土货出口方面,其进步则更加明显,各项大宗货物出口总量呈现逐年增长的态势。详如下表:

表3.3.2　九江口岸大宗出口货物数量表(单位:担)

年份	数量	年份	数量	年份	数量	年份	数量	年份	数量
1865	310,257	1872	280,406	1979	410,874	1886	540,503	1893	517,830
1866	279,735	1873	291,801	1880	481,440	1887	461,781	1894	504,273
1867	219,467	1874	331,812	1881	466,568	1888	517,488	1895	545,930
1868	293,929	1875	343,664	1882	513,749	1889	511,989	1896	592,522
1869	268,000	1876	373,362	1883	478,914	1890	483,936	1897	565,414
1870	253,292	1877	389,321	1884	489,552	1891	499,986	1898	783,751
1871	269,441	1878	438,309	1885	537,901	1892	489,957	1899	879,378

　　(资料来源:据《经济旬刊》1933年第2卷和《江西年鉴》1936年第25编等相关资料整理。)

　　表格数据告诉我们:在1865—1877年最初的13年中,土货大宗出口数量每年基本维持在30万担上下;从1878年起九江口岸大宗出口货物就突破了40万担,1885年则达到50万担,以后平稳增长到60万担;1899年更是达到87.9万担,是20世纪之前最高峰值,较开埠初期增长近3倍。到20世纪20年代,九江土货出口迅速发展,"米谷、瓷器、茶叶、夏布、纸、竹木、钨以及植物油等,均有大宗出口,价值动辄百万,悉皆由此转入长江各口,行销国内外。九江各大码头及货栈,悉皆堆货垒垒,转运栈、报关行、押款钱庄,以及各种行栈庄客,林立栉比,较之南昌,有过之而无不及"[1]。

―――――――――――

① 《申报》1934年12月27日。

　　总之,九江开埠通商以前,受内向型社会生产、流通结构的制约,它虽拥有明显的地理优势,但与江西内腹地区缺乏直接的经济交往。江西内腹地区的货物集散以"四镇"为中心;而且受广州一口通商禁令的束缚,江西内腹地区的进出口货物流向是以赣关为集散中心,通过大庾岭道而趋广州。五口通商以后,全国对外贸易中心由广州而趋上海,上海以其量大面广的内外贸易商品吐纳,直接带动了覆盖整个长江流域市场网络的贸易发展。九江开埠以后,成为江西的贸易中心,并通过九江而传动江西内腹地区。

第四章

新旧更替:新兴市场与区域商贸网络的重组

　　九江开埠以后,鄱阳湖流域市场结构和市场体系有着很大的变化。日益扩大的进出口贸易和商品流通,对曾经是封闭性的和地域局限性的传统市场体系产生巨大的冲击;在大规模土洋货双向流通的基础之上,新的生产、流通、消费需求在城乡市场中逐渐形成,它正在孕育一个新市场体系与之相回应。传统的市场格局开始逐渐解体,市场的类型、结构和分布都在不同程度上发生适度的变化,一个以九江口岸为核心、以近代商路网络为纽带的新型市场体系开始初步形成。

第一节　新兴市场的兴起:长江贸易体系

　　鸦片战争后,中国沿海与沿江口岸相继对外通商,西方机制工业品逐渐进入中国市场,也开始慢慢地改变中国传统的商品结构和市场网络,在西方资本主义的冲击下,中国开始被动地走上了近代化的历程。而最突出的则是长江流域口岸的相继开放,使得长江贸易体系逐渐形成,改变了中国传统商贸格局。

一、沿江口岸城市的逐步开放

　　1843 年上海一开埠,西方商人大量拥进上海。但是,要使进入上海的商品迅速倾销,以求其贸易量最大化的主要途径是深入内地市场,其突破口就是拓展长江市场,建立长江贸易体系。正如美国驻华领事马沙所言:开放了长江,就意味着大约 75 万平方英里面积的整个长江流域及其丰富、宝贵的矿产资源都可以随着长江支流的轮船航运源源不断地输出。"你就可以想象得到整个长江流域的贸易就会全部为将来的上海所吸收。"①

　　由此,继五口通商以后,西方势力从沿海地区向长江流域的内陆省份逐渐渗透。第二次鸦片战争后,英法两国迫使清政府签订《天津条约》,在长江流域新开辟了汉口、九江、镇江为通商口岸,英国率先在三地设立了租界。1876 年英国逼迫清政府签订了《烟台条约》。该条约规定"中国增开宜昌、芜湖、温州、北海为通商口岸。大通、安庆、湖口、武穴、陆溪口、沙市六处为停泊码头,即准许轮船停泊,'上下客商货物'。此外重庆'可由英国派员驻寓查看川省英商事宜',但轮船未能上

---

　　①　严中平:《中国近代经济史(1840—1894)》,人民出版社 2001 年版,第 273—275 页。

驶以前,该地暂不得作为通商口岸",还规定"各口租界作为免收洋货厘金之处"。[①]
此条约为英国及其他列强向中国纵深腹地长江中上游扩展贸易提供了极大的便
利。依据《烟台条约》,19 世纪 70 年代,长江上中游交接处的宜昌(1876 年)和长
江下游的芜湖(1876 年)相继开埠通商,是为长江流域的第二批开埠口岸。

　　19 世纪末至 20 世纪初,根据《烟台条约续增专条》《马关条约》《续议通商
行船条约》等,重庆、沙市、南京、长沙、万县等城市先后辟为商埠。长江沿岸城
市开放格局就大体形成。具体情况详见下表:

表 4.1.1   长江沿江口岸开埠情况一览表

城市	开埠时间	开埠情况	备　　注
上海	1843 年	开辟英美法租界。1863 年英、美租界并为公共租界,设有海关。	1842 年《南京条约》
镇江	1861 年	1861 年开辟英租界,设有海关。	1858 年《天津条约》
九江	1861 年	1861 年开辟英租界,设有海关。	1858 年《天津条约》
汉口	1861 年	开辟英德俄法日租界,设有海关。	1858 年《天津条约》
芜湖	1877 年	开辟公共通商场,设有海关。	1876 年《烟台条约》
宜昌	1877 年	设有海关。	1876 年《烟台条约》
重庆	1891 年	1901 年开辟日租界,设有海关。	1890 年《烟台条约续增专条》
沙市	1896 年	设有海关。	1895 年《马关条约》
南京	1899 年		1858 年《天津条约》
长沙	1902 年	1904 年始设关征税,设有海关。	1902 年《续议通商行船条约》
万县	1902 年	1917 年始设关征税,设有海关。	1902 年《续议通商行船条约》
吴淞	1898 年		政府自开
岳州	1898 年	设有海关。	政府自开
武昌	1900 年	设有海关。	政府自开

　　(资料来源:据王铁崖编:《中外旧约章汇编》,生活·读书·新知三联书店 1957 年版;张

　　[①]　丁名楠等:《帝国主义侵华史》第 1 卷,人民出版社 1961 年版,第 255 页。

洪祥:《近代中国通商口岸与租界》,附表三、四、五,天津人民出版社1993年版,第321—329页;《列强在中国的租界》,中国文史出版社1992年版,附录《各国租界、租借地、铁路附属地约开商埠一览表》;费成康:《中国租界史》,附录一,上海社会科学院出版社1991年版,等相关资料综合制成。)

截至1902年长江沿岸共有11个依据条约开放的口岸,它们分别是上海、镇江、南京、芜湖、九江、汉口、长沙、沙市、宜昌、万县、重庆,3个自开商埠即吴淞、岳州、武昌。其中上海、镇江、九江、汉口、重庆和芜湖6个口岸共有英、美、法、德、俄、日等国的11个租界和一块公共通商场,成为中国开放程度最高的大江流域。

二、长江多层级贸易体系的形成

近代长江沿岸各个口岸的商业地位在19世纪已大致定型,其开放程度基本上由东向西逐渐减弱。随着长江沿岸城市的逐步开放,在整个长江流域依次形成了进出口贸易中心市场、地区性的中转市场和次级的进出口贸易的链接市场贸易体系形成。口岸的开放程度、外贸规模与其近代经济的发展水平大致成正比。

首先,中心城市的贸易圈域

从整个长江沿岸来看,重庆、汉口和上海无疑是该地区最高一级的经济中心。重庆是长江上游和西南地区的贸易吐纳港;汉口则为长江中游和华中地区的进出口贸易货流集散地;上海发展为长江下游乃至全国性的进出口贸易中心,其贸易辐射大江南北和广大的内腹地区。它们分别聚合长江上游、中游和下游各地的商品,在各地区发挥着贸易枢纽的作用,而最终以上海为进出口总汇。

1. 长江上游的重庆

重庆,地处长江上游,是为长江与嘉陵江交汇处,所谓"重庆者,四川之咽喉,而扬子江上流之锁钥"[1]。重庆不仅是四川与外部联系的一个重要交通枢纽,更由于它总汇了长江上游干流和川、滇、黔等地的无数支流,云南、贵州各地货物皆可在此转口贩运,致使重庆成为西南地区的商贸总汇之区。英国对此垂

---

① 　金沙:《四川贸易谭(续第一号)》,《四川》1908年第2期。

涎已久："重庆贸易相当著名,此外它地处长江上游的分叉口,位置十分有利,它……能增加曼彻斯特的消费品和约克郡的纺织品的生意。"[①]重庆开埠意味着"七千万人口的生意送上门来"。开埠之后,重庆迅速成为四川土货收购和出口与洋货输入和分销的中心。外商评论说:

> 重庆作为四川省贸易的主要市场及分销中心的地位……由于它的特别优越的地理位置,是永远不会受到严重威胁的。每年在一定的季节里,商人从偏僻和遥远的城镇,如成都府、保宁府、潼川府、遂宁府、嘉定府、叙州府、绵州、合川及其他重要地方,有的由陆路,有的由水路来到重庆,运来他们的土产——鸦片、药材、生丝、茶,并运回洋货。[②]

重庆开埠以后,商业贸易和货物流通大幅度增长,其作为进出口贸易中心也辐射到周边大片地区。以美孚洋行的煤油推销为例:1910年美孚洋行进驻重庆设立营业办公机构,分别在重庆和万县建立油库,以此为基地,通过销售网络把美孚的洋油推销到整个四川地区。从土货出口方面来看:重庆出口的大宗土货包括井盐、粮食、桐油、猪鬃等基本上是以整个四川为集纳范围;至20世纪二三十年代,重庆的外国洋行把收集中国原材料的范围扩大到鄂、黔和滇等广大乡村。其贸易主体是西部川、陕、云、贵诸省转运贸易和土洋百货的集散地。重庆贸易圈的特点是直接外贸量很有限,在长江贸易中心城市贸易圈域的容量最小,在20世纪初期,约占全国贸易平均权重的2.7%,如下表:

表4.1.2　1900—1933年重庆进出口贸易额对全国贸易份额趋势表

年份	1900	1903	1907	1910	1914	1919	1922	1924	1927	1930	1933
%	4.32	3.45	2.94	2.79	2.92	2.11	2.36	2.21	2.11	2.40	1.85

（资料来源:实业部国际贸易局编:《三十四年来中国中部通商口岸对外贸易统计》,商务印书馆1935年版,第168页。）

---

① 聂宝璋:《中国近代航运史资料》第1辑,上册,上海人民出版社1983年版,第374—375页。
② 姚贤镐:《中国近代对外贸易史资料》第三册,中华书局1962年版,第1549页。

2. 长江中游的汉口

汉口,位居于长江和汉水的交汇处,明清以来成为长江中游辐射南北各地的交通枢纽和货物集散地。1861 年汉口开埠后,英国率先在汉口建立租界,十分重视武汉三镇的势力扩张和商业经营。随之而来的是德、俄、法、日等国家先后在汉口设立租界,在汉口镇长江边形成一片岸线长达 4 公里,面积达 3000 余亩的外国租界区。"到 1905 年时,汉口的外国商民达 3000 余人,其中英国 500 余人,美国 500 余人,日本 1300 多人,德国 160 余人,其他国家外商和传教士约有540 余人。外国人之多,仅次于上海和天津。"[1]

由于众多外国洋行的着力经营,九省通衢的汉口进出口贸易市场迅速推广,农产品集纳的地区涉及鄂、湘、赣、皖、川、黔、豫、晋、陕等广大内腹地区。其茶叶、牛皮、烟草等农产品的出口在全国占有重要地位。汉口的进出口贸易额也得到迅速发展,1902 年对外进出口贸易总值超过 1 亿两,1910 年则超过 1.5 亿两,1916 年更是突破 2 亿两,超越了天津、广州等重要口岸,仅次于上海处于第二位。[2] 汉口经营进出口贸易的外国洋行也不断增加,如 1901 年外商开办的各种洋行达 76 家,1905 年增至 114 家,1917 年更是达到 160 家;同样,外资企业也同步增加。外商开设的各种工厂也有 50 来家,外资银行则有十几家,还有不少的外资轮船公司。张之洞主鄂期间,着力兴办了一些近代洋务工业、企业,使汉口在整个长江中游的地位最为突出,成为仅次于上海的全国大都会。

从地理位置上看,汉口位于中国中部地区中间点,趋中性特征明显。汉口贸易圈辐射长江中游及汉水流域的许多省份,号"九省通衢",进出口贸易相当大,在全国对外贸易的平均权重保持在 10% 左右。如下表:

表 4.1.3　1900—1933 年汉口进出口贸易额对全国贸易份额趋势表

年份	1900	1903	1907	1910	1914	1919	1922	1924	1927	1930	1933
%	10.08	11.70	12.10	11.64	11.60	10.31	8.08	9.70	6.44	5.55	5.94

（资料来源:实业部国际贸易局编:《三十四年来中国中部通商口岸对外贸易统计》,商务印书馆 1935 年版,第 168 页。）

---

[1]　张洪祥:《近代中国通商口岸与租界》,天津人民出版社 1993 年版,第 79—80 页。

[2]　张鹏飞:《汉口贸易志》,华国印书局 1918 年版,第 2—5 页及所附《汉口贸易最近二十年趋势表》。

3. 长江下游的上海

五口通商时期，上海是率先开放的长江流域的城市。在地理区位上，上海处于沿海与长江流域的"T"字形通道的交汇点上：海上轮船运输北通青岛、烟台、天津、牛庄等口岸，往南连接宁波、福州、厦门、广州等口岸，沿长江与镇江、南京、芜湖、九江、汉口、重庆等地区相联通，经运河可与苏、淞、杭、嘉、湖等城市互通。因此，上海的腹地范围十分广泛，可以辐射华东、华中及中原广大地区。上海优越的交通位置方便于商品运输内地，以及转内地商品出口，上海的优势十分明显，不仅在长江流域处于龙头地位，而且在全国的贸易中所占的份额也在不断地增加。1846 年香港《中国邮报》称："迄今为止，上海是新开各口中进行大规模贸易的惟一港口，但上海的贸易量已达到许多人所预期于所有北部港口者的总和。"①上海因其特殊的条件，开埠后获得了较大的发展空间，使之外贸独步一时。马士在其所著《中华帝国对外关系史》中是这样描述的：②

> 这个口岸辟埠通商的效果立刻显露，并且还一年比一年显著。上海的出口在整个中国的出口比重原占七分之一（1846 年），很快就增长到三分之一（1851 年），而在紧接的以后几年中就大大超过全国出口的半数以上；即使把福州装出的货运计算在内，上海在全国的贸易中所占的份额也绝不低于半数以上。

由于"上海的生活条件比广州要满意得多。有广大的空间足供愉快的生活，又没有商馆的限制，并且还有前往四乡去的充分自由"③，使得外国洋行、外商更愿意把自己的贸易活动重心放置在上海。因此上海成为外商云集之地而租界的面积也不断地扩张，客观上也刺激了上海外贸的发展。作为全国最大的口岸，上海的贸易辐射圈几乎笼罩全国。据上海华商议会 1906 年编印的《上海租

---

① 严中平辑译：《英国资产阶级纺织利益集团与两次鸦片战争的史料（下）》，《经济研究》1955 年第 2 期，第 120 页。

② 马士著、张汇文等合译：《中华帝国对外关系史》第 1 卷，上海书店 2000 年版，第 403 页。

③ 马士著、张汇文等合译：《中华帝国对外关系史》第 1 卷，上海书店 2000 年版，第 400 页。

界华商名簿册》记载:截至 1905 年的统计,设在租界内的华资商业企业共有 50 余个行业总计 3177 家。1911 年,南市旧城区主要面向国内埠际贸易的也有米、豆、木、土布等 49 个行业总共 886 家。[1] 1903 年,上海外国商行已从 1867 年的 300 多家增加到 600 余家。[2] 据资料显示:1890 年上海进出口净值为 9746 万关两;1895 年进出口净值为 1.63 亿关两;1900 年进出口净值为 1.97 亿关两;1905 年进出口净值则高达 3.56 亿关两;至 20 世纪 30 年代,约占全国贸易额的 31% ~44%,如下表:

表 4.1.4　1900—1933 年上海进出口贸易额对全国贸易份额趋势表

年份	1900	1903	1907	1910	1914	1919	1922	1924	1927	1930	1933
%	17.28	14.02	14.46	14.91	17.08	20.93	24.80	36.59	27.85	31.74	44.01

(资料来源:实业部国际贸易局编:《三十四年来中国中部通商口岸对外贸易统计》,商务印书馆 1935 年版,第 168 页。)

其次,地区性中介口岸

地区性中介口岸则是指在其所在省区及周边地区的通商口岸。是长江沿岸三大中心贸易中转口岸,如九江、芜湖、镇江、南京等则是。据统计经过上海进口的商品,大约 80% 转销内地。而这种销纳,主要通过长江流域四大中介口岸转口输出。

南京历来是政治重镇和军事要地。1899 年,南京正式开埠。由于该地是两江总督的驻地,在经济方面的调控功能较强。1927 年,国民政府定都南京。1930 年定为行政院直辖市,其政治、经济、文化地位均迅速上升,一跃成为国际性大都市。再加上沪宁铁路、津浦铁路均贯通南京而成为南北交通枢纽。

镇江地处长江与京杭大运河汇合处,为沟通苏南、苏北水陆交通枢纽之一。镇江是上海联系苏北扬州、淮安、徐州、海州以及河南开封、山东济宁等地的中

---

[1]　《1911 年沪南商务分会报告册》,复旦大学历史系编:《近代中国资产阶级研究(续辑)》附录二,复旦大学出版社 1986 年版,第 528 页。

[2]　吴圳义:《清末上海租界社会》,(台湾)文史哲出版社 1978 年版,第 57 页。

介。近代镇江的商业、贸易、金融都相当发达。至清末北方土特产如豆饼、芝麻、金针菜、红枣等，年销售金额达 2000 万两，其中一半用于出口。经营桐油的商号有 30 余家，年销售有 20 万桶左右。米粮年出口 200 万包（每包为 200 市斤），一度为长江流域最大米市，在此收购粮食的广潮帮有 70 多家。

芜湖位于安徽省东南部，地处长江中游，青弋江横贯东西，自古以来就是皖南著名商埠。1876 年，依据中英《烟台条约》芜湖开埠。芜湖是上海与皖南、江淮平原联系的中介，运往上海的是大米、生丝、茶叶，运往芜湖的是洋布、面粉、煤油等。芜湖是中国著名米市。芜湖开埠以后，米麦为出口大宗。

九江地处赣、鄂、皖三省交界处，襟江带湖，曾是中国"四大米市"和"三大茶市"之一，为江西北部物资集散地和水陆交通中心。在 1861 年开埠以后，九江这个古老的港口进入新的发展时期，物流集散功能更为突出，是全国著名的米、茶、瓷器集散中心和洋货在鄱阳湖流域和湖北、安徽部分地区的分销中心。

按照中心地理论，市场中心在提供贸易服务时存在着空间分布的等级梯度。"当空间足够大，许多较小的市场中心可以同时存在时，等级结构就越完善……由于形成梯度的各中心点在人口规模、经济活动和空间范围上都不相同，各中心点最终会构成一个等级体系，从小村庄到大都市，从地方市场到全国市场。"[1]相比较而言，汉口和上海无疑是该地区最高一级的经济中心，九江、芜湖、南京、镇江则是次一级的中介口岸，它们商业贸易的聚合力深受上海和汉口的辐射和影响，但也存在着更大的聚合空间。这从进出口贸易数值上可以体现，如下表：

表 4.1.5　1900—1933 年长江中下游口岸贸易额（单位：海关两）

年份＼口岸	九　江	芜　湖	南　京	镇　江
1900—1909	241,321,360	225,949,526	84,109,739	321,471,469
1910—1919	389,562,696	269,322,677	212,815,179	241,506,977

---

[1]　陆玉麒：《区域发展中的空间结构研究》，南京师范大学出版社 1998 年版，第 53 页。

续表:

年份 \ 口岸	九　江	芜　湖	南　京	镇　江
1920—1929	573,897,192	423,643,535	381,786,692	281,503,863
1930—1933	190,173,182	158,714,640	123,135,569	72,614,583
合　　计	1,394,954,430	1,077,630,378	801,847,179	917,096,892

（资料来源:据实业部国际贸易局编:《最近三十四年来中国通商口岸对外贸易统计(中部)》第二表《三十四年来中国中部通商口岸进出口货值总数统计》整理,商务印书馆1935年版。）

复次,其他贸易链接的口岸

所谓贸易链接口岸,其贸易量比较少,且有些是对中心城市和中介口岸的贸易在本地区的链接,如长沙、万县、岳州、宜昌、沙市等口岸。它们也占据了一定的进出口贸易份额。如下表:

表4.1.6　1904—1933年长江流域链接口岸进出口贸易额对全国贸易份额趋势表

年份 \ 口岸	万县	宜昌	沙市	长沙	岳州
1904		0.33	0.22	0.32	0.24
1917	0.12	0.37	0.23	1.91	0.50
1922	0.54	0.34	0.43	1.17	0.75
1929	0.58	0.35	0.90	1.47	0.55
1933	0.57	0.35	0.37	0.41	0.49

（资料来源:实业部国际贸易局编:《三十四年来中国中部通商口岸进出口贸易额对全国贸易额总之百分比率表》相关资料计算得出,商务印书馆1935年版,第168页。）

长江开放以后,处于长江沿岸的通商口岸,对于所在城市和地区均有十分重要的作用。作为通商口岸,其本身具有许多优势,或为交通便利,或为物流中心。开埠通商以后,由于外国洋行、公司的进驻以及对外贸易活动的开展,进一步拓展了贸易空间和对腹地的贸易辐射范围,成为沟通本地区与世界市场对接的窗口。而由于长江沿岸口岸的密集开放,使得长江流域成为全国对外贸易的重心地区。从统计资料来看,自 1900 年代以后,长江沿江的上海、汉口、重庆、九江、芜湖、镇江、南京、万县、宜昌、沙市、长沙、岳州 12 个通商口岸的进出口贸易额占全国的贸易总额的 40% ~50% 左右,如下表：

表4.1.7　长江沿岸通商口岸进出口贸易额占全国的贸易总额趋势表

年份	1900	1905	1910	1915	1920	1925	1930	1933
占全国贸易比率(%)	43.01	42.98	40.23	42.77	46.21	47.29	47.19	58.05

（资料来源:实业部国际贸易局编:《最近三十四年来中国通商口岸对外贸统计（中部）》,商务印书馆 1935 年版,第 168 页。）

第二节　九江与鄱阳湖流域商品流通结构的变化

近代长江贸易体系的兴起,中国传统的商路和贸易结构随之发生了深刻的变化。明清时期,以北京为中心,以运河为中轴的连接广州通向蛮海的京广大水道构成的南北纵向的贸易格局,逐渐被以上海为中心以长江为中轴的东西横向的贸易格局所取代。受长江贸易体系的影响,九江口岸与其腹地的贸易增长与进出口商品结构的变化,推动着近代鄱阳湖流域传统市场向近代市场转换,进而促进初级市场数量增加,中级市场商品交换扩大,区域市场初步形成,意味着近代鄱阳湖流域经济在外力的作用下开始走上了近代化的历程。

一、对外贸易与商业的转型

长江贸易体系的形成,九江处于长江中下游与鄱阳湖的交汇处,成为近代长江贸易链中的重要一环,也对近代鄱阳湖流域市场经济进行重塑:一方面进出口贸易加强了鄱阳湖流域与长江流域和世界市场的经济联系;另一方面也促使鄱阳湖流域的商品结构和市场网络发生变化,内贸市场开始向外向型市场转换。

自然经济逐渐解体,商业开始逐渐转型。

(一)洋行与新式商业的出现

九江的对外贸易启动是与洋行介入密切相关的。开埠以后,美国、英国和俄国的琼记、旗昌、怡和、太古、丰顺等洋行进驻九江,经营进出口贸易、轮船航运、货栈仓储、茶叶加工等业务,在租界或周边形成比较集中的商业区和工厂。

1. 洋行的商业活动

在九江开埠之初,外国洋行进入后,并不了解通商口岸及内腹地区的商业情形和商事习惯,与中国当地商人也没有建立起商业联系和彼此之间的信用关系,加上语言的障碍等因素,洋行不得不借助当地门路广达、精通商务且又略懂外语的商人作为洋行与口岸城市——内腹地区市场联系的桥梁。外国洋行进入通商口岸,其商业活动的展开一般采用两种方式进行:

其一是利用买办来建立同中国原有商业网的联系,并依靠中国的商业网来组织购销活动,洋行充当进出口贸易的中枢,居间商人成为洋货推销与土产收购的纽带。如《九江海关十年报告(1882—1891)》记载:

> 如果我们相信目前的各种报告所言,那么就进口而言,欧洲人和中国对手的竞争中,他们远远没有占据优势地位。而后者只经营纯粹的土货的进口贸易。另一方面,上海允许周围地区的中国人去那儿采购面巾纸、洋药以及那个巨大市场上其他的欧洲商品。他们甚至都不用出远门,就可以通过中介购买货物;中介是由几家公司共同出资的,并且它们如兄弟手足般地共同承担所面临的风险。因此,不难想象,面对这样的机构,即便赔上所有的利润,欧洲公司几乎没有可能脱手它们所托运的货物。这些公司建在九江主要是为了经营茶叶,但他们几乎完全被剥夺了交易业务,由于没有银行,资金运转困难重重,而这一处境还会继续加重。
>
> 出口货物中,除了经营茶叶,欧洲人几乎没有涉及其他商品;此外,还必须承认,他们在1867年的贸易中所占的份额远没有达到主导地位。根据可靠的信息来源,我们有理由认为,上一年欧洲公司所购买的茶叶数量不超过茶叶出口总量的11%～12%,其中大部分的茶叶都由中国人直接运往了上海。这一事实也在后者(中国人)所拥有的完善设施中得以体现,这些设施

由轮船代理提供，他们开拓长江发展航运业务，介入海关税收，在上海建立货物仓库等。这样的考虑分析，十分具有条理，本地出口商直接将茶叶运往上海，那里买家云集，可以获得更为准确的有关欧洲的信息，对他们来说有足够的优势，这无疑对九江作为销售市场的衰落有着相当大的影响。①

据《申报》记载，在九江开埠以后，茶叶贸易独树一帜，贸易量巨大，在九江从事茶叶贸易的英国、美国与俄国洋行有宝顺、天裕、开裕、协和、阜昌、丰顺等12家，他们在九江通过当地茶行、茶栈收购茶叶转运汉口、上海或直接运回国销售。如1884年5月怡和和开裕两家洋行都是通过茶栈同春荣和隆泰昌两家收购茶叶的。② 正是因为大部分洋行要经过本地茶栈收购茶叶，以此拉动了九江茶栈业的发展，从《申报》保留的资料来看，"九江每值春夏之交，以茶商生意为大宗。城内外之开茶栈者四十余家"③。到了1886年，"今年添十八家，已符大衍之数"④。它们与茶区的茶栈密切相联系，形成一整套茶叶购销体系，完成茶叶出口。如调查资料显示"茶业最盛之修水茶市五处，共有土庄茶栈十八家，洋庄茶栈一家，茶行六十三家，茶庄一百六十八家。所谓土茶栈者即采办茶叶加工制造，然后出售于茶栈也。专营箱茶仲企业或收买已制成箱茶而运销于外国者曰洋茶庄栈"⑤。

其二是洋行在从事进出口贸易的同时，在通商口岸经营批发和零售商业。洋行在中国销售洋货，一般不是自己直接推销，他们的交易对手主要是当地的各种字号行栈。这种字号行栈，有的是洋行买办开设的，但大多数还是由没有买办身份的一般商人设立的。19世纪70年代以后，九江开埠有年，随着洋货的品种

① Kiukiang Decennial Report，1882—1891. 中国第二历史档案馆、中国海关总署办公厅：《中国旧海关史料（1859—1948）》第152册，京华出版社2001年版，第212页。

② 《申报》1884年5月11日刊登了一则"浔阳茶市"："怡和行进□（字迹不清，下同）怡二五，宁六百零六件四十四两同春荣；绿君二五，宁五百廿二件，四十二两同春荣；义顺二五宁六百七十六件三十九两同春荣；开裕行进履泰二五宁七百零四件四十两同春荣；真芽二五宁三百零二件三十五两同春荣；仙芽二五祁三百三十六件三十四两同春荣；龙芽二五土□四百廿件二十八两同春荣；惠香二五宁五百廿二件四十两隆泰昌。"

③ 浔阳茶市，《申报》1884年4月23日。

④ 浔阳茶市，《申报》1886年4月28日。

⑤ 江西省政府统计室：《江西年鉴》，第二十三篇，工业，江西全省印刷所1936年版，第950页。

和销量不断扩大,洋行越来越依靠当地商人进行中介和拓展埠外销路。班思德所言"原来由外商自己贩运的洋货贸易",改为"由华商自沪粤二埠分别采购,利用外船向各地分销"①。九江的实际情况也大体如此,如英美烟草公司为了拓展长江流域的业务,选定在九江设立营业部所从事的烟草购销活动,它就是利用"有关系的公司和个人",为它在江西地区推销香烟和收购烟草。其中戈竹轩就是典型的例证:由于他在赣竭力经营,致使九江营业部"营业特别发达"。② 从19世纪60年代初开始,美国琼记洋行雇用一个名叫唐顺记(Tang Sun Chi)的中国代理人在九江经营鸦片,把业务拓展到江西内腹地区。③《光绪二十六年九江口华洋贸易情形论略》也记载:"至出入本口之洋货土货,其行销于市者俱系日用所需并无新奇之物,而此等百货贸易皆由华商经理洋商不与闻焉。"而俄国的丰顺和新泰两洋行,在九江从事砖茶制造,其大部分原料是通过中国的商行在义宁州(修水)就地采购的。

　　2. 新式的商贸行业的出现

　　与此相适应的是,新式的商贸行业在九江与鄱阳湖流域的城镇也逐渐萌发起来。主要表现在如下几种:

　　其一是华洋杂货业的出现。随着通商口岸对外贸易的扩大,新式的商贸行业也逐渐出现。随着洋货流通的深入,对日常生活品的西式零售商业的需求也相应扩大了,促成了京广百货(或谓华洋杂货)、西药、油漆、五金等一些新行业和商业机构的应运而生。20世纪20年代初的上海,华洋杂货商业正式以"百货"命名,但是"百货"行业的雏形自开埠以后就在各通商口岸处于迅速萌发和形成阶段。九江的京广货业原来经营京、广、苏、杭等国产手工业品,随着洋货的输入,有的京货店也兼营洋货。最早在九江推销的洋货主要是洋布,促使九江部分京货店转而专门销售洋布,成为洋布店。后随着洋货种类的不断增多,兼营商号就大量出现。至1931年止,九江的京广洋货业有亨记、顺记、振和、永安、人和、福泰、永兴等38家,它们全部集中在大中路繁华的商业街,经营包括玻璃、钟

---

① 班思德:《最近百年中国对外贸易史》,海关总税务司统计科译印1931年版,第12页。

② 尚首:《九江外商企业"老字号"》,见九江文史政协办编印:《九江老字号》,第173页。

③ [美]郝延平著,陈潮、陈任译:《中国近代商业革命》,上海人民出版社1991年版,第215—216页。

表、洋油、洋皂、洋烛、橡皮、针、棉织品和化妆用品等日用洋货;经营五金颜料业的有华盛昌、祥丰、正记、涌兴、荣昌等 17 家,其中有 16 家集中在大中路。营业各有专注,分别专重大小五金、铁丝、响器、元钉、颜料等的经营。[①] 京广洋货业和五金颜料等新式商业的大量出现,说明经销各式近代工业产品的新式行业体系已经初步形成。

其二是传统的旧式商业也开始发生转变。经营农副产品和手工业产品购销的传统商业,也开始慢慢地改变了商业性质。以土货出口量和价值最高的茶栈业发展为例:"自九江关为商埠以后,江西各地茶叶,多转由九江出口。"[②]甚至"安徽、婺源、祁门、建德等地处之茶,大半以九江为其集散场"。许多茶栈出现,它们大多与洋行直接挂钩,经营茶叶的加工出口,每到新茶上市,仅是拣茶女工就有上万人。[③] 后来茶市渐衰,而茶栈业又纷纷转为经营进出口业务的报关转运栈业。如下表:

表 4.2.1　1936 年九江报关转运栈业分布表

牌号	开设时间	经理人	营业种类	报运货物大宗		员工	营业地点
				进口	出口		
蔡广记	1914	丁继相		海杂货	茶	4 人	环湖路
永大安	1914	舒晓真		海杂货	瓷器、烟叶	8 人	大中路
同记	1915	韩康衙	报关转运	匹头、香烟	米	18 人	北经路
鼎丰	1917	罗箴言	报关	洋杂货		8 人	大中路
王锦记	1921	王锦堂	报关	颜料	烟叶、杂粮	5 人	大中路
庆丰	1922	袁隆康	报关	汽车零件	烟叶	9 人	滨江路

---

①　九江文史政协办编印:《九江老字号》,第 8—9 页。
②　上官俅:《江西茶业之概况》,《工商通讯》1937 年第 11、12 期。
③　寻阳茶市,《申报》1884 年 5 月 6 日。

续表:

牌号	开设时间	经理人	营业种类	报运货物大宗		员工	营业地点
				进口	出口		
永慎昌	1923	傅再泉	报关转运	五金、电料	米	3 人	北经路
义记协	1925	章庭芳	报关	生漆	米、杂皮	2 人	大中路
乾康	1926	张晓峰	报关		烟叶	5 人	杨子路
久昌	1927	吴书云	报关	五金、匹头、靛料	扎粮、夏布、棉花、杂皮、苎麻	4 人	大中路
德康隆	1927	刘兰卿	报关	扇子	瓷器、扎粮	7 人	凤阳里
明记	1927	程少芝	报关	西药、化妆品		3 人	大中路
公济	1928	孙云卿	报关		土纸	3 人	环湖路
德源	1928	杨湧泉	报关	五金颜料	苎麻、夏布、锡	8 人	大中路
利成荣泰	1929	胡子豪	报关	海杂货		6 人	和乐里
公记	1929	俞惠臣	报关		烟叶、杂粮	3 人	滨江路
合泰	1930	应秉研	报关	洋钟		2 人	庆安里
正大	1930	胡有槐	报关转运			3 人	琵琶亭
正记	1930	徐建中	报关	靛青、颜料		3 人	大中路
德记	1930	舒善廷	报关	洋杂货、五金	瓷器	8 人	荣阳里
信丰	1931	陈彦生	报关	麻袋	米	2 人	大中路
绪丰洪记	1931	汪次培	报关			2 人	荣阳里
复绪昌隆	1932	黄植之	报关	洋杂货、五金	瓷器	9 人	尚志里
裕民银行	1933	蒋抱时	报关转运	棉纱、颜料	米	25 人	北经路
裕农祥记	1934	万蕴生	报关		米	3 人	大中路
慎泰山记		吴植成	报关	海杂货	杂粮	9 人	大中路
生昌和		罗清臣		匹头、草席		3 人	大中路

（资料来源:《九江报关转运业状况之分析》,《经济旬刊》1936 年第 16 期。）

　　据 1933 年《九江市各业营业概况表》统计，九江拥有 29 个行业 881 家商店从事布匹百货、五金颜料、西药化工、转运报关等近代商业经营。[①]

　　其三是夹杂在土、洋之间的居间商人也开始出现。居间商人是指介于外国洋行与中国商人或各行业组织之间购销土、洋货物的中间商人。正如费维恺研究西方对华经济影响时指出："内陆的商品销售仍以通过传统贸易途径做生意的中国商人为主。在各大通商口岸之外，外国商行无力同农村华人零售商建立联系。……到 1911 年为止，大商埠以外地区的商业结构及其运转机制与半个世纪以前并无多大变化。"[②]从进出口贸易的需求上说，洋行进口的大量机制洋货和日常用品要倾销给中国寻常百姓，需要居间商人承接尔后再通过当地商人或行业组织向内地批发与零售渠道推销或包销出去；而居间商人则借助洋行的资本，以试销、赊销等方式把洋行的商品代销出去并从中获取利润。在土货收购渠道上，也同样是洋行利用其买办为其张罗，买办则是通过行栈，行栈则依靠乡间小贩或山客，形成了层层相连的收购和运输网络，最终完成出口。在洋货、土货的一系列购销链中，中间还夹杂着依附于其中间环节的中路、跑堂、牙人等在华商字号、居间商人与洋行和买办之间来赚取佣金。在开埠后围绕着外国洋行及公司形成的新型商品流通渠道中，华商的作用不能低估，"多年来九江一直是国内外进口货物的转口贸易中心，同时也是同类货物的出口销售地，目前这两种贸易都掌握在本地人手中。九江商业主要部分是在华商手中"[③]。驻九江的英国领事斯科特先生（Mr. B. C. G. Scott）在 1879 年的贸易报告中写道："这一事实不可否认，九江的贸易逐年渐渐落入中国人手中；这是很明显的事实，从多方面的观点来判断，其原因是模糊不定的。本地商人是站在自己的土地上，是主人；但这片土地对洋人而言是外人，他们除了相信激烈的无休止的竞争外，别无他物。"[④]开埠前，九江行帮控制行业市场。到 1932 年底，九江成立了 30 个同业公

---

① 《九江经济调查（三）》，《经济旬刊》1934 年第 16 期。

② （美）吉尔伯特·罗兹曼主编，国家社会科学基金"比较现代化"课题组译：《中国的现代化》，江苏人民出版社 1988 年版，第 49 页。

③ Kiukiang Decennial Report, 1882 – 1891. 中国第二历史档案馆、中国海关总署办公厅：《中国旧海关史料（1859—1948）》第 152 册，京华出版社 2001 年版，第 193 页。

④ Kiukiang Decennial Report, 1882 – 1891. 中国第二历史档案馆、中国海关总署办公厅：《中国旧海关史料（1859—1948）》第 152 册，京华出版社 2001 年版，第 205 页。

会,见下表:

表 4. 2. 2 1932 年九江同业公会情况表

公会名称	主席	公会名称	主席	公会名称	主席
钱业同业公会	王汝芳	陆尘同业公会	黄敬臣	卷烟业同业公会	李鹤
精盐同业公会	李翰卿	山货行业同业公会	萧子衡	划驳业	张顺禄
米业同业公会	吕传炳	棉业同业公会	徐赓尧	国药业同业公会	李良卿
报关业同业公会	傅国章	麻业同业公会	王步瀛	衣皮业同业公会	萧竹如
金银首饰同业公会	周午桥	馆业同业公会	游有方	香纸业同业公会	郑涵秋
京苏洋货同业公会	傅继修	旅栈同业公会	于振寰	木业同业公会	熊少歧
绸缎同业公会	黄云阶	烟业同业公会	林壁垣	皮业同业公会	罗源甫
布业同业公会	萧勉	瓷业同业公会	谢馥三	茶栈同业公会	金籽农
杂货糖业同业公会	胡心田	油盐酱业同业公会	陈义熊	染业同业公会	戴厚甫
五金颜料同业公会	熊渭	蛋业同业公会	王茂林	煤业同业公会	徐古琴

(资料来源:九江指南社:《九江指南》,1932 年版。)

上面 30 家同业公会经营的商品,基本上覆盖了九江与鄱阳湖流域商业的主体。除此之外,外地在九江的会馆也起着组织流通的作用。据《九江海关十年报告(1892—1901)》记载,九江已有广东、浙江、福建、江西、江苏、安徽 6 个省份 8 个会馆。"这里似乎总共有八个,即:洪都会馆,代表的是江西省会南昌府。盱南公所,代表的是建昌。新安会馆,代表的是安徽的徽州。浙绍会馆,代表的是浙江的绍兴。江宁会馆,代表的是江苏的江宁。江南丹阳会馆,代表的是江苏的丹阳。岭南会馆,代表的是广东省。天后宫,代表的是福建。"[1]而 1932 年出版的《九江指南》则记载九江有 8 个省 10 家会馆,它们是:福建会馆,在岳师门外即滨江路;四明会馆,在老马渡;江苏会馆,在都天巷内;南城会馆,在小墧;湖南会

---

[1] Kiukiang Decennial Report,1892 - 1901. 中国第二历史档案馆、中国海关总署办公厅:《中国旧海关史料(1859—1948)》第 153 册,京华出版社 2001 年版,第 372—373 页。

馆,在塔岭北路口;广东会馆,在庾亮路,又名岭南会馆;江宁会馆,在四码头巷即庾亮南路;洪都会馆,在小乔巷即甘棠北路;湖北会馆,在老马渡;新安会馆,一在庾亮路,一在新安里。这些会馆十分活跃,其活动几乎涉及当时所有经济领域。因此,在九江的外地会馆、同业公会、行栈商行以及各个字号构成了华商独特的经销渠道。

(二)商业性质的逐渐转变

九江开埠通商,传统的商业也开始向资本主义商业转型,商业资本从独立于生产者之外的资本而转向产业资本的组成部分。明清时期,九江的茶叶、米谷、豆类、木材、土布、瓷器等传统商业中,是独立于生产者而存在的,进行交换的两极是独立的生产者而不是产业资本。行号的货源或向农民收购,或代客买卖,其销售对象也是本地或附近地区的百姓,如土布业,其交换的两端多是农民和手工业者。这种旧式商业的利润来源,往往是凭借封建势力,与钱典等高利贷资本结合,以贱买贵卖的手段,大部分从侵占和欺诈中产生。在经营方式上,往往是工商兼营,坊店合一。客商采购,都得通过行号向小生产收购。行号领有牙帖,具有封建行会把持的特点。客商不通过他们,便无法成交。这些方面都显示出旧式商业属于前资本主义性质。不过,随着社会经济的发展,传统领域内也产生了新的变化。如土布庄放纱收布,就具有了包买商的性质。

九江口岸通商开放后,在进出口贸易的刺激下,九江原有的商业资本也发生了分化和改组,从中分离出京广杂货业、五金交电、西医西药、化工颜料等一些新式的商业行业。他们是靠经销西洋人的工业产品,诸如英国棉毛纺织品、印度棉纱、德国五金颜料、美国美孚洋油等外国商品发展起来的新式商业。经营方式不是自产自销,而是通过一定的授权为洋商承包经销,并取得赊销权利,利润来自购销差价或代销佣金,即参加了对产业工人所创造的剩余价值的分割,因而具有了资本主义性质。

伴随着近代商业的产生,九江的商人群体也开始发生了变化,近代的商人资本家也相应地产生。开埠后不久的六七十年代,他们就已在京广杂货、洋布、五金、茶栈、报关等行业中出现。有的是洋行买办和职员转化;而另一些可能是士绅或旧式牙行商转化;再有的或是从小商贩和传统手工业制作经营者转化。他们在与外国洋行或公司长期的频繁商业交往过程中,开始是慢慢适应资本主义的经营方式,后来则是熟练地掌握资本主义经营理念,逐渐脱离了旧式商业的运行轨道,已不同于旧式商人。他们的活动基本上是以资本主义生产为基础,如九江老字号"华盛昌"业主熊季康,就从一个小小的染料行经营起家,后与德国在汉口的大德染料部公司合作,成为九江的代理商。其后业务不断发展,扩大至兼营京广百货、五金等综合性商业企业。使其在九江商界威望提高,最后还被推举为九江总商会会长。①

　　总之,九江作为土洋百货的集散地,受到商品流量扩大和集中的催化作用,商品流通内容、市场营销体系以及商业结构等均发生了根本的改变。优厚的利润,不断扩大的市场需求使经营洋货的商业店号不可遏制地增加,它们在外国洋行传导下不断地改变其原有的商业模式,逐渐地适应外国资本主义的市场需要,不知不觉地使口岸商业逐步进化,适应于新兴商品市场的发展要求,从而发育成了近代化的流通渠道和营销体系。

二、新型商品流通机制逐步形成

　　九江开埠通商以后,西方列强要建立一套依附于他们的经销体系来进行进出口贸易,以获得高额的市场利润。英、美、俄等国洋行及公司充分利用协议关税、近代化的运输工具、买办制度、金融控制等手段逐步建立起一套适应近代资本主义的商业体系,由通商口岸向内腹地区腹地层层渗透,由此组成的进出口贸易网络,将整个鄱阳湖流域卷进了世界资本主义市场体系。

　　其一,商品结构的变化。常关时期,受传统落后的农业和手工业生产的限制,市场商品流通局限在狭小的范围内,除了粮食、布匹和食盐外,很少进入远距离贩运。鄱阳湖流域市场多是以粮食、茶叶、瓷器、纸张、布(土布)、盐等农产品和手工业品为主要商品,流通数量和范围有限,所以市场上商品结构简单。产品消费限于产地附近,仅有极少量能够进入城市高层次消费。海关时期,大批洋货和机制品通过九江倾销城乡集镇各个市场。从九江海关统计资料来看,早期从九江进口的洋货商品以鸦片、各类布匹、棉纺织品为主,价值在100万~200万两之间,且以鸦片为重,交易价值常在100余万两,占进口总值30%~40%;至1890年代以后逐渐扩

---

① 方日威:《昔日九江商界的佼佼者"华盛昌"》,见《九江老字号》,第24—26页。

大为纺织原料、纺织品、机制工业品、化工品、煤油、火柴、金属制品、机械、交通器具等产品,达数百种,价值也在不断升高,年均达 1000 万~2000 万两不等;据毛泽东寻乌调查统计,"这个小市场竟什么洋货也有卖,略举之有一百三十一种"。1894年前土货出口常处于出超地位,1894 年以后,洋广杂货的进口增加,尤其是机制工业品大量进口,九江进出口贸易入超现象就不断增加。这是商品流通结构变化的结果。外国商品的大量输入,使得鄱阳湖流域土货洋货并存,生产资料和消费资料并重,商品种类和结构不断增多,商品流通数量和价值也越来越增加。

其二,商品价格的变化。鄱阳湖流域传统商品市场主要是建立在生产者之间调剂余缺的商品交换,买卖双方基本上都熟悉商品的生产工序与价格,虽然也有贩运商人和富商巨贾"囤积居奇""贱买贵卖"等奸诈行为,但一般情况下,商品价格尚属平稳,商人追求什二之利。九江开埠通商后,鄱阳湖流域直面世界市场,其进出口商品价格不可避免地要受国际市场的左右,相当多的农副产品和手工业产品直接进入国际市场成为世界性商品。以传统出口商品——茶叶为例:在开埠初期是国际市场上的紧俏商品,价格较高。但是,随着外国洋行在通商口岸的驾控能力不断增强,再加上有锡兰、日本茶叶的激烈竞争,茶叶价格的操控权逐渐被外国洋行所掌握。据 1913 年的海关报告记载:"对红茶来说,本年度真可谓风调雨顺,气候理想,茶叶长势很好,质量和味道都很好。与去年相比,价格要低 20%。"其原因居然是"由于 1912 年商人们的损失很大,所以今年他们联合起来,把茶叶压价,压低 20%~30%。外国商人知道后决定无论如何今年茶叶的购进价格要比去年(1912 年)低 20%"[①]。而以机制洋货而论,如煤油,由于其低廉的价格,又比老旧的植物照明要光亮许多,从而迅速取代植物照明,这也是价格优势使然;同样还有些机制工业品,由于奇货可居,再加上内腹地区不了解行情,外国洋行以高价销售,获取高额利润,形成近代机制工业品与传统农副产品和手工业产品严重的剪刀差。由此可见,近代市场的商品行情和价格是受到国际市场的影响和各类商人的盘剥和控制的。

其三,商品运输方式的转变。鄱阳湖流域内河水系发达,传统的商品运输主要依赖庞大的内河航运体系来完成。在明清时期,由于海禁和广州独口通商政策,使

---

① 江西省社科院历史研究所、江西省图书馆选编:《江西近代贸易史资料》,江西人民出版社 1988年版,第 291 页。

得鄱阳湖流域过境贸易十分繁荣,其水运系统在全国的商路运输中一直发挥重要作用,成为南北纵向的京广大水道与东西横向的长江黄金水道交通枢纽。承担着全国商品南来北往的中转功能。"鄱阳湖及其附属水道仍是江西的主要商业运输路线……另外尚有无数的小河、小溪及人工运河附属于这些主要水道,共同组成了江西的水运网络,使得船只几乎可以轻易地到达江西的每个地方。"[①]明清之际,各区域市场横向联系、商品往来日趋密切,水路运输更是取得越来越重要的意义。但是,不管是帆船水运还是中途转驳陆路主要依靠人力肩挑背扛和畜力的驮拉等落后的运输方式,速度慢、成本高、商品流转时间长。1869 年九江税务司德鲁(Mr Drew)在贸易报告中谈及鄱阳湖的水运缺陷时写道:

> 货物的进出流通只能通过水运。要是在其它的地方,这会是一个极为有利的天然优势,但在这儿却成了一种不幸。鄱阳湖波涛汹涌十分危险,穿越湖面必须使用原始而缓慢的帆船,完全不适于此种险境;所以,当风向不利时,它们便无法航行,并且不需要强风就足以将它们赶进港口避难……这造成的后果是,两地间货物的运输本应只要一天的时间的路程,却犹如从纽约到旧金山那么遥远。用船运输像茶叶这样珍贵的货物,有时会在大姑塘停留十多天甚至更久,等到风向变好了,再行驶 27 英里抵达九江……如果它们到达湖口而风向变得不利时,它们得掉头驶回大姑塘再次等待有利的风势。在六月一个愉快的日子里,我去了南康府,然而令人不快的是湖面的阵阵风吹,要想雇一只船尝试着渡过鄱阳湖,不论是大船还是小船,这都是不可能的。这里的一位熟人跟我讲述了他在十二月初从南昌出发回老家安庆过年的经历:这段路程他用了 30 多天的时间,而这样的距离在欧洲只需一个晚上就能到达。更不用说比这更远的距离了。[②]

九江开埠后,传统内河航运的帆船开始逐渐被蒸汽轮船所取代。九江海关

---

①　(英)斯坦利·莱特著,杨勇译:《江西地方贸易与税收(1850—1920)》,江西教育出版社 2004 年版,第 1—2 页。

②　Kiukiang Decennial Report,1882－1891.中国第二历史档案馆、中国海关总署办公厅:《中国旧海关史料(1859—1948)》第 152 册,京华出版社 2001 年版,第 206 页。

职员斯坦利·莱特曾经写道："汽船引进之初,本土船只的使用已减少不少。二十多年前,主宰鄱阳湖贸易的全是帆船,但现今汽船、货船和铁路的竞争已经使帆船逐渐消失,而其他交通工具的使用则迅速增加。现在即使在偏远的赣州也能听到汽笛声。"[1]同样地,传统的依靠大批脚夫肩挑背扛和畜力拖拉或独轮车推送的陆路运输也发生了深刻的变化。南浔铁路、浙赣铁路的建成通车,九莲公路以及其他公路网的建设使商品流通方式发生历史性的变革,既缩短了货物运输时间,也加快了商品流通,推动了商品经济的发展。同时也在重构鄱阳湖流域的市场结构,轮船、铁路、公路带动内地沿线新兴商品市场的崛起,传统的市镇在逐渐衰落,逐渐完成新旧商品市场的更代。

其四,商业资本的变化。在传统社会,票号、钱庄、银号和典当业是鄱阳湖流域各级市场商业资本的主体,它们的金融活动渗透在粮食、木材、茶叶、食盐等各行各业之中。明清时期,江西过境贸易繁荣,造就了实力与财力十分雄厚的江右商帮,商业活动遍及全国各地,由此江西票号、钱庄、银号资本较雄厚而且也异常活跃。九江开埠通商后,外国洋行、公司以及资本的楔入,主导了进出口贸易市场。传统的商业结构发生了剧变,随之而来的是传统的商业资本结构也在发生着深刻的变化。一方面与进出口商品有关的行业如华洋百货、五金、油漆、西药等行业迅速崛起,同时服务于土货出口的如茶行栈、粮食行栈、转运报关行等纷纷出现,它们成为商品流通中交易的最活跃者,主导着进出口贸易市场;另一方面票号、钱庄、银号由于商业环境的变化,有些因已经不适应新兴的进出口贸易而逐渐衰弱下去,也有些凭借与传统的商业领域的联系而开始转为进出口商业贸易,也有些逐渐向新兴的近代银行业转型。

另外,受西方资本主义商业经营方式的影响,特别是进出口贸易中商品种类和商品数量不断增多,贸易量和贸易手段更加多样,使得传统的商业经营方式也开始发生重大的变化。即商贸行业日渐增多且分工更加细密;在交易过程和环节上开始注重契约精神,洋行与居间商人、行商坐贾以及行栈之间在交易中均注重以合同的签订来保持经营的安全性和稳定性。形成传统和新式经营方式互相融合互相补充的模式。

---

① (英)斯坦利·莱特著,杨勇译:《江西地方贸易与税收(1850—1920)》,江西教育出版社 2004 年版,第 6 页。

口岸经济是以进出口贸易为基础,其运动回旋的空间相对较大,市场机会也相对较多,而且其受外国资本主义产业的影响亦较深,发育成形也较为充分。因而在城市的近代化演进过程中,经济的转型表现得尤为明显。

三、金融服务网的形成

常关时期,在九江商业发展的基础上,经营汇兑业务的票号已经产生并且得到一定程度的发展,而九江口岸进行的商品流通的资金支持大多依靠票号汇兑进行周转。九江开埠通商后,进出口贸易带动与之相适应的商品市场的扩大,商业也进一步繁荣,促进了金融市场中介服务性机构的发展。九江开埠后的金融业大体分为三类:一类是典当行,一类是钱庄,一类是新式银行,尤以后两者为重。

(一)典当保险业昙花一现

典当行在九江的金融体系中所占比重不大,机构也不多,仅有 1894 年开设的同兴典,1903 年在大码头开设的孟庆典,以及后来开设的泰昌典和恒裕典,后因业务清淡而歇业。1913 年恒裕典改组为惠元典,后因营业不振又告停业。1926 年由富商集资 20 万元开设厚生公典,规模较大,后因遭火灾停业。[①] 1871 年随着华商保险公司在九江英茂洋行设立保险业务代办处,当时世界上新兴的金融业——保险业,也进入九江市场。1875 年保险招商局在九江设立业务代办处。以后外商保险公司相继在九江设立代办处。1894 年,有协和、太古等 5 家洋行为 11 家外商保险公司代理业务,其中大部分是英商。[②] 20 世纪 20 年代进入九江市场的太平、中国、宁绍人寿、新大陆等保险公司率先在九江设立分公司,主要承保水火险和人寿险。当时仅在太平保险公司投保火险的九江商户就达 280 余户,最盛时中外保险公司有 20 多家,一时云集大中路,蔚为壮观。但仅是昙花一现,真正在九江金融市场发挥主体作用的还是钱庄和新式银行。

(二)钱庄业的曲折发展

九江的钱庄是由银钱兑换的商店逐步发展形成的。清光绪年间,九江有钱

---

① 刘庐生、杨华履主编:《九江市金融志》,江西人民出版社 1995 年版,第 26 页。
② 刘庐生、杨华履主编:《九江市金融志》,江西人民出版社 1995 年版,第 39 页。

庄10余家，"以门市兑换为主要业务，兼营汇兑者极少"①。后由于钱庄和从事对外贸易的外资洋行以及商号相联系，发展很快。九江的钱庄在全盛时期有三四十家之多且分为四个等级：其中亨、元两等级的钱庄由资本雄厚的徽州帮组成，主要经营存款与放贷业务，也经营划汇业务；利、贞两个等级的钱庄以江西本帮为主，资金较少，专营兑换。20世纪20年代，徽州帮的亨、元字号的钱庄因牵涉到对日台湾银行放款失误，从而导致其整体实力大大削减，趋于衰落。②

清光绪三十年(1904)，九江道瑞徵上任以后严加督促才开始组建九江钱业公所，订立钱业公所章程30条。1931年国民政府颁布工商同业公会法以后，钱业公所改建九江银钱业公会，仍沿用原有的章程。当时入会的有裕民银行、新安银行和钱庄25家，"钱庄组织渐备，营业范围亦渐扩大，有专营放款及汇款者，亦有专营押款及兑换者"③。钱庄与新式商业紧密联系，大量贷款给茶、棉、瓷、烟等行业，表明钱庄资本在性质上基本完成了从旧式货币经营资本向资本主义借贷资本的历史蜕变，成为近代金融业的组成部分之一。

1931年九江有钱庄25家，后因天灾及国民政府发动内战，加之银行兴起之后与钱庄之间竞争激烈，以致有的钱庄先后倒闭，至1933年仅存钱庄14家。如下表：

表4.2.3　1933年九江营业钱庄一览表

钱庄名称	帮派	等级	资本(元)	股东	经理	开设年数	从业人数	附营业务
和成	南昌	甲等	10000	解继禹　胡金梁	胡金梁	10	10	
恒元永	南昌	甲等	10000	方禹山　张清宗 李翰清　张凤岐	张凤岐	19	10	
豫成	南昌	甲等	10000	张国祥　郑郁轩	张国祥	5	13	
三和	南昌	甲等	5000	徐邦兴　辜鸿祥	辜鸿祥	14	6	奖券
友成	南昌	乙等	10000	余颐生　周永庆	姚授廷	14	9	
源兴	南昌	乙等	3000	朱承楠　蔡铭芳	蔡铭芳	8	12	

① 《九江经济调查》，(四)贸易，《经济旬刊》第2卷，1934年第17、18期，第39页。
② 《九江金融机关》，《中央银行月报》，1933年第10期，第1645页。
③ 《九江经济调查》，(四)贸易，《经济旬刊》第2卷，1934年第17、18期，第40页。

续表:

钱庄名称	帮派	等级	资本（元）	股东	经理	开设年数	从业人数	附营业务
庆余	南昌	丙等	3000	辜竹平	辜竹平	10	10	杂粮
钧和	九江	甲等	5000	金述先　杨紫卿	杨紫卿	10	6	储蓄奖券
永昌	九江	乙等	5000	查纯斋　陈国祥	陈国祥	11	8	粗纸
恒余	九江	丙等	10000	陈小琴	陈小琴	4	10	香烟
怡成	广东	甲等	8000	郭步青	郭步青	43	6	
仁丰	广东	乙等	5000	郑追思堂	郑瑞初	21	8	奖券
协成	广东	乙等	3000	柳耀堂	柳靖安	43	4	杂粮
益丰	安徽	甲等	10000	余中和　江辅庭	舒绣庭	6	15	

（资料来源:《九江经济调查》(四)贸易,《经济旬刊》1934 年第 17、18 期合刊。)

　　至 20 世纪 20 年代,为了适应近代经济发展的需要,钱庄也开始改变经营方向和运作模式,有向近代银行转型的倾向。有些钱庄经营兑换之外,也办理存款、放款及商贩、农民的小额贷款,变成了具有近代银行性质的金融机构。当然,更多的钱庄由于不适应新兴的进出口贸易而逐渐衰弱,经营不善者纷纷破产歇业。

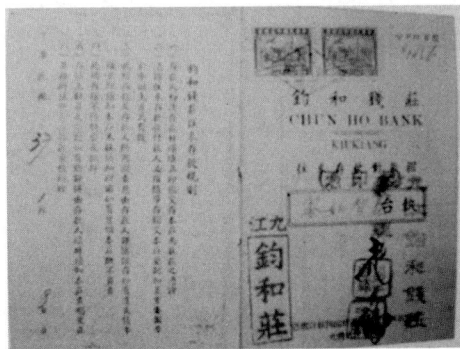

钧和钱庄存折

九江惠然钱庄钱票

（二）新式银行的出现

1864 年,英资利生银行的设立,标志着近代银行在九江出现。① 随后,英国汇丰银行、台湾银行也在九江设立分行。光绪三十一年（1905）,晚清政府的户部开始创办户部银行于北京。同年,户部银行派赵练卿到九江开设户部银行九江分行,这也是江西建立的第一家国家银行。② 其后,民国银行、中央银行、中国银行、交通银行、裕民银行、上海银行、豫鄂皖赣四省农民银行等国内银行都在九江设立了分行。这些新式银行资本雄厚,经营手法先进,占据了九江金融市场。

表 4.2.4　1934 年九江银行营业情况一览表

行　　名	创办时间	经理人	员工数	主　要　业　务	行　　址
交通银行九江办事处	1913.7	屠磊	12 人	放贷、汇兑、储蓄、发行货币	大中路 118 号
中国银行九江分行	1916.1	周逸人	20 人	押汇、抵押贷款、汇兑、商业往来、保险、发行货币	大中路 84 号
中央银行九江分行	1928.3	严慈峰	20 人	发行货币、海关税款、盐税款及汇款押汇、抵押贷款	溢浦路 68 号
裕民银行九江分行	1928.3	吴吟沧	14 人	押汇、抵押贷款、商业往来、地方税款	大中路 71 号
上海银行九江分行	1929.10	程顺元	16 人	存款、抵押贷款、押汇、储蓄、商业往来、汇兑	大中路 185 号
中国农民银行九江办事处	1933.12	卢维周	12 人	存放款、汇兑、押汇、抵押贷款	滨江路 25 号

（资料来源：《九江金融志》,江西人民出版社 1995 年版,第 31 页。并见于《九江经济调查》（四）贸易,《经济旬刊》1934 年第 17、18 期合刊。）

1912 年 8 月,日商在九江开设台湾银行分行。开设的目的是利用九江的钱庄为其服务,专门抵押中国人的房屋等财产并以高利贷进行金融活动。台湾银行在九江的活动较为广泛。其主要活动为商业贷款、抢占市场、倾销日货、协助

---

① 《九江金融业辅助机关调查》,《经济旬刊》1935 年第 6 期。
② 《九江经济调查》,（四）贸易,《经济旬刊》1934 年第 17、18 期,第 36 页。

中国银行发行的票据

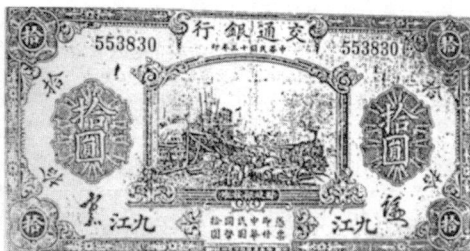
交通银行发行的票据

日本商业间谍调查江西商务情况。其一是商业贷款:日本人趁江西民族资产阶级为开发江西的资源,兴建南浔铁路困难之机,多次提供南浔铁路贷款。第一次是 1912 年 7 月 8 日,向日本东亚兴业株式会社借款日金 500 万元,年息 6 分 5 厘,

台湾银行发行的一元券

期限 25 年,实收 95 折;1914 年 5 月 3 日,第二次借款 250 万日元,年息同上次;1922 年月 16 日,第三次贷款 250 万日元,年息 7 分 5 厘,偿还期限为 15 年,由中央政府出面斡旋促成。这些活动台湾银行均参与其中。其二,抢占市场,倾销日货。台湾银行还支持日本浪人在九江经商,甚至欺行霸市。其三,协助日本商业间谍调查江西商务情况。1918 年 7 月 12 日《申报》有一则《九江台湾银行调查商业》记载:"日本人佐佐木龙胜、大西仪三郎、牧浦爱司三人及上海东亚同文书院学生杉若武中、山恭介、白泽庆治等共六人来赣调查商业,于前日过浔,经九江台湾银行介绍商会接洽"。

19 世纪二三十年代,新式银行业在九江就显示出强劲的优势。1933 年度,据《九江经济调查》记载,九江各大银行的营业情况有如下表:

表4.2.5　1933年度九江各大银行营业情况一览表(单位:元)

营业情况 银行名称	存款	放款	汇出汇款	汇入汇款
交通银行九江支行	289,288.55元	151,132.46	1,200,000	1,400,000
裕民银行九江分行	120,000	170,000	240,000	70,000
中国银行九江支行	10,918,000	9,060,000	4,463,345.34	547,152.88
上海银行九江分行	1,200,000	1,600,000	2,400,000	4,800,000

(资料来源:《九江经济调查》(四)贸易,《经济旬刊》1934年第17、18期合刊。)

　　从上表我们可以看出,1933年,九江各大银行中以中国银行的营业额最高,存贷款达1000万左右,而汇出、汇入款项也有400万~500万元;裕民银行营业额最低,存贷款仅在十几万元。九江各大银行均集中在大中路,也因此成为"九江金融业之中心区",存放款以工商住户为基本业务单位,这正是20世纪30年代银行业能够取代传统钱庄的重要原因。这也说明九江银行业的发展是九江近代工、商、贸各业发展的产物,同时这些银行及保险业又在一定程度上支持了九江经济的发展。

　　对外贸易与新型商品流通机制的逐步形成以及金融服务网的建立,构成了九江以通商口岸城市为中心,以洋行、居间商、钱庄银行为中介的新型城乡商品双向流通系统。在该系统中,进口洋货是从口岸城市向农村集市依次下沉的传输过程;出口土货的流通则是沿着同样的路径反向运动。土洋货的双向流动使传统的农副产品脱离产地市场而成为国际化的商品,逐渐摆脱了自然经济的束缚;与此同时,在通商口岸城市流通的机制洋货也通过各种渠道推销到内腹地区乃至穷乡僻壤,从而改变了传统市场的商品结构、消费习俗和消费观念。所有这些,正日益改变了鄱阳湖流域传统的封闭性经济结构,缓慢地、逐步地向近代市场经济迈进。

第三节　市场结构的变化与新市场体系的形成

　　开埠以后,鄱阳湖流域市场结构和市场体系有着很大不同。进出口贸易、工业化进程和农业改进,是打破旧市场体系平衡三大利器。日益扩大的商品流通冲击着封闭性的自给自足的传统市场体系,造就一个全新的生产、流通、消费需求的新的城乡市场体系。在大规模土洋货双向流通的基础之上,一个以九江口岸为核心、以近代商路网络为纽带、以各级市场为结点的新型市场体系逐渐孕育和形成。

一、传统市场结构的变化

明清时期,鄱阳湖流域的市场结构主要由农村墟市、内河枢纽市场和城镇市场三类构成。农村圩市既是基层市场也是产地市场,内河枢纽与城镇市场则具有市场集散的功能。作为进出口贸易集散中心的九江,其商业贸易是与内腹地区的市场联系在一起的。相应地形成了以九江为中心,各级城市为中介的结构有序、层次分明的市场体系,加强了各地区之间的物资交流。

(一)集市:初级农村市场

所谓集市,是地方定期交易的经济流通活动,辐射范围较小,多半隔日一市,或三五日一市,因各地风俗不同而异。在地方文献中称呼不一,或为"圩",或为"集",或为"市";①间或也有以"街""埠""店"称谓者,这在地方文献中亦不少见。因为是商品流通的初级阶段,故又称初级市场。如新建县牛行市,"每三六九日当集,商民辐辏,络绎不绝,沙尘坌涌"②。明清时期,鄱阳湖流域的农村集市较为发达。九江开埠以后,由于对外贸易以及相关商品流转的带动,农村集市有进一步的发展。以南昌县为例:赣江贯穿全境,内河航运发达,货物运输通过鄱阳湖顺流而下达九江,由长江输向全国各地。因此其墟市发展速度也极快,万历年间只有 7 个,同治间则达 34 个,翻了近 5 倍,民国时又增至 38 个。所谓"南昌村居稠密,每七八里或三数里辄有墟市,每市所集,皆数千户,大者近万余户。而市肆多者不过数百。所积之货皆日用之需,其运售于远道者独米谷,其来则以棉花……市多滨河,货成之后远贾争集,帆樯林立,人多醉饱,则景象殊熙熙然也"③。

随着商品性农业的发展,各地还出现了不少专业性集市,即专做某种或几种

---

① "商贾货物辐辏之处,古谓之务,今谓之集,又谓之墟,墟亦市也。"参见胡鸿泽修、钟益驭纂:《龙南县志》卷2,《坊乡》,光绪二年刊本。

② (清)许应鑅、王之藩修纂:《南昌府志》卷6,《地理志·新建县市镇》,同治十二年刻本。

③ 江召棠等修纂:《南昌县志》卷4,《市镇》,1935 年铅印本。

商品的交易。如修水县由于盛产茶叶,受出口需求市场的拉动,发展成为茶叶的集散地和茶叶加工专业市场。据史料记载:在修水县城设有茶庄者有吉昌、广兴隆、忠和昌、振泰隆、恒丰顺、元丰祥、盛发、元丰、宜记、裕记、甡记、晋丰昌、裕泰恒、恒丰隆、正大元、春记、同裕、恒春、公和隆、吴松记等 20 家。[①] 这些茶庄一方面在本庄直接收买茶农送来的毛茶,同时雇用茶贩"上山采买,转售于茶庄"。赣中地区永丰县的滕田乡位于赣江水边,至近代由于盛产苎麻,发展成为苎麻与夏布的专业生产与集散市镇。据记载:"苎麻,出滕田者著名,沙溪、良村皆有之,永、明二乡多织麻,盖有藉此以供朝夕者。"[②]清末民初,滕田专业经营夏布的有正义行、正和行等,它们每年从各乡收购苎麻十数万担,本身既雇工人张机织布,同时又放纱收布,年生产和收购夏布数万匹以上,多销芜湖、无锡、成都、广州及东南亚等地。各乡所产苎麻由滕田集中收购分销,滕田遂成为远近闻名的苎麻集散地。道光《宁都直隶州志》卷十二《土产》载:夏布圩则安福乡之会同集、仁义乡之固厚集、怀德乡之横溪集。每月集期、土人及四方商贾如云,总计城乡所出夏布除家用外大约每年可卖银数十万两。女红之利,不为不普。石城每出夏布,县志曰,石邑夏布岁出数十万匹,外贸吴越燕毫间。九江开埠后的鄱阳湖流域多数集市减少了纯粹的原始市场成分,增加了居间和转手贸易的过程,农村集市很大程度上已成为土特产品的集散地,市场贸易渐趋活跃。

(二)内河枢纽市场

19 世纪中叶之前,由于广州独口通商,鄱阳湖流域过境贸易繁荣,以内河航运贸易为依托,广信府的河口镇、饶州府的景德镇、南昌府的吴城镇、临江府的樟树镇等,商品贸易十分活跃,是当初江西著名的集散市场。这些市场因转运闽浙皖等地的丝茶,周邻地区有大量土产在市场汇聚集散。除此之外,位于五大河及其支流的沿岸城镇,如赣江沿岸的丰城、清江、庐陵,抚河沿岸的临川、广昌、南丰,饶河沿岸的鄱阳、乐平、德兴等,共约 40 余个也成为内河枢纽市场。这些县级市场在明清时期就是各水系流域地区性的商品集散地;受鄱阳湖流域过境贸易的牵引,它们的规模普遍得到了扩大,辐射力亦得到增强。如赣江上游的庐陵

---

① 国民政府实业部上海商品检验局编印:《江西之茶》,1932 年版,第 16—17 页。

② (清)双贵、王建中修,刘绎等纂:《永丰县志》卷9,《物产》,同治十三年刻本。

县城(今吉安),在明清时期即"有小市和旧市两个市场"①;赣北地区的另一重要市场南昌府的吴城镇,明、清两代一直是赣北与湖北、山西、陕西以及江南传统贸易的中心。有南方的竹材、木材以及江西的瓷器、湖北的桐油、浙江的砂糖等,运出的货物有棉花、烟叶以及各种手工业品。

鸦片战争前,鄱阳湖内河城镇贸易与省际贸易作为传统经济的重要组成部分,在当时的商品流通中发挥着重要的作用,成为地区商品生产和商品贸易的中心。但是,在当时传统经济的条件下,鄱阳湖流域内河枢纽市场除了少部分商品外,更多的商品仅在相对独立的贸易系统内流通,辐射区域内各集散市场的程度有限,更别提与其他省份区域市场联系密切的全省性中心市场,自然更没有能打入与国外市场直接联系的进出口市场。

九江开埠以后,以九江口岸城市和内地中心城市为核心的新市场结构开始形成,鄱阳湖流域旧的市场结构开始逐渐解体。促成市场结构变化的因素极为复杂,归纳起来大致有以下几个方面:

第一,九江开埠通商逐渐发展成为具有相当规模的进出口贸易中心。据进出口贸易统计数据,1900—1909 年,九江口岸城市进出口总额 241,321,360 海关两,平均每年为 2410 余万海关两;1910—1919 年增至加 389,562,696 海关两,平均每年为 3895 万海关两;1920—1929 年又增至 573,897,192 海关两,平均每年达 5738 万海关两。② 如此庞大的进出口贸易货值,实际上反映了市场规模和类型的扩大。九江进出口贸易市场不仅与内地各层次市场存在着密切的贸易联系,而且与埠际贸易乃至发达的国际市场存在着密切的联系。进出口贸易为近代市场体系的转型提供了原初动力,导致鄱阳湖流域市场结构发生变化。

第二,农副业生产和手工业生产部门出现了商品化的倾向。在进出口贸易的直接刺激下,农产品商品化生产发生了历史性的变化。一方面,粮食、茶叶、苎麻的商品化程度也有较大的提高。棉花、花生、烟草、芝麻等成为重要的商品性农产品。另一方面,经济作物的种植向着一些地区集中,出现了专业化种植的趋向,为各类市场的发展铺垫了基础。如棉花产地市场集中于九江府属五县等地,烟叶产地市场集中于赣州府瑞金县等地、广信府广丰县等地,苎麻产地市场集中

---

① (清)濮应台、陆在新修纂:《庐陵县志》卷6,《建置·市镇》,乾隆间增刻本。

② 据实业部国际贸易局编:《最近三十四年来中国通商口岸对外贸易统计(中部)》第二表"三十四年来中国通商口岸进出口货值总数统计"整理,商务印书馆 1935 年版,第 123 页。

于宜春、万载、宜黄等地，纸张产地市场集中于铅山、石城、宜丰等地。市场专业化推动了产地商品向着非产地的流通，促进了不同经济区之间的商品流通，初级市场通过中间市场与沿海埠际市场及国外市场间的商品流通，成为建构近代市场体系并制约其内在结构的力量。

第三，近代交通的出现重新塑造了传统市场格局。九江口岸开放后，新式交通方式的引入，促使九江与鄱阳湖流域之间形成了一些新开辟的商路以适应新的商品流通的需要。随着铁路、公路的兴建和水运河道的疏浚通航，在全省范围内形成了以五河（赣、修、饶、信、抚河）、二路（南浔铁路、浙赣铁路以及开辟的公路）为主体架构的新商业运输网。这种交通格局一方面将以前相互隔绝的地区连接起来，使基层产地市场的商品向区域枢纽市场流通，南昌、德安、建昌等市场的商品集散规模，即因受益于南浔铁路运输而有相当程度的扩大；另一方面，新式交通使得沿路一些市镇发展成为新的集散场，如南浔铁路开通后，涂家埠、沙河镇等因车站的设立而崛起为新的繁荣市集，商行分店、货栈仓库、邮局客寓纷纷进驻。随着长江与鄱阳湖内河航运业的发展，围绕着口岸与中心市场的商品流通，在商品转运处形成了新型市场——中转市场。

受以上几方面因素的作用和影响，传统市场结构与形态上发生了一些近代性的变化：一是明清时期的景德镇、吴城镇、河口镇、樟树镇等传统市场的衰落；二是传统市场的内部机制和结构内涵也都在不断变动与更新，形成日趋开放的市场体系；三是受益于新式的交通，一些新型市场开始产生并逐渐发展，正在日益取代传统封闭的市场。在九江口岸市场形成之后，鄱阳湖流域市场贸易体系逐步在新旧并存的格局下建构形成。

二、产地市场的变化

相比于传统时期，近代产地市场无论规模还是专业化程度都有较大发展，表现在：一是市集分布密度提高且数量显著增加，从地域分布上看，以九江为中心的赣北地区的市集分布密度超过了吉泰盆地以南地区；二是集市规模不断扩大且商品的贸易额显著提高，在一些专业化程度较高的产地市场表现得尤其明显；三是集市贸易仍保持着相当的活力，集市商业与摊贩贸易相结合，即使在城镇市场也仍占有一席之地。与以往相比，近代产地市场不仅数量规模有所扩大，而且在传统形式下，融入了若干新因素和新机制。

　　首先,市场交易主体不断增多。参与近代产地市场交易者既有本地产品生产者和本地伢行庄客,还有服务于更高层次市场的从事长途贩运的商贩、掮客和行栈。他们为产地市场与口岸市场间土洋货的双向流通提供了条件。开埠通商后,这类身份特殊的交易者广泛出现于各类产地市场,不论沿海地区还是内地,都能看到他们活跃的身影。以产地市场为开端,在农产品、手工业品、畜产品贸易中,形成了一条特殊而不间断的交易链,行栈、买办乃至洋行的购销活动正沿着这条交易链渗透到产地市场。以近代一项重要的农产品茶叶的出口贸易为例,早在开埠之初就有洋行深入到吴城镇购买茶叶。据夏燮《中西纪事》记载:

　　　　(同治)十一年(1873)五月,据九江关监督详称本年四月十八日,据英商怡和呈验上海关监督发给凭照一张,准该商前往内地江西义宁州置货。……查该商置货必以茶叶为大宗,即经札饬,义宁州就近查明置货若干,先行申报,并移南昌府转饬遵办在案。兹闻英商怡和闻知义宁近有贼迹,即在吴城租栈收买茶叶。又有英国之宝顺以及美国之琼记、旗昌等号既无海关凭照,亦未知会到关,均有陆续前赴该镇办茶之事,并有洋商自在九江向内地商人买茶者,又有商人采办徽茶由饶州来至九江者。伏查各国商人既在九江设立码头通商,其前往内地采买货物自不能禁之不去,而稽查之法亦应查照通商条约,随时察看情形,听凭中国法等办。①

　　不难看出,口岸市场洋商和买办的购销经营通过一些居间商的参与已深入到乡村集市的产地市场,从而使产地市场的土货出口与口岸市场联系在一起。

　　其次,集市交易的商品种类增加。随着近代中国城市化进程的加速,农副产品和手工业产品的消费需求增加,如粮食、茶叶、豆货、纸张、烟草等商品也正是乡村产地市场交易最畅销的商品种类。这表明由于对外贸易的发展,广大乡村的农副产品依次进入专业市场、集散市场和九江通商口岸出口市场。同样的情况是,九江通商口岸市场进口的以机制洋货以及近代城市生产的工业替代品,也以相同的路径反向地源源不断地进入产地市场,在集市交易中占的比重迈步提高。1900 年

---

　　①　夏燮:《中西纪事》,沈云龙主编:《近代中国史料丛刊》第十一辑,台湾文海出版社 1973 年版,第 161—162 页。

后,尽管传统的农产品交易仍在产地市场居主导地位,但是随着城市机器工业的发展,交通条件的改善,机制工业品已普遍进入集市,在集市交易中占有一席之地。

从集市交易的商品种类和来源范围看,乡村市镇人口生产生活所需的物品,虽然大部分还是通过50里范围以内的商品交易活动来满足,但是已有一定数量的国内工业品和进口舶来品通过远程运输和集散市场进入到产地市场,并越来越广泛地进入到乡镇日常生产生活当中。交换的需要,反过来又促使大量农副产品进入集市交易。1910年代后,产地市场大量的粮食、茶叶、烟叶贸易,便是在这样的背景下发展。随着交换范围和规模的扩大,产地市场开始逐步走出传统的地域限制,摆脱了传统的自给自足的自然经济体系束缚,逐渐向着近代市场变迁。

三、专业市场的出现

所谓专业市场,是指专门从事某种土特产品集中交易的市场。它是周邻地区土特商品的汇集之地,市场有众多专门从事某类土特产品收买运销的商家,使得土特产品专项贸易在市场上占首要的地位。在九江通商口岸土货出口贸易带动下,一些土特产品专业化生产比较成熟、交易量比较大的产地中心逐渐形成了专门进行某种土货交易的专业市场。近代鄱阳湖流域,具备较大规模和影响力的专业市场有南昌、吉安等地的粮食市场,景德镇的瓷器市场,宜黄棠阴镇的夏布市场,白水与驿前等镇的烟叶市场,河口镇的纸张市场,吴城镇的茶叶市场等,不同类型的专业市场源自不同的商品流通需要,市场的兴衰以不同时期土产流通的消长为转移。由于前面章节均有介绍,在此就不做赘述。我们以棠阴镇为中心对夏布市场做重点介绍。

夏布是近代九江通商口岸出口的重要商品,远销全国各口岸,出口朝鲜、日本及东南亚一带,年交易额近百万两。鄱阳湖流域几乎遍产夏布,形成了若干夏布生产中心,即赣西的宜春、万载、赣东的宜黄、赣东北的玉山、赣南的宁都均以夏布生产闻名。但以宜黄、万载、宜春三县的夏布最为精美。宜黄的夏布生产以棠阴镇夏布生产为最盛。"县中无地不种苎,妇人无人不绩苎。……故吾乡夏布多而精,每岁二三月间必有山西贾人至县贩买夏布,一年贸易亦可得银四十余万两也。"[①]

---

① 谢阶树:《宜黄竹枝歌》,摘自《中华地方竹枝词》一书。

棠阴镇由于早年在苎麻绩线工序中开发了漂白技术,使得夏布雪白漂亮,吸引了周边农村集市的夏布均运到棠阴来漂白,甚至有些在当地漂好的夏布也运到棠阴市场作为棠阴夏布出售,因此棠阴镇成为赣东地区夏布贸易以及长距离贩运贸易的中转站。发展到清代,棠阴镇在夏布业的带动下纵向发展成为一个夏布手工业专业大市镇,繁荣程度超过了宜黄县城,当地有"小小宜黄县,大大棠阴镇"之说。据《宜黄县工商行政志》记载:清末民初棠阴镇有怡泰行、福泰行、保齐行、大兴行等十几家专业经营夏布的商行,专门从事夏布纺绩和售卖。它们从陆路把夏布从建昌(南城)经新城(黎川)行销到福建省其他地区;水路由宜水和黄水—抚河—赣江—鄱阳湖到九江出口,再到长江流域的通商口岸转口输出,夏布得以行销国内外市场,带动了宜黄及周边的社会经济的发展。

民国以后,在各主要农产品和手工业品流通领域,基本都有专业市场的存在。随着农业、手工业专业化和商品化的发展,一部分产地市场与地处交通要道的市镇发展成为小型专业市场,如棉产区、茶产区、夏布产区、苎麻产区等,也不可能由分散的产地市场直接输往集散市场,只能是先集中于城厢专业市场,然后再向外地输送。从这种关系上看,没有市场的专业化,生产的专业化和商品化也是难以实现的。

四、集散市场的形成

所谓的集散市场,是指在一定区域内有相当聚合力的商业贸易中心。它既是所在地区农副产品的集散地,同时也是商品消费的主要货源地,一定程度上决定着区域商品的流通范围和流通方向。九江开埠后,随着商品流通重心的北移,在原有商业城镇的基础上,形成了南昌、吉安、赣州等土洋货集散市场,在区域商品流通上发挥着重要作用。

1. 赣北南昌集散市场

南昌忝居省会,水路通过赣江与鄱阳湖区与鄱阳湖流域有着交通往来;陆路通过南浔铁路与九江口岸沟通,通过浙赣铁路与赣东北联络,鄱阳湖流域近代公路的修筑也是以南昌为中心向四周扩散。得益于便捷的交通,鄱阳湖流域的土货先由各地聚集到南昌再通过南浔铁路或赣江—鄱阳湖水路运至九江出口,从九江进口的洋货也从由南浔铁路运至南昌集中尔后分销全省其他地区,如粮食:"(江西)省米谷运输,以赣江抚河及南浔铁路为主干,米谷集中之趋势,大致以南昌为总汇……尚有出口,铁路则经九江……尤以九江为重要门户。"[1]据1932—1933年度的调查统计:南昌市区拥有米店670多家,碾米厂97家,全年粮食行销总量在350至400万石左右;[2]瓷器:"本市(南昌)虽非直接出产所在地,但忝居江西省会之区,交通便利,商贾辐辏……是以本市瓷器营业,每年亦颇巨大,综计大小瓷店,约有七十余家"[3];另外从九江进口的洋货如机制棉纱、五金电器、机器制品、洋广杂货等商品也多在南昌中转、分运各地。[4] 由此奠定了南昌在整个鄱阳湖流域经济发展中的地位。

2. 赣中吉安集散市场

赣江中游的庐陵县城(今吉安市)位于赣江沿岸,是"水陆交通,为通省腹心最要之区"[5]。在明清时期即"有小市和旧市两个市场"[6],商品交易已是十分活跃。近代以降,受九江通商口岸进出口贸易的带动,赣中地区尤其是吉泰盆地社会经济也受此牵引而得到发展。而吉安则成为吉泰盆地10余县进出货物的枢纽。从土货出口而言,吉泰盆地的粮食、油料、纸张、木材等农副产品的外销先汇聚于庐陵县城,通过赣江—鄱阳湖水运往九江出口,到全国其他通商口岸或直接销往海外;从九江进口的洋货如机制布匹、棉纱洋油、五金电器等则通过水运反向运回庐陵县城再批发售给圩镇小商贩。如邻近的吉水县"清末民国时期,本县各圩镇商店经营的商品,主要是从吉安、赣州、樟树、南昌等城市进货……南北杂货、糕点、烟酒、文具多向吉安各商号进货"[7]。史料记载庐陵"濒临赣江,帆樯云集,益以内河轮驶,公路车驰交通便利,商业日形发展……虽不逮南昌、九江两埠,但较诸赣州、樟树,当有过而无不及。"[8]

① 农艺部农业经济组编制:《江西米谷运销调查报告》,1937年,第4页。

② 南昌市地方志编纂委员会编:《南昌市志》,方志出版社1997年版,第117页;江西省政府秘书处统计室编:《江西之米谷》,"江西经济丛刊"第十五种,1936年。

③ 《南昌市商业盈亏之回顾》,《经济旬刊》1934年第2、3期合刊。

④ 杨竹森:《南昌市水陆运输码头整理始末》,《江西文史资料选辑》总31辑,1989年,第157—158页。

⑤ (清)陈汝桢等修、匡汝谐纂:《庐陵县志·序》,同治十二年刻本。

⑥ (清)濮应台、陆在新修纂:《庐陵县志》卷6,建置·市镇,乾隆间增刻本。

⑦ 吉水县地方志编纂委员会:《吉水县志》,新华出版社1989年版,第261页。

⑧ 王补、曾灿材等修纂:《庐陵县志》卷23,《民事志·商业》,1920年刻本。

表 4.3.1 吉安聚集各县农副产品情况表

县 别	物 品	产 区	全年产量	全年运销量	运销地点
泰 和	稻 谷	全 县	70 万担		南昌、吉安
	苎 麻	四 县	2000 担	1600 担	吉安、南昌
	木 材	马 市	85 万株	80 万株	吉安、南昌
永 丰	稻 谷	全 县	60 万担		吉安、南昌
	油	沙 溪	500 担	3000 担	吉安、赣州
	毛边纸	石马、中村	4.8 万担	45000 担	吉安、南昌
	夏布	滕 田	3000 匹	2800 担	吉安、南昌
万 安	稻 谷	全 县	40 万担		吉安、南昌
	纸	武术、良口	5 万担	4 万担	吉安、南昌
	棉 花	各 乡	2000 担	1000 担	吉安、南昌
	豆	各 乡	1.8 万担	13000 担	吉安、南昌
	花 生	各 乡	3 万担	2 万担	吉 安
	猪	各 乡	4 万头	1 万头	吉 安
莲 花	稻 谷	各 乡	60 万担		吉 安
	豆	各 乡	1.5 万石	1 万担	吉 安
	苎 麻	各 乡	5000 担	2000 担	吉 安
	花 生	各 乡	1.5 万担	1 万担	吉 安
	烟 叶	各 乡	5000 担	3000 担	吉 安
	石 灰	各 乡	5 万担	2 万担	吉 安
	瓷 土	梅 州	100 担	100 担	永 新
吉 水	稻 谷	全 县	130 万担		吉安、樟树
	苎 麻	八 都	5000 担	3000 担	吉 安
	棉 花	全 县	3000 担	2700 担	吉 安
	土 布	全 县	15 万匹	7 万匹	吉安、泰和

(资料来源:据《江西省各县重要物产调查》。)

3. 赣南赣县的集散市场

赣州在独口通商时曾经是赣关关署所在地,扼控赣江与大庾岭经广州的商路要冲,商业贸易十分繁荣。当时上、下水的商货纳入了征税范围有丝、茶、瓷、纸以及蛮海之货共计一百多种。同治《赣县志》云:"赣无他产,颇饶稻谷,自豫章吴会,咸仰给焉。两关转谷之舟,络绎不绝……如昌、临、吉诸郡告急时,时输两关粟济之下流,固甚便。"①近代开埠以后,赣州南下越大庾岭通广州,北上经赣江至鄱阳湖通九江。在新的商贸体系下,赣州的城市商业有了新的提升。据1936 年《江西年鉴》统计,赣县城区有 43 个商业行业,商店 1658 家,店员 8193人,在整个鄱阳湖流域仅次于省会南昌的 2090 家,排位第二。②　其中大的商户有利民百货商场、南新绸布百货、裕源福百货、亚洲西药房等数十家。③

　　上述集散市场主要是所在地区商品集散的中心。进出口贸易的销纳范围可延伸到周边十几个县域。如清末民初的庐陵县,依据赣江航运和后来兴起的公路运输,把吉泰盆地周边十数县的土产转运口岸出口,一方面又从口岸输入洋货分销上述地区;同样,赣县也由于承纳了赣南周边十数县的粮食、烟叶、砂糖、纸张、夏布等土特产品的转销和大量洋货输入分销,对接着大量货物的流转。各个集散市场的农副产品聚集对九江通商口岸土货出口取到十分重要的支撑作用,尤其是一些特色的集散商品直接影响着九江通商口岸进出口水平。

五、以沿江城市为核心的市场结构体系

　　鄱阳湖流域进出口市场系统主要以九江口岸为枢纽,形成与长江中游的汉口和下游的上海等通商口岸相联通的市场结构体系。九江通商口岸作为鄱阳湖流域进出口贸易的中枢,它一方面与鄱阳湖流域市场系统有着密切的联系;另一方面它又与国内其他通商口岸的市场以及国际市场有着大宗的贸易往来。九江通商口岸的进出口贸易把内地市场、埠际市场以及国际市场连接起来了,构成一个统一的市场体系,从而使得整个鄱阳湖流域的市场纳入国内市场乃至世界市场之中。在整个结构体系中,新型市场是市场体系运行的助推器,它不仅带动着不同市场间的商品流通,同时也影响着传统类型的市场,使其或多或少、或迟或快地改变着旧有形貌。从另一角度看,传统类型市场也制约着新型市场的发展,若干旧的成分、旧的形式依然存在。新旧并存的格局,使市场体系带有浓厚的转

---

　　①　(清)黄德溥、崔国榜修, 褚景昕纂:《赣县志》卷九《物产》,同治十一年刻本 。
　　②　江西省政府统计室:《江西年鉴》第二十五篇,商业,江西全省印刷所 1936 年印行,第 1040—1041页。
　　③　邓增年、谢芳桂:《解放前赣州工商业发展概述》,中国人民政治协商会议赣州市委员会文史资料研究委员会编:《赣州文史资料》第 7 辑,1991 年 11 月,第 5 页。

型期特征和色彩。

如果我们把不同等级市场比作贸易中心地,按德国地理学家克里斯泰勒(W. Christaler)的中心地理论:城市的服务功能从大城市逐级向小城市传输,并影响到由大大小小中心地组成的整个区域。由于不同地区的不同禀赋,克氏提出了三种模式:其一是市场作用明显的地区,中心地的分布是以有利于商品销售为原则;其二是在交通作用显著的地区,中心地的分布是以交通的便利为原则;其三是在行政职能突出的地区,中心地分布则是以行政控制的范围为原则。[①]以中心地理论来分析九江开埠以后鄱阳湖流域的市场关系,是有一定的借鉴意义。

从整个鄱阳湖流域的市场结构来看,确实也存在克氏所说的三种模式构成其市场等级体系,彼此之间各有侧重。明清时期鄱阳湖流域过境贸易繁荣,相应地在交通上占有优势的中心地发挥的作用更为明显,如铅山县河口镇、浮梁县景德镇、新建县吴城镇、清江县的樟树镇便是如此;近代九江开埠以后,作为鄱阳湖流域唯一的对外开放口岸,由于地处鄱阳湖流域的最北端,其地理的趋中性差,其进出口贸易的传动功能需要依靠政治中心南昌来完成,因而导致近代鄱阳湖流域贸易中心地的层级以行政职能的高低而定等级,依次形成了省会、府治、县治、农村集市的市场体系,各自承担着一定的商品流转功能。由此,考量鄱阳湖流域各级市场关系,有几点是应该值得注意的:

第一,在整个市场系统中,各级各类市场之间的联系既有直接的也有间接的,彼此之间要依靠其他层次的市场充当媒介传递。中心市场、集散市场、产地市场、专业市场与乡村圩市初级市场的联系或为依次的相互之间的直接联系,但上升到整个市场系统来看,联系仍然只能是间接的。

第二,市场高低的各级层次实际上就是商品流通的不同环节或者是不同阶段,而市场联系的实际内容是土货和洋货的双向流通。就农副产品流通而言,形成了由乡村圩市、产地市场、专业市场、集散市场到中心市场的依次递进的市场层次系列,其产品亦由发散归于集中;而进口商品或者是机制工业替代品的流通则是依据相反的方向运行即由高层次市场到低层次的乡村圩市的传输过程,也

---

① 蔡来兴主编:《上海:创建新的国际经济中心城市》,上海人民出版社1995年版,第139页。

是由集中到分散的过程。

第三，鄱阳湖流域市场体系以区域商品流通中心为核心，各个层次的市场都不同程度地受九江进出口市场的制约。如工业品供应的支配和垄断、土货流通的支配和控制、进出口商品价格上的制导等。一部分能承载进出口商品流通的商业网络和渠道继续得以保留或者重构，其性质和机能逐步变化；另一些不适应进出口商品流通的渠道渐趋萧条、沉寂或走向衰落。传统的封闭式的市场结构开始解体，由新的开放式半开放式的市场结构取而代之。

第四，从九江通商口岸与鄱阳湖流域内腹地区的市场传动来看，其市场基础是集散市场和地区商品集散地，而且尤其是以南昌为传感中心。地区性商品市场（以县城市场为代表）对九江通商口岸市场来说，它更像一个半导体。它一方面促进了部分九江通商口岸市场的商品流通和市场关系的形成；另一方面，又阻隔了九江通商口岸市场向乡村圩市深层渗透，客观上造成了以九江为代表的口岸市场和乡村基层市场两个既有联系又很不相同的市场体系，这在某种程度上又制约了九江对外贸易功能的进一步发挥。

总之，鄱阳湖流域市场体系的发展，一方面是由乡村集市的性质和功能所决定的，通商口岸对与之相关的其他市场来说，具有作为贸易中心地理的、社会的、经济的优势；另一方面，是由近代开放以来商品经济的性质和规律所决定的。由于九江开埠通商以后，鄱阳湖流域传统商路的逆转，导致市场重心的位移，传统的以景德镇、樟树镇、河口镇、吴城镇为代表的内河枢纽市场逐渐衰落，取而代之的是以九江—南昌所组成的双核市场体系的形成。这种格局与全国贸易重心的转变及传统商路的变化是相吻合的。

第五章

货物吐纳：口岸贸易与区域社会经济的变动

九江开埠以后,新兴的口岸贸易开始重新建构鄱阳湖流域的市场体系。随着对外贸易的发展,商品流通量的逐渐增加,鄱阳湖流域城乡经济也在不断地发生变化。这种变化主要表现在:其一是贸易结构变化与商品生产腹地变动;其二是受国内外市场的影响,鄱阳湖流域产业结构开始发生变化;其三是受西方的冲击与激发,资本主义生产方式也正在慢慢开始出现。

第一节　九江贸易结构与发展阶段

开埠初期,九江贸易出超的局面保持了三十多年,茶叶为这一时期江西出口货物的大宗,国际市场对江西茶叶的需求源源不断;此外,进口货物以鸦片和棉毛织品为主。甲午战争以后,九江的贸易结构开始发生变化,进出口贸易转向平衡,进口贸易中不再单一的以洋货为主,国产机制货物不断出现在进口贸易报表中;出口贸易渐渐多样化,苎麻、夏布、纸张、瓷器、烟草、靛青等特色物品在出口贸易中的地位日趋显现。

一、甲午以前九江的贸易结构

(一)贸易出超

1862 年 12 月九江海关正式成立,1864 年九江关才有系统的海关贸易数据。九江开埠以后,内地的土货开始源源不断地向外出口,出口贸易快速增长,之后又呈下降趋势;而进口洋货多年来一直平稳增长,变动不大。尽管如此,1864—1894年,九江一直处于贸易出超地位,出口货值远远高于进口货值。如下表所示:

表 5.1.1　1864—1894 年九江进出口贸易货值表(单位:1873 年以前为两,后为海关两)

年份	进口货值	出口货值	出、入超 (+ 、 -)	年份	进口货值	出口货值	出、入超 (+ 、 -)
1864	2,541,483	4,178,847	+1,637,364	1880	3,916,650	8,824,966	+4,908,316
1865	3,199,177	6,273,931	+3,074,754	1881	3,568,671	8,562,236	+4,993,565
1866	3,712,507	6,166,402	+2,453,895	1882	3,247,193	9,109,815	+5,862,622

续表:

年份	进口货值	出口货值	出、入超 （ + 、 - ）	年份	进口货值	出口货值	出、入超 （ + 、 - ）
1867	3,501,849	4,358,760	+ 856,911	1883	2,897,275	6,693,194	+ 3,795,919
1868	3,463,859	7,683,993	+ 4,220,134	1884	2,852,825	6,351,800	+ 3,498,975
1869	3,157,013	6,546,886	+ 3,389,873	1885	3,597,714	6,524,350	+ 2,926,636
1870	3,296,363	6,130,323	+ 2,833,960	1886	3,876,538	7,584,342	+ 3,707,804
1871	2,930,389	6,870,311	+ 3,939,922	1887	4,504,579	5,864,306	+ 1,359,727
1872	3,187,384	7,984,623	+ 4,797,239	1888	4,685,375	6,364,863	+ 1,679,488
1873	3,382,277	8,246,600	+ 4,864,323	1889	4,575,428	6,852,790	+ 2,277,362
1874	3,775,667	9,524,812	+ 5,749,145	1890	5,007,885	6,825,327	+ 1,817,442
1875	3,433,842	9,359,330	+ 5,925,488	1891	5,578,958	8,264,722	+ 2,685,764
1876	3,416,786	9,533,772	+ 6,116,986	1892	5,622,262	6,216,557	+ 594,295
1877	2,985,143	8,824,911	+ 5,839,768	1893	4,908,380	6,429,035	+ 1,520655
1878	3,163,411	8,924,436	+ 5,761,025	1894	4,911,997	6,705,479	+ 1,793,482
1879	3,476,832	7,777,626	+ 4,300,794	-	-	-	-

（资料来源:1864—1866 年的数字来自" Report on the trade at the port of kiukiang, for the year 1867",《美国哈佛大学图书馆藏未刊中国旧海关史料(1860—1949)》第 173 册,第 26—31 页;1866—1894 年的数字转引自姚贤镐《中国近代对外贸易史资料(1840—1895)》。）

　　九江开埠前期的 20 年间,洋货进口货值基本保持在 200 万~300 万两间运行,呈缓慢增长的态势;直到 1887 年才突破 400 万海关两,到 1894 年接近 500 万两。这一时期,进口贸易没有过多的变化,可见自然经济对外来商品仍然具有顽强的抵抗力。而这一阶段,土货出口贸易增长速度较快,从 1864 年的 4,178,847 两到 1874 年的 9,524,812 海关两,十年间翻了一倍多,且出超达 400 万~500 万两;直到 1883 年土货出口贸易骤然下滑了 30% 左右,保持在 600 余万两区间,进出口贸易出超减少,进出口贸易逐渐趋向平衡。

(二)口岸贸易

1. 直接进出口贸易

　　九江向来只是一个庞大的转口贸易的运输港,进出口贸易主要依靠国内其他港口转运。九江海关十年报告(1882—1891)指出:"我们与出口、消费地区的往来需要改善。相较于其他港口,目前九江劳动力处于劣势地位,这种情况是九江所特有的:从国外直接进口洋货和土货直接出口到国外,均受到了异常程度的限制。"①九江作为远离沿海的内陆口岸,充当的是中介口岸的角色,直接进出口贸易非常少,具体如下表所示:

表 5.1.2　1868—1894 年九江直接进出口货值(单位:海关两)

年份	直接进口	直接出口	年份	直接进口	直接出口	年份	直接进口	直接出口
1868		40,912	1877		22,600	1886	2,348	232,119
1869		59,204	1878		932,706	1887	3,496	
1870			1879		24,724	1888		5,188
1871		73,226	1880		269,445	1889	1,995	10,850
1872			1881		160,466	1890	6,500	13,705
1873			1882		61,627	1891	3,000	
1874		84,956	1883		203,067	1892	6,660	
1875		300,534	1884	211		1893	1,250	
1876		571,397	1885			1894	2,500	

　　(资料来源:姚贤镐《中国近代对外贸易史资料(1840—1895)》,中华书局 1962 年版,第 1611 页。)

　　在开埠前二十年间,九江直接进口贸易为空白,此后的年份,虽然略有进口,但贸易额仅数千海关两,占进口总货值不到 0.1%。九江土货直接出口贸易历年变动很大,从几万到几十万两不等,但所占的比例仍然很小,1878 年直接进口

---

　　①　Kiukiang Decennial Report,1882 – 1891. 中国第二历史档案馆、中国海关总署办公厅:《中国旧海关史料(1859—1948)》第 152 册,京华出版社 2001 年版,第 206 页。

货值最大,占进口货值总数的 10% ,1876 年占 6% ,1875 年占 3% ,数量最少的 1888 年所占比例还不到 0.1% 。可见九江的直接对外出口贸易主要集中在 19 世纪 70 年代中期到 80 年代初,也与这一时期大量出口的茶叶贸易有关。

2. 转口贸易

九江进口贸易主要依赖上海转运,其次是宁波、镇江、汉口,1876 年芜湖开 埠后,九江也有一部分货物由芜湖进口。如下表所示:

表 5.1.3　九江从国内各港口进口货值的比例

年份	汉口	镇江	上海	宁波	年份	汉口	镇江	上海	宁波
1872	0.04%	7%	87.7%	5.2%	1875	0.24%	0.4%	95.5%	3.8%
1873	0.15%	4%	94.2%	1.6%	1876	0.14%	1.5%	95.1%	3.2%
1874	4.5%	3.3%	83.2%	8.9%	1877	1.7%	1.1%	94%	1.2%

(资料来源:根据 1872—1877 年九江海关年度贸易报告中的数据整理,参见吴松弟主编 《美国哈佛大学图书馆藏未刊中国旧海关史料(1860—1949)》,第 174—176 册。)

从上面表格中,我们看出,九江的进口货物主要来自上海,比例高达 90% 以 上。镇江和宁波输往九江的货物逐年减少,呈下降趋势。下表所示的是九江出 口到国内各港口的货值比例:

表 5.1.4　九江出口到国内各港口的货值比例

年份	汉口	镇江	芜湖	上海	年份	汉口	镇江	芜湖	上海
1872	19%	0.7%		80.1%	1876	35.2%	1.4%		57.3%
1873	24.4%	1.1%		74.4%	1877	31.5%	1.8%	0.1%	66.3%
1874	27.6%	0.8%		70.7%	1878	36.1%	2.8%	0.3%	50.3%
1875	33.7%	0.8%		62.2%	–	–	–	–	–

(资料来源:根据 1972—1878 年九江海关年度贸易报告中的数据整理得出,出自吴松弟 主编《美国哈佛大学图书馆藏未刊中国旧海关史料(1860—1949)》第 174—177 册,广西师范 大学出版社 2014 年。)

　　自上表中，我们仍然可以看出，九江的出口货物仍然主要依靠上海转运，但却呈现大幅度下降趋势。九江输往汉口的货物迅速增长，出口贸易不断向汉口集中。

　　这种现象的出现与茶叶贸易有关，在九江市场上销售的茶叶往往会运至上海出口，而当时趋势则是九江的茶市逐渐被本地商人所抛弃，江西的茶叶在九江集中后，往往会运到汉口市场上销售。"（1875年）迄今为止，九江茶市已经被遗弃了，转而支持汉口的市场，我们的茶叶都被运到了上游的港口。"[1]"（1890年）本年华商仍将各茶运往汉口售与洋商，凡内地运来之茶，仅由本口经过而已。"[2]"（1891年）贩茶华商不将茶叶在本口出售，必须运往汉口方行销售，以致多费转折，或有一二次将茶在本口售与洋商，两获利益，各华商虽目睹他人获利，而己仍不愿在本口出售，此等执一之见，殊有令人不可解已。"[3]

　　由此可见，越来越多的茶叶不再销往九江，因而运至上海的货物也逐年减少，茶叶由汉口市场直接销往国外，九江不过沦为茶叶出口的集散地。九江没有复出口到其他港口的货物，复出口贸易在九江几乎不会存在，历年的海关贸易报告中均有说明。

二、甲午以后九江贸易结构的变化

　　20世纪以后，九江的进出口贸易结构开始变得平稳，且略有盈余，由开埠前期的贸易出超转为进出口贸易平衡。1900年至1933年九江进出口贸易价值具体如下表所示：

---

　　[1]　Kiukiang Trade Report, for the year 1875. 吴松弟主编：《美国哈佛大学图书馆藏未刊中国旧海关史料（1860—1949）》第175册，广西师范大学出版社2014年版，第119页。

　　[2]　《光绪十六年九江通商口岸华洋贸易情形论略》，中国第二历史档案馆、中国海关总署办公厅：《中国旧海关史料（1859—1948）》第16册，京华出版社2001年版，第123页。

　　[3]　《光绪十七年九江通商口岸华洋贸易情形论略》，中国第二历史档案馆、中国海关总署办公厅：《中国旧海关史料（1859—1948）》第17册，京华出版社2001年版，第123页。

表5.1.5　1900—1933 年九江进出口贸易价值(单位:海关两)

年份	进口货值	出口货值	出、入超 (+ -)	年份	进口货值	出口货值	出、入超 (+ -)
1900	8,358,017	8,039,792	- 318,225	1917	19,274,106	23,880,372	+4,606,266
1901	9,818,157	7,072,250	- 2,745,907	1918	19,278,489	21,595,157	+2,316,668
1902	10,517,478	9,450,833	- 1,066,645	1919	19,330,178	24,637,419	+5,307,241
1903	11,362,590	11,814,198	+451,608	1920	24,295,954	24,291,231	- 4,723
1904	12,114,345	12,371,115	+256,770	1921	25,313,745	19,099,374	- 6,214,371
1905	11,103,561	12,184,043	+ 1,080,482	1922	21,760,682	22,615,101	+854,419
1906	9,277,606	13,569,161	+4,291,555	1923	30,912,468	31,083,110	+170,642
1907	14,018,104	16,384,409	+2,366,305	1924	32,820,260	33,302,413	+482,153
1908	14,150,908	16,641,988	+2,491,080	1925	29,712,814	29,325,895	- 386,919
1909	14,725,513	18,329,294	+3,603,781	1926	30,351,965	26,518,082	- 3,833,883
1910	18,612,614	17,229,935	- 1,382,679	1927	22,527,767	30,186,054	+7,658,287
1911	15,930,223	19,400,669	+3,470,446	1928	29,884,821	39,745,683	+9,860,862
1912	16,957,769	18,504,949	+ 1,547,180	1929	33,493,212	36,656,561	+3,163,349
1913	17,220,733	15,898,316	- 1,322,417	1930	27,188,656	29,016,562	+ 1,827,906
1914	21,229,910	16,537,589	- 4,692,321	1931	41,942,106	19,353,541	- 22,588,565
1915	18,640,312	21,590,714	+2,950,402	1932	24,134,432	13,573,853	- 10,560,579
1916	19,678,684	24,134,558	+4,455,874	1933	23,934,640	11,029,392	- 12,905,248

　　(资料来源:实业部国际贸易局编:《最近三十四年来中国通商口岸对外贸易统计(1900—1933)》之第一表"三十四年来中国中部通商口岸对外贸易价额统计",商务印书馆1935 年版,第123 页。)

　　甲午以后,九江的进出口贸易仍然呈现快速稳定增长,直到20 世纪30 年代以后才出现下降趋势。与开埠前期相比,这一时期进口贸易的增长速度与出口贸易齐头并进,不再是开埠初期的出口贸易增长远胜于进口贸易,在1900 年至1933 年的34 年中,九江进出口贸易出超为21 个年份,入超为13 个年份,九江的进出口贸易逐渐转向平衡。

三、进出口贸易分析

(一)进口贸易结构

九江开埠后,洋货进口以鸦片、棉织品和绒织品三项为主体。1869 年九江海关贸易报告可以证实:"1866 年鸦片占总贸易量的 39% ,1868 年占总贸易量的 29% ,1869 年鸦片占总贸易量比例为 32% 。同时,棉花的贸易量表现出稳定增加的势头,1866 年和前两年的贸易量占总贸易量的 10% ,1868 年这一数据已上升为 24% ,1869 年这一数据为 20% 。绒的贸易量也在慢慢增加,从之前的进口贸易平均比例 12% 上升到如今的 14% 。这就是我们过去四年的历史进程中进口贸易的突出特点。"[①]

1. 鸦片

第二次鸦片战争以后,鸦片贸易合法化,鸦片成为中国进口贸易中非常重要的一部分。九江开埠初期,西方列强大势向九江倾销鸦片。九江鸦片的进口数量稳定在每年两千担左右,年平均价值达到一百多万海关两,几乎占了九江全部进口贸易货值的三分之一。如下表所示:

表 5. 1. 6　1864—1879 年九江进口鸦片价值及比例表(数量:担,价值:两)

年份	数量	价值	进口货值	占比	年份	数量	价值	进口货值	占比
1864	2,157.42	1,088,615	2,541,483	43%	1872	1,934	906,768	3,187,384	28.4%
1865	2,241.96	1,414,666	3,199,177	44%	1873	2,365	1,119,145	3,382,277	33%
1866	2,260.89	1,444,414	3,712,507	39%	1874	2,905	1,209,879	3,775,667	32%
1867	2,022.12	1,276,072	3,501,849	36%	1875	2,246	1,033,652	3,433,842	30.1%
1868	1,923.50	1,011,697	3,463,859	29%	1876	2,043	949,979	3,416,786	27.8%
1869	1,905.40	1,018,622	3,157,013	32%	1877	1,852	875,204	2,985,143	29.1%

---

① 　Kiukiang Trade Report, for the year 1869,吴松弟主编:《美国哈佛大学图书馆藏未刊中国旧海关史料(1860—1949)》第 173 册,广西师范大学出版社 2014 年版,第 335 页。

续表：

年份	数量	价值	进口货值	占比	年份	数量	价值	进口货值	占比
1870	2,110.50	1,088,748	3,296,363	33%	1878	1,653	966,185	3,163,411	30.5%
1871	2,063	1,003,629	2,930,389	34.2%	1879	2,152	1,171,103	3,476,832	33.7%

（资料来源：1864—1870 年数据来自 Kiukiang Trade Report, for the year 1870,1871—1879 年的数据是根据 1871—1879 年九江海关年度贸易报告的数据整理得出,分别见《美国哈佛大学图书馆藏未刊中国旧海关史料（1860—1949）》第 173—178 册,广西师范大学出版社 2014 年版。)

　　可见,开埠初期,殖民者还是依靠毒品来打开中国内腹地区的贸易大门的。鸦片即药土,由国外生产并进口的鸦片称为"洋药",洋药主要来自印度,洋药的品种分为白皮土、公班土、喇庄土、新山土,九江进口洋药以白皮土为主;由国内种植的罂粟生产的鸦片称为"土药",九江进口的土药主要有四川土、云南土、湖南土、贵州土、山西土。

　　开埠初期,洋药占据了很大的市场,并在 80 年代达到顶峰,之后逐渐衰落,19 世纪末在价格上具有优势的土药兴起。"鸦片贸易的状况表明对外国毒品的需求与日俱增,这是 1882—1891 年报告的编纂者在写到这个话题时的开场白。洋药贸易在当时达到了顶峰。从那时起,除了 1899 年所作的间歇性努力外,洋药的进口数量出现稳步下跌;这似乎只是一个时间问题,洋药将完全从我们的报表中消失,它的地位将会被土药所取代,年轻一代认为土药更适合他们的口味,而且也更便宜。"①因此不难看出,土药价廉,能迅速占领市场,洋药的衰落呈必然之势。然而,影响洋药进口数量的,除了价格,还有其他因素。

　　第一,禁烟政策。"(1882 年)现在所有的烟馆都被要求在晚上八点全部关闭,这个时间之后发现有任何烟馆开门的都会加以严厉的惩罚。常常有官员私下走访烟馆,以确保这个规定得到实施。"②"吸烟者在购买鸦片之前必须从禁烟

---

①　Kiukiang Decennial Report,1892 - 1901,中国第二历史档案馆、中国海关总署办公厅：《中国旧海关史料（1859—1948）》第 153 册,京华出版社 2001 年版,第 343 页。

②　Kiukiang Trade Report,for the year 1882,中国第二历史档案馆、中国海关总署办公厅：《中国旧海关史料（1859—1948）》第 9 册,京华出版社 2001 年版,第 597 页。

局获得许可证，这一规定对鸦片本身就是一种威慑抑制。"①"1912 年，军政府采取了严厉的措施来抵制洋药，除此之外，还特设了一个办事处，来管理鸦片的授权销售。于是鸦片的进口就立即大幅度地下降，1912 年洋药进口只有 998.84 担。直到 1917 年，每年都有少量的进口洋药：从那时起，没有任何鸦片公开进口。"②禁烟政策在一定程度上打击了鸦片的消费，但并不能彻底遏制鸦片，因此，出现的状况就是，海关报表统计中的洋药进口数量越来越少，而私下流通的鸦片则越来越多。

第二，洋药质量下降，土药质量提高，人们在吸食土药时只会掺杂少量的洋药。"洋药的供应继续下降是因为土药的激烈竞争，由于土药的质量提高，现在吸烟只会少量掺点洋药。"③"（1893 年）本年洋药进口，比上年少一百九十三担，而价值则较去年昂贵，推原其故，实以印银卢卑之贵，华银汇兑之低所致，故当印度银局开库时，凡上商之有货存，储者靡不获利，价值既贵，销行自疲，而吸食者之少，购洋药势有必，且闻近年洋药多搀杂不齐，其皮则较曩年加厚，信石轻粉亦比昔时加多，夫信石轻粉，皆为有毒之物，新搀入土，更易伤人，故有烟霞癖者，都愿食陈货，而不嗜新物。"④可见，洋药的地位在不断下降。

关于土药的进口和消费数量，九江海关无法得出确切的统计数据。贸易报表中仅有的土药进口数量，从几担到几十担不等，显然这些数据并没有真实地记录土药消费的实际情况，事实上，大部分的土药都是通过各种各样的途径进入本省内地，并且这个数量相当大。海关十年报告中就有江西土药消费数量的猜测：

> 关于土药，很难获得真实可靠的数据。本省似乎没有罂粟种植，据说这些土药主要都是从四川流入本省，途经三个地方，九江、瑞昌县、萍乡县。九江土药局每年的税收可达 24000 库平两。土药的税收会因送达目的地不同

---

①　Kiukiang Decennial Report,1902－1911,中国第二历史档案馆、中国海关总署办公厅：《中国旧海关史料(1859—1948)》第 155 册，京华出版社 2001 年版，第 376 页。

②　Kiukiang Decennial Report,1912－1921,中国第二历史档案馆、中国海关总署办公厅：《中国旧海关史料(1859—1948)》第 156 册，京华出版社 2001 年版，第 343 页。

③　Kiukiang Trade Report,for the year 1883.中国第二历史档案馆、中国海关总署办公厅：《中国旧海关史料(1859—1948)》第 10 册，京华出版社 2001 年版，第 148 页。

④　《光绪十九年九江口华洋贸易情形论略》，中国第二历史档案馆、中国海关总署办公厅：《中国旧海关史料(1859—1948)》第 21 册，京华出版社 2001 年版，第 126 页。

而异。如果是包括瑞昌县在内的九江辖区的土药消费(该县所缴的关税上报并计入九江的税收中),则需要缴纳的税收为每担(75斤)6库平两;如果通过子口税单进入内地,则只需缴纳每担3库平两的关税。据说九江地区消费了一千担,另外还有一千担据说是以其它方式运往了安徽。因此我们已经征收了9000两的关税,还有15000两有待计算。后者的数据除以三(内地子口税按每担3两征收),就相当于对进入内地的5000担土药征税。除了上述数据,据说还有2000担洋药通过萍乡县运来,这就使江西省对四川土的消费量达到了8000担。本省的东部可能消费一定数量的福建土,而在本省南部,广东土和云南土都可以找到市场;但是,我非常怀疑,把各种土药包括在内,全省的消费是否超过了一万担。这一说法与上一个十年报告中所说的大相径庭;但是,如今土药消费量并不少的时候,都很难获得相关的信息,放在十年前肯定不可能获得相关信息,当时几乎没有人能知道。[①]

2. 棉毛织品

洋布为九江进口货物的另一大宗,主要分为棉织品和毛织品。棉织品进口数量较多,所占进口货值的比例较大,仅次于鸦片;毛织品进口数量较少,因其价格较贵,货值较大。具体如下表所示:

表5.1.7　1871—1879年九江棉毛织品的进口货值及比例表(单位:海关两)

年份	棉织品	占比	毛织品	占比	年份	棉织品	占比	毛织品	占比%
1871	671,416	27.2%	325,626	13.2%	1876	793,670	29.1%	431,327	15.8%
1872	695,586	26.6%	355,808	13.6%	1877	594,092	23.7%	395,929	15.8%
1873	700,843	25%	385,058	13.8%	1878	572,884	22.8%	349,147	13.9%
1874	834,562	26%	460,267	14.3%	1879	587,369	22%	374,811	14%
1875	679,563	24.6%	433,087	15.7%	—	—	—	—	—

(资料来源:根据1871—1879年九江年度贸易报告中的数据整理得出,出自《美国哈佛大

① Kiukiang Decennial Report, 1892–1901,中国第二历史档案馆、中国海关总署办公厅:《中国旧海关史料(1859—1948)》第153册,京华出版社2001年版,第356页。

学图书馆藏未刊中国旧海关史料(1860—1949)》第174—178册,广西师范大学出版社2014年版。)

3. 煤油

19世纪下半叶,煤油迅速涌入中国内地。煤油价格低廉,照明效果更好,在短时间内如"水银泻地"般地迅速遍及全国市场,流入中国广大农村。1877年九江海关的贸易统计中开始出现煤油,连年迅速增长,1883年煤油进口增长了177%,1884年增长101%,1885年增长了105%。具体进口数量如下表所示:

表5.1.8   1877—1904年九江煤油进口数量(单位:加仑)

年份	进口数量	年份	进口数量	年份	进口数量	年份	进口数量
1877	3,350	1884	271,430	1891	514,800	1898	3,017,020
1878	5,490	1885	557,280	1892	798,120	1899	2,882,226
1879	10,790	1886	470,190	1893	2,327,190	1900	2,395,030
1880	21,500	1887	316,130	1894	1,581,750	1901	3,044,800
1881	27,800	1888	259,960	1895	1,373,904	1902	2,845,190
1882	48,510	1889	322,176	1896	2,155,926	1903	2,730,810
1883	134,740	1890	396,950	1897	2,888,250	1904	4,841,410

(资料来源:根据1877—1904年九江海关贸易统计中的"Import Trade"部分整理得出。《美国哈佛大学图书馆藏未刊中国旧海关史料(1860—1949)》第176—180册,广西师范大学出版社2014年版;《中国旧海关史料(1859—1948)》第134—208册,京华出版社2001年版。)

1883年和1884年九江贸易报告中对此有专门的记载:

煤油贸易特别令人兴奋。这种商品的消费有了巨大的增长,不仅仅在本港口这样,在本省的较远的地方也是如此,这是由于煤油极其廉价并且使用起来又非常的明亮。1881年,本埠买进了27800加仑;1882年有48510

加仑；1883 年有 134740 加仑。[①]

煤油再次出现增长。数量为 271430 加仑，是 1883 年进口的两倍。考虑到本地人思想上的保守，引进任何新的商品都要克服巨大的困难，令人惊讶的是煤油能在如此短的时间内受到大众的青睐，并迅速成为各个阶层普遍的消费品，而七年前这种商品在报告中甚至都没有被提到过。[②]

煤油在短时间内迅速出现在中国广大的内地市场，几年之内就被保守的中国人所接受，这与煤油物美价廉的特性是分不开的，传统照明所用的植物油被煤油取代，外来商品的楔入，也促使传统的自然经济进一步解体。

4. 棉纱

其一，洋纱。自 1874 年九江首次出现进口洋纱，到 19 世纪 80 年代洋纱大量涌入，大部分的洋纱流入到江西各地。洋纱价廉，棉花纤维较长，织成的土布更耐用，且成本更低，"因内地人民有尽用洋棉纱织成土布款式，取其工省，而价亦较土棉纱为廉，且较买市肆洋布更为便宜，且有以洋棉纱搀和于土棉纱内，织成土布者。"[③]洋纱很快就受到人们的青睐，并广泛用于生产织布。下表将 1882 年至 1901 年 20 年间九江的进口洋纱做了对比：

表 5.1.9 1882—1901 年九江进口洋纱对比表（价值：关平两）

年份	棉纱种类	数量:担	价值	年份	棉纱种类	数量:担	价值
1882	英国棉纱	4,343	105,120	1892	英国棉纱 印度棉纱	1,854 50,382	37,511 1,022,134
1883	英国棉纱	5,708	142,360	1893	英国棉纱 印度棉纱	789 24,474	16,290 498,514

---

① Kiukiang Trade Report, for the year 1883, 中国第二历史档案馆、中国海关总署办公厅：《中国旧海关史料（1859—1948）》第 10 册，京华出版社 2001 年版，第 10—148 页。

② Kiukiang Trade Report, for the year 1884, 中国第二历史档案馆、中国海关总署办公厅：《中国旧海关史料（1859—1948）》第 10 册，京华出版社 2001 年版，第 10—570 页。

③ 《光绪二十一年九江口华洋贸易情形论略》，中国第二历史档案馆、中国海关总署办公厅：《中国旧海关史料（1859—1948）》第 23 册，京华出版社 2001 年版，第 133 页。

续表:

年份	棉纱种类	数量:担	价值	年份	棉纱种类	数量:担	价值
1884	英国棉纱	5,225	110,993	1894	英国棉纱 印度棉纱	1,210 31,148	27,073 627,734
1885	英国棉纱	7,346	146,217	1895	英国棉纱 印度棉纱 日本棉纱	1,956 45,463 3,328	47,598 848,136 61,719
1886	英国棉纱	14,890	306,912	1896	英国棉纱 印度棉纱 日本棉纱	1,194 58,561 1,333	31,050 1,289,032 28,059
1887	英国棉纱	19,683	433,541	1897	英国棉纱 印度棉纱 日本棉纱	1,250 52,381 11,788	36,388 1,329,147 291,960
1888	英国棉纱 印度棉纱	4,473 19,123	547,152	1898	英国棉纱 印度棉纱 日本棉纱	1,291 46,058 32,060	38,523 1,181,971 778,105
1889	英国棉纱 印度棉纱	4,608 14,741	482,859	1899	英国棉纱 印度棉纱 日本棉纱	1,083 49,127 51,881	30,727 1,135,534 1,149,310
1890	英国棉纱 印度棉纱	3,741 29,918	759,162	1900	英国棉纱 印度棉纱 日本棉纱	451 43,045 39,023	15,431 1,092,217 948,377
1891	英国棉纱 印度棉纱	2,739 35,472	787,962	1901	英国棉纱 印度棉纱 日本棉纱	159 87,033 14,647	6,144 2,260,882 341,769
总计		172,010	3,822,278	总计		652,969	15,161,335

(资料来源:Kiukiang Decennial Report,1892 – 1901,《中国旧海关史料(1859—1948)》第153 册,第153—352 页。)

从上面表格中可以看出,20 年间,九江进口洋纱的数量翻了 20 余倍,洋纱的进口价值也从 10 余万关平两增长到 250 余万关平两。起初九江的进口洋纱以英国棉纱为主,1888 年印度棉纱进入市场后,英国棉纱的进口数量迅速下降,

1895年日本棉纱进入市场后,也呈增长趋势。

洋纱大量进口使传统的生产结构受到冲击,有些地方甚至"土棉纺纱事绝",而与此同时兴起的正是新的手工业生产方式。

其二,中国棉纱。《马关条约》签订以后,帝国主义的经济侵略开始由商品倾销转为资本输入。1895年九江的贸易报表中首次出现国产机制棉纱,大部分的机制棉纱产自上海,只有极少数来自汉口。"(1895年)本年进口如是之多,再加由上海运来之中国棉纱二千三百余担,然则洋布进口减少之故,明眼人自可一望而知已,此时中国倘能于机器织布一业,讲究精工,使其价廉物美,推广销场,则将来尽可抵敌洋布利权,岂非幸事!"[①]

从下面的表格中可以看出,九江进口的棉纱中,中国机制棉纱呈现增长趋势,而进口洋纱所占的比例则不断衰减。

表5.1.10　1895—1932年九江进口棉纱数量统计表(单位:担)

年份	洋纱	中国棉纱	年份	洋纱	中国棉纱	年份	洋纱	中国棉纱
1895	50,747	2,310	1908	138,633	35,809	1921	17,077	156,598
1896	61,088	3,225	1909	116,230	36,257	1922	2,396	158,091
1897	65,419	14,331	1910	147,126	40,409	1923	3,154	231,810
1898	79,409	35,657	1911	101,492	40,170	1924	1,837	208,986
1899	102,091	41,578	1912	134,302	65,123	1925	4,444	210,215
1900	82,519	30,729	1913	134,201	—	1926	3,197	220,347
1901	101,839	31,229	1914	129,072	124,107	1927	1,054	172,913
1902	111,695	26,078	1915	95,478	127,066	1928	96	175,061
1903	138,299	12,980	1916	120,656	107,047	1929	56	209,702
1904	134,886	29,438	1917	76,771	127,765	1930	3	92,649
1905	112,841	23,948	1918	21,813	153,897	1931	5	128,413

　①　《光绪二十一年九江口华洋贸易情形论略》,中国第二历史档案馆、中国海关总署办公厅:《中国旧海关史料(1859—1948)》第23册,京华出版社2001年版,第133页。

续表:

年份	洋纱	中国棉纱	年份	洋纱	中国棉纱	年份	洋纱	中国棉纱
1906	111,942	14,439	1919	38,343	130,295	1932	—	118,799
1907	159,573	21,907	1920	48,349	144,364	—	—	—

（资料来源:江西省社会科学院历史研究所、江西省图书馆选编:《江西近代贸易史资料》,江西人民出版社1988年版,第131页。)

（二）土货出口多样化

1. 茶叶

九江作为"三大茶市"之一,每年由九江出口的茶叶数量相当大,开埠初期达20余万担,鼎盛时期可达30余万担。开埠初期的近30年间茶叶出口占全部出口总值的80%以上,也就是说,九江早期的土货出口几乎靠茶叶维系。如下表:

表 5.1.11   1872—1891 年九江茶叶出口数量及价值表

类别	1872—1881		1882—1891	
	数量:担	价值:海关两	数量:担	价值:海关两
红茶	1,775,849	56,413,061	2,012,824	45,280,581
绿茶	563,558	20,408,832	412,930	9,183,679
砖茶	86,128	664,512	259,268	1,894,158
小京砖茶			3,700	41,000
总计	2,425,535	77,486,405	2,685,022	56,399,418
出口货值	87,563,312		70,435,509	
茶叶价值占出口货值比	88.5%		80%	

（资料来源:Kiukiang Decennial Report, 1882–1891,《中国旧海关史料(1859—1948)》第152册,京华出版社2001年版,第203页。)

　　1872—1881 年,这十年间九江出口茶叶的价值一共达到 77,486,405 海关两,而这十年间九江出口货值总数经过计算得出为 87,563,312 海关两,茶叶占出口贸易的 88.5%。1882—1891 年间,九江的茶叶出口价值共达 56,399,418 海关两,这十年间九江出口货值总数累计达 70,435,509 海关两,茶叶占出口贸易的 80%。可见九江出口贸易的盛衰几乎完全依赖茶叶。由于九江茶市本书后面有专门讨论(见第 7 章),此不做赘述。

　　2. 其他土货出口

　　除茶叶外,九江的出口贸易中还有一些其他特色土货,如药草、纸张、苎麻、夏布、瓷器等,但占出口贸易的比例并不大,具体如下表所示:

表 5.1.12　1872—1891 年九江土货出口统计表

类别	1872—1881		1882—1891	
	海关两	占出口总值的比例	海关两	占出口总值的比例
出口总值	87,563,312		70,435,509	
烟草	701,332	0.8%	1,535,666	2.2%
纸张	3,428,563	4%	5,061,170	7.2%
苎麻	2,203,143	2.5%	2,057,206	3%
夏布	1,376,798	1.6%	2,090,538	3%
瓷器	425,533	0.5%	949,676	1.3%

　　(资料来源:Kiukiang Decennial Report, 1882 – 1891,《中国旧海关史料(1859—1948)》第 152 册,京华出版社 2001 年版。)

　　19 世纪 90 年代以后,随着出口需求的拉动,江西各地广泛种植经济作物,出口贸易日益多样化,夏布、苎麻、烟草、瓷器、纸张等出口数量也在不断扩大,为说明问题,我们把九江开埠前三十年出口状况列表于下:

表 5.1.13   1872—1901 年九江主要土货的出口状况

		1872—1881 年	1882—1892 年	1892—1901 年
苎麻	数量（担）	273,456	276,676	555,541
	价值（海关两）	2,203,143	2,057,206	4,481,895
夏布	数量（担）	43,890	58,162	92,406
	价值（海关两）	1,376,798	2,090,538	2,641,845
烟草	数量（担）	163,657	437,282	747,501
	价值（海关两）	701,332	1,535,666	3,697,713
瓷器	数量（担）	105,261	210,741	390,679
	价值（海关两）	425,533	949,676	3,219,464
纸张	数量（担）	693,469	1,191,491	1,129,192
	价值（海关两）	3,428,563	5,061,170	6,973,391

（资料来源：Kiukiang Decennial Report, 1882 - 1891, 1892 - 1901 整理得出，《中国旧海关史料（1859—1948）》第 152 册、第 153 册，京华出版社 2001 年版。）

与上一个十年相比，1892—1901 年间，苎麻的出口价值增长 118%；夏布的出口数量增长了 59%，出口价值增长了 26%；烟草的出口价值增长了 140%；瓷器的出口价值增长了 239%；纸张的出口价值增长了 38%。可见新兴的农副产品和手工业品，使这一时期的出口贸易呈现欣欣向荣的局面。下表是九江开埠后七十年间，主要土货出口状况：

表 5.1.14   1863—1932 年江西主要土货出口数量表（单位：担）

	夏布	苎麻	烟草	瓷器	纸张
1863—1872	22,566	178,012	87,930	195,663	527,481
1873—1882	44,990	287,625	205,057	113,035	779,423
1883—1892	60,372	245,185	477,756	224,331	1,200,173
1893—1902	94,499	595,490	847,119	412,981	1,159,433

续表:

	夏布	苎麻	烟草	瓷器	纸张
1903—1912	144,919	1,077,987	1,299,590	536,217	1,349,492
1913—1922	167,976	1,354,726	1,588,171	618,741	1,429,393
1923—1932	192,967	1,133,060	1,135,538	841,643	1,371,502
合计	728,289	4,872,085	5,553,232	2,942,581	7,816,897

（资料来源:江西省社会科学院历史研究所、江西省图书馆选编:《江西近代贸易史资料》,江西人民出版社1988年版,第236页,第245页,第250页,第254页,第258页,第186页。）

从上表中可以明显看出,19世纪90年代以后,土货出口呈迅速增长趋势,出口贸易多样化,不再是茶叶出口"一枝独秀"。除此之外,还有各种其他的经济作物,也加入出口行列,我们依据历年统计数据,以十年为单位,列表如下:

表5.1.15　1885—1932年江西土货出口数量表(单位:担)

年份	柏油	瓜子	豆类	靛青	芝麻	大米	牛皮
1885—1894	66,965	6,290	26,240	51,008	1,075	–	–
1895—1904	102,106	120,666	1,191,935	348,213	402,446	20,334	8,492
1905—1914	126,638	208,845	3,381,920	263,795	511,732	289,240	117,240
1915—1924	127,309	203,035	2,501,719	430,277	307,457	8,111,828	125,690
1925—1932	101,134	478,197	1,745,981	5,892	453,117	4,410,446	96,298
合计	524,152	1,017,033	8,847,795	1,099,185	1,675,827	12,831,848	347,720

（资料来源:江西省社会科学院历史研究所、江西省图书馆选编:《江西近代贸易史资料》,江西人民出版社1988年版,第261页,第277页,第282页,第284页,第286页,第289页。）

柏油,自开埠以来每年都有一定的出口数量;19世纪80年代以后九江海关的出口货物中出现瓜子、豆类、靛青、芝麻;以往江西的大米几乎都是从常关出口,1904年,九江海关首次出口大米和牛皮。这些出口数量的变化足以表明各种经济作物在江西内地有着广泛的种植,土货出口日益多样化。

综上所述，九江的对外贸易经历前后两个不同阶段。开埠前期，一直保持着贸易出超地位，进口贸易以鸦片和洋布为主，土货出口以茶叶为大宗。19世纪90年代以后，随着资本输入，九江的进口贸易中国产货物的比例越来越大，市场消费由洋药转向土药，洋纱转向土纱，同时出口土货中，茶叶不再"一枝独秀"，出口贸易日益多样化。

第二节　子口贸易下九江进口洋货内销的腹地范围

子口贸易是子口税制度之下衍生而来的内地贸易，它是以海关所在的口岸为母口，以其广大的腹地作为洋货内销区域和出口土货产地，同时还享有关税特权的贸易。子口贸易本身是一种不平等的贸易，享有特权的洋商只要持有子口税单就可免征内地的关卡税厘而将货物销往各地，但是华商无权申领子口税单，所以子口贸易之下的出口土货寥寥无几。本节主要通过分析子口贸易之下的进口洋货内销来看九江口岸的腹地范围，从而探索九江口岸与江西社会经济变迁的关系。

一、子口贸易

（一）概况

在旧海关史料中，英文表述为"Transit Trade""Inland Transit""Transit Pass""Transit Duty/Dues""Transit Certificate""Transit traffic"；分别可翻译成"子口贸易""内地贸易""子口税单""子口税""运照""子口贸易过境路线"等，表述不一，但均可指称子口贸易。

传统社会，中国政府为控制商业贸易，在通衢之地设置常关榷税。西方列强打开中国国门之后，为了避开中国传统的关税束缚，与中国政府协议关税，在《南京条约》中就增加了减免关税规定。① 1853年晚清政府为了镇压太平天国，又实行厘金制度，在繁重税赋上增添了一项苛税。而西方列强先后胁迫清政府

---

① 中英《南京条约》第十条规定："英国货物自在某港按例纳税后，即准由中国商人遍运天下，而路所经过税关，不得加重税例，只可按估价则例若干，每两加税不过某分。"

完善子口税制度。① 此后,凡洋商进出口货物只要照章缴纳一次 5% 的进出口税,再在转口口岸纳 2.5% 的子口税,便可将洋货运销内地,不再另缴;从内地收购的土货,只需要在过第一道关卡时纳税,沿途就能畅行无阻。洋商凭借着一张子口税单,可将货物销行内地各商埠,免征一切关卡税厘。子口税制度降低了货物周转成本,也就成了洋商从事货物进出口转运时规避税厘的手段。

子口税制度是针对外国商人而设置的特权,中国商人无权享有。这造成洋商与华商之间贸易的不平等地位。"查洋商贩运土货,只在海关完子口税,领有三联报单,沿途概不重征;而华商运货出口,则逢关纳税,遇卡抽厘,其所抽纳之款,已较子口税为多,乃官吏卡员,恒多分外之需索,此其不平者一也。各处关卡委员,遇挂洋旗之商船,照章速验放行;遇无洋旗之商船,即不免留难需索,此其不平者二也。近来外省地方官于洋商词讼,尚不致故延时日;而于华商涉讼,往往积压稽迟,甚或居为奇货,苛索侵渔,无所不至,此其不平者三也。……久之,华商亦且冒洋籍挂洋旗,所沾之利息,洋商安坐而均分之。"② 1870 年的九江海关贸易报告中就有相关的描述:

> 我听说这些子口税单在内地得到承认没有任何困难。与此同时,中国人却无法为他们自己的土货直接申请子口税单,这一尝试失败了;此外,与其他两个长江港口相比,九江的本地人要想依靠外国人来获得子口税单会更加困难。我在 1870 年的第一季贸易报告中,曾提到子口税单的需求增长。其中大部分都涵盖了中国人自己使用的洋货,7 月 9 日汉口的子口税单的使用方式取代了此前签发的。在汉口的协议中,中国人利用外国人为他们的货物获得通行证的行为将会面临罚款。自从采用新的方法后,子口税单的发行数量大大减少了,毫无疑问这是由于过境中的威胁责罚所致。可以肯定的说,子口税单过境系统是很容易被理解接受,并且运作起来十分

---

① 1858 年中英《天津条约》第二十八条规定,英商贩运洋货入内地销售或在内地购货,倘若一次纳税,沿途所经关卡均可免征;1858 年《通商章程善后条约:海关税则》第七条规定,出口土货的子口税改在出口海关缴纳,子口税率定为进出口税率的一半;1861 年《总理衙门咨南洋大臣》规定,洋商进出口货物只需一次缴纳 5% 的关税和 2.5% 的子口税,就能运遍全国,不再缴纳其他税厘。

② 彭泽益编:《中国近代手工业史资料(1840—1949)》第二卷,生活·读书·新知三联书店 1957 年版,第 303 页。

简单,中国商人本应该要从中受益,但这一点至今仍然尚不尽人意。

直到 1870 年,自土货出内地的子口税单被取消,已经过去了很多年。但在去年,汉口的一家俄国机构,在宁州有一名雇员,他通过汉口领事从海关税务司那里拿到了七张出内地的子口税单——途中完全得到了官方的承认,467.60 担茶叶和 2665.56 担砖茶通过子口税单运到了九江。在宁州当地向茶叶售卖商征收的某些费用,但是考虑到持有子口税单,就没有征收行业费和落地税。①

由此可见,内外不平等的子口税制度下,华商的贸易权受到了极大的限制,子口税制催生了洋商与华商之间的交易,挂洋旗、冒领子口税单的华商频频出现。"自有洋票以来,中国奸商辄借此为护符,厘金已因此减色。然有身家知理法者,尚顾忌而不肯为。兹若复设关征,商民力不能堪,势必驱而走险,第恐买洋票冒洋商,从此外人益得居奇获利,而中国税厘并归无着矣。"②这里的"洋票"便是子口税单,大量的华商趋利避害,以各种手段向洋商购买子口税单,以此来逃避关卡税厘。

直到 1876 年,根据《烟台条约》的规定,子口税单的使用范围才扩大到了中国人,"嗣后各关发给单照,应由总理衙门核定画一款式,不分华、洋商人均可请领,并无参差"③。至此华商终于获得子口税单的使用权。

但事实上,江西早在 1871 年就试图向中国商人发行子口税单,直到 1872 年,江西本地商人在一定程度上开始有权使用九江海关发行的子口税单。④ "最后,经过多次讨论,1871 年,道台同意发给本国国民子口税票,结果导致对各种外国商品的子口税票的需求开始猛增。厘金当局警觉到这样下去会从其金库流失大量收入,因而对子口税票制下的商品制定了严格的检查措施。"⑤子口税单

---

① Kiukiang Trade Report, for the year 1870,吴松弟主编:《美国哈佛大学图书馆藏未刊中国旧海关史料(1860—1949)》第 173 册,广西师范大学出版社 2014 年版,第 460 页。

② 刘坤一:《刘忠诚公遗集》卷 10,第 29 页,转引自姚贤镐《中国近代对外贸易史资料(1840—1895)》第二册,中华书局 1962 年版,第 836 页。

③ 王铁崖:《中外旧约章汇编》第一册,生活·读书·新知三联书店 1957 年版,第 349 页。

④ Kiukiang Trade Report, for the year 1878,吴松弟主编:《美国哈佛大学图书馆藏未刊中国旧海关史料(1860—1949)》第 177 册,广西师范大学出版社 2014 年版,第 232 页。

⑤ (英)斯坦利·莱特著,杨勇译:《江西地方贸易与税收》,江西教育出版社 2004 年版,第 65 页。

的适用范围扩大,造成地方财政税收减少,因此厘金局开始限制子口税单发行,结果导致了1872年江西吴城事件①,商人们为了避免货物在运输过程中的不必要损失最终向厘金局妥协。

（二）厘金与子口税单

近代以来,相较于全国其他地区,江西内地贸易中所缴纳的税收更为沉重,这也使得子口税制度的优势更为突出。所以大多数时候,"在地方税捐繁重的地方,这个办法对商人有不可估量的利益"②。商人们往往会凭借子口税单进行内地贸易,就如上文中已经说过的,连那些没有子口税单资格的华商往往也会通过各种手段来冒领子口税单。

但是,并不是所有的情况下海关都能吸引商人领取子口税单,一旦子口税的特权不再显现,厘金局为了增加税收而对厘金政策进行调整,领取的子口税单数量也会随之下降。一般有以下几种情况：

第一,当厘金税低于或接近子口税时,子口税单发行的数量就会减少。江西内地的税收较高,很少会出现这种情况,但在其他港口就出现过这样的情况："德律(Drew)在1875年的贸易报告中曾详细叙述,1874年的秋天,福州的厘金局长曾将厘金税则减低到与子口税相等的水平,或者稍微高一点;从那个时候起,在从福州以子口税单运入内地的货物中,棉毛织品及主要的金属和杂货,可以说已经完全没有了。"③

第二,除了降低税率,地方政府也采取其他的方式增加厘金税收。例如温州和宁波采取外包的方式："由于温州开设洋行,征收这种厘金税非常困难,因此厘金局很快便决定援照宁波厘金局的成例,把厘金税包出去。……但是包税人征收时会大大地降低了税额,同时为了把外商输入的货品纳入厘金的范围,还规定了一种优待税率,对外国人征税比对中国人减收10%。"④这一做法不仅吸引了华商,连洋商也放弃子口税单转向厘金缴税。

---

① 1871年,江西道台开始对华商发行子口税单,使得洋货对子口税单的需求猛增,导致财政税收流失,遂决定采取限制措施。1872年,厘金局以超重为由,从吴城没收了一批持有子口税单进入内地的日本海带。这件事情在商人中引起了恐慌,以至于之后很长一段时间内,按重量纳税的商品不得不缴纳厘金。

② 姚贤镐编:《中国近代对外贸易史资料》第二册,中华书局1962年版,第826页。

③ 姚贤镐编:《中国近代对外贸易史资料》第二册,中华书局1962年版,第835页。

④ 姚贤镐编:《中国近代对外贸易史资料》第二册,中华书局1962年版,第836页。

第三,沿途关卡对持有子口税单货物的阻挠,也会对中国商人们领取子口税单的意愿造成影响。"自从1872年的(江西)吴城事件以后,商人对于请领从量征收的子口单还没有恢复足够的信心,他们宁愿完纳厘金而不愿冒被关卡指控数量不符的危险,以致影响货运。"[1]沿途关卡的蓄意刁难,也使得子口税单的使用数量减少。

但是总体而言,江西内地的子口贸易依然占据进口贸易价值的相当大一部分,其主要原因仍然是内地税收过重。以1875年为例,在当年已经开放的十四个通商口岸中,只有七个口岸在货物运往内地时使用了子口税单,显然,另外七个口岸的厘金并没有高于子口税的税率。具体如下表所示:

表 5.2.1　1875 年各口岸子口贸易状况

	税单张数	货物价值	占进口货总值的百分比(鸦片除外)
汉口	9,219	1,954,822	26.30%
九江	1,540	764,478	44.32%
镇江	13,035	3,305,037	78.40%
上海	7,555	940,099	12.93%
宁波	9,079	947,256	34.31%
福州	2,347	311,736	17.81%
厦门	1,309	378,799	16.81%
总计	44,085	8,602,221	——

(资料出处:姚贤镐:《中国近代对外贸易史资料》第二册,中华书局1962年版,第819页。)

从上表可以看出,九江子口贸易货值,占总进口货值的比例达44%,也就是说九江有近一半的货物是以子口税单的形式运往了内地。显而易见,江西内地关卡重重,税厘之外还有各种额外的勒索。例如,"抚州来的大米在黄江口付了

---

[1]　姚贤镐编:《中国近代对外贸易史资料》第二册,中华书局1962年版,第826页。

十分税;到谢埠时,每石大米又被要求额外加税 11 文,即在原先十分税的基础上加征 5%;到达都昌时,额外捐税为每石 22 文,即十分税的 10%;到姑塘时每石又加征 29 文,即十分税的 13%;到湖口出口时,加上耗银,征收的总数已是十分税的三倍了,每石总数达 616 文,其中的 62 文即 10% 作为银耗。另外,每石大米还要交铁路捐 20 分,九九捐 15 分。换句话说,一批从抚州到九江的货物必须在五个关卡交纳八种税。"①而子口税单在很大程度上就可以避免这些捐税,这也是造成江西子口税单发行数量较多的主要原因。

在近代的商贸活动中,厘金税与子口税单是一对始终贯穿内地贸易的不可调和的矛盾体,其背后反映的是中国政府掌控的常关和帝国主义掌控的海关之间关于税收的掌控与争夺。

(三)洋货内销与土货出口的分析比较

1. 进口洋货内销

由于子口税制度的特殊性,持有子口税单入内地的以洋货为主,而子口贸易之下内地的土货出口却少之又少。笔者查阅了 1873 年至 1927 年九江海关子口贸易下的进口货值统计数据,并做了年表(见附表二)。下面我们以五年为单位,列一趋势表如下:

表 5.2.2　九江子口贸易下进口货值趋势表(每五年,单位:海关两)

年份	子口税单进口货值	进口总值	占比%	年份	子口税单进口货值	进口总值	占比%
1873—1877	3,800,934	16,993,715	22.37	1903—1907	6,364,957	57,876,206	10.10
1878—1882	4,551,618	17,372,757	26.20	1908—1912	8,044,468	80,377,027	10.00
1883—1887	5,118,540	17,728,976	28.87	1913—1917	18,988,759	96,043,845	19.77
1888—1892	8,639,130	25,469,908	33.92	1918—1922	38,474,193	109,979,048	34.98
1893—1897	11,387,928	29,114,520	39.11	1923—1927	58,988,751	146,325,274	40.31
1898—1902	24,853,238	51,054,741	48.68	—	—	—	—

---

① (英)斯坦利·莱特著、杨勇译:《江西地方贸易与税收》,江西教育出版社 2004 年版,第 66 页。

（资料来源：根据九江海关历年贸易统计"Transit Trade""Inland Transit"整理得出。出自《中国旧海关史料(1859—1948)》第5—85册，京华出版社2001年版；《美国哈佛大学图书馆藏未刊中国旧海关史料(1860—1949)》第139册、第144册、第148册，广西师范大学出版社2014年版。)

由上表可以看出，九江关持有子口税单的进口洋货占总进口货值的平均比例在三分之一左右，数量最多的年份也超过了一半，达60%，子口税单下洋货入内地还是占相当大一部分。

2. 内地土货出口

子口贸易之下的洋货内销与土货出口存在很大的差距，九江很少有领取子口税单出内地的土货。根据九江海关历年贸易数据统计，从1876年至1898年的土货出内地的货值，"Transit Trade"一栏并无记载，而"Dues and Duties"中关于子口税收的表格中"Transit Dues on Native Goods brought from the Interior"统计显示，1876年至1898年九江出口土货的子口税收均为零，因此可以判断这十三年间，九江没有任何持子口税单出口的土货。在1917年至1924年间持子口税单输出土货的货值也仅占当年输出土货货值的1.4%~5.4%；而这估计和直接进出口货值有关。子口贸易之下的土货出口所占的比例几乎可以忽略不计。因此，我们主要通过持有子口税单的进口洋货，来分析九江口岸货物内销的腹地范围，从而得出九江腹地变迁的规律。

二、洋货内销与其腹地范围

（一）九江洋货内销的结构分析

1. 子口税单

持有子口税单，通过九江关进入内地的洋货主要有鸦片、棉织品、毛织品、金属类、杂货类，这些货物经过内地的主要市场分销到了江西大部、安徽南部、湖北东部、福建西部，甚至远达湖南、贵州和广州。据《九江海关十年报告(1892—1901)》记载："相比于1882—1891年，我们的内地贸易呈现明显的增长趋势，上一个十年的贸易价值总额为12,681,536关平两，本十年的总额为33,465,207关平两。证明子口税收制度越来越受欢迎的另一个表现是子口税单的申请数量越来越多。1891 年，也就是上一个十年结束时，发放子口税单 5,385 张，到了 1901 年发放了 41,572 张。因此尽管子口税单的贸易数量大幅增长，但是货物在内地消费地仍然与 1882—1891 年报告中的相同。"①为了全面了解九江子口税单下进口洋货运往内地各处销售情况，笔者查阅九江海关历年贸易数据，并做了货值统计年表（见附表三），下表所列为五年趋势表：

表 5.2.3　1873—1927 年九江关持有子口税单入内地的货值统计表

（每五年，单位：1873 年和 1874 年为两，之后为海关两）

年份	目的地								总计
	江西		安徽		湖北		福建		
	货值	占比	货值	占比	货值	占比	货值	占比	
1873	407,820	71.6%	148,711	26.1%	12,236	2.1%	175		568,942
1877	628,208	75.8%	185,956	22.4%	14,331	1.7%			828,495
1882	890,445	86.1%	119,173	11.5%	24,389	2.3%			1,034,007
1887	1,175,938	95.3%	29,386	2.3%	23,488	1.9%	5,394		1,234,206
1892	1,956,917	92.7%	125,762	6%	20,357	1%	7,085		2,110,121
1897	3,612,460	95%	152,213	4%	30,620	0.8%	3,750		3,799,043
1902	4,733,776	96.9%	139,261	2.8%	11,907	0.24%	1,136		4,886,080
1907	421,970	71%	152,436	25.6%	19,728	3.3%	366		594,500
1912	71,831	35.9%	119,750	60%	8,407	4.2%	116		200,104
1917	522,855	72%	186,619	25.7%	16,685	2.3%	102		726,261
1922	96,523	44%	118,903	54.2%	705		3,238	1.5%	219,369
1927	53,865	45%	58,047	48.5%	6,578	5.5%	1,108	0.9%	119,598

（资料来源：根据九江海关历年贸易统计中的"Transit Trade""Inland Transit"整理得出。出自《中国旧海关史料（1859—1949）》第 5—85 册，京华出版社 2001 年版；《美国哈佛大学图

---

① Kiukiang Decennial Report，1892 - 1901，中国第二历史档案馆、中国海关总署办公厅：《中国旧海关史料（1859—1948）》第 153 册，京华出版社 2001 年版，第 341 页。

书馆藏未刊中国旧海关史料(1860—1949)》第 139 册、第 144 册、第 148 册、第 182 册、第 185 册、第 188 册、第 191 册、第 194 册、第 197 册，广西师范大学出版社 2014 年版。所占比例不到 0.1%，表格中均未标出。)

　　从上表可以看出，九江关持有子口税单进入内地的货值呈明显的增长趋势，但是，"这些数据并不一定意味着有更多货物运往内地，但可以表明海关税务通行司提供的子口税单的特权和优势，受到了越来越广泛的利用和赞赏"①。如前所述，子口税单自正式发行以来，多年持续稳定增长。直到 1902 年九江保商局成立，1903 年子口税单进口货值减少近一半，降幅达 46%。此后，九江海关颁发的子口税单一落千丈，再无起色。"查光绪二十八年（1902）货物之估值，得关平银四百余万两，本年（1908）只有四十一万九千余两。"②短短六年，九江子口贸易的进口货值就减少了九成。

　　1902 年 4 月九江设立保商局，该机构附属于厘金局，"为了从海关进口货物子口税中夺取一部分利益而特别设立的机构"③。保商局成功替代海关职能的主要原因在于征税手续简单，无须检查货物，"征收内地税，仿照本关内地子口税办法，惟不须验视货物，全凭商人所报货色数目，即发护照，以凭持赴本省内地各处，概不重征，有此便益，商人无不惟利是视，故来本关报领子口税单者，甚属寥寥"④。保商局颁发的执照对货物的数量均不做任何限制，同时得到了厘金局和各关卡的承认，在江西内地任何一处关卡都是有效的。"多年来，保商局一直每年给商人免税一个月的优惠……但业务做大后，这些优惠政策就逐渐被取消。"⑤这些都使得申领子口税单进入内地的洋货迅速减少。

　　①　Kiukiang Decennial Report, 1882－1891，中国第二历史档案馆、中国海关总署办公厅：《中国旧海关史料(1859—1948)》第 152 册，京华出版社 2001 年版，第 152—245 页。

　　②　《光绪三十四年九江口华洋贸易情形论略》，中国第二历史档案馆、中国海关总署办公厅：《中国旧海关史料(1859—1948)》第 48 册，京华出版社 2001 年版，第 279 页。

　　③　(英)斯坦利·莱特著，杨勇译：《江西地方贸易与税收(1850—1920)》，江西教育出版社 2004 年版，第 73 页。

　　④　《光绪二十九年九江口华洋贸易情形论略》，中国第二历史档案馆、中国海关总署办公厅：《中国旧海关史料(1859—1948)》第 38 册，京华出版社 2001 年版，第 189 页。

　　⑤　(英)斯坦利·莱特著，杨勇译：《江西地方贸易与税收(1850—1920)》，江西教育出版社 2004 年版，第 74 页。

从上表我们还能知道,从1873年到1902年,这三十年间九江销往江西的货物比重不断增加,而销往省外的货值越来越少。19世纪70年代,九江关持有子口税单内销洋货的货值比例分布:江西占70%~80%,安徽大概20%,湖北保持在2%左右,由于福建所占的比例还不到0.1%,可忽略不计。到了19世纪末,销往江西内地的货值比例超过了95%,而安徽下降到10%以下,湖北则不到1%。仅1910年曾经有1%流向了湖南,0.5%流向了贵州,还有1926年有811两货物通过子口税销往广东,九江口岸销往省外的货值比例在不断减少;由此可见,九江在不断丧失省外的腹地,湖北东部和安徽南部地区受九江的辐射越来越小。

1903年以后由于受九江保商局影响,以及下文将要提到的机制洋货之运照波及,九江关持有子口税单的洋货内销总值迅速下滑。因而销往各省腹地的货值比例的变动与腹地变迁联系不大,因此对于表格中1903年以后的数据暂不做分析比较。

2. 领有机制洋货之运照

1908年,九江海关贸易统计中首次出现领有机制洋货之运照,远超过当年子口税单进口货值,之后便呈迅速增长趋势。具体如下表所示:

表5.2.4　1908—1927年领有机制洋货之运照货值统计表(单位:海关两)

年份	目的地								总计
	江西		安徽		湖北		福建		
	货值	占比	货值	占比	货值	占比	货值	占比	
1908—1912	6,549,117	99.95%	3,188		155				6,552,460
1913—1917	17,015,223	99.94%	10,266		311				17,025,800
1918—1922	37,090,292	99.95%	15,033		3,796				37,109,121
1923—1927	56,593,466	99.91%	39,893	0.07%	5,739		2,640		56,641,738

(资料来源:根据九江海关历年贸易统计中"Transit Trade""Inland Transit"整理得出。出自《中国旧海关史料(1859—1948)》第47—85册;《美国哈佛大学图书馆藏未刊中国旧海关史料(1860—1949)》第139册、第144册、第148册、第182册、第185册、第188册、第191册、第194册、第197册。所占比例不到0.1%,表格中均未标出。)

　　从以上表格可以看到，领有机制洋货运照的货物总值呈现逐年增长的趋势，从1908年的100余万两增长到1923年的1200余万两，增长速度之快有目共睹。但是，机制洋货运照下的货物运销仍然以江西为主，几乎占到了总值的99.9%，销往安徽、湖北、福建的货物非常少，几乎可以忽略不计，1928年运往省外的货值比例最大，安徽仅占0.2%，湖北也仅占0.1%。这也印证了前面的结论，20世纪以后，九江几乎丧失了在省外的腹地。

（二）九江洋货内销的腹地范围

1. 江西

　　江西地形封闭，四周高、中北部低，发源于四周山脉的河流向中部和北部汇聚形成鄱阳湖并流入长江，江西境内水路四通八达，九江是江西北面的咽喉，支配着全省的水运。九江开埠以后，长江轮船运输的进口货物在九江港卸货后，依靠民船或小型轮船销往江西各地，江西内地的主要城镇大多位于河流边，货物在经过重重水陆关卡后最终到达目的地。

　　由九江关进口并持有子口税单的洋货在江西内地运销经历了一个由北至南逐渐扩大的过程。19世纪70年代初，九江子口税单运销货物的地点主要在赣北和赣东北一带的城镇，销往赣南地区的吉安、赣州等地的货物较少。后期随着子口税制度的特权对中国人放开，子口税单越来越受商人的青睐，九江子口贸易在江西的内销范围不断扩大。笔者查核了1873年至1881年的九江海关通过子口税单运销货物通往鄱阳湖流域各府州的地点，发现情况如下：南昌府属县镇包括南昌县、新建县、义宁州、武宁县、山江口、吴城镇、奉新县；饶州府属县镇包括饶州府、景德镇、乐平县、瑞洪镇、万年县、石镇街、浮梁县、余干县、德兴县、安仁县；广信府属县镇包括广信府、河口镇、弋阳县、铅山县、贵溪县、玉山县；抚州府属县镇包括抚州府、上屯渡、宜黄县、临川镇、临川县、东乡县；临江府属县镇包括樟树镇、新喻县；瑞州府属县镇包括瑞州府、高安县、上高县；袁州府属县镇包括袁州府、万载县；建昌府属县镇包括南城县、南丰县、新城县、广昌镇；吉安府主要集中在庐陵县；赣州府主要集中在赣县，等等。① 笔者还查核了1886—1897年九

---

　　① 根据1873—1881年九江海关年度贸易报告附表中的"Table of the Principal Foreign Goods Sent Inland under Transit Passes during the Year 1872—1881"整理，参见吴松弟《美国哈佛大学图书馆藏未刊中国旧海关史料（1860—1949）》第174—180册，广西师范大学出版社2014年版。

江关子口税单下洋货运销江西各地的货值统计,并做了年表(见附表四)。

在 1886 年至 1897 年间,在江西的 13 个府州中,没用子口税单的地区为九江和宁都直隶州;而南康府仅有 1888 年、1889 年和 1890 年三个年份使用过子口税单,向内地输入洋货,分别占当年使用子口税单输入洋货的 0.3%、2% 和 0.5%。九江府和南康府运销的货值最少,主要因为两府就在九江口岸附近,大部分的货物无须请领子口税单便直接在当地销售。而宁都直隶州,没有任何子口税单运入洋货,估计其洋货进口可能是通过南安府输入。下面我们列子口税单下各地洋货运销货值比例表如下:

表 5.2.5　1886—1897 年九江关子口税单下洋货运销江西各地的货值比例

年份	南昌	广信	饶州	建昌	抚州	临江	瑞州	袁州	吉安	赣州	南安
1886	45%	10%	6.4%	5.3%	0.4%	1.2%	1.3%	5%	4.7%	2.5%	17.9%
1887	37.5%	8.3%	4.4%	5.5%	0.4%	1.8%	1.3%	2.2%	5.7%	10.4%	20%
1888	35.2%	7.6%	4.5%	5.2%	0.2%	1.5%	0.9%	4.5%	5.8%	4%	30%
1889	37.8%	7.2%	7.3%	5.8%	0.6%	1.7%	1.7%	4.2%	3.4%	8.7%	19.3%
1890	34.4%	6.4%	4%	3.6%	0.2%	3.3%	2.2%	4.5%	3.2%	7.2%	30.6%
1891	36.2%	5.6%	4.2%	3.7%	0.2%	5.4%	3.5%	4.2%	4%	9.6%	23.5%
1892	31%	4.6%	3.4%	8%	2.2%	7.8%	5.8%	4%	4.6%	5.2%	28%
1893	42.4%	6.1%	5.3%	7.7%	1.8%	2%	2.8%	4.3%	3%	7.5%	17%
1894	44.6%	5.5%	4.2%	6%	1.1%	1.3%	2%	2.9%	4.5%	5.8%	22%
1895	43.4%	5.3%	3.4%	6.3%	1.7%	1%	1.6%	3%	3.7%	5.4%	25%
1896	45.6%	5.4%	3.6%	7.2%	3.2%	2.3%	1.8%	3.3%	3.8%	4.3%	19.4%
1897	42.3%	4%	3%	7.4%	5.6%	5.3%	2.1%	4.8%	3.6%	4.7%	16.9%

(资料来源:根据 1886—1897 年九江海关贸易统计中的"Transit Trade"部分整理制作,出自《中国旧海关史料(1859—1948)》第 12—25 册,京华出版社 2001 年版。)

从上面数据中可以看到,九江关子口贸易下洋货内销,运往南昌府的货值最高,南安府次之,南康府最少,几乎为零,故未列入表格。南康府运销的货值最少,主要因为南康府距离九江较近,大部分的货物没有经过子口税单便直接在当地销售。

南昌府是江西内地货物集散的主要市场,九江的货物贸易很大程度上依赖南昌转运。销往南昌的货物中布匹占很大一部分,"(1874年)省会南昌府仍然是内地最大的布匹市场,本年有114,979匹棉织品持有子口税单运到了南昌府,而1873年只有20,806匹;本年有16,455匹毛织品持有子口税单运到南昌府,而1873年则为13,926匹"①。

1874年九江关子口税单下洋货内销地点(江西)

(图片来源:根据 KiuKiang Decennial Report, 1882–1891 末尾附录所绘制,《中国旧海关史料(1859—1948)》,第152—245页。)

---

① Kiukiang Trade Report, for the year 1874,吴松弟主编:《美国哈佛大学图书馆藏未刊中国旧海关史料(1860—1949)》第174册,广西师范大学出版社2014年版,第448页。

南安府位于赣、粤、湘三省交界处,扼守大庾岭商路,九江销往南安府的货物主要是棉纱,"(1886 年)棉纱需求量最大的是南安府,这一年进口棉纱的三分之二(总进口棉纱 14890 担)都通过子口税单运到了这里。在南安府将棉纱纺织成布,再销往广东和赣南各地"①。"(1887 年)有一万多担棉纱运往了南安府,差不过是进口棉纱的一半以上,同时运到赣州府有 4400 担,运到南昌有 2500 担。"②南安府距离九江口岸最远,而持有子口税单内销的货物较多,因路途遥远,沿途关卡征收的苛捐杂税更多,子口税单能有效地免征沿途税厘。

2. 安徽

九江海关能辐射的安徽腹地范围仅限于皖南地区的安庆、池州和徽州。《九江海关十年报告(1902—1911)》中记载,安庆是九江在内地仅次于南昌的主要市场。"这些土药通过水路、陆路、帆船、轮船运到了九江,其中很大一部分土药都不是供当地消费的,而是通过江西辗转运到了安徽。"③九江的进口货物在这里有着重要的市场。

起初,九江的货物主要销往了安庆地区和池州地区,安庆是九江在内地进行货物分销的主要市场。1877 年,九江的货物内销才扩到徽州地区的婺源和祁门,但这一年九江也失去了在池州的市场。此后多年,婺源和祁门一直稳定地接受九江的货物供应,但池州地区受九江的影响越来越小。笔者查核了 1873—1881 年九江关子口税单货物在安徽的运销地点,在安庆地区主要是安庆府、桐城县、太湖县、怀宁县、石牌镇、枞阳镇;在池州地区主要集中在池州府、大通镇、铜陵县、青阳县、和悦洲;在徽州地区主要集中在婺源县、祁门县。④

1876 年芜湖开埠,暂未对九江的腹地造成直接影响。1877 年九江关子口贸易下货物销到了婺源县和祁门县,运销的货物主要是铅和锡,专门用于茶区的茶

---

① Kiukiang Trade Report, for the year 1886,中国第二历史档案馆、中国海关总署办公厅:《中国旧海关史料(1859—1948)》第 12 册,京华出版社 2001 年版,第 145 页。

② Kiukiang Trade Report, for the year 1887. 中国第二历史档案馆、中国海关总署办公厅:《中国旧海关史料(1859—1948)》第 13 册,京华出版社 2001 年版,第 157 页。

③ Kiukiang Decennial Report, 1902–1911,中国第二历史档案馆、中国海关总署办公厅:《中国旧海关史料(1859—1948)》第 155 册,京华出版社 2001 年版,第 377 页。

④ 1872—1881 年九江海关贸易报告中的"Table of the Principal Foreign Goods Sent Inland under Transit Passes during the Year 1872–1881"部分,参见吴松弟《美国哈佛大学图书馆藏未刊中国旧海关史料(1860—1949)》,广西师范大学出版社 2014 年版,第 174—180 册。

叶包装。1877 年,九江关销往安徽的货值增长了 75,358 海关两,增长率达 68%,"从 1877 年附表中的数据可以看出,子口贸易运输路线没有发生很大的变化,但是,正如前面所述,运往内地的棉织品数量减少是由于进口下降,并非像人们所想的那样是因为芜湖开埠造成的"①。"由于 1878 年的子口贸易的货值总额超过了 1877 年,因此我们可以得出满意的结论:芜湖开埠并没有对我们的贸易造成任何影响,也没有从根本上影响我们的货源供应。"②

芜湖开埠初期虽暂未影响九江的贸易,但随着后期贸易的深入,芜湖也在逐步分割九江的腹地。"(1884 年)输往安庆的大量鸦片现在都从芜湖转运,而在前些年这些地方的鸦片都是由九江运过去的。"③随着其他通商口岸的相继开埠,九江在长江流域的腹地不断缩减。(详见九江海关子口税单洋货运入安徽销售的地区示意图)。

安徽南部主要城镇分布示意图

---

①　Kiukiang Trade Report, for the year 1877,吴松弟主编:《美国哈佛大学图书馆藏未刊中国旧海关史料(1860—1949)》第 176 册,广西师范大学出版社 2014 年版,第 416 页。

②　Kiukiang Trade Report, for the year 1878,吴松弟主编:《美国哈佛大学图书馆藏未刊中国旧海关史料(1860—1949)》第 177 册,广西师范大学出版社 2014 年版,第 232 页。

③　Kiukiang Trade Report, for the year 1884,中国第二历史档案馆、中国海关总署办公厅:《中国旧海关史料(1859—1948)》第 10 册,京华出版社 2001 年版,第 569 页。

3. 湖北

九江关对湖北的货物内销仅限于湖北东部部分地区。主要分布在武昌府东南部富水流域的兴国州、通山县、龙岗镇以及黄州府南部长江沿岸的武穴镇和蕲州县。笔者查阅了 1873—1881 年九江关子口税单货物在湖北的运销地点：武昌府地区有武昌府、兴国州、通山县、龙岗镇；黄州府地区有黄州府、蕲州县、武穴镇。① （见九江海关子口税单洋货运入湖北销售的地区示意图。）

湖北东部主要城镇分布示意图

4. 福建

九江关在福建省的腹地范围主要位于福建西南部的山区，并与传统时期江西的贸易运输路线相吻合。主要分为两条运输路线：其一，以赣江和信江为主、

---

① 1872—1881 年九江海关年刊中的"Table of the principal Foreign Goods sent Inland under Transit Passes during the Year 1872 – 1881"部分，参见吴松弟主编：《美国哈佛大学图书馆藏未刊中国旧海关史料（1860—1949）》第 174—180 册，广西师范大学出版社 2014 年版。

以河口镇为集散中心的交易线,即"赣江—信江—河口镇—邵武溪—邵武",由河口镇翻越闽赣交界线达到邵武;其二,则是"赣州—贡水—瑞金—汀州—汀江",这条路线连接着赣南、闽南和潮汕地区,汀州则是主要的中间集散地。笔者查核了1884—1897年九江关子口税单货物在福建的运销地点,主要集中建宁府、邵武府和汀州府,以汀州府最为集中。其间运入洋货货值邵武府仅404两,建宁府3886两,汀州府59350两。[①](详见九江海关子口税单洋货运入福建销售的地区示意图)。

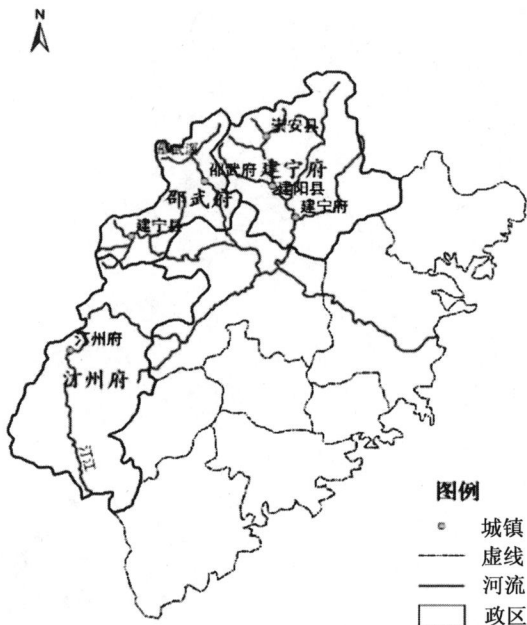

福建西部主要城镇分布示意图

---

① 根据1884—1897年九江海关贸易统计中的"Transit Trade"部分整理而成,出自中国第二历史档案馆、中国海关总署办公厅:《中国旧海关史料(1859—1948)》第10—25册,京华出版社2001年版。

第三节　从出口贸易看九江外销土货的生产腹地

开埠初期,茶叶一度占据九江的出口贸易首位,后期茶叶贸易衰落,江西内地的特色土货又有效地折冲了贸易的不平衡,使得出口贸易保持在一个较为平稳的水平。《经济旬刊》调查统计:"本省特产以瓷器、纸张、夏布、茶叶、烟叶、大豆、苎麻、柏油、木材、钨砂及煤油等为大宗,而各种特产中,除瓷器一项集中景德镇外,其他各项物产产地分布之广达数县以至数十县不等。"①因此,通过出口土货的生产地区来看九江口岸的腹地范围是一个比较好的视角。②

一、农作物产品

1. 苎麻

苎麻,又称野麻,可以用来织造夏布、造纸或作为药材。苎麻通常以麻丝和夏布两种形式出口,江西每年出口可达十余万担,而夏布的大量出口直接带动了苎麻的广泛种植。

民国初年,江西植麻之县达 59 个,面积比 19 世纪末增加了 1/5,其中主要包括武宁、瑞昌、修水、德安、德兴、宜黄、分宜、永丰、广丰、上饶、金溪、崇仁、弋阳、宜春、上高、吉安等地。另外,还有湖北东部的武穴、蕲春、阳新、大冶等地,也会有部分苎麻运到九江出口。但值得注意的是,江西生产的苎麻丝很少通过九江海关出口,仅有一部分来自赣西北的瑞昌,而九江出口的夏布主要以江西瑞昌和湖北武穴所产较多。③"其麻用土船由本省之瑞昌、湖北之蕲州运来者居多,亦有由距九江七十五里,湖北所属之武穴地方运来者。"④下表为江西各县苎麻产量统计:

①　《江西各种特产分布状况及产量统计》,《经济旬刊》第 6 卷,1936 年第 13、14 期,第 61 页。

②　陈晓鸣、钟凌云:《从土货出口看九江与鄱阳湖流域经济关系》,《江西师范大学学报》(哲学社会科学版)2020 年第 2 期。

③　(英)斯坦利·莱特著、杨勇译:《江西地方贸易与税收(1850—1920)》,江西教育出版社 2004 年版,第 30 页。

④　《光绪三十二年九江口华洋贸易情形论略》,中国第二历史档案馆、中国海关总署办公厅:《中国旧海关史料(1859—1948)》第 44 册,京华出版社 2001 年版,第 258 页。

表 5.3.1   江西各县苎麻产量统计表（单位：担）

产地	产量	产地	产量	产地	产量	产地	产量	产地	产量	产地	产量
新建	480	浮梁	71	吉水	1,800	进贤	2,820	修水	880		
永丰	909	弋阳	600	崇仁	960	萍乡	3,600	铜彭	742		
乐安	208	定南	88	瑞昌	24,000	瑞金	400	武宁	28,600		
上高	7,209	婺源	120	都昌	5,280	德安	3,600	安福	1,050		
宜丰	450	鄱阳	3,500	吉安	2,520	于都	300	崇义	216		
万载	2,400	信丰	336	泰和	144	乐平	160	九江	840		
分宜	3,780	铅山	270	遂川	910	余江	735	靖安	200		
临川	13,600	宜春	2,800	赣县	235	上饶	440	金溪	200		
南城	810	龙南	520	大庾	77	广丰	1,170	星子	880		
宜黄	1,800	新喻	640	安远	140	玉山	168	万安	224		
余干	1,260	东乡	1,200	会昌	120	永修	3,360	—	—		
万年	175	峡江	1,040	南康	560	安义	560	总计	132,931		

（资料来源：《江西各种特产分布状况及产量统计》，江西省政府秘书处统计室编：《经济旬刊》第 6 卷，1936 年第 13、14 期，第 68 页。）

2. 烟草

江西烟草素来质优，出口和种植数量都相当大。烟草主要以烟丝和烟叶两种形式出口，但烟叶的需求量要远远高于烟丝。烟草的主要产区有南昌府、饶州府、赣州府、广信府、九江府。据统计，民国初年江西烟叶生产保持了一个较快的发展势头，有 30 余县种植，尤以广丰、宜丰的烟草最佳。"查烟叶最美之质，以江西广信府广丰县所产者为上，此等货往年运至九江出口者约有万余担"，[①]"上等烟叶大半产于广丰县，该处每年计产万担之谱，出产虽少而销场旺，价值颇高

①   《光绪二十一年九江口华洋贸易情形论略》，中国第二历史档案馆、中国海关总署办公厅：《中国旧海关史料（1859—1948）》第 23 册，京华出版社 2001 年版，第 133 页。

云"[1]。下表为1936年《经济旬刊》统计的江西各县烟叶产量:

表 5.3.2　江西各县烟叶产量统计表(单位:担)

产地	产量	产地	产量	产地	产量	产地	产量	产地	产量
乐安	2,025	南城	1,880	安福	2,080	安远	18,480	定南	800
高安	6,510	余干	2,730	莲花	1,920	于都	5,400	广昌	4,800
宜丰	6,000	上饶	160	泰和	19,440	万安	264	靖安	2,720
宜春	1,008	铅山	5,760	遂川	3,200	吉安	172,200	奉新	5,460
新喻	1,600	广丰	159,360	赣县	4,480	宁冈	210	龙南	15,200
分宜	96	修水	15,600	南康	1,360	上犹	456	玉山	6,020
萍乡	17,600	铜鼓	3,320	崇义	350	宜黄	1,400	–	–
进贤	11,200	瑞昌	6,7200	大庾	960	横峰	320	–	–
金溪	176	都昌	6,360	信丰	1,920	万载	420	总计	578,445

(资料来源:《江西各种特产分布状况及产量统计》,江西省政府秘书处统计室编:《经济旬刊》第6卷,1936年第13、14期,第65页。)

3. 油料作物

20世纪以后江西的油料作物种植面积比重增大,在江西各县得到了广泛种植。据《江西年鉴》统计:1934年种植花生65个县、芝麻56个县、大豆52个县、油菜籽46个县,其种植面积还相当稳定。下表为四种油料作物的种植面积与产量:

---

[1]　《光绪三十年九江口华洋贸易情形论略》,中国第二历史档案馆、中国海关总署办公厅:《中国旧海关史料(1859—1948)》第40册,京华出版社2001年版,第209页。

表 5.3.3　　江西油料作物种植面积与产量表(面积:千市亩;产量:千市担)

年度	大豆		花生		芝麻		油茶籽	
	面积	产量	面积	产量	面积	产量	面积	产量
1914	454	1,620	263	857	—	—	—	—
1915	388	1,301	361	1,220	—	—	—	—
1917	386	1,418	361	1,274	—	—	—	—
1918	1,129	3,964	101	550	4	4	—	—
1924—1929	4,258	6,067	933	2,852	—	—	1,070	1,195
1931	4,015	5,701	—	—	—	—	6,237	5,364
1932	3,970	6,074	—	—	—	—	6,683	5,681
1933	2,268	3,266	620	1,308	1,803	1,190	7,425	5,717
1934	1,553	1,677	547	810	993	417	7,303	6,500
1935	2,068	2,991	554	1,303	1,335	934	6,850	5,310
1936	2,634	3,885	880	2,345	1,268	925	6,346	4,195
1937	2,389	2,929	1,047	2,590	1,192	620	7,124	5,955
1938	2,231	3,314	1,062	2,833	1,019	831	7,242	5,614
1939	2,165	3,098	1,240	3,265	1,110	835	—	—

(资料来源:根据许道夫编《中国近代农业生产及贸易统计资料》,上海人民出版社 1983年版,第 169 页。另注:1924—1929 年的数据为常年数。)

二、手工业产品

1. 夏布

江西的夏布制造业颇为发达,夏布分为粗细两种:细者质精色白,宽一尺四寸至一尺七寸,长四丈八尺,重约一斤数两;粗者质色稍逊,宽一尺至一尺七寸,长短与细夏布相同,重则可达一斤十余两。全年粗细夏布产量合计不下 600 万匹,约合 10 万余担,居全国第三位,而以海关出口的夏布较少,每年仅有 1 万到 2

万担左右。兹据1933年调查各县夏布产销概况汇总如下:

表5.3.4 江西主要夏布产区产销情况一览表(单位:匹)

产地	产量	运销量	增减	产地	产量	运销量	增减
宜黄	80,000	70,000	大减	新淦	60,000	50,000	减
崇仁	20,000	14,000	减	吉水	40,000	30,000	减
临川	265,000	224,000	减	永丰	25,000	20,000	大减
乐安	30,000	20,000	减	金溪	2,000	500	大减
分宜	100,000	80,000	大减	进贤	15,000	10,000	减
萍乡	30,000	20,000	减	上饶	40,000	35,000	减
万载	60,000	50,000	减	广丰	53,000	45,000	减
宜春	20,000	16,000	减	玉山	40,000	30,000	减
宜丰	32,000	25,000	减	南康	5,000	2,000	减
上高	30,000	29,000	减	合计	1,208,000	1,031,500	减

(资料来源:江西省政府统计室《江西年鉴》第23篇,工业第2章,纺织工业,江西全省印刷所1936年版,第942页。)

2. 纸张

江西所产的纸张种类达200多种,分为粗纸、细纸二种,纸张产地遍及全省83县中的53个县。其中瑞江流域的宜春主要产表芯纸、粗纸,信江流域的铅山、广丰、玉山向产细白连史纸,江西的纸张运输主要在瑞江和信江流域。除此之外,也有一部分纸张产自安徽,"由安徽之怀宁及潜山县运来纸张,乃出在本省常见,小工搬运,络绎不绝"[1]。下表为1936年江西各县纸张产量统计:

① 《光绪三十年九江口华洋贸易情形论略》,中国第二历史档案馆、中国海关总署办公厅:《中国旧海关史料(1859—1948)》第40册,京华出版社2001年版,第209页。

表 5.3.5　江西各县纸张产量统计表

产地	类别	产额	产地	类别	产额
宜春	大连纸	20,000 担	黎川	纯张	4,000 担
	宣纸	30,000 担	丰城	金纸	300,000 刀
	袁表	6,000 担		粗纸	50,000 斤
宜丰	花笺纸	60,000 块	广昌	古纸	600 担
	表芯纸	5,000 担	铅山	京放纸	75,000 件
	把纸	200,000 皮		连史纸	42,000 件
	广慧白纸	200 担	临川	斗方纸	5,000 担
吉水	烧纸	2,300,000 把	金溪	纸张	2,000 担
永丰	毛边纸	5,000 担	资溪	河标纸	50,000 箱
万安	竹连纸	50,000 担	贵溪	纸张	1,000 烟
泰和	大表纸	20,000 担	宜黄	草纸	300,000 块
安福	草纸	3,000 担	崇义	纸张	25,000 担
	白纸	500 担	宁都	毛边纸	500 担
万载	中表芯纸	40,000 担	瑞金	毛边纸	130,000 刀
奉新	火纸	2,000 担	于都	都纸	5,000 担
靖安	火纸	1,000 担	龙南	纸张	3,000 担
	把纸	100,000 皮	定南	福纸	1,000 担
上饶	花笺纸	240,000 块		西纸	3,000 担
崇仁	毛边纸	200,000 刀		毛边纸	1,000 刀
乐安	毛边纸	50,000 担	赣县	纸张	500 担
	花坯纸	15,000 担	兴国	纸张	1,200 担

（资料来源:《江西各种特产分布状况及产量统计》,江西省政府秘书处统计室编:《经济旬刊》第 6 卷,1936 年第 13、14 期,第 61 页。）

3. 靛青

江西的靛青主要由蓼蓝和菁蓝这两种植物制成,靛青主要产自乐平、彭泽以及九江周边,其中以乐平所产靛青为上乘,且质优量大,此外还有余干、瑞昌、吉安、赣州等地也出产靛青,但质量和价值远不如乐平,而且产额较少。江西靛青的种植兴起于19世纪末,并在一战期间迅速发展,之后又有所回降。第一次世界大战切断了苯胺染料的供应,在国外需求的刺激下,江西传统的靛青种植得到蓬勃发展,靛青出口数量一度达到顶峰,1917年九江海关出口的靛青达到83000余担,此后靛青的出口量又有所下降。

三、工矿业产品

1. 钨矿

钨矿是江西著名的矿产资源,储量居世界首位。主要分布于赣南的崇义、宁都、大庾、南康、上犹、会昌、安远、龙南等县,其中以大庾的西华山所产最为著名。赣南的钨矿于1917年由德国传教士发现,1918年钨砂首次出现在海关贸易报告中,江西的钨砂大多销往美国,钨砂价格低廉,但运费较高且获利较低。江西的钨砂大多顺赣江而下经九江出口,也有一部分越过梅岭由广州出口,"查钨锰矿砂,多藉民船运至本埠……二十年间曾有大量钨砂,经由内地改运广州出口焉"[1]。下表为20世纪30年代江西各县钨砂产量统计:

表5.3.6 江西各县钨砂产量统计表(单位:担)

县名	产地	每年产量	县名	产地	每年产量
大庾	西华山	20,000	南康	青山	1,500
	洪水寨	3,500		渗水窝	400
	生龙口	9,000	安远	仁风盘古山	10,000

① 《最近十年各埠海关报告·九江关》第741页。出自中国第二历史档案馆、中国海关总署办公厅:《中国旧海关史料(1859—1948)》第158册,京华出版社2001年版,第97页。

续表：

县名	产地	每年产量	县名	产地	每年产量
大庾	九龙脑	1,000	会昌	丰田圩	3,600
	一箩种	200		白鹅圩	800
	石龙	450	龙南	龟尾山	50,000
	漂塘	900	赣县	大湖江、东埠头、翠花园、畚岭、黄婆地、桂花垄	3,600
	大龙山	1,000			
	鸭子山	1,200			
	下龙	100			
	铁仓寨	400			
				总计	117,650

（资料来源：《江西各种特产分布状况及产量统计》，江西省政府秘书处统计室编：《经济旬刊》第 6 卷，1936 年第 13、14 期，第 72 页。）

2. 煤矿

江西主要有两大矿藏丰富的煤田：一是赣西地带靠近湖南边界的萍乡煤矿；二是位于鄱阳湖东岸的乐平煤矿。萍乡煤矿的开采技术较为先进，其矿产主要用来供应汉口，"萍乡煤矿为汉阳铁厂提供煤和焦炭；同时萍乡到株洲修建的一条单轨铁路，使得煤炭运输更为便利——煤炭运到株洲后再通过民船运往长沙"[1]煤矿通过湘江顺流而下，穿过洞庭湖达到长江，然后抵达汉口，因此萍乡煤矿与江西内地的联系不大。乐平煤矿使用较为原始的地表开采方式，出产大量优质的蒸汽煤，大多供本地消费，出口较少。除了萍乡和乐平已在开采的较大煤矿外，江西其他地区也探明有煤矿储量，但开采中的并不多，具体如下表所示：

---

① KiuKiang Decennial Report, 1912—1921,中国第二历史档案馆、中国海关总署办公厅：《中国旧海关史料(1859—1948)》，京华出版社 2001 年版，第 156 册，第 346 页。

表 5.3.7　江西省主要煤矿产额统计表(单位:吨)

公司名	县名	1929 年	1930 年	1931 年
萍乡煤矿	萍乡	233,311	147,946	163,144
鄱阳煤矿	鄱阳	79,428	113,200	
	丰城			16,000
	进贤崇仁吉安各矿	50,000	45,000	50,000
其他		300,000	200,000	250,000
烟煤共计		542,739	336,146	343,144
无烟煤共计		120,000	80,000	120,000
合计		662,739	416,146	479,144

(资料来源:《江西各种特产分布状况及产量统计》,江西省政府秘书处统计室编:《经济旬刊》第 6 卷,1936 年第 13、14 期,第 74 页。附注:本省煤矿分布区域甚广,据最近调查有煤矿县达 40 县以上,其已经开采而知其产额者略如上表所列。)

第四节　贸易传动与腹地社会经济变迁

九江开埠之前,鄱阳湖流域经济以自然经济为主体,其经济结构特征是:以农业为主,工商业比例很小;农业生产以粮食为主,其他经济作物种植较少。九江开埠以后,鄱阳湖流域逐渐融入世界经济体系之中,商品经济得以发展,由此,在进出口贸易的牵引和冲击下农村经济结构变化的趋势更加明显。

一、农业结构变化

随着外国资本主义势力的深入,以及商品经济的发展,江西的农业生产结构随之变化调整,由单一的粮食作物转向多种经济作物种植,粮食作物的比重相对下降,而经济作物比重相对提高。具体如下表所示:

表 5.4.1　1914—1938 年江西省作物种植面积统计表（单位：千市亩）

种类 年份	稻类		麦类		油料作物				棉花
	籼粳稻	糯稻	小麦	大麦	大豆	花生	芝麻	油菜籽	
1914	28,338	3,256	443	603	454	263	—	—	373
1915	28,655	3,228	484	531	388	361	—	—	420
1916	29,176	3,978	387	387	386	361	—	—	420
1918	29,205	3,823	—	11	1,129	101	—	—	92
1924—1929	26,425	3,255	4,047	2,994	4,258	933	—	1,070	1,799
1931	16,986	2,884	6,870	3,826	4,015	—	—	6,237	1,892
1932	17,089	2,753	6,810	4,176	3,970	—	—	6,683	1,478
1933	20,466	2,622	5,974	3,800	2,268	620	1,803	7,425	1,079
1934	16,873	2,127	5,055	2,663	1,553	547	993	7,303	827
1935	20,768	2,908	6,129	2,921	2,068	554	1,335	6,850	962
1936	23,018	2,770	5,189	3,214	2,634	880	1,268	6,346	868
1937	22,687	2,529	4,947	3,087	2,389	1,047	1,192	7,124	959
1938	23,011	2,515	5,018	3,036	2,231	1,062	1,019	7,242	958

（资料来源：许道夫：《中国近代农业生产及贸易统计资料》，上海人民出版社 1983 年版，第 39、169、209 页。另注：1924—1929 年的数据为常年数。）

　　由上表可知，稻类的种植面积呈下降趋势，1934 年降到最低；而小麦、大麦的种植面积则呈飞速增长趋势，尤其是小麦二十年间翻了十余倍；油料作物主要是榨取植物油供人食用，是小农自给自足的经济作物，一般情况下种植面积并不是很大。九江开埠以后，国际市场上把植物油作为工业生产的原料加以开发，同时化学工业也大量地使用植物油作为原材料，致使植物油的需求量急剧增加，并成为鄱阳湖流域重要的出口商品。从而带动了鄱阳湖流域油料作物的普遍种植，面积不断扩大，以 1934 年为例，这一年四种油料作物为 10,396,000 市亩，而

1934 年江西省土地耕种面积为 38,383,000 市亩①,油料作物占总耕地面积的 27%。

关于棉花的种植,明清时期九江府属的德化、湖口、彭泽、瑞昌等县由于土壤比较适应棉花生长,出现了相当面积的商品棉种植外,鄱阳湖流域大部分地区只是零星种植棉花,并作为自给性衣被消费而已。九江开埠以后,一方面由于国际市场对中国原棉的需求不断增加,另一方面也由于国内相继建立的大量棉纱纺织厂扩大了棉花的需求,导致鄱阳湖流域棉花种植面积的不断扩大。除此之外,在国际市场需求的拉动下,近代江西农业种植结构开始做出相应调整,水稻的种植面积比重适当降低,烟草、靛蓝、茶叶、苎麻、甘蔗等经济作物种植面积比重相应地提高了,近代鄱阳湖流域农村产业结构得到一定程度的优化,土地利用率和单位土地收益率在不断地增长,标志着农业劳动生产率的提高。

二、工商业比重增加

九江开埠通商,由于出口需求的拉动,鄱阳湖流域传统手工业如造纸业、制瓷业、制茶业、制烟业、榨油业等行业开始出现繁荣的势头,从而吸引了大量百姓转向工商业的经营。在吉安府的庐陵县"计利则农不如工,工不如商,用力多而收利少,谁实为之,好贾则轻去其安,不安于田舍,不少壮散之四方,村民仅存而力作者益寡"②。在修水县,由于试制的红茶变成了世界市场上畅销的头等红茶,致使宁红茶的出口量猛增,相应地带动了宁红茶区的茶业种植,"查各处计之,约有茶户四千余户,茶园四万余亩。产茶约八万余石"③。夏布最旺盛时期是清末民初,加工夏布的家庭遍于乡间,"篝灯四壁,机声轧轧,卒发之谋,常取具于是"④。由于鄱阳湖流域手工业产品享誉国内外市场,成为出口的优势产品,相应地带动了江西各县一些特色的手工业发展。兹据傅春官《江西农工商矿纪略》记载胪列于下:⑤

① 许道夫:《中国近代农业生产及贸易统计资料》,上海人民出版社 1983 年版,第 9 页。
② 王补、曾灿材纂:《庐陵县志》,1920 年刻本。
③ 国民政府实业部上海商品检验局编印:《江西之茶》,1932 年版,第 13 页。
④ 沈良弼修,董凤笙纂:《德兴县志》,1919 年刊本。
⑤ 傅春官:《江西农工商矿纪略》,1908 年石印本。

吉安府的永丰县："该县人所织夏布,向分春秋两邦出运,本年春邦共运出一千一百三十余卷,每卷价银十七八两。"（永丰县·商务）

吉安府的安福县："上年（光绪三十一年）出脑（樟脑）不尚旺,所出之脑,运往九江,转运外埠销售。"（安福县·工务）

吉安府的吉水县："邑内并无大商巨贾,惟出产红瓜子薄荷油两项,间有美商粤人来县采买,分运九江粤省销售。……折桂、中鹄等乡,所收红瓜子,已有美商新义泰洋行,来县采买,每石可售洋六七元。……三十二年,收红瓜子七八百石,每石可售洋六七元,薄荷油约收二三百斤,每斤售洋四五元。"（吉水县·农务）

建昌府的新城县（今黎川）："县属出产,以烟叶为大宗,各行栈收买刨丝,打包装箱,经客商贩运苏沪及九江、吴城一带出售,销路既广,获利甚厚。"（新城县·商务）

建昌府的广昌县："妇女均以绩麻为事,所织夏布,每年约出二万余匹,运销山东河南福建等省。价值约三万余金。……烟叶一项,产于白水镇驿前市等处,每年多则四五十万斤,少亦三十余万斤。每百斤价约八九两或十余两不等。近年有洋商信隆行伙,请领联单,来县采买。"（广昌县·商务）

宁都州的石城县："坪山一带,素以造纸为业,纸料尚称坚白,未停科举以前销路甚广,年出口不下百万之数。"（石城县·商务）

宁都州的瑞金县："该县惟毛边纸一项为出产大宗,现令纸槽人等,凑集资本,购机仿造洋纸。"（瑞金县·工务）

九江府的瑞昌县："惟民山隙地,向种烟麻,随时谕令乡民推广种植,现在烟叶统税,本年已加收钱四百千文,苎麻统税,亦较往年大旺,因民之利而利之,似属已有功效。……该县南北乡出产,以麻与烟柏油为大宗,麻约出五六万梱,烟叶约出十余万担,柏油约出五六千担。"（瑞昌县·农务）

饶州府的鄱阳县："土产烟叶,其质颇佳,商人贩运九江吴城等处,甚属获利。"（鄱阳县·商务）

全省各县手工业产品年收入并无确切统计,但根据当时的各种数字,再参照30年代的产销情形,可斟酌近似数字,其情况大体如下：

表 5.4.2　民国初期主要手工业产品年收入估值数量表

品名	产量	单价(元)	总值(元)	占全省各项收入的百分比(%)
烧炭	754,450 担	1.00	754,450	1.88
制糖	80,747 担	10.00	807,000	2.01
制米	8,640,000 担	0.30	2,592,000	6.46
纺纱	55,000 担	50.00	2,750,000	6.85
瓷器	200,000 担	20.00	4,000,000	9.96
夏布	604,000 匹	8.00	4,832,000	12.03
制油	35,000 担	15.00	5,025,000	12.51
纸张	462,664 担	15.00	6,939,960	17.28
土布	9,453,600 匹	1.00	9,453,600	23.54
其他			4,000,000	9.96
合计			40,154,010	100

（资料来源：寄生：《江西人民之所得估计》,《经济旬刊》1936 年第 1 期。）

　　农村工商业比重的增加,扩大了乡村手工业产品的生产与出口,既解决了农民日常生活所需,亦相应地增加了农民的家庭收入。

三、资本主义生产经营方式的出现

　　包买商的商业资本出现在造纸、制茶、夏布织造等生产领域,使鄱阳湖流域传统手工业出现新的资本主义生产经营方式。如信江流域的造纸业分为租山种竹、租竹造丝和竹丝造纸三个环节,其中每个环节均有包买商的资本注入。"槽户请人治料施工成纸……今业之者众,可资贫民生计,然率少土著,商富大贾挟资而来者。大率徽闽之人,西北亦间有。"①至一些小纸槽："平常每槽造纸工人两名,焙纸一个,打料一人,杂工一人,多包工制。每月工食银约六角左右,每月

———————
① （清）蔡继洙等修,李树藩等纂：《广信府治》卷1,《物产》,同治十二年刻本。

可制纸一担，每担连史，抄纸工作银十元。"①这显然是带有"雇工经营"的资本主义生产方式。

为适应市场对茶叶的需求，一些茶行由收购茶叶的商店逐渐发展成集茶叶生产、加工和销售为一体的茶庄。如铅山县的河口镇江姓茶庄，楼下做茶的工人约 20 来人，楼上所聚的拣茶工人，有楼下的 3 至 4 倍。② 茶庄既有购销的职员，也有从事加工业的工人，甚至有的茶庄还有临时性的采茶女工，茶庄实际上已变成较为完整的手工工场。

以苎麻加工业为主体的夏布生产中也出现了新的生产经营方式。据史料记载："所有南昌批发与外省之夏布，皆由万载、宜黄、上高、宁都、崇仁、李家渡等运至，凡做此项生意者，皆于以上所述地，派有庄客终年驻庄收货。凡庄客之收货方法，分放价、订货、零买三种。放价系对于产布地之各织户……预贷以钱，令自买原料，织成后，按匹送庄注账，照时值算价，或由庄客自买原料，交由织户绩织，按匹算给工价。此项工价，亦每预付订货。……零买，系由庄客零收织户织成之货。"③很清楚，这里不但存在商业资本控制小商品生产的各种初级形式，而且出现了商业资本的最高形式。

雇工经营是带有资本主义性质的规模性经营，它有充裕的生产资金，采用先进的生产工具和新式的管理方式，使劳动生产率进一步提高，促进了农村商品经济的发展。尤其是新式的农垦企业，通过股份集资制度把一些资金集中起来，用于农业经营和开发，是企业组织的一种创新。因此，雇工经营使鄱阳湖流域的农业由传统向近代不断转型，促进了该地区农业生产力的不断发展。据傅春官《江西农工商矿纪略》记载，清末新政时期，江西全省各府州县兴办了大量的工艺局、农牧垦殖公司，或由官府出资，或由民间集股，资本大小不等，分别经营纺织、造纸、植桑麻、熬樟脑、开煤矿、办工厂等，发展资本主义。

---

① 实业部中国经济年鉴编纂委员会：《中国经济年鉴》，商务印书馆 1936 年版，第 7 页。
② 徐晓望：《河口考察记》，《中国社会经济史研究》1986 年第 2 期。
③ 《江西南昌县商业近况》，《中外经济周刊》1926 年第 168 期。

第六章

吐故纳新：以九江为中心的近代交通网络的建构

交通业包括运输业、邮政业、电信传媒业等一系列行业,它作为社会生产力系统的经络,将各种生产要素连接成为一个动态的网络,把潜在的生产力变成现实的生产力。近代九江与鄱阳湖流域交通业的变革,大体可以分为运输工具和信息工具的近代化。各种新式交通方式的兴起和发展,无不与九江有着直接而紧密的关系。因此,以九江为中心的近代交通网络的建构,更进一步地强化了九江与鄱阳湖流域之间的人流、物流、信息流的流通,密切了彼此之间的经济关联度,拓展了其外向型经济的国内外市场空间,成为鄱阳湖流域经济走向全面近代化的纽带。

第一节　新式交通与九江—鄱阳湖流域联系的加强

明清时期,鄱阳湖流域的运输工具主要分水陆两个方面:即以帆船为主体的内河水运和以人力和畜力为动力的陆路运输。九江开埠通商以后,轮船航运、铁路、公路相继出现,开创了水陆路运输的新纪元;轮船、火车和汽车等现代化新型运输工具的渐次出现,为九江及其腹地在更加广阔的市场空间里开展更大规模的商品进出口业务,提供了更为快捷的运输工具和技术保障,对推动鄱阳湖流域社会经济的转型起了重要的作用。

一、近代新式航运业的兴起与发展

(一)长江轮船运输的兴起

长江轮船运输始于《天津条约》开通了镇江、九江和汉口三个口岸。美国旗昌航运公司迅速成为拓展长江航运的急先锋。1872年5月30日,有一篇文章论及轮船航运:"舟楫之利,至轮船为已极矣。大则重洋、巨海,可以浮游而自如;小则长江、内河,可以行走而无滞。其运载重物也,为至便。其传递紧信也,为至速。其护送急客也,为至妥。"轮船或是汽船作为近代交通的重要性是由其速度、效率和运输能力决定的。文章还比较了轮船与帆船的效率:"譬如上海搭到汉口,其价每人不过七金,计钱十二千余,为期不过三日。若改镇江而金陵、安庆、九江以至汉口,虽船价火食销可减省一半,而为期至速,总在二旬以外,其途间之累坠阻滞，较之轮船已可往返三次矣。"①这样，轮船的出现为交通带来了不同于以往帆船的速度、效率与安全性。

因此，外国轮船公司自长江通航后，纷纷进入长江沿江通商口岸揽客载货。对中国帆船运输业产生巨大的冲击。"良由中国帆船行程迟缓，不但有欠安稳，而且航无定期，上行时大感困难。于是下行船只行达目的地后，不顾价值如何。即就地出售者比比皆是。"②这种冲击不仅在长江航线上，就是长江支流湖港的民船运输业也一样受到冲击："轮船通航，数千艘帆船遂被逐入支流。这些帆船对于当时行驶在支流中的小船是一个强有力的竞争者……甚至当时把货物交由轮船装运的中国商人，也悲叹这些船家被突然打翻原来生活方式的遭遇。"③很多在长江支流从事运输的帆船被迫停航。

蒸汽机取代帆桨，这在航运史上是一种进步。这种进步在近代中国，虽然伴随着众多帆船业从业者的失业和窘困。但轮船毕竟有着安全、高速以及高效率的优越性，"中国人充分感觉到把他们的货物交由外国轮船运输能有迅速和安全的优点，他们知道外国轮船可以在任何季节和季候风里航行"④。轮船取代帆船是大势所趋，直接刺激中国商人开始从事新式的蒸汽轮船的生产经营。

（二）九江轮船航运业肇兴与发展

九江开埠通商以后，新式的航运业就在九江率先出现。美国旗昌航运公司最早涉足长江航运，并在九江设立码头和货栈；随之而来是英国的怡和、太古公司分别在九江港设立码头和货栈经营航运和进出口贸易。法国、德国、日本也接踵而至，抢滩九江的航运市场，至 19 世纪 60 年代末，竟有十几家外国航运公司在九江经营航运业务兼营其他进出口贸易。"九江英领事报云，轮船往来日盛一日，尤以德国与日本商轮为多，所有轮船皆系各公司在往来沪汉之长江轮船。所有公司，英商居其四，德商居其二，华商日本商各其一。"⑤

1872 年，中国轮船招商局成立，打破了外国洋行对长江航运的垄断局面。

---

① 《船舶论》，见《申报》1872 年 5 月 30 日。
② 聂宝璋编：《中国近代航运史资料》第一辑，上海人民出版社 1983 年版，第 1414 页。
③ 聂宝璋编：《中国近代航运史资料》第一辑，上海人民出版社 1983 年版，第 1415 页。
④ 聂宝璋编：《中国近代航运史资料》第一辑，上海人民出版社 1983 年版，第 1272 页。
⑤ 《九江轮船商务情形》，《湖北商务报》第 96 册，光绪二十七年（1901）12 月 11 日。

轮船招商局分别在九江、汉口等口岸设立分局，建立码头和货栈，承揽相关区域的客货载运业务。1877 年，中国轮船招商局收购美国的旗昌公司资产，九江招商分局也接管了旗昌公司在九江的码头和货栈，九江招商分局成为与英国的怡和、太古公司和日本的日清公司九江子店并立的四大轮船公司之一。这极大地鼓舞了民族资本兴办新式航运业的信心。民营航运业的大达轮船公司、三北轮埠公司和宁绍轮船公司相继建立，它们均在九江设立了码头或浮趸，承揽客货载运。从各个轮船运输公司的业务来看，英国的航运公司在九江经营航运业务获益最大。1918 年，怡和轮船公司九江分公司营运收入为 21.1 万余元，太古轮船公司九江分公司营业额更是高达 33.6 万余元，居各大轮船公司收入之首。①

（三）鄱阳湖流域内河轮运的兴起与发展

虽然轮船航运业在九江商埠的长江航线上迅速发展，但是，在鄱阳湖流域的内河航运上还主要依靠各类大小、功能、式样不同的木船运输，其动力主要是人力或风力。九江被辟为对外通商口岸，西方势力试图将轮船航运业深入到鄱阳湖区。据记载，1862 年美国商人皮尔生等人就分别驾驶轮驳强行驶入江西省内河。② 这些行径并没有得到当地政府的许可。因为，如果内河出现蒸汽轮船运输将会严重影响九江常关的税收。九江海关税务司德鲁先生（Mr. Drew）在 1869 年的九江贸易报告这样写道：

> 地方当局从本地民船的船钞税中获得了可观的收入。九江在大姑塘设有分关，这是帝国的常关和现在的海关所在地；并且其收入逐年增长已达到 26 万关平两，这几乎有一半是来自船钞，船只每航行一次便要交一次税。关督（the Superintendent）每年都要定期上交税收，自然地，总督就会反对任何变革，比如在鄱阳湖上使用小型蒸汽船通航的改革，因为这样一来必然会削减税收。因此……在他考虑是否要支持鄱阳湖投入蒸汽船之前，有必要由北京颁布法令，减少当地常关的配额，或者用一个新的税收计划来

① 《九江近事》，见《申报》1918 年 3 月 1 日。
② 江西内河航运史编审委员会：《江西内河航运史》，人民交通出版社 1991 年版，第 137 页。

取代。①

　　尽管以机器动力为特点的新式交通有其快速和安全的特点，但是江西地方政府一直是抵制新式的汽船通行内河航运。德鲁先生（Mr. Drew）在 1869 年的九江贸易报告提出一个观点：鄱阳湖因为缺乏蒸汽轮船运输"从国外直接进口洋货和土货直接出口到国外，均受到了异常程度的限制"。我们发现下面值得注意的地方：

　　　　九江极度缺乏陆路交通条件，货物的进出流通只能通过水运。要是在其它的地方，这会是一个极为有利的天然优势，但在这儿却成了一种不幸。鄱阳湖波涛汹涌十分危险，穿越湖面必须使用原始而缓慢的帆船，完全不适于此种险境；所以，当风向不利时，它们便无法航行，并且不需要强风就足以将它们赶进港口避难，或将它们冲散在沿岸的残骸中。这里的狂风暴雨频繁，但未必都十分猛烈，犹如贝壳般饱受折磨的船只三三两两的被猛冲上沙滩，或沉入租界面前的江水里，这样的情况并不少见。这造成的后果是，两地间货物的运输本应只要一天的时间的路程，却犹如从纽约到旧金山那么遥远。用船运输像茶叶这样珍贵的货物，有时会在大姑塘停留十多天甚至更久，等到风向变好了，再行驶 27 英里抵达九江。……这已表明，鄱阳湖引进蒸汽船可以为消费者降低进口货物的成本，同时还将会扩大销售市场的范围。同样可以肯定的是，这将有利于茶叶从各个河流经鄱阳湖运往上海。金银财富等资本将会安全地送达茶区，不分昼夜的水上抢劫将会终结。与现在相比，更多数量的绿茶会通过水陆运来；从本省的税收机构的角度考虑，进口商品消费的增长会大大增加厘金税。②

　　这段资料至少说明三个问题：其一，在鄱阳湖上使用帆船是效率低下且非常

　　①　KiuKiang, Decennial Report, 1882－1891. 中国第二历史档案馆、中国海关总署办公厅：《中国旧海关史料（1859—1948）》，京华出版社 2001 年版，第 152 册，第 195 页。
　　②　KiuKiang, Decennial Report, 1882－1891. 中国第二历史档案馆、中国海关总署办公厅：《中国旧海关史料（1859—1948）》，京华出版社 2001 年版，第 152 册，第 194—195 页。

不安全的运输方式；其二，在鄱阳湖区使用小型蒸汽船通航的改革可以提高货物流通的速度和安全性；其三，鄱阳湖引进蒸汽船可以为消费者降低进口货物的成本，同时还会扩大销售市场的范围，由此进出口商品消费的增长会大大增加地方税收。在鄱阳湖上使用小型蒸汽船通航的改革有如此多的优点，刺激和激发地方士绅开办轮船公司的热情。

1896 年，九江成立了首家轮船公司——福康商轮公司，由蔡燕生、邹殿书等人集股 6.8 万两，由邹殿书任经理，购置了五六只小型内河蒸汽轮船。这是长江流域内河航运中最早的一家民族轮船运输企业。[①] 据海关资料记载：

> 本年有创兴公司小轮船，拖带民船，往来内地鄱阳湖，及本埠一带地方之事。查该公司小轮船，于四月十六日，始抵本埠，初来者船身微小，不甚适用，惟近来所到者，尚称合宜，如无苛刻之章程从中阻扰，则将来获利定丰，而商务亦不无因之裨益。[②]

1898 到 1899 年，在九江和波阳又先后成立了和济小轮船公司、顺昌协记小轮局、鄱阳商务内河轮船公司三家公司，运营鄱阳湖内河客货载运，据九江英领事报告云：

> 华商所设小轮船行驶于九江鄱阳湖各口者，水大时可由鄱阳湖而至南昌，水小则仅至赣江口之吴城而止，最大之小轮，吨位有八十二吨，最小者仅六吨而已，除略载鸦片与金银外，皆不合于载货之用，惟搭客则时见不少，若英商小轮则并无一艘。[③]

清末新政时期，江西先后出现了见义轮船公司、祥昌轮船公司、豫章商轮公司、道生轮船公司等十数家内河轮运公司，轮船总计达 30 余艘。这在数量上是

---

① 樊百川：《中国轮船航运业的兴起》，四川人民出版社 1985 年版，第 327 页。

② 《光绪二十二年九江口华洋贸易情形论略》，中国第二历史档案馆、中国海关总署办公厅：《中国旧海关史料（1859—1948）》第 24 册，京华出版社 2001 年版，第 148 页。

③ "九江轮船商务情形"，《湖北商务报》第 96 册，光绪二十七年（1901）十二月十一日。

增长很快的,鄱阳湖内河轮船运输业得到快速发展,由此也引得官府势力开始参与内河轮船载运:

> 江西省九江南昌间从来有小轮船公司称和济者以小轮船四只航行鄱阳湖及其近旁小河,从事运送旅客货物,今次本省官场买收此小轮船四只,以设立江西官轮船总局,东历七月八日开航,布政使按察司道台告示如左:本局得巡抚允准开办内河航业,以振兴商务为宗旨,目下已设总局总理事务,而南昌官轮局使缉私土药总卡经管事务,九江官轮局使统捐土药分局总管,又吴城设官轮分局,凡应抽子口税及厘捐各货物,欲运载于本局轮船者,呈示其税厘收单于本局,而后可领收运载单,又另交付货单以便于运到地收领货物,其城外厘卡委员查验捺印,单内未完纳税厘之货物,一切不准积载,搭客川资,比各公司断不多收,商铺军民人等,须知悉本局小轮船运送货物,搭载坐客,施带民船等甚便捷,本航路七月八日决行开航,川资为众人知悉,别标示各船内,右颇关系日本人跂划航行清国内河轮船事业,故兹报告之。①

在所有的内河轮船运输公司中,道生轮船公司拥有轮船共计 7 艘,共计 257 吨,是在江西内河轮船运输中实力和规模最强大的公司。新政期间的内河轮船运输航线主要集中在赣江—鄱阳湖区。福康商轮公司主要运营九江—南昌—饶州等地的航线,由于客货载运量的增加,在吴城还设立了分公司;鄱阳商务内河轮船公司开辟了饶州—九江、饶州—南昌、饶州—瑞洪的航线;江安小轮公司运营九江—湖口—彭泽的航线,从事载客和民船拖带业务。除此之外,内河轮运也深入到赣江腹地。1904 年广东轮船公司在南昌成立,率先开辟了南昌—赣州的客运航线。② 1906 年祥昌轮船公司开辟了南昌—丰城—樟树—吉安的航线。

总之,在新政期间江西以九江、南昌两港为中心,先后在赣江—鄱阳湖区开辟了九江—南昌—吉安—赣州,九江—湖口—彭泽—饶州—吴城—南昌等十几条航线。由于内河小轮运输的发展,航运公司具奏江西设立商船总公会:"窃查

---

① "新设清国九江南昌之间小轮船官局",《湖北商务报》第 120 册,光绪二十八年(1902)九月十一日。

② 江西内河航运史编审委员会:《江西内河航运史》,人民交通出版社 1991 年版,第 147—148 页。

长江商船往来以九江为中枢,其外港内河亦复舳舻衔接,商埠林立,该商等所请设立商船总公会系为保护航业藉资联络起见,事属可行。"①随之,商船总公会也告成立。

民国鼎革以后,江西内河轮运进入到快速发展时期,拥有轮船公司达30多家,轮船100余艘,总吨位达3000多吨。具体情况详如下表:

表6.1.1　九江、南昌地区华资轮船企业统计表

企业名	设立年	地址	经营者	资本(元)	轮船只数	轮船吨数
福康轮船公司	1896	南昌	蔡金台等	95200	4	103
保胜轮船公司	1898	南昌	南昌商会	112000	18	650
江西官轮船总局(又名豫章商轮公局)	1898	南昌九江		112000	8	349
见义轮船公司	1902	南昌		20000	5	122
见义魁记轮船公司	1902	南昌	邹殿书	95200	4	103
道生轮局	1906	南昌		140000	7	257
祥昌轮船公司	1906	南昌	徐竹亭	112000	4	260
不满百吨者五家	1904—1910	南昌		38000	10	200
晋康轮船局	1914	南昌		58000	6	181
利涛轮船局	1915	九江		30000	5	91
永安轮局	1916	九江		20000	5	64
亚洲轮船局	1918	九江		34160	2	104
不满百吨者17家	1914—1921			134200	24	432

(资料来源:樊百川:《中国轮船航运业的兴起》,中国社会科学出版社2007年版,第453、464页。)

----

① "本部具奏江西设立商船总公会援案请给关防折",《商务官报》戊申第六期,光绪三十四年三月十五日。

从上表中可以明显看出,清末新政时期成立的公司,有些得到了迅速的发展,其中以保胜轮船公司最为突出,拥有 18 艘轮船、总吨位达 650 吨,是江西内河轮船运输行业最大的公司。① 祥昌公司的轮船也达到 260 吨,超过了道生轮局,实力仅次于保胜,魁记等公司也有一定的发展。民国以后成立的轮船运输公司以晋康轮船局、亚洲轮船局规模稍大外,其余公司规模均较小,吨位基本上不满百吨。

民国期间,内河轮船运输的航线也得到进一步拓展。表现在:其一,轮船通行鄱阳湖流域的干、支流,如五大干流的赣江、信江、抚河、饶河、修河与鄱阳湖区均有轮船通行;支流的昌江、乐安河、瑞河、袁河也都有轮船在航行。其二,开拓了为数众多的区间航线,祥昌轮船公司、临江轮船公司、福康轮船公司、保胜轮船公司、魁记轮船公司、长记轮船局、享达轮局等先后开辟了南昌—景德镇、九江—景德镇、南昌—涂家埠、南昌—高安、南昌—抚州、九江—乐平、九江—武宁、南昌—宜春、南昌—余干、南昌—河口镇等一系列区间航线。② 由此形成了辐射整个鄱阳湖流域主要干流和支流的航线体系,轮船营运里程达 1400 余公里。③“鄱阳湖往来载货之洋式驳船,其情形仍极活动,以致本埠各小轮公司知利之所在,咸有添置驳船之意。”④

内河轮船成为揽装客货主要运输工具,发挥着积极重要的作用,海关史料有一段描述:

内港小轮悬挂中国旗,属中国九公司者计有二十八只,悬挂英国旗者有二只,太古公司有轮船名沙市,载重八百十一吨,于本年五六月间常川行驶鄱阳湖,综计各轮吨数共十二万五千八百三十余吨,比上年多八万四千四百余吨。小轮装载生意,以南昌省会暨吴城为最,南昌在鄱阳之南,吴城在湖之西南,昌水道较浅,唯夏季可以畅行,九江距湖口约六十里,湖口距吴城约一百八十里,吴城距南昌约一百八十里,又有小轮数艘上驶武穴,该处距九

---

① 樊百川:《中国轮船航运业的兴起》,四川人民出版社 1985 年版,第 511 页。
② 江西内河航运史编审委员会:《江西内河航运史》,人民交通出版社 1991 年版,第 167—168 页。
③ 江西省地方志编纂委员会:《江西交通志》,人民交通出版社 1994 年版,第 334 页。
④ 《中华民国四年九江口华洋贸易情形论略》,中国第二历史档案馆、中国海关总署办公厅:《中国旧海关史料(1859—1948)》,京华出版社 2001 年版,第 69 册,第 616 页。

江约七十五里，轮运只有行客暨铜元并无别货，近来进出鄱阳湖贸易日有起色，其大宗货物轮运至本口者，计有黄豆一千三百九十余担，生牛皮六百九十八担，各类纸张二万七千四百六十担，米一万四千三百十余担，瓜子五千三百九十余担，芝麻七百九十余担。惟茶叶由小轮装运进口者甚少，共计只四百八十余担，中国茶商喜用土船运茶，沿鄱阳湖一带所出之茶，几乎全由土船装运。……然鄱阳湖往来商务情形，究可卜从此蒸蒸日上也，据闻除沙市轮船外，有人拟添置浅水小轮，以便常川往来鄱阳湖云。①

内河轮运网络的形成和发展，改变了城市之间、地区之间的商品运输和人员往来的原有形态，推动了城乡市场的整合以及与省外市场的联系。根据有关史料记载，外国新式航运公司在九江以经营轮船运输、货栈、进出口贸易等业务为主，从 1862 年到 1911 年，先后共有 12 家外国航运势力在九江设立公司，它们设立洋行、码头、仓库、商行，收购土货品，倾销棉纱、布匹、煤油、火柴、元钉、肥皂等洋货。同样，内河航运发达也促使九江成了鄱阳湖流域土洋货的集散和销售场地，成为经济颇为繁荣的港口城市。

二、南浔铁路的修筑

铁路有"交通之母"的美誉，也是近代工业化的标志之一。20 世纪初，在全国各地掀起了修建铁路的高潮。迫于大势所趋，1904 年江西籍在京任职的官员李盛铎、蔡钧、陈田等联络 110 人联合上书商部，请求在江西境内"自行筹筑"铁路。② 获得政府批准。1904 年 12 月"江西全省铁路总局"在南昌成立，负责全省铁路规划。近代江西铁路规划也曾有过一个宏大的构想：

江西省的铁路系统是一个非常宏大而艰巨的项目，要建成还需很多年。其主要特征是构成了著名的"浔粤铁路"干线，终点站在九江，向南穿越本

---

① 《光绪三十一年九江口华洋贸易情形论略》，中国第二历史档案馆、中国海关总署办公厅：《中国旧海关史料（1859—1948）》第 42 册，京华出版社 2001 年版，第 262—263 页。

② 宓汝成：《近代中国铁路史资料》（下），沈云龙主编：《近代中国史料丛刊续编》第 40 辑，台湾文海出版社 1986 年版，第 964 页。

省，经过南昌、高安、临江府、赣江、泰和、龙泉和赣州，在那里它将往西南方向穿越边界，到韶州与粤汉线汇合，从九江到这里全长约 800 英里。南昌的支线将会与南京、杭州、福州和潮州府的铁路相连，而靖江的支线将会把萍乡出产的煤矿运到九江装运。①

这个规划在全省修建一条南北铁路干线：从九江至南昌、南昌至吉安、吉安至赣州；同时还计划修建由南昌出发的三条支线：经饶州到浙江、经抚州到福建、经萍乡到湖南。但由于经费浩大，难以筹集，因此先修九江至南昌的南浔铁路，全程长达 128 公里。南浔铁路项目的提议始于 1904 年，1905 年三名外国工程师对铁路沿路进行了调查，直到 1907 年在日本工程师的监督下才开始动工，公司也改名为"商办南浔铁路有限公司"。《光绪三十三年（1907）九江口华洋贸易情形论略》记载如下事情：

> 　　至于九南铁路，其工程师现系延请日本人，然举办多年，尚无效果者，实因经济困难，风闻现已向日本银行贷款二百万金，然工巨资征，不免仍形支绌其补助之法，现只抽捐招股两层，抽捐不足，因招股而益之，但招股一事亦颇不易，缘资本家断不欲掷黄金于虚牝夫，使金钱流出而把握毫无，人亦何乐为之，此亦天下之公理也。②

南浔铁路的修建过程极其艰难，资金不足使其从一开始动工就饱受影响。铁路工程只有分段进行修筑，整个 128 公里的铁路切割成三段进行：第一段先修九江—德安，第二段德安—永修，第三段永修—南昌。经过近 4 年的修筑，第一段九江—德安在 1911 年告成，通车至德安。此时由于工程款已经用完，第二段工程被迫停工。1912 年起先后三次借贷日款 750 万元，工程才断断续续进行。③

---

① KiuKiang Decennial Report, 1902－1911，中国第二历史档案馆、中国海关总署办公厅：《中国旧海关史料（1859—1948）》第 155 册，京华出版社 2001 年版，第 138 页。

② 《光绪三十三年九江口华洋贸易情形论略》，中国第二历史档案馆、中国海关总署办公厅：《中国旧海关史料（1859—1948）》第 46 册，京华出版社 2001 年版，第 278 页。

③ 宓汝成：《中华民国铁路史资料（1912—1949）》，社会科学文献出版社 2001 年版，第 317、318、319 页。

到 1915 年 9 月才通车至南昌牛行,全部工程最终勉强完成(三座大桥未完全建成)。《九江海关十年报告(1912—1921)》记载情形如下:

> 铁路公司名义上的资本有四百万两,但是其中有超过一半是捐赠的。南浔铁路分为三段:从九江到德安为第一段,德安到涂家埠为第二段,涂家埠到南昌为第三段。尽管事实上这条线路没有遇到任何重大的工程困难,但是进展缓慢,直到本报告撰写期间(1911 年),只有第一段的一部分已经完工了,也就是修到了马回岭,线路长约 24 英里,现在这段铁路已经通车了。与此同时,捐赠的资金已经耗费殆尽,因此工程暂时搁置。据估计,完成这项任务还需要二百多万两,现在正在努力筹集这笔款项。[①]

1916 年,耗时长达 9 年全长 128.35 公里的南浔铁路宣告全线修通。全线设九江、沙河、黄老门、马回岭、德安、永修、涂家埠、新祺周、乐化、南昌等 11 站。[②] 修筑经费巨大,共耗资 9067001 元,平均每公里达 70835.9 元。[③] 沉重的耗费给南浔铁路运营造成很大的困难:一方面是给南浔铁路管理当局带来沉重的债务负担;另一方面,多次借贷外债,也使铁路的营运权丧失。海关报告也有详细记载:

> 1913 年夏天,南浔铁路公司以这条铁路线和财产作为抵押,从台湾银行获得了五百万两的贷款,以继续修造铁路,最终于 1916 年竣工,总计花费一千两百万美元。每天有四列火车运行,往返各两趟(两列从南昌—九江,两列从九江—南昌),行程大约要 5 个小时。铁路车辆的组成有 10 个火车头,16 节客车车厢,80 节货车车厢。[④]

---

　　① KiuKiang Decennial Report, 1902－1911,中国第二历史档案馆、中国海关总署办公厅:《中国旧海关史料(1859—1948)》第 155 册,京华出版社 2001 年版,第 155—381 页。

　　② 江西省政府统计室编:《江西年鉴》1936 年版,第 571 页。

　　③ 熊学明:《南浔铁路的创办与沿革》,中国人民政治协商会议九江市委员会文史资料研究委员会编:《九江文史资料选辑》第 1 辑,1984 年 7 月,第 94 页。

　　④ KiuKiang Decennial Report, 1912－1921,中国第二历史档案馆、中国海关总署办公厅:《中国旧海关史料(1859—1948)》第 156 册,京华出版社 2001 年版,第 348 页。

《中华民国五年九江口华洋贸易情形论略》对南浔铁路的运营也有详细的记载：

> 南巡（浔）铁路，得此时机，贸易转形发达。查本年该铁路各桥工告成，火车可直达南昌。六月六日，为车达南昌之第一次，时计四钟有半，是较小轮平常，须二十四钟之久，其便捷有霄壤之分矣，曾调查该路建筑时间，已十易寒暑，费去银圆，则达一千二百万，营业所入，日约六百圆，水涸时可倍之，此外更有铁路货捐月得银圆，可以万计，其捐系由湖口税局加征纸张、木植、夏布、米、靛等货所得，该铁路现有机关车十辆，客车二十五两，货车七十五辆，旅客车资，头等每位银圆三圆二角五分，第降至四等为五角，运货费则分货色，每吨由四圆九角六分，以至一圆六角。①

南浔铁路的工程质量非常糟糕，也从未有多余的资金对其进行维护，最后使得火车、路基以及桥梁均失修、受损严重。归根结底，南浔铁路从通车起就一直处于亏本运营。《中华民国八年九江口华洋贸易情形论略》对南浔铁路初期的盈亏有详细的记载：②

> 南浔铁路，本年所收运费，较前有增，共得银六十余万元。内中以米占多数，该路欠日本币额，为七百五十万元，每年应缴息金五十二万五千元。有名铁路货物捐者，系用为该路还息之辅助金，其捐由湖口税局代征，月约得银一万元，湖口税局设于鄱阳湖与扬子江汇合之处，然该路运费等项，入款虽巨，无如出入，仍不能相抵，以至该局办事员之薪水，积欠三月之久，尚未发给。至夏历年关时，恐尚须向台湾银行息借小款，以资开支。查该路借款，约在民国十一十二年间，始到偿还之期，而本省人士，因有停销日货之

---

① 《中华民国五年九江口华洋贸易情形论略》，中国第二历史档案馆、中国海关总署办公厅：《中国旧海关史料（1859—1948）》第 73 册，京华出版社 2001 年版，第 629—630 页。

② 《中华民国八年九江口华洋贸易情形论略》，中国第二历史档案馆、中国海关总署办公厅：《中国旧海关史料（1859—1948）》第 77 册，京华出版社 2001 年版，第 685 页。

举，且利用金价低落时机，现亟筹还款之法，拟仿行奖券，以资抵注。

《九江海关十年报告（1912—1921）》也有相类似的记录：

南浔铁路每年的总开支达到 80 万美元左右，而年总收入约 60 万美元。为了能够偿还向日本贷款的利息，1913 年商人们同意对江西土货征收一项特殊的商品税，由湖口厘金局征收；每年从这项税收中划出 12 万美元交给南浔铁路公司。然而，尽管有这样的资助（在此项政策下），南浔铁路公司不但未能偿还日本人的贷款，而且利滚利，负债越来越多，可见该铁路迟早都会被日本人接管。[1]

南浔铁路在很大程度上入不敷出，营业收入无法满足日常基本的维修和保养费用，更不用说偿还日本贷款。其情形如下表所示：

表6.1.2　1915—1920 年南浔铁路收支一览表（单位：元）

	营业收入	费用支出	盈亏
大正四年（1915）	97815.107	－	
大正五年（1916）	158919.107	244832.93	－85913.823
大正六年（1917）	344538.89	369706.85	－25167.96
大正七年（1918）	401748.53	412327.61	－10579.08
大正八年（1919）	541044.04	499659.34	41384.7
大正九年（1920）	644611.03	642980.95	1630.08

（资料来源：日本外务省通商局编印：《在九江帝国领事馆管辖区域内事情》大正十二年（1923），第 117 页。）

南浔铁路是江西第一条商办铁路，由于债务沉重、机构冗杂、管理混乱，公司

---

[1]　KiuKiang Decennial Report，1912–1921，中国第二历史档案馆、中国海关总署办公厅：《中国旧海关史料（1859—1948）》第 156 册，京华出版社 2001 年版，第 348 页。

运营亏损很大,管理权几易其手,南浔铁路最终改归铁道部管理。尽管如此,南浔铁路在很大程度上便利了旅客出行和货物运输,极大地改善了九江到南昌途中水运的不便,并将行程缩短到只需要五个小时,是江西陆路运输近代化的一小步。

三、现代公路的延伸

江西内地山地较多,相比发达便捷的水上运输,陆上交通非常不便,道路泥泞坎坷,长期以来都是依靠小车、牲口、挑夫等通行。江西最早的现代公路建设是长14公里的九莲公路,是九江至庐山莲花洞通道,1909年,用省库银5万两修建而成。该路不仅是江西第一条现代公路,也是当时中国较早修建的公路之一。[①]

1911年设立了江西省道委员会,并确立了六大干线方案,计划以南昌为中心修建六条道路,分别通往广东南雄、湖南醴陵、浙江常山、福建汀州、安徽祁门和湖北通城。[②]

江西省的道路建设发展较快,"赣省公路建设,年来突飞猛进,南昌至樟树一段,业已工竣通车,现有长途汽车四十辆,往来行驶,将来拟扩展至新淦及抚州,而武宁汽车路,现亦筑至箬溪,并将开拓至涂家埠,以与南浔路线衔接,常玉公路(常山至玉山),行将筑至河口,牯岭汽车路,亦会加以修筑,所有狭窄地段,业已从事展宽矣"[③]。不仅如此,城市的街道也大有改善,"南昌市内路政,日渐刷新,尤以中山路最称整齐,其他市政工程,亦同时积极推进,昔日南昌故郡,兹已焕然一新矣。至于九江街道,亦正陆续修筑,旧日城垣,多已拆除,兴建环城马路,计由西门以至南门一线,长凡四千二百英尺,宽四十二英尺,路身均系土沙所

---

① 中国最早的公路是1908年修的龙那公路,即广西龙州至那堪的公路。参见严昌洪:《20世纪中国社会生活变迁史》,人民出版社2007年版,第130页;也有学者认为中国最早的现代公路是1913年修建的长沙至湘潭的一段长50公里的军用公路。参见金家凤:《中国交通之发展及其趋向》,正中书局1937年版,第113页;周一士:《中国公路史》,台湾文海出版社1957年版,第103页。

② 日本外务省通商局编印:《在九江帝国领事馆管辖区域内事情》,大正十二年(1923)十一月,第115页。

③ KiuKiang Decennial Report,1922—1931,中国第二历史档案馆、中国海关总署办公厅:《中国旧海关史料(1859—1948)》第158册,京华出版社2001年版,第97页。

筑，两旁侧道，则铺以水泥"①。

作为开埠口岸，九江的道路建设领先于江西全省，城内外除了旧街市仍是狭窄的石子路，滨兴洲附近的新街市已经是宽阔的新式马路，基础设施完善。为了便捷商品流通，九江周围地区的道路建设也发展较快，1932 年永修—武宁线开通，1935 年九江—南昌线也开通，由此以九江为中心的赣北公路网络已基本形成。

以九江到莲花洞的公路为例，这条公路是 1910 年由玉成运输公司修建的，全长约 14 公里，莲花洞位于庐山山脚，是九江到牯岭的必经之地。"而在 1912 年玉成运输公司停止运营后，这条公路由于无人维护就迅速损坏。1917 年张谋知被授予这条公路上车辆行驶运营的垄断权，前提是他不仅要维修这条公路，还要维持道路秩序。张谋知的客运业务从两辆车起步，后逐渐增加至五辆，客运业务在整个夏季有条不紊地展开。客运业务做得很成功，这给到访牯岭的旅客带来了极大的便利，过去平原上两个小时沉闷的车程缩短为 20 分钟愉悦的体验。路面得到了维修，旧桥也被钢筋混凝土结构取代。"②《中华民国六年（1917）九江口华洋贸易情形论略》对此事也进行了详细的报道：

> 本年有人设一牯岭汽车行，于六月一日，开始营业，初备摩托车二辆，后又加一辆，由九江载客以达莲花洞，而牯岭公司为免游客受路污秽之汽起见，特备小艇，载客由龙开河水道以达该汽车行，按从前避暑者乘舆至莲花洞，须历二时之年久，令人颇觉烦难，现只须时二十分钟，其便利游客如此，不禁深盼该行营业能悠久，获利且丰也。

1928 年，《江西省修治六大干线实施计划书》由省公路处制定完成，江西开始有计划地展开公路建设。九江到庐山和湖口到景德镇线由江西省建设厅修筑；③1930 年底，江西公路处修通了长 14.4 公里的南昌至莲塘公路；1931 年底，

---

① KiuKiang Decennial Report，1922—1931，中国第二历史档案馆、中国海关总署办公厅：《中国旧海关史料（1859—1948）》第 158 册，京华出版社 2001 年版，第 98 页。

② KiuKiang Decennial Report，1912—1921，中国第二历史档案馆、中国海关总署办公厅：《中国旧海关史料（1859—1948）》第 156 册，京华出版社 2001 年版，第 156—349 页。

③ 参见江西省交通厅公路管理局编：《江西公路史》第 1 册，人民交通出版社 1989 年版，第 69 页。

江西修筑了 223.8 公里赣粤闽等省际干线公路。① 同时地方政府与士绅也开始投资公路建设。如常玉汽车股份有限公司就在浙赣边界区先后修建了常玉广公路、广江衢公路以及玉山—常山公路、上饶—玉山公路等数条省际和区间公路,总里程达 214 公里。至此,江西全省总共拥有公路里程 450.8 公里。

1931 年底,熊式辉正式宣誓就任江西省政府主席。督赣十年,在熊式辉的支持下,江西的公路建设步入了一个黄金发展期,到 1932 年底,江西公路处就筑路 792 公里。② 1932 年 11 月,在汉口召开了鄂赣苏浙皖湘豫七省公路会议,制定了七省公路联通对接计划,受此影响,江西的公路建设进一步提速。此后 5 年,全省 83 个县除了上犹、寻乌、崇义等少数几县尚未联通公路,已有 75 个县通了公路,基本形成以昌九为中轴的全省公路网,在省际公路方面赣浙、赣皖、赣湘、赣粤、赣闽、赣鄂的联络公路也已经全部联通,总计里程达 6618.3 公里。

抗战爆发后,江西依然修筑公路 1110 公里。加上以前修筑的公路,到 1941 年共修筑公路达 7487 公里。但是战争的破坏也十分惊人,抗日战争结束,江西仅剩 1337 公里可通车的公路;解放战争结束后,江西仅剩下 647 公里可通车的公路。③

第二节　新式邮政成为信息沟通的重要组成部分

明清时期,国家通信系统主要分为两类:一是历代沿袭的官办邮传系统,一是民间经营的民信局。自 19 世纪 40 年代开始,西方势力进入中国,信息工具也随之得到发展,通信系统日益多元化。主要表现在新式邮政的发展、电信网络的建立、新式报刊的创办,它们又为商品流通特别是商业的信息传递,提供了非常便捷的物质和技术手段。

一、江西传统的信息吸纳与传输

江西传统的信息吸纳与传输途径主要依赖官办邮传系统和民间的民信局来

---

① 江西省交通厅公路管理局编:《江西公路史》第 1 册,人民交通出版社 1989 年版,第 94 页。
② 谭炳训:《十年来之江西公路》,江西省政府编:《赣政十年》,1941 年印。
③ 江西省交通厅公路管理局编:《江西公路史》第 1 册,人民交通出版社 1989 年版,第 181 页。

传递文书信息。官办邮传系统专门负责传递官方往来文书信函；民信局是在明朝永乐年间兴起的民营通信机构，专为商民投递家书信件。

（一）邮传系统

邮驿，是中国古代官方通信和交通系统。其中，步递为"邮"，车递为"传"，马递为"驿"。驿传途中停驻之处曰"置"，邮递中途停驻之处曰"亭"，所有机构和设施构成一套完整的邮驿系统，优先为政治、军事服务，承担着传递文书、接待使客以及转运物资的任务。明代学者胡缵宗《愿学编》曰："今之驿传，犹血脉然，宣上达下，不可一日缓者。"

江西的驿路在唐代大体成形，主要有如下几条：其一是纵贯全国的京广驿路，长安—中原—鄱阳湖—赣江—大庾岭—广州，在江西境内就是依赖赣江—鄱阳湖水运体系；其二是浙赣间洪衢驿路，洪州—余干—贵溪—弋阳—信州—玉山—衢州；其三是信州驿路，由信州—鄱阳县—江州并入京广驿路；其四是江宣驿路，宣州—江州—长安。①

宋元时期，宋代江西地区设县增多，新开辟了一些区间驿路，大致如下：赣闽间设有洪州—福州的洪福路，信州—福州的信福路，由江西永丰县—福建浦城县的永浦路；湘赣间设有江西清江县—湖南潭州的清潭路；在江西境内开辟了建昌军—南城县—赣州的驿路，通过赣州而通往赣南各地并与京广驿路相连接。两宋时期，江西共建有驿站113处，通往相邻省区的边界上和江西省区域内的主要交通要道大多都设置了驿站。

元朝改称驿站为"站赤"。在江西以省治龙兴（南昌）路为中心，通往各地的驿路主要有如下几条：一是传统的京广驿路；二是赣闽间龙兴路—福州路的龙福路；三是皖赣间江西余干州—安徽徽州的余徽路；四是浙赣间龙兴路—杭州的龙杭路，余干州—衢州的余衢路；五是闽赣间南城县—福建建宁县的南建路。②

明清时期，由于陆上驿路开始呈现网状化，政府也开始全面规范了陆上交通的管理，由城市到基层的道路畅通。清代驿站由中央和地方两级组成，中央驿站归兵部，辖有车驾司掌管驿马传车的政令；地方州县的驿运由政府设置驿丞管

---

① 魏嵩山、肖华忠：《鄱阳湖流域开发探源》，江西教育出版社1995年版，第124页。
② 江西公路编写组：《江西公路史》，人民交通出版社1989年版，第17—18页。

理,设司道总管全局,按照驿路的轻重分出品级,规定役夫、车马的数量。

　　鄱阳湖流域的驿站机构根据所属类型、给役方式等不同有水马驿、急送铺、递运所三类。水马驿一般以60~80里设置一处,对于繁忙的驿路,视递送任务的轻重分别设置30到80匹不等的驿马,对于一些次要的传输路线则设置5到20匹不等的驿马;急递铺由于要追求传递的速度,一般每10里则设一所,设铺司1人,铺兵4~6名不等;递运所的任务主要是传递物品,设置一定数量的车辆、车夫和牛不等,按车辆载重量的大小给配车夫和牛,载重量大的车按每车车夫3人、牛3头配置;载重量小的车,则按一人一牛给配。① 现以鄱阳湖沿湖各县的陆上交通机构设置为例,说明大致情况。

表6.2.1　赣北部分府县驿站设置情况表

府县		驿站	递夫数	驿马	马夫	设铺	司铺兵
南昌府	南昌县	南浦驿	80人	46匹	13人	16人	57人
	新建县	县驿	110人	59匹	18人	15人	60人
	进贤县	县驿	28人	4匹	2人	19人	55人
九江府	德化县	浔阳驿	150人	50匹	15人	–	–
	德化县	通远驿	150人	50匹	15人	21人	63人
	湖口县	县驿	38人	4匹	2人	9人	25人
南康府	星子县	县驿	30人	–	–	13人	36人
	都昌县	–	–	–	–	18人	37人
	建昌县	县驿	150人	50匹	15人	21人	63人
饶州府	鄱阳县	县驿	12人	3匹	1人	39人	95人
	余干县	县驿	12人	2匹	1人	21人	52人

(资料来源:光绪《江西通志》卷92,《经政略九》。)

　　邮驿制度是"国家大动脉",主要传递政府公文信件、军事情报甚至是外交

① 江西省地方志编纂委员会:《江西省志·江西交通志》,人民交通出版社1994年版,第161页。

使团信件等,它对于国家政令的上传下达、军事事务的及时处理、地方行政号令的传送以及社会经济发展等均有着重要作用。但是,庞杂的邮驿体系也确实耗费了大量的国家人力、物力和财力:"此时驿站一举,不但专为国家寄发公文,即各省官员往来过境,亦可由驿供应接送。各省每年为驿站所需之款,即为购养马匹、租修房屋、津贴员役等项,为数实用不赀。"①江鄂两督奏议内称"驿站岁费三百万两,文报最迟,其于驿站腐败情形"②,效率低下,此系统至光绪末年,裁驿添邮后才最终废除,而江西恰恰是率先试验的地区。

(二)民信局

民信局是在民间寄递信件、物品、经办汇兑业务,由私人经营的盈利的通信机构。它在明代永乐年间(1403—1424)由宁波帮商人首创。晚清咸丰、同治、光绪年间,全国大小民信局达数千家,机构遍布国内外,形成内地信局、轮船信局和侨批局。晚清时期,民信局基本上是上海设总店,各地设分店和代办店,彼此之间联合作业,构成了一个庞大的、完善的民间通信网络。

鄱阳湖流域的民信局以九江口岸最著,据称:"浔埠信局,在邮政未开办之先,势力颇大。"③《教会新报》刊登的"福兴信局警白"(广告)可以佐证当时九江民信之发达。

> 警启者,小局现蒙商号见爱,委属议设福兴信局专送镇江、金陵、扬州仙女镇、九江、江西、汉镇等处之信,星夜驰送,飞去复来,指日回音,业经本局司事邀齐各局司事重整规矩,议定章程,各路信札均由轮船来往,拣选稳妥,诚实夥友,格外赶快,竭力投送,凡仕商号栈赐顾者,庶认明福兴票不致有误,因近来信局丛多,恐有假冒混收混接事,将信札延搁日期,不思攸关紧要,只贪萤利为己务,望贵商号留神免得错误,特此预闻。……局设……九江西门外。同治七年(1868 年)正月。④

---

① 中国近代经济史资料丛刊编辑委员会编:《中国海关与邮政》,科学出版社 1961 年版,第 101—102 页。
② 中国近代经济史资料丛刊编辑委员会编:《中国海关与邮政》,科学出版社 1961 年版,第 125 页。
③ 九江指南社编印:《九江指南》,1932 年版,第 44 页。
④ "福兴信局警白",见《教会新报》,台湾华文书局印行(影印本),第 21 页。

从民信局分布来看,是以九江为中心向鄱阳湖流域的商埠重镇如南昌、吴城、樟树、吉安、饶州、景德镇等传布开来,形成了总号辖分号,分号辖子号以及代理店的层次布局。据九江海关资料记载:

> 全太盛、福兴、胡万昌、森昌、乾昌、忆天、全太洽、协兴昌、政大源、太古晋、铨昌祥、正和协、张瑞丰、铨昌仁,这些都是邮政的代理机构,并不是分局,有些还是几家代理机构由同一个人负责,他们会在门口挂上标志性的牌子。这些邮政代理机构的总部大多都在上海或汉口。它们都是通过轮船与各个通商港口进行联系往来,与每个省的往来则是通过其它的方式。每个代理机构的服务都有自己的独特方式和范围,也许所提供的服务在这个地方尤受欢迎而在另一个地方就业务平淡。其中全太盛是最受欢迎的机构,并且江苏省和浙江省的本地邮政系统是最发达完善、利润最高的——据说,那里许多较大的村庄都有邮政代理机构。[1]

这14家邮政代理机构安排了固定的时间,分别轮流在各个地区派送邮件,轮到的代理机构会派遣一帮人员来替这14家机构一起派送邮件。这样的运作对于各个机构非常经济合算,同时还能为大众提供稳定的服务。自此以后,民信局数量逐渐增加至21家,这些民信局都与上海、汉口等商业中心保持密切的关系。在鄱阳湖流域,在南昌、饶州、吉安、赣州及鄱阳、乐平、弋阳、贵溪等府县以及吴城镇、景德镇、樟树镇、河口镇建成的信局,也与总、分号命名,彼此之间相互辖属。

江西民信局的信件投递以九江为总汇寄送各地,在时间和投送点彼此之间相互错开,联合作业。每月一、四、七日由福兴、全太盛代理机构派遣信使,分别将邮件送往南昌府、吉安府、赣州府和樟树镇;二、五、八日则由全太盛、森昌两家机构负责把邮件送往贵溪县、弋阳县和河口镇;三、六、九日则由全泰、治乾昌、忆太、森昌、协兴、昌政、胡万昌这几家机构负责寄送八府四镇;每逢日期中出现一、三、六、八时由张瑞丰、太古晋、全太盛、政大源和福兴负责吴城镇的邮件派送;每逢日期中含有二、四、六、八的时候,就由乾昌、全太盛、福兴和铨昌祥负责将邮件

　　① KiuKiang Decennial Report, 1882 - 1891,中国第二历史档案馆、中国海关总署办公厅:《中国旧海关史料(1859—1948)》第152册,京华出版社2001年版,第200页。

送往景德镇、饶州府、乐平县和鄱阳县;除了上述 12 个机构组成的邮递联盟外,义宁州在茶季也能收到九江的来信,但是这些信件也仅仅只是通过张瑞丰派送的,当然很多情况下也是有专递的。这个时候,信件到达的时间总是固定的,因为这些信件常常都是急件。信件最快送到大约需要 3 天,根据信件送达时间的长短,每封信的邮费 40~60 文不等。到了茶季,人们往往会利用这样的通信机会。

邮政机构没有固定的收费标准。老顾客通常都能打折,顾客的私人信件一般也不收费,直接加盖邮戳。然而,下面这张关税表体现了平均收费水平,长江流域各个地方与最近的通商口岸之间的邮资费率是成正比的:

表 6.2.2   由九江发往各地的民信局收费情况表

目的地	普通信件和小包裹	寄钱:美元	寄件支票
上海	50 文	1 美元:10~12 文	1000 两:700 文
汉口、镇江、芜湖	30~40 文	1 美元:5~6 文	1000 两:400~600 文
吉安府、赣州府、河口镇、弋阳县、贵溪县	100~200 文	1 美元:15~20 文	1000 两:1000~1200 文
樟树镇、景德镇、饶州府、乐平县、鄱阳县	40~60 文	1 美元:10~12 文	1000 两:700~800 文
南昌府	30~40 文	1 美元:10~12 文	1000 两:600 文
吴城镇	20~30 文	1 美元:5~6 文	

(资料来源: KiuKiang Decennial Report, 1882－1891,《中国旧海关史料(1859—1948)》第 152 册,京华出版社 2001 年版,第 238 页。)

同样,九江海关邮政也通常通过民信局来拓展邮政事务。《九江海关十年报告(1892—1901)》还有如下描述:

  本地邮政代理机构——1897 年 2 月帝国邮政局开放时,还存在 16 家本地邮政代理机构,相继进行了注册,他们承诺通过帝国邮政局发送所有的对外邮件,作为回报,所有的内地邮件则由他们来送发。这些本地邮行组成了庞大的邮政系统,它们的邮政代理机构分布在全省的各个地方,反过来这些邮行又成为帝国邮政的代理。这些邮行的收费不同于帝国邮政局，它规定了每一笔的邮费和额外的运费；节俭的中国人似乎更喜欢这种运作模式，即邮资由寄件人和收件人分摊，而不是由寄件人支付全部的邮费。在某些情况下，为了方便商人和庄家，他们与邮行还签订了协议，按年来缴纳一定的费用，在没有邮票的情况下，这显然有着很大的优势。

目前，九江有 19 个本地邮政代理机构，其中有 18 个在帝国邮政局注册了。未注册的邮行的业务几乎完全限于内陆，茶季时期，由于信件和包裹通常都是紧急性质，会有专门的信使到义宁州，在规定的日期运送。[①]

大清邮政局成立以后，民信局存在如故。民国邮政史专家谢彬曾指出民信局与邮政并行之原因有主、客观两个方面：

> 信局主观之便利有三：一是信局开设之初，只须呈请地方官备案，其余一切自由而不受官厅拘束。二是邮局初办之时，与信局提携，一而对已挂号各信局之邮件，分别减费免费为之寄递；一而利用信局投递僻远地方之邮件。三是未经向邮局挂号各信局，仍可按照惯例，嘱托轮船买办，铁路路员带运信件，稳妥迅速闷于邮局，有时尚无须付出运费。民信局客观上较邮政便利有五：（一）邮局开办之初，凡极顽固与无常识者多不解邮局为何物，其观邮局投递信件，不如信局可靠。（二）邮件封面载明内藏物品，邮局初办之时，对此严加取缔，信局习惯相沿一律递寄，人以为便。（三）信局信资不必先交，可于年终三节或四季结帐，此最便于小商店经济之运用。……（四）信局极为主顾便利，每于适当时候，派人临门收信，旧式商店惯例办理信件，恒在夜间，信局对各大市镇必俟夜深始往收信。又于发寄班期常依主顾便利销为延长时间，商店极为满意。（五）信局对于主顾，收取信资恒观邮局低廉，其招徕方法或打折扣或按季节交纳。[②]

---

①　KiuKiang Decennial Report, 1892 - 1901，中国第二历史档案馆、中国海关总署办公厅：《中国旧海关史料（1859—1948）》第 153 册，京华出版社 2001 年版，第 370 页。

②　谢彬：《中国邮政航空史》，中华书局 1928 年版，第 35—36 页。

　　在邮政未发达以前，偏僻州县市镇，多未开办邮局，其地商民恒与邻近地方民信局交涉，请往其地开办代理店，民信局即就其地委托一般殷实商号代办。或自派人前往开办，初称试办代理店，每年规定缴款若干信资收入，如实入不敷支出，得由民信局缴款项下弥补，如收支相抵，尚有盈余，则归承办人享有，迨经历稍久，信件日增，即改为正式代理店，自是以后，缴款必须解齐，不能向局请津贴损失，此为江西民信局开代理店独存有之程序，为他省民信局所无者。

二、九江海关时期的江西邮政业

（一）海关邮政的源起

　　中国新式邮政之兴，源起 1866 年，受总理衙门委托，海关兼办邮政。1878 年获得清政府允许，"津海关税务司德璀琳任邮政司，统管各地邮政"①。开始试办邮政业。1882 年，所有通商口岸都设立了邮政馆，"将其它海关邮政处接收而转发的邮件在宁波、汉口、芜湖、九江加以分拣并转往它处"②。九江海关是重要的邮件分拣点，1882 年 11 月，德璀琳还给九江海关寄来面值分别为 5 分、3 分、1 分银的邮票各 2500 枚，价值关平银共 225 两。③

　　1896 年 4 月 30 日，总税务司赫德接到总理衙门委托总办邮政，发布《邮政开办章程》。事情记录在 1896 年 4 月 30 日总税务司赫德通令第 709 号："光绪二十二年二月初七日（1896 年 3 月 20 日）总理衙门折：现将京都、天津、牛庄、烟台、重庆、宜昌、沙市、汉口、九江、芜湖、镇江、上海、苏州、杭州、宁波、温州、福州、厦门、汕头、广州、琼州、北海、蒙自、龙州等处所设之寄信局，统作为邮政局。"④根据章程规定，京都、九江等全国 24 处海关寄信局改称为"大清邮政局"。此事件在 1904 年 3 月 15 日总税务司赫德致外务部申呈第 696 号也得以详细记录：

　　　　窃查各国于邮政一举，均视为国家政治之一端，不使利权旁溢，故能上

---

　　①　海关总署编译委员会：《旧中国海关总税务司署通令选编》（第一卷）（1861—1910），中国海关出版社 2003 年版，第 233 页。

　　②　许和平、张俊桓译：《清末天津海关邮政档案选编》，中国集邮出版社 1998 年版，第 118 页。

　　③　许和平、张俊桓译：《清末天津海关邮政档案选编》，中国集邮出版社 1998 年版，第 120 页。

　　④　中国近代经济史资料丛刊编辑委员会编：《中国海关与邮政》，科学出版社 1961 年版，第 81 页。

裕国帑,下便商民,成效昭然,有目共睹。当日国家见及于此,因于光绪二十二年二月初七日由总理衙门奏遵旨议办邮政,请由海关所设邮递推广,饬总税务司专司其事,由总理衙门总其成。①

九江邮政局　　　　　　　　　　　　　　　　九江海关邮票票样

（九江市史志办公室编：《九江老照片》,武汉人民出版社2012年版,第59页）

九江海关邮政局于1896年12月成立,由九江海关税务司兼管邮政事务,"照他项关务会同监督商办"②。1902年7月3日总税务司赫德致外务部申呈第274号附件：《邮政总分各局绘具全图并拟节略》记载："由江西九江口岸至广东之三水口岸,途经江西南昌、南康及吉安,业已通行。其余江西之赣州、南安,广东之韶州,即拟开办。又南昌至福建之邵武,尚拟开办。由邵武至福建之福州,业已通行。"③

1905年3月6日赫德致外务部申呈京字第51号附件：光绪三十年份邮政节略："上海总理邮界司,驻扎上海,统辖江苏、江西、安徽、浙江四省邮务,其内分

①　中国近代经济史资料丛刊编辑委员会编：《中国海关与邮政》,科学出版社1961年版,第122页。

②　中国近代经济史资料丛刊编辑委员会编：《中国海关与邮政》,科学出版社1961年版,第81页。

③　中国近代经济史资料丛刊编辑委员会编：《中国海关与邮政》,科学出版社1961年版,第107—108页。

有上海、镇江、南京、芜湖、大通、九江、苏州、杭州、宁波、温州等邮界。"①1899 年，大清邮政确定以海关辖区为邮界，九江被列为全国 35 个邮界之一，称为"九江邮区（界）"，统辖江西区内的 13 府、宁都直隶州 77 县的邮政事务，隶属海关总税务司北京邮政总署。

1906 年 9 月，清王朝成立邮传部，接管邮政。1909 年 11 月 20 日署总税务司裴式楷致邮传部节略附件称："江西之九江，安徽之大通、芜湖，应归九江一处办理……其由税司兼办者，现拟派人施行接办，业经蓄有谙练之员，不致有棘手之虞。"②为了顺利完成交接，1910 年，邮传部以行政区替代海关辖区，邮政格局发生变化，九江邮总局让位于省治南昌而为副总局："所有照中国省分属地重行组织之国各界开列于下：江西省，隶属南昌府总局及九江府副总局"。③ 由此，九江海关税务司不再兼管邮政，"九江邮政进步极速，势须特派专员管理，故于（1910 年）十月初派邮务长以总赣省邮务"④。1911 年，九江海关兼办江西邮政事务从此终结。

（二）九江海关邮政业的进展

海关总税务司赫德统办邮政后，便积极拓展邮政业务。"总税务司查贵衙门询问之端有二：一系邮政须如何设法推广，一系如何裁撤驿站归邮政代办。"⑤但海关邮政事业的拓展也面临诸多困难，一方面要应对列强控制的客邮和清政府邮传系统的抵制；另一方面还要面对民信局的激烈竞争和排斥。面对如此情形，海关邮政积极拓展邮路、邮点，不断充实自身邮政业务来击败竞争对手。

1. 积极拓展邮政业务

海关办邮政之前，中国已经有了官府的邮驿系统和民间的民信局，而且还有负责递送京都各衙门与通商口岸公文信函的文报局。由于受到民信局以及官府驿站的影响，需要官宪出面大力帮助。1901 年 7 月 21 日海关税务司兼邮政总办

---

① 中国近代经济史资料丛刊编辑委员会编：《中国海关与邮政》，科学出版社 1961 年版，第 131 页。
② 中国近代经济史资料丛刊编辑委员会编：《中国海关与邮政》，科学出版社 1961 年版，第 190—191 页。
③ 张志和、胡仲元：《中国邮政事务总论》上册，北京燕山出版社 1995 年版，第 207—208 页。
④ 《宣统二年九江口华洋贸易情形论略》，中国第二历史档案馆、中国海关总署办公厅：《中国旧海关史料（1849—1948）》第 54 册，京华出版社 2001 年版，第 330 页。
⑤ 中国近代经济史资料丛刊编辑委员会编：《中国海关与邮政》，科学出版社 1961 年版，第 91 页。

阿理嗣(J. A. Aalst)致赫德申呈中就要求总税务司赫德帮忙协调各方关系。其文如下:

> 况邮政电政与他项政务一同关系紧要,是以总办现所欲请贵总税务司敦劝中国各大宪协力襄助之事,即系:现在邮政既未曾于各省、府、厅、州、县、村、镇设立分局,则内地老民局暂时不能谓为无用,是以目下无论如何不便伤其裁撤,惟各口岸所有轮船信局,殊属毫无所用,若即行饬令闭歇,实与官局商民两有裨益,促此刻无庸一旦灭其生路,莫若即令内地民局输船信局一并遵照所订之邮章,事事与官局联络,即可察其向背,斟酌去留,可用者留在官局营业,无用者逐渐饬其另外谋生。……
> 中国驿站之设由来久矣,此时驿站一举,不但专为国家寄发公文,即各省官员往来过境,亦可由驿供应接送。各省每年为驿站所需之款,即为购养马匹、租修房屋、津贴员役等项,为数实用不赀;自有轮船以来,驾驶驳可到之处,地方官业已不用驿站,将来铁路偏通各处,则驿站自然一律无用。至官员由驿站供应一层,邮政局固属无能为力,惟专为害寄发各项公文一层,各省督抚以后谅无成见,不交邮政局寄送。刻因邮政将欲在各直省省城、府、厅、州、县推广设立分局,或由火车革,或由轮船,或由马匹,或由人役,均按一定时刻往来寄送,凡官文书暨应登薄之要件,邮政局自必加意慎重逐细记载,以免失踪而捷寄投,各省大宪不过欲饬令地方官加意保卫邮政局,并随时予房屋车马或铁路轮船各项免票而已。[1]

海关邮政在拓展邮路时采取渐进方式进行,赫德曾云:"我们应该效法的是龟行,而不是兔走。"[2]在实际操作上采取两面派的手段:一方面对民信局威逼利用,积极抑制其生存和发展的空间;一方面对客邮和官邮包容和利诱,促使其自然瓦解。

为遏制客邮,赫德对西方各寄往通商口岸的信函"由各该处之邮政官局代

<hr>

[1]　中国近代经济史资料丛刊编辑委员会编:《中国海关与邮政》,科学出版社1961年版,第101—102页。

[2]　[美]马士著,张汇文等译:《中华帝国对外关系史》第三卷,商务印书馆1960年版,第70页。

收代转代送，不另加资"①。希望借此使客邮业务渐归海关邮政；而对官邮，海关邮政也一并投送，在江西："京中各衙门所有文函等类欲寄交江西巡抚，如交于台基厂总局，可于六日内送至九江邮局交关道转寄南昌府投递；江西巡抚之文函等类欲寄交京中各衙门，如送交九江邮局，亦可于六日内送至京中投递。"②从整体实施的效果来看，海关邮政创办以后，客邮未见减少；而"裁驿归邮"在江西直至1911年才告结束。1911年5月27日，税务处致代理总税务司安格联札第1926号文件中记载了江西试行裁驿归邮事宜，并制订"赣省裁驿添邮议定暂行试办条款一十五则"，率先试验推行，规定，将来邮传部筹定划一章程，江西应亦照部章一律办理。③ 江西是中国最早裁驿归邮的省份之一。

对经营性质与之相近的民信局，海关邮政则是采取既利用又排挤的举措。1901年7月21日，海关税务司兼邮政总办阿理嗣（J. A. Aalst）致赫德申呈光绪二十三年朝廷饬令创设邮政官局，以期裕国便民，惟因皇恩浩荡，不欲官局有碍民局，故饬官局仍准民局照旧生理，并颁给章程数条作为模范，兹将此章摘列如下："凡民局开设在邮政处所，应赴邮政局挂号领取执据为凭；凡民局信件途经通商口岸交由轮船寄送者，均须由该局将信件封固装成总包交由邮政局转寄，不得迳交轮船寄送；凡民局之总包交由邮政局转寄者，应按往来通商口岸之章完纳岸资。"④

江西地区的商民还是比较信赖民信局，一是由于地域封闭，百姓只知民信局"国家邮局，则在九江商埠以外，即无复知其名者"⑤；二是民信局"所带之邮件能以免去检查手续，故较邮局差胜一筹"⑥。商民还是愿意将信件交付民信局投送。随着海关邮政事业的不断拓展，民信局的业务受到巨大的冲击。从1905年的45万余件降至1911年的18.9万件，民信局的生意逐渐被海关邮政所侵夺。⑦

① 中国近代经济史资料丛刊编辑委员会：《中国海关与邮政》，科学出版社1961年版，第86页。
② 中国近代经济史资料丛刊编辑委员会：《中国海关与邮政》，科学出版社1961年版，第93页。
③ 中国近代经济史资料丛刊编辑委员会：《中国海关与邮政》，科学出版社1961年版，第135—136页。
④ 中国近代经济史资料丛刊编辑委员会：《中国海关与邮政》，科学出版社1961年版，第98页。
⑤ 谢彬：《中国邮电航空史》，中华书局1928年版，第76页。
⑥ 张志和，胡仲元：《中国邮政事务总论》上册，燕山出版社1995年版，第385页。
⑦ 《光绪三十一九江口华洋贸易情形论略》，中国第二历史档案馆、中国海关总署办公厅：《中国旧海关史料》（1859—1948），京华出版社2001年版，第265页。

2. 积极拓展邮路和分支机构

九江海关邮政总局设立后,就积极筹划设立邮政分局、支局及代办机构。在《九江邮政局给北京邮政局的公务报告》中可以看出当时九江邮政局在开拓江西全省邮政的基本状况。其大致情况如下:1901 年,九江邮政总局就着力开通九江至南安府线,其中包括九江—吴城镇—南昌府—樟树镇—吉安府—赣州府—南安府。并先后在上述地区设立了分局,另外还开通了湖口县、丰城县、新淦县、吉水县、泰和县、万安县、南康县七个代办处,江西南北干线为之开通;1903 年,相继开通了南昌—李家渡(属临川)—抚州府—浒湾(属金溪)、建昌府—新城县(今黎川),并在上述各地设立了分局或代办处,至此九江至赣东线基本开通;1904 年 1 月,相继开通了南昌—进贤县—东乡县—安仁县—贵溪县—弋阳县—河口镇(属铅山县)—广信府—玉山县,九江至玉山线基本开通,并在上述地区设立了分局或代办处。① 九江邮政经营点由新关附近逐步向全省各地延展。据《大清邮政光绪三十年事务通报总论》载:1904 年,在江西的 14 个府州、78 个县当中,共设立海关总分局 17 处,代办 15 处,其中汇寄银钞者 2 处。至1906 年,九江邮界所辖总、分局及代办铺商达到 45 处。《中华邮政前清宣统三年事务总论》亦载:"邮路联接一节更见进境,计开通之新邮路不下五千里。其邻近之波阳湖,计有小轮二十九艘带运邮件。其在扬子江内往来之邮船,计有二十艘。"从中可以看出,九江海关邮运、邮路是比较发达的。

九江邮政总局还积极开拓赣粤、浙赣、赣闽等省际邮路,1902 年:"由江西九江口岸至广东之三水口岸,途经江西南昌、南康及吉安业已通行,其余江西之赣州、南安、广东之韶州即拟开办;又南昌至福建之邵武尚拟开办,由邵武至福建之福州业已开通。"②1904 年:"夏间邮政局之邮路由南昌府推广至进贤、东乡、安仁、贵溪、弋阳、河口、广信府及玉山县,由该处则与浙江省之邮路相接。"③ 1905 年,再提出:"江西至浙江之邮件,向须中途转折,既稽时日,又虞舛误,现九江邮

---

① Inland Report,No 1,26. Aug 1901,见中国第二历史档案馆藏:《九江邮政局给北京邮政局的公务报告》(1900—1904),全宗号一三七,案卷号 3100。

② 中国近代经济史资料丛刊编辑委员会:《中国海关与邮政》,科学出版社 1961 年版,第 108 页。

③ 《光绪三十年九江口华洋贸易情形论略》,中国第二历史档案馆、中国海关总署办公厅:《中国旧海关史料(1859—1948)》第 40 册,京华出版社 2001 年版,第 212—213 页。

政总局特派供事至广信一带推广分局,期与杭州总局脉络贯通。"①从 1912 年起,由于邮政区按行政区重新划分,江西邮政总局就移设到省治南昌,九江邮政总局改称为次一等繁局,直属大清邮传部。

（三）大力发展邮政业务

九江邮政总局的邮政业务主要包括邮件的收发、包裹的邮递以及银钞汇兑等项。其业务的进展也非常迅速。如 1904 年总共收发邮件 231 万余件,包裹 5.5 万余件,汇兑银两分别为 4319 和 7895 两;到 1911 年发展到邮件收发为 1852 万余件,包裹 9 万余件,汇兑银两分别为 8.9 万两和 8.6 万两,业务增长非常迅速。

1905 年,随着商品经济的发展,大清邮政局开办了快信业务。在江西仅在九江、南昌、河口镇三地开办快信业务。② 以后迅速发展,业务量迅速上升,从 1908 到 1911 年九江邮界收发的快信数增长了近 4 倍。为了拓展业务,九江邮政总局还在一些市镇设立信箱、信筒,使邮务活动遍及广大城乡,收发邮件数量不断上升。至 1909 年,"九江邮政局所办各事,足令人满意,其所辖各分局寄递邮件之数,日增月盛,故收数畅旺,局内开支已足无俟"③。成为比较早实现自给自足且略有盈利的邮界之一:"兹查邮界及副邮界之进款,其足以自给者则有如:北京、广州、天津、苏州、开封、南京、太原府、杭州、大通、琼州、芜湖、九江等处。"④

三、九江海关邮政的特点及作用

自 1896 年九江海关创办新式邮政起到 1911 年总局移易至省会南昌止,共历 15 年时间。由于"海关与邮政局原为一体,海关税务司即为各邮区之总负责人"⑤。这就不可避免地使海关邮政带有浓厚的殖民色彩。但是也应该看到,海

---

① 《东方杂志》,光绪三十一年,第 8 期。
② 张志和、胡仲元:《中国邮政事务总论》上册,燕山出版社 1995 年版,第 154 页。
③ 《宣统元年九江口华洋贸易情形论略》,中国第二历史档案馆、中国海关总署办公厅:《中国旧海关史料(1859—1948)》(第 51 册),京华出版社 2001 年版,第 307 页。
④ 张志和、胡仲元:《中国邮政事务总论》上册,燕山出版社 1995 年版,第 146—147 页。
⑤ 海关总署编译委员会:《旧中国海关总税务司署通令选编》(第一卷)(1861—1910),中国海关出版社 2003 年版。

关邮政引进西方先进的邮政制度和管理理念，客观上促进了江西邮政事业的发展和转型，其"不自觉的工具"也在发挥作用，主要表现在：

第一，就国家层面而言，海关兼办邮政为晚清政府建立了完整的近代化的邮政体系。近代海关税务司署作为独立于地方行政体系之外的税务机构，由总税务司署实行垂直领导，这种强势地位使海关创办邮政能够迅速摆脱传统的邮驿体系的束缚，改变传统中国庞杂的、混乱的、多种邮传业并存的局面，而向近代新式邮政业转型，为晚清政府建立一整套统一的、现代化的国家邮政体系。

第二，就江西地区而论，九江海关税务司兼办江西政区的近代邮政成效也比较显著。在邮路的开拓上，传统官府的邮驿体系和民信局的商邮体系开始重新建构整合，在省际邮路对接上实现了一体化，在省内区间邮路的开拓上实现了网络化，在邮件包裹的投递上实现了方式多样化；同时西方邮政制度和管理理念输入，使江西地方邮政建设和业务管理逐渐向制度化和规范化转变，这为江西邮政业的近代转型和持续发展打下了扎实的基础。

第三，作为传播媒介，拓展了江西地区的信息吸纳与传输的渠道。随着海关邮政业务的不断扩展，经营范围不断扩大，海关办邮政从最初老百姓的不断抵触到"深受欢迎"[1]，是因为它给人们提供了了解外界信息的另一种渠道。在信息的吸纳与传输上更为便宜和便捷。"媒介不仅直接地作用于个人，而且还影响文化、知识的储存、一个社会的规范和价值观念。媒介提供了一系列概念、思想和评价，受众成员可以从中选择自己的行为方向。"[2]通过广泛地吸收外界的信息，江西民众的社会风气也开始发生了变化。民国邮政史专家谢彬曾谈到近代邮政事业的重要性时指出：

夫国家文化之进步，固恃教育之普及，尤赖交通之便利。邮政居交通要政之一。为社会传递消息之枢纽。故国家兴办邮政，不第直接可以通达人民之意思，寄递往来之物件。抑且间接可以开通社会之风气，灌输国民之知识。……邮政其通信机关之最重者乎？电话诚便矣，然通都大邑及交通最

---

① 谢彬：《中国邮政航空史》，中华书局 1928 年版，第 76 页。

② ［英］丹尼斯·麦奎尔、［瑞典］斯文·温德尔著，祝建华、武伟译：《大众传播模式论》，上海译文出版社 1997 年版，第 82 页。

繁盛之区始有之。穷乡僻壤与边远地方之人民,莫得而利用也。电报较电话架设区域虽稍广远,然电费昂贵,字句简略,一般群众,欲互通其意以期于尽,终戛戛其难之。若夫邮政则不然。穷乡僻壤,得普设也。地球万国,得互递也。法定重量以内,虽万言得封邮也。取费至廉,效用极巨,故凡书信之往来,银洋之汇兑,书报之传递,莫不赖是以为枢机。通信机关,斯为最良。①

九江开埠通商以来,促进了兴旺的商贸交易和活跃的资金融通,它们又都是和便捷的信息传输联系在一起的。在商品经济的运行中,信息的重要性是显而易见的。"商家生财之道惟凭居积贸迁,而为迁为积又视在远市价之高低为断,苟能得声气之先,有利可图,不难一网打尽。"②广泛的信息传播同样也对社会生活产生深刻的影响。

第三节　电信业与九江—鄱阳湖流域信息交流的多元化

一、电报的引用与普及

在电报尚未传入中国之前,信息的传输途径主要是船舶,以此获取外部资本主义世界商贸、金融信息。随着进出口贸易规模的不断扩大,这种传输手段逐渐落后。电报以它那快捷的信息传输功能,迅速取代了船舶传递信息的功能。1871 年 4 月,英国人架设的香港至上海海底电线开通营业;同年 6 月,香港至伦敦海底电线接通。6 月 6 日,《字林西报》收到了直接来自伦敦的第一份有线电报。从此上海与欧美间的信息改由电报沟通,以往以日月计的信息传输,现在缩短为数小时可达。1872 年 5 月 31 日《申报》刊载的一则"电气告白"对电报的应用大加赞许:"凡遇切要之事,用电线通报,虽万里之遥片刻周知,所以有裕国裕民之宏用,至于行商坐贾更不可少。"

进入 19 世纪 80 年代,伴随上海港内外贸易网络的扩展,上海与国内各大商

---

① 谢彬:《中国邮政航空史》,中华书局 1928 年版,绪论,第 1、2 页。
② 《申报》,1882 年 11 月 25 日。

埠间的电报线相继架设。九江作为通商口岸,其电报业也开始兴起。九江电报局,一说始于光绪十一年(或以前)。据《申报》1887 年 6 月 26 日载"九江电报局盛司马宣怀于光绪十一年(1885)奉北洋大臣札委督办川滇黔省电线,当将九江局务委徐贰、尹煐代理至今";一说"系前清光绪十九年(1893)创办,其时是商办性质,附设在招商局内,报务甚清,由商务督办盛宣怀委九江盛二府兼充总办,线路仅通镇江、汉口、殷家汇等处"①。从资料考证的一般规则看,应是光绪年间《申报》较准,故应采用第一说。

1882 年,清政府在长江沿岸设立有线电报,经过江西的湖口和九江,并在九江设立了电报局。"(1888 年)电报线已经延伸到了省会南昌府,电报通讯已于几日前向公众开放了。据我了解,经过赣州的九江—广州线的调查已经完成,将会在来年夏天进行建设。"②

邮政交通部九江电报局,设于九江溢浦路,即中洋街口,其时是商办性质,附设在招商局内,报务甚清,由商务督办盛宣怀委九江盛二府兼充办,线路仅通镇江、汉口、殷家汇等处。盛宣怀病故后,由廖辑成(上海电报总局稽核处委员)代理,1896 年 5 月由江西候补知县汪苊荪、盛宣怀次子盛我授接办。后因业务扩展,移张官巷内,由邮传部收归官办,定为一等繁局。1925 年,至溢浦路(即中洋街口),直辖交通部,定为一等次繁局。当时营业状况甚差,每年收入不足四万元,全局人员薪俸工食,每年约需七万元,不足部分,要由交通部在别局盈余项下拨给。1932 年,局长为张骧、业务长桂实璋,其业务范围,在长江"该局处长江之中心,又为本省之门户,接转全省之电报,故称为转报之繁忙局也。……长江上游与汉口、武昌、武穴、大冶直达;下游与南京、安庆、芜湖、湖口、殷家汇、秋浦等处直达。江西省与南昌局及吴城、德安等处直达,并在牯岭每年设立夏季报房,以便中外旅客"③。

1904 年 7 月,九江与庐山的线路开通,两处往来之电文,每字收银纹五分,洋文倍之。由庐山至外省则照九江加五分。1918 年 5 月,江西牯岭电报局开

---

① 九江指南社编印:《九江指南》,1932 年,第 29 页。

② Kiukiang Trade Report, for the year 1888,中国第二历史档案馆、中国海关总署办公厅:《中国旧海关史料(1859—1948)》第 14 册,京华出版社 2001 年版,第 161 页。

③ 九江指南社编印:《九江指南》,1932 年,第 29 页。

局,1932 年 6 月,牯岭设立电报支局。电报价目:

> 清光绪年间,寻常华文明码商电,每字计洋一角,每隔一省,逆加洋三分,东三省每字洋四角。密码与洋文加倍收费,三等加急商电三倍收费,官员不论明密,与新闻明码电,均减半收费。出洋电,或须经洋公司水线转递者,另加水线费,此费临时照(法郎)价计算。民国三年(1914),寻常华文明码电,每字收洋八分,隔省一角六分。民国十八年,改为不论本省外省,每字收洋一角,密码与洋文,收洋两角,其它各电亦照前例推算。[①]

在各县,电信业开始较早且有确切时间的是永修、修水两县。1918 年,修水至永修电报线路竣工,长 170 公里,横跨武宁,修水电报局经建昌(今永修)报局转接对外电讯联络。德安电报业始于何时无确切史料,但 1920 年出版的《德安乡土课本》上卷第三十一课《交通》载:"至电报之拍发,邮信之传递,各有专局以司其事。"由此推断,德安电报局成立应不晚于民国九年。1934 年,星子设电报局于县城,所驻无线电分队(台)属九江台(九江短波无线电台于 1927 年 11 月14 日成立);2 月,江西省保安处无线电第九台驻修水,承担县政府对外军政通信,核收政令、情报、外界新闻、标准时间的任务。1936 年,都昌于县城建电报局,与浮梁桥架通一条电报线路,开办有线话传电报业务,工作人员 3 人。各地发来的民用电报,由湖口电报支局用内线电话告诉本县电报营业所,再抄送给电报用户。至 1938 年,电报营业所被日机轰炸,业务中止。

二、电话业务逐渐推广

九江城市电话的使用和普及,在《九江海关十年报告(1912—1921)》有较详细的记载:

> 电话公司作为商业机构在 1916 年进入人们的视线,但在 1917 年被交通部接管,之后便一直被国家政府重视。由于特殊的安排,电话线也迁入了

---

① 九江指南社编印:《九江指南》,1932 年,第 29—30 页。

英国租界内。电话安装费需 10 美金；电话用于私人用途，每月需支付 4 美金，若是为了沟通政府工作事宜，则只需支付 2 美金。现在，已有 108 个地方安装了电话。交通部正打算安装一个长途电话，用于上海至汉口之间的联系。上海——汉口的长途电话途径镇江，南京以及九江。该长途电话预计在 1922 年的某天能正常投入使用。①

九江电话局，系 1916 年动工兴建，地址在四埠头古楼巷，经理路远义为河南尉氏县人。创办之初，向交通部申请商办，被驳回，理由是：九江为军政紧要之地，各机关均有电话，若归商办，与普通电话机斗相逼，诸多不便，自应收回官办以昭郑重。后因装用之户很少，营业状况不佳，在 1917 年由交通部收归国有，委王忠英(号剑欣)充局长，以景德镇电话归路远义办理以做补偿。1919 年，委张钟岱(号季东)任工程。1920 年，局址迁至孝子坊(称庾亮南路双峰巷对门)，1932 年，用户增加到 158 户(电话号码达 200 个)，并附设牯岭、莲花洞长途电话，用户有 24 户(长途电话号码达 34 个)，同年 12 月 15 日，九江南昌间长途电话正式通话，每日早八时至晚上十时，通话费每次暂收 1 元(五分钟以内为一次)，每次通话不得超过 3 次。

在各县的市话也渐次开通：1935 年，星子县政府设电话室，有线电话通各联保办公室。1937 年，都昌县市话用户仅县政府会计室、政府办公室、陶公庙区署、东街县商会、圣庙军队一家，线路总长 0.75 公里。在武宁，县政府内设总机房，设备只有一台德国产二十门的西门子台式磁石交换机，只能为县城几个主要机关服务。架线、查线、维修及话务人员一般是五六人；1948 年，修水县城单机用户有县属机关、保警总队部、警察局、参议会、县党部、稽征处、无线电台、民教馆、县长室、秘书室、第三科、第四科、田粮科，是各县中市话容量较大的一县。

长途电话业务也逐渐推广：民国初期，有一条长途电话线路，由湖口县经彭泽县境内的探子口、马路口壤溪巷通皖至德县。1918 年，瑞昌始有电话局，设于李汉输家，有局长、话务员各 1 人，同年，县城与九江通话。1931 年，彭泽县城通往外地的电话均由湖口转接。1934 年，永修长途电话可通南昌、九江，一年中，

---

① KiuKiang Decennial Report, 1912 – 1921. 中国第二历史档案馆、中国海关总署办公厅：《中国旧海关史料(1859—1948)》第 156 册，京华出版社 2001 年版，第 335 页。

长话去话 745 次，来话 644 次，第二年，长话去话 540 次，来话 485 次。1934 年，都昌县政府始设电话室，次年架通都昌至张岭至湖口的长途电话线。1939 年，修水县架设县城至铜鼓双铜电话线路，同时，省营长途电话利用修水至铜鼓线路，架设至武宁、奉新长途电话线路。1948 年，国民政府为阻止解放军渡江，在长江沿岸架设长途电话线路：其中江南长途线为：九江—湖口—探子口—马路口—彭泽县城—马当要塞；江北长途线为：安庆—望江—宿松—黄梅—广济—蕲春—黄冈—武汉—黄石—九江县沙河—九江市—湖口—彭泽县城—马当要塞。

三、新式报纸杂志的创办

大众传播媒介近代报刊，是通过印刷手段为普通读者刊登普通新闻的定期出版物。中国最早出现的近代报刊，是一批外国传教士用以进行宗教宣传的出版物。随着维新运动的兴起，近代报刊如雨后春笋出现于各城市，九江亦出现了近代报刊的身影。光绪十六年（1890）基督教美以美会开先河，他们在九江创办了江西历史上第一家报刊：The Church Advocate（意译为《教会辩护者》月刊）。它虽然发行范围有限，读者多限于教徒，但对九江近代报刊的产生和发展起到了一定的示范作用，而且具有冲破封建文化垄断的重大意义。自此以后九江各种报纸相继迭出。九江自有报刊之始，其办报性质就错综复杂，报刊名目亦五花八门。但部分最终因办报宗旨与政局之变大相径庭而遭禁封；多数则"扼于经济，短于销路，仍相继停闭"。

九江报刊创办过程大致可划分为三个阶段：辛亥革命前后，为萌芽阶段；第二次国内革命战争前后，为鼎盛阶段；第三次国内革命战争时期，为衰退阶段。

萌芽阶段的报刊，主要有《教会辩护者》《青年爱》《进化民报》《白话周刊》《九江日报》《九江潮》《学生生活》等报刊。第二次鸦片战争以后，九江开埠，原来禁止外国传教士进入的大门被打开。基督教美以美会九江传道站创办《教会辩护者》以宣传基督为宗旨。20 世纪初，随着《国民报》《民报》等大力宣传资产阶级革命思想的进步报刊的创办，《青年爱》也在九江创办，成为当时革命党机关报；《九江日报》也成为当时鼓吹革命甚力的报纸之一。五四新文化运动兴起，1915 年陈独秀在上海创办了《新青年》，九江学生联合会也创办了《白话周刊》等以宣传新文化新思想。五四时期全国各地学生表现出极大的爱国热情，九江学生亦如此，他们组织学会、社团，成立学生联合会，出版报刊，宣传爱国主义，宣传反帝反封建，这一时期的报刊都重视民主科学、文学革命。五四新文化运动促进了报刊业的发展，而这些知识分子、学生创办的报刊也从一个侧面反映了当时新文化运动和五四运动的进步意义和深远影响。

鼎盛阶段的报刊名目多，品种繁。但是最具代表性的有如下几种：一是国民党九江县党部办的《民国日报》，二是九江警备司令部办的《九江日报》，三是陈德松创办《商报》等颇受百姓欢迎。随着中国共产党的成立，中国革命的面貌焕然一新，中共各地方党组织也纷纷创办报刊宣传革命思想、扩大中国共产党的影响。如中共九江地方党组织创办了《国民新闻》等。第二次国内革命战争时期，国民党在全国建起了反动的新闻事业网，同时以法律的形式，查禁进步报刊，取缔革命宣传，剥夺人民的言论、出版和新闻自由。在中国革命十分困难的形势下，中国共产党在农村树起了"工农武装割据"的旗帜，开辟革命根据地，建立工农民主政权，同时创办了报刊、通讯社，建立起人民革命的新闻事业，在人民政权下创办的新闻事业，是崭新的全心全意为人民服务的新闻事业，它对宣传救国主张，推动革命不断深入，都起了重要作用。抗日战争时期主要以"团结抗日，一致对外"为办报宗旨，较有影响的有两家私人小报：《救亡晚报》《九江新报》。在抗战期间发行的还有《战火》《抗战之声》《民众教育》《复报》等。这些宣传报道代表了中国和世界最正确的舆论导向，反映了中国人民的抗战和世界人民的反法西斯精神。

衰退阶段即解放战争时期的报刊，品种仅几家而已，唯《型报》独自支撑着九派江州大地，最终也于1949年5月停刊。同年5月，一份由民主人士创办的旬刊，《光明报》仅出四期便也停刊。这"昙花一现"之举正好给旧中国九江地区报刊发展史画上一个圆圆的句号。

表6.3.1 九江近代报刊一览表

时间	报刊名称	创办者	备注
1890	教会辩护者	基督教美以美会九江传道站	月刊，1895年停刊。
1904	江西白话报	不详	旋停，以中等学堂学生为主要阅读对象。

续表:

时间	报刊名称	创办者	备注
1904	新白话报	程某等数人	
1904	青年爱	江西教育会九江支部	半月刊,停刊年月不详。
1904	江报	李之鼎	初以日商的名义出版的一家日报,1907年改为《江西日日官报》出版。
1915	信报	——	《支那省别全志·江西》记有"信报社"。
1919	江声日报	饶翼懦	1922年后由昌迁浔,1927年停刊。
1919	白话周刊	九江学生联合会	宣传"新文化"周刊,仅刊42期。
1919	九江日报	万静涵、李守冰	为当时鼓吹革命甚力的报纸之一,出版不久,即遭军阀封闭。
1919	九江潮	九江学生联合会	不定期,停刊年月不详。
1919	学生生活	九江学生联合会	出刊无定期,旋又停刊。
1921	浔光	九江青年组织	在武汉设"浔光社"办事处。
1924	九江学生	青年学生会	刊期不定,共出版50期。
1927	国民新闻	中共九江组织	1927年6月28日,遭国民党查封。
1927	九江日报	九江警备司令部参谋长谭佑斋	日出2张,编辑为张寿东。1932年报纸仍在发行,具体停刊时间不详。
1927	民国日报	国民党九江县党部	1932年6月1日改组,由江西省党部整委范争波接办,李香藏担任副刊"庐山"编辑。停刊年月不详。
1928	浔路党声	南浔铁路党部机关刊物	每周一刊,不久即停。
1928	赣北日报	国民党九江党务改组委员会	虽称日报,时有间断,因内部纷争而终止告停。
1928	浔阳日报	许秋伯任主编	停刊年月不详。
1929	浔报	陈步海、刘杰、严虚中等	实行委员制,陈任主席,未久停刊。
1929	九江晚报	徐道成等	未久停刊。

续表:

时间	报刊名称	创办者	备注
1930	浔阳晚报	李守冰等	1933 年停刊。
—	金融日报	—	介绍金融、债券、股票、物价、贸易行情。
1930	新闻日报	张国芳等	停刊时间未详。
1931	中流周刊	国民党某军党部	周刊,偶有两周合刊者,不久停刊。
1932	商报	陈德松创办	"然记载本市商业情形较详",停刊时间未详。
—	民声通讯	余源、杨子西	出版无定数,不久停刊。
1934	乡村季刊	九江乡村师范	出刊无多,发教育类文章。
—	九江民国日报	—	九江市图书馆藏一份 1934 年 11 月 17 日报纸。
1937	中央日报庐山版	《中央日报》社	每年暑期每日清晨出版,停刊年月不详。
1937	救亡晚报	黄声匹	宣传抗日,日出一张,停刊年月不详。
抗战期间	九江新报	畲君	不定期,内容多为各报文摘兼及地方新闻。"贫弱文人,仅为办报谋生而已",旋即停。
1940	岷山日报	江西省第九行政区专员公署	1941 年 8 月— 1942 年 3 月 10 日经过多次反复停刊、复刊,旋即终止出刊。
1947	江州日报	国民党九江县党部	停刊年月不详。

(资料来源:张廷:《九江近、现代报刊叙录》,详见《九江古今纵横》,第 194—203 页。)

　　九江开埠,西风东渐,人们思想率先开化。有人说九江是个办报纸的好地方,同时也是养育中国著名"新闻人物"的风水宝地。前一句大概是因为办报纸要有得天独厚的政治、经济、文化、地理等优势,所以看准九江这个好地方。而"新闻人物"也确有几人,如 1898 年,康有为、梁启超领导了"戊戌变法",一群志士纷纷策应,同时积极办报宣传,当时上海有"沪萃报馆",其创办人桂祖念为九江人;1908 年,清政府在比利时创办了中国在国际上的第一家通讯社——远东通讯社,其创办人李盛铎亦为九江人;1913 年前后,首创中国新闻文体——通讯,并名播天下,被世人誉为"报界奇才"的黄远生是九江人;1919 年,中国最早以专门传播新闻学知识的报纸——《新闻周刊》,创办人徐宝璜也是九江人,首先改以前中国传统的竖排方式为横行排版方式,他撰写的《中国新闻学纲要》,被蔡元培称为"中国新闻界破天荒之作",等等。他们的所作所为,在中国新闻报刊发展史上留下了深深的脚印。他们对九江地方新闻报刊发展都有潜移默化的作用。

在维新思想的宣传活动中,各种传播工具各显神通,比较突出的是书籍、杂志、学堂、学会、政会以及报纸。谭嗣同归纳:"新之具不一,而假民自新之权以新吾民者,厥有三要。"即学堂、学会和报纸,然而在传播广泛性上首推报纸。"报纸出,则不得观者观,不得听者听。学堂之所教,可以传于一省,是(报纸)使一省之人,游于学堂矣;书院之所课,可以传于一省,是使一省之人,聚于书院矣;学会之所陈说,可以传于一省,是使一省之人,晤言于学会矣。且又不徒一省然也,又将以风气浸灌于他省,而予之耳,而授于目,而通其心与力,而一切新政新学,皆可以弥纶贯乎于其间而无憾矣。"①通过报道,报纸可以弥补其他工具空间的局限,大大发挥宣传的威力。其次,同样为印刷媒介,报纸较之常见的书籍又有时效性强的优点。

在九江创办的各种近代报刊,作为大众传播媒介的有力工具,在近代城市社会中产生重要大影响,成为九江城市近代化过程中的重要推动力量。

首先,九江近代报刊提供了各种思想锐器。近代报刊传播了各种政治、经济、外交信息以及新文化与新思想,它向广大民众提供了获得各类信息的广泛途径;打破以往百姓在信息方面完全处于封闭隔绝状态、两耳不闻窗外事,对时事和国事漠不关心的局面。促使民众特别是一些精英知识分子等往往通过报刊等途径将一些政治、经济、外交、民生等事务进行相互探讨和交流,以此形成一股股社会舆论,一方面发挥了舆论监督的作用,另一方面也创造了民众参政的基本前提。

其次,九江近代报纸打破了政治上的言禁。古代"报纸"往往是在封建社会

---

① 蔡尚思、方行:《谭嗣同全集》(增订本)下册,中华书局 1981 年版,第 418 页。

政治、经济、文化条件下产生的，是与封建统治者的利益紧密相连的。最先问世于唐朝的官报又名"邸报"，受众是长安的官吏，其内容主要是介绍宫廷的一些事项和动态；北宋的"小报"，也被当时的读者隐称为"新闻"，主要以刊载大臣章奏和官吏任免事项为主要内容。在中国王朝把持舆论的情况之下，报刊是"集权主义"下的产物。①直至近代报刊的出现才改变了这种局面。出现在各城市的各类民间报纸体现了一定的言论自由、新闻自由。

再其次，九江近代报刊凝聚了城市市民的共同感情。报刊传递着全国和各地区的各种群体的思想意识和各种亚文化，将全国性的一致和城市地区性的一致凝聚起来，增加九江城市社会的凝聚力。另外，近代报刊启发了九江市民民智，使得民主追求成为一种思想潮流。其中九江教育分会在 1904 年创办了《青年爱》，在登载教育学术和教育新闻的字里行间中，常常寓意爱国和革命思想，使其成为江西境内第一家革命刊物。

大众传播媒介报刊在九江的人民斗争中亦起了积极的影响，其中，突出的表现就是余发程事件。1909 年 4 月 26 日，湖口商人余发程初次来到九江，经过租界时，出于好奇，观望了片刻。英国巡捕马士竟用木棍猛击其腹部，正中要害，使其倒地身亡。余发程被打致死的消息传出后，在大众传播媒介鼓动下，形成全国性的反帝风潮。当时全国的各种媒体纷纷报道此事，并在声势上给予支援，最终使英帝国主义屈服。

综上所述，通过对九江开埠以后的近代交通、通信以及大众传播媒介的系统罗列，我们可以做出如下总结：

九江开埠以后，它与鄱阳湖流域在人流、物流、信息流方面的联系都得到加强，从而带动了鄱阳湖流域的经济由传统自然经济向近代外向化经济转变，加速了鄱阳湖流域的近代化进程。鄱阳湖流域的这一历史性变迁，固然与许多自然和人文因素密不可分，然而，以九江为中心的鄱阳湖流域现代化交通网，无疑是其非常重要的一个方面。它的进步，从整体上可以分为运输工具的近代化和信息工具的近代化两个方面。

---

① 陈昌凤：《中国新闻传播史》，北京大学出版社 2007 年版，第 32 页。

　　运输工具发生了变革。九江开埠以前,鄱阳湖流域的货物运输手段是以人力和风力为动力的内河水运为主,以人力和畜力为动力的短途陆路运输为辅,从而大大地限制了市场贸易的范围、商品运输的成本和数量。轮船、火车和汽车等现代化新型运输工具的应用,为更大规模的商品进出口业务,提供了更为快捷的运输方式和技术保障。

　　信息工具获得了变革性进步。此前信息的传递,主要是通过传统的邮驿系统和民间的通信组织来维持的。九江开埠通商以后,新式邮政网络的建立、电报、电话等新式通信手段的应用、新式报刊的发行,都大大便利和促进了商务信息的传递,使人们能够更加及时、更加准确地掌握市场行情,节省了商业决策的时间和成本,从而为鄱阳湖流域和国内外市场之间的商品流通提供了极大的便利。当然,新式邮政业务有着较为丰富的内容,它除了信件和书报的传递等信息业务外,也从事包裹寄送等物品传送业务。

　　交通业的革新,对内而言,使华洋商人在腹地的有效运营半径大大延长,货物和资金的周转速度大大加快,提高了腹地市场的商品吞吐能力;对外而言,也加快了远洋运输和远距离商业信息获得的速度,降低了九江直接进出口贸易和决策的成本,进一步拓展了九江及其腹地的国际市场空间。

　　另外,中国近代各类新式交通业的兴起、发展和作用的发挥,无不与通商口岸的九江有着紧密的关系。而以九江为中心的各类新式交通方式,交织成的立体化的近代交通网络,又把九江与鄱阳湖流域之间的人流、物流、信息流,更加紧密地结合在一起,进一步拓展了外向型经济的国内外市场空间,成为鄱阳湖流域经济走向全面现代化的纽带,同时也使九江在鄱阳湖流域经济现代化进程中的龙头作用,得到了更加充分的发挥。

第七章

新旧杂糅：口岸传动与区域社会的近代转型

九江通商以后，在西方势力的冲击下，其城市功能开始发生近代性转变。作为鄱阳湖流域的对外开放窗口，九江城市转型对鄱阳湖流域社会经济发展也起着积极的传动作用，随着自身经济的发展和对外来新因素的容纳，鄱阳湖流域社会发展近代转型的步伐也在加快。但由于九江城市经济结构的不平衡，进出口贸易以转口贸易为主，城市商业性过重，严重影响近代工业的发展，导致其传动鄱阳湖流域社会转型带有明显的不彻底性，因而形成新旧杂糅的特征。我们通过对九江茶市、米市以及工矿实业发展的考察分析，来看九江城市发展与鄱阳湖流域社会近代变迁的关系。

第一节　新旧碰撞与对接：以九江茶市为中心的分析

中国近代，茶叶是在西方市场畅销的重要商品。在中国的传统国内市场和近代开埠以后的世界市场的茶叶贸易中，九江口岸均担当了重要角色。尤其是近代大量茶叶的出口和销售，使得九江成为与福州、汉口并称的全国三大茶市之一。关于九江茶市的研究亦颇为不少①，从长时段研究九江茶市以及九江开埠以后江西茶业的发展问题的却未多见。本节以新旧碰撞与对接为视角，以海关报告为材料支撑对九江茶市进行一些分析，希望能在前辈和时贤的基础上对九江茶市诸要素的分析和论述上有所深入，使茶市研究的整体性有所加强。

一、传统时期九江茶市的形成

传统九江茶市的形成与九江的区位优势密不可分。所谓"据三江之口，当四达之冲"，又所谓"弹压九派，襟带上流，自晋以来为重镇"②。依托长江航运优势，九江港自唐代以来就是江南茶叶重要的集散地。九江遂崛起为长江中下游及周边腹地商品进出口的中心，这就为茶叶的集散、中转奠定了基础。

---

① 九江茶市的研究举其要者有：郭蕴深：《论中俄九江茶叶贸易》，《黑龙江社会科学》1996 年第 4 期；王宪章：《九江茶市的兴衰》，《农业考古》1996 年 4 期；周计华：《近代九江茶市研究(1861—1949)》，南昌大学硕士论文，2007 年；施由明：《论河口、九江及江西茶市与"一带一路"》，《农业考古》2015 年第 2 期；杨学富：《万里茶路上的"茶马水道"——九江茶市位列三大茶市之首成因辨析》，《中国茶叶》2016 年第 3 期；陶德臣：《正确评价九江茶市的历史地位》，《中国茶叶》2016 年第 4 期等。
② 《大清一统志》卷 144，《九江府》。

（一）唐宋时期的九江茶市的形成与发展

唐朝时期,鄱阳湖流域已是全国七大茶区之一。据《新唐书》卷 54,《食货志》记载:唐德宗贞元九年(793)后,全国茶税岁得钱四十万缗,浮梁一县茶税约占全国茶税的八分之三,成为当时全国最著名的茶叶产地。元和八年(813)仅浮梁县"每岁出茶七百驮,税十五万贯"①。宋代,鄱阳湖流域产茶地区遍及全境九州四军。整个江南十五个植茶州中,江西占了十个,产量合计 42632550.4 斤,居诸路首位。南宋绍兴末年江西产茶量占全国总产量的 26% 强,全国各州年产超过一百万斤地区有七处,江西占了二处,即隆兴府(洪州改名)、江州两地,仅隆兴府产茶达 281 万斤。②

清人文行远《浔阳蹠醢·吏治典礼》记载:"江州德化令监兴国茶场""宋隆兴元年置江州会子务"。据《宋史》卷 184,《食货志》记载:南宋建炎三年(1129),"置行在都茶场,罢合同场十有八,唯洪、江、兴国、潭(今湖南长沙)、建(今福建建瓯)各置合同场一,监官一"。此时,江州(九江)是南宋五大茶叶合同场(茶叶征税、收购机构)之一。至乾道年间,官府又在江州设置了"茶运司"机构,③负责茶叶的贸易、转运等事宜。

进入元代,据《元史·食货志》卷 94 记载:"(至元)十七年(1280)置榷茶都转运司于江州,总江淮、荆湖、福广之税。"同时《元史·食货志》卷 97 记载:"至正二年(1342)……国朝既于江州设立榷茶都转运司,仍于各路出茶之地设立提举司七处,专任散据卖引,规办国课。"这两则史料说明江州"榷茶都转运司"是元王朝办理江南地区茶叶征税、专卖、转运的总管理机构。它管辖的范围包括了元代主要产茶区,相当于今江苏、江西、浙江、福建、湖北、湖南、安徽等地的产茶区。并在茶叶产地分设了 7 个分支机构——提举司,统由江州都转运司管辖。因此,江州港理所当然地吸引了产地广、数量大的茶叶来此集散,办理各种手续后转输到全国各地,成就了九江"七省通衢"之美誉。

唐宋时期,由于九江特殊的茶叶贸易地位,吸引了大量茶叶商到此从事买卖交易,茶商和茶叶资本有所发展并且形成了一支专业商人队伍,使得九江茶叶市

---

① (唐)李吉甫:《元和郡县图志》卷 29。

② 许怀林:《江西史稿》,江西高校出版社 1998 年版,第 12 页。

③ (明)冯曾、李汛修纂:《九江府志》卷 3《方舆志》,嘉靖刻本。

场初步形成。白居易《琵琶行》中有描写了琵琶女嫁了茶商到浮梁买茶去,而自己只能"去来江口守空船"。江口则指的是今天的九江。而江口（九江）、浮梁则又是茶叶采买的主要地区,甚至出现浮梁等地的茶叶"万国来求"①。南宋朱翌也曾说过唐代的茶商,多集中在浮梁从事茶叶买卖。② 江西路的茶叶,都是挟有重资的"巨客兴贩"。

（二）明清时期河口茶市的形成与九江茶市的式微

明代实行海禁。清乾隆二十二年（1757）规定,广州一口通商,西方所需的茶叶大多经广东出口。闽浙赣皖四省作为中国的主要产茶区,其茶叶要运往广州外销,大多要在铅山县河口集散和加工。从而改变了茶叶出口路线,闽浙赣皖大量的茶出口到欧洲,其路线借道江西赣东北的信江入鄱阳湖,再溯赣江而上,越过大庾岭进入广东省境,下浈水入广州。闽茶借道江西商路,形成"闽茶运穗"的路线。

所谓"闽茶运穗",主要是利用了江西的赣江和广东的北江,跨越武夷山脉、梅岭两大分水岭。福建建宁府的星村和下梅村是茶叶的收购集中点,从这里启程,然后往西北方向走,经过崇安,进入江西省的河口镇、弋阳、安仁（鹰潭市余江区）,在此一分为二。北路从安仁往北,入鄱阳湖,过长江,一路北上。是山西旅蒙商把福建紧压茶运到蒙古和恰克图对俄出口的路线。南路由安仁到南昌府,再转向南,取赣江水路逆流而上,经过丰城、吉水、吉安、泰和、万安、赣州、南安府（大余）,进入广东省境内;到了广东后,取北江水路顺流而下,经南雄、韶关（曲江）、英德、佛山,最终到达省城广州。

由于"闽茶运穗",在清代乾隆年间,铅山县的河口已成为极繁荣的市镇。清末傅春官在其《江西物产总汇说明书·商务·铅山县》载:"从前河口开设茶庄四十八家,可售价四五十万元,有些商人开设茶行还开设钱庄。"《铅山县志》对河口镇的繁荣也有很生动的描述,其文如下:

> 河口镇,县西二十里,即古沙湾市……货聚八闽、川广,语杂两浙、淮扬,

---

①　王重民:《敦煌变文集》卷3,人民文学出版社1957年版,第267页。
②　朱翌:《琦觉寮杂记》卷上,文渊阁四库全书,上海古籍出版社1987年版。

舟楫夜泊,绕岸尽是灯辉,爨烟晨炊,遍地疑同雾布,斯镇胜事,实铅巨观。①

在清朝道光、咸丰、同治三朝时期,有一位江西籍的汉人官员黄赞汤,他本来就是生活在赣江边的吉安人,又当过顺天府尹和广东巡抚,对"闽茶运穗"这条路线非常熟悉,对其中的利害关系也看的非常透彻。"臣查外国所需内地货物,惟福建黑茶、安徽绿茶、浙江湖丝三项最大,每年出口价值至四千万余两之多。其中脚费约计二千余万两。……沿途船户、挑夫籍此营生者不下数千万人,广东省籍洋务营生者不下数万万人。"②

另一条是茶叶北上到俄国的路线。因太平天国事起,物流渠道阻塞,福建的茶叶运不过来了。晋商随后改在湘鄂两省的诸如洋楼洞等地购买砖茶。太平天国后期,汉口对外开埠,很快就成为长江中游外销茶叶的加工集散中心。此时的茶叶由江西河口镇借助于信江水运南下入鄱阳湖,再由鄱阳湖转运至九江,而后溯江而上运到汉口,再从汉口沿汉水北上至襄阳,再借道泗水(今唐河)北上到赊店,改为陆路运输到山西的太原、大同,分别到张家口,由此穿行内蒙古的戈壁大漠到恰克图,出口至俄罗斯,全长达5000多公里。据清人衷干《茶市杂咏》记述:"清初茶叶均系西客经营,由江西转河南运销关外。"说的是武夷山茶区的茶叶从河口镇运至九江,从九江码头过长江至汉口,再往北运。这是一条向北的"万里茶路",九江成为中俄"万里茶路"的一个转运站。明清九江茶市远未有唐宋元时期闻名。以致《清史稿》所提国内几大茶叶市场商品来源云:"其市场大者有三:曰汉口,曰上海,曰福州。汉口茶,来自湖南、江西、安徽……上海之茶尤盛,自本省所产外,多有湖广、江西、安徽、浙江、福建诸茶。江西、安徽红绿茶多售于欧美各国。"③在上述行文中,只论及汉口、上海、福州三地茶市,唯独不谈九江是茶市,这为明清时期九江茶市衰退提供了一个很好的注脚。

---

① （清）郑之侨等修:《铅山县志》,《疆域·镇二》,乾隆八年刻本。
② （清）陈汝祯等修、匡汝谐等纂:《庐陵县志》卷53,《艺文志》,黄赞汤:"请预防失业民夫疏"。
③ （清）赵尔巽:《清史稿》卷124,《食货五·茶法》。

二、近代九江茶市逐渐走向繁荣

（一）茶叶出口贸易结构

近代五口通商，逐渐改变了茶叶的国际贸易路线，闽茶通过福州出口，河口茶市开始逐渐衰落。九江开埠以后，鄱阳湖流域茶区的茶叶大多通过五大河流进入鄱阳湖到九江关出口。"德兴绿茶运销之途径，系由民船运至饶州后，改用小轮运至九江转运上海出售，婺源绿茶，亦多如此。"[1]"所有祁红、宁红以及江西各地出口之茶，除少数经玉山梅岭输出外，俱以九江为转运中心也。"[2]九江成为中国近代著名的三大茶市之一，茶叶在九江出口贸易中占有重要地位。九江港口茶叶出口在全国的地位，从1869年贸易报告中可见一斑。

> 1865年，红茶出口总量为67,000担，出口量相当大的一年；汉口出口总量为251,600担，福州的出口总量为519,000担。不过，九江绿茶的出口量也很大——136,000担，宁波同年出口量为74,000担。回到1866年我们的茶叶出口量很低的时候，我拿1867年为例，红茶出口量为84,000担，绿茶出口量为69,800担。当年还是汉口出口的红茶总量为264,000担，福州为546,600担，广州为89,000担。宁波绿茶出口总量为116,000担，广州出口总量为14,600担。1868年是九江红茶出口量最高的一年，汉口为335,530担，福州为602,000担，广州为86,000担，九江为124,600担。近三年来，九江的绿茶品种变化不大：1868年的总出口量为68,000担，宁波为125,000担，广州为10,000担。这个港口的茶叶出口量排在第三位，远远落后于福州，仅次于汉口。[3]

从上述材料可以看出，九江开埠初期，其茶叶的出口量是不高的，远远低于福州、次于汉口而排在第三位。这是因为福州自1842年开埠后，福建的茶叶大多沿

---

① 见《工商通讯》第1卷第22期，1937年。
② 见《工商通讯》第1卷第19期，1937年。
③ Kiukiang Trade Report, for the year 1869, 吴松弟主编：《美国哈佛大学图书馆藏未刊中国旧海关史料（1860—1949）》第173册，广西师范大学出版社2014年版，第127页。

着闽江而下福州直接出口,再也不经过铅山的河口镇了,"闽茶运穗"的路线从此改变。而江西当时自己出产的茶叶量是比较少的。九江开埠后,才直接刺激茶叶出口量上升,产茶区大面积地出现。驻九江的英国领事曾在1875年的一个商务报告里面提到过:受九江口岸出口茶叶的拉动,是1861年,建德县开始种茶且提供了卖价极高的大量茶叶;另外还有吉安、建昌、瑞昌和庐山山脉的一些地方也成为新的产茶区且有大量茶叶开始进入了九江市场。① 而且在九江开埠后的五十年中,沿鄱阳湖的产茶区,已经发展成为非常重要的茶区,尤其是婺源、宁州(含修水、武宁)的茶叶大量输往欧美。② 宁州的红茶成为世界茶叶市场上的抢手货。

九江开埠以后二三十年的时间里,茶叶的出口货值长期占据首位。1863年,九江海关正式开关,其茶叶出口就高达19万担,占当年整个全国茶叶出口总数的12%左右。"说到出口,如果不是每年出口的大量茶叶,九江的贸易实际上就会变得无关紧要。也只有茶叶是由外国商人经营,并且这种经营也只在有限的范围内。"③1886年的九江贸易报告中提到:"出口——准确地说,港口的出口贸易就是茶叶。出口的总贸易值为7,584,342海关两,这是全部出口的估算,几乎有630万海关两只代表茶叶的利润。"④从中可以看出:1886年九江茶叶占输出土货总货值的83%。

另据九江海关报告记载,1872—1881年,九江出口红、绿茶和砖茶的价值一共达到77,486,405海关两,而这十年间九江土货出口货值的总额则为87,563,312海关两,茶叶占出口贸易总额的88.5%;1882—1891年间,九江红茶、绿茶、砖茶和小京砖茶出口价值共达56,399,418,这十年间九江出口货值总数累计达70,435,509海关两,茶叶占出口贸易的80%。⑤ 可见九江出口贸易几乎完全依赖茶叶。

九江作为近代中国著名的三大茶市之一,茶叶出口的种类也有多种,包括红

---

　　①　姚贤镐编:《中国近代对外贸易史资料》第3册,中华书局1962年版,第1475页。

　　②　姚贤镐编:《中国近代贸易史资料》第3册,中华书局1962年版,第1473—1474页。

　　③　Kiukiang Trade Report,for the year 1884,中国第二历史档案馆、中国海关总署办公厅:《中国旧海关史料(1859—1948)》第10册,京华出版社2001年版,第570页。

　　④　Kiukiang Trade Report,for the year 1886,中国第二历史档案馆、中国海关总署办公厅:《中国旧海关史料(1859—1948)》第12册,京华出版社2001年版,第146页。

　　⑤　KiuKiang Decennial Report,1882–1891,中国第二历史档案馆、中国海关总署办公厅:《中国旧海关史料(1859—1948)》第152册,京华出版社2001年版,第203页。

茶、绿茶、茶末、毛茶、红砖茶、绿砖茶、小京砖茶、茶梗 8 类。为了反映九江茶叶出口的整体状况，笔者查阅自九江开关以来 1863—1922 年海关资料中出口贸易分类统计资料，逐年逐项辑出茶叶出口相关数据并做了年表（见附表五），现以十年为单位，按茶叶出口种类列表于下：

表 7.1.1   1863—1922 年九江茶叶出口数量统计（单位：担）

时间	红茶	绿茶	茶末	毛茶	红砖茶	绿砖茶	小京砖茶	茶梗	总计
1863—1872	1,041,113	740,870	9,085	17,274	12,076				1,820,418
1873—1882	1,832,410	553,721	63,676	6,037	93,226				2,549,070
1883—1892	1,942,848	402,136	57,260	7,648	277,457		8,174		2,695,523
1893—1902	1,311,921	396,871	9,931	21,945	347,328	548	36,154	3,020	2,127,718
1903—1912	1,019,863	413,814	301,412	115,359	346,827	34,753	16,441	26,437	2,274,906
1913—1922	689,049	403,950	233,785	304,067	258,148	200,813	13,933	24,108	2,127,853
总计	7,837,204	2,911,362	675,149	472,330	1,335,062	236,114	74,702	53,565	13,595,488

（资料来源：根据 1863—1922 年九江历年海关贸易统计中"Export Trade"整理得出。出自《中国旧海关史料（1859—1948）》第 5—85 册，京华出版社 2001 年版；《美国哈佛大学图书馆藏未刊中国旧海关史料（1860—1949）》第 139 册、第 144 册、第 148 册，广西师范大学出版社 2014 年版。）

从上表可以看出，九江开埠后 60 年的茶叶出口贸易的趋势还是基本平稳的，以十年周期来看，除了开关最初的十年只出口了 182 万余担，其他周期出口均在 210 万担以上。其大抵经历了几个时期：1863—1871 年，出口量保持在 13～20 万担之间，均值在 18 万担左右，其原因是行销西欧的红茶出口量比较少，常年在 10 万担以下；1873—1892 年，此期间，九江茶叶出口持续保持稳定增长，年均出口总量大约保持在 20—30 余万担，均值在 26 万担左右；这是由于红茶出口达 15～20 余万担，占茶叶出口总量的三分之二；1893—1922 年，总体呈下降之趋势，但呈波浪式发展，在 1912—1916 年间呈畸形发展态势，这阶段连续两年贸易量超 28 万担，又连续两年贸易量超 32 万担，最高的 1915 年近 33 万担。这

个时期出口的上升,一方面是因为中国政府采取了降低出口税措施;另一方面,
一战期间,由于商路被封锁,使得南亚次大陆的印度和锡兰的茶叶无法进入俄
国,而俄国又厉行酒禁,由此增加对茶叶的消耗,使得中国茶叶得以大量出口。
直到1917年十月革命后,茶叶贸易持续低迷、一蹶不振,"茶叶失去了俄国市场,
而印度茶叶在英国市场上具有关税优惠政策,这些都导致了茶叶过剩、库存的增
加,所以中国茶叶也失去了英国的市场"[①]。19世纪末以后,红茶出口逐渐衰落,
但茶末和各类砖茶出口数量的增加,弥补了红茶出口的不足。这是九江茶叶出
口的阶段性特征。

　　就整个茶叶出口局势看,中国茶叶曾经在世界市场独步一时。1852年出口
近一亿磅,这是有统计数字以来最多的年份,占世界市场上茶叶总销量的90%
左右。在整个19世纪,中国茶叶出口货值曾经长期占据中国土货出口的第一
位。进入20世纪以后,印度、日本和锡兰的茶叶出口迅速崛起,挤占了中国茶叶
出口的份额,中国茶叶出口呈大幅下降趋势。但是,九江的茶叶出口则长期保持
增长的态势。为了探求九江在全国茶叶输出中所占的比重,笔者通过查阅海关
资料,逐年辑出九江输出数据,并做了年表,现以每五年为单位,列出九江茶叶输
出占全国茶叶输出比例趋势表如下:

表7.1.2　九江茶出口占全国茶叶输出比例趋势表(每五年,单位:万担)

年别	赣茶输出	华茶输出	占比%	年别	赣茶输出	华茶输出	占比%	年别	赣茶输出	华茶输出	占比%
1868	19.69	144.09	13.66	1893	21.93	182.08	12.04	1918	15.15	40.42	37.57
1873	22.57	161.74	13.95	1898	20.08	153.86	13.05	1923	17.67	80.14	22.05
1878	26.81	189.90	14.12	1903	28.64	167.75	17.07	1928	16.77	92.60	18.65
1883	27.81	198.71	14.00	1908	22.93	157.61	14.55	1931	10.08	70.32	14.34
1888	27.78	216.75	12.82	1913	28.54	144.21	19.78	—	—	—	—

(资料来源:1868—1928年全国茶叶出口数值引自1931年国立中央研究院社会科学研

[①]　KiuKiang Decennial Report, 1912 – 1921,中国第二历史档案馆、中国海关总署办公厅:《中国旧海关史料(1859—1948)》第156册,京华出版社2001年版,第342页。

究所出版的杨端六、侯厚培辑录的《六十五来中国国际贸易统计》;1929—1931 年的数值引自
1936 年商务印书馆印行蔡谦、郑友揆辑录的《中国各通商口岸对各国进出口贸易统计（民国
八年、十六年至二十年）》;九江茶叶出口的贸易数值,引自根据 1863—1922 年九江历年海关
贸易统计中"Export Trade"整理得出。出自《中国旧海关史料（1859—1948）》第 5—85 册;《美
国哈佛大学图书馆藏未刊中国旧海关史料（1860—1949）》第 139 册、第 144 册、第 148 册。）

从每五年的趋势上看：在九江开埠后的前 40 年（1868—1908）,九江口岸的
茶叶输出在全国茶叶输出中所占的份额在 14% 左右;而在此后的 20 年,在中国
茶叶输出整体下降的趋势下,九江茶叶的输出基本上保持稳定,在整个华茶输出
中所占比重则有所上升,整体保持在 20% 左右。1920 年,全国茶叶输出的最低
值为 30.59 万担时,九江还保持了 12.37 万担,占当年全国茶叶输出的 40.42%。

（二）九江茶叶流通市场的变化

茶叶的基本流通环节为：茶农种植加工出毛茶售给茶行、茶贩子（如掮客）、
水客而达洋庄茶号,精制装箱后运至通商口茶栈存放,通过茶栈通事与洋行买办
洽谈卖给洋行出口,外国批发商再批发给零售商与消费者。在这种情况下,如果
国外需求大,就必然会极大刺激茶叶流通的中间环节,使它们发生变化。在
1861 年前后,因太平天国运动的影响,"开埠之初尚无茶商"①,因此九江的茶叶
只能以毛茶形式运往上海进行加工、包装运销海外。随着国际市场对茶叶需求
的不断增大,外国商人看到了茶叶带来的巨大利润,为此就特派代理或委托当地
的买办直接从茶农手中收购茶叶,以期获取高品质的茶叶和更大的利润。自此
开始,九江出现了茶业洋行,且随着茶市的日趋繁荣,洋行在九江数量也日益增
多。据笔者查阅《申报》有关"九江茶讯""浔阳茶市""九江近事"等相关栏目记
载,在民国以前,美、英、俄等国的旗昌、怡和、天裕、开裕、阜昌等 12 家洋行先后
在九江通商口岸收购茶叶,然后或运往汉口、上海等口岸转口输出,或直接运往
他们的国家销售。而洋行对茶叶的收购多数是通过当地的中国茶栈进行的。如

---

① 《商业报告》,1862 年,"九江"。

1884 年怡和和开裕两家洋行都是通过同春荣、隆泰昌等几家中国茶栈收购茶叶的。[①] 正是因为大部分洋行要经过本地茶栈收购茶叶，以此拉动了九江茶栈业的发展，从《申报》保留的资料可以知道，在每年的春茶上市时，茶叶商人就闻风而动，在九江城内外开设了 40 余家的茶栈。[②] 到了 1886 年，"今年添十八家，已符大衍之数"[③]。但有名字可考者无多，如有春记、利源、同春荣、隆泰昌、宝记等十几家。

同样，茶市流通环节受影响较大的还有茶庄。茶庄一般分布在茶叶产地，其任务就是收购茶农自制或茶户制作的毛茶，精制后出售。《申报》有如下记载：

> 茶商分两种：其一，专向产茶各地收买草茶自行焙制名曰草茶栈，亦名毛茶栈；其二，收买产茶各地已经制成之茶兼收买毛茶栈所制之茶分别装运汉口、上海销与洋商名曰丝茶栈。此等茶商资本较厚，从前兼营丝茶两宗生意。今丝茶分离而仍沿用旧称曰丝茶栈者，则口头习惯之不易改也。惟资本较厚故兼贷款于毛茶栈取其息而即定买其茶。盖茶商而兼放银取其利为业者。草茶栈所取之茶，其产地为瑞昌、龙港、义宁、武宁河口等处，皆在九江之西南。其茶红绿皆有。此外就地制成而为丝茶栈所收买者有三种：曰祁门茶，产于安徽之祁门、建德，江西之浮梁等处；曰宁州茶，产于江西义宁州、武宁等处，以上两种皆红茶；曰婺源茶，产于安徽之婺源，江西之德兴等处为绿茶。以上三种仅在九江过载而已。红茶运往汉口，绿茶运往上海，皆听洋商开盘定价，华商无权也。九江在二十年前外人于此设茶行，嗣因茶市日渐消索，洋行悉迁汉口，故虽出口红茶，亦须先运汉口然后由洋商运沪出洋焉。[④]

① 《申报》1884 年 5 月 11 日记载："怡和行进口（字迹不清，下同）怡二五，宁六百零六件四十四两同春荣；绿君二五，宁五百廿二件，四十二两同春荣；义顺二五宁六百七十六件三十九两同春荣；开裕行进履泰二五宁七百零四件四十两同春荣；真芽二五宁三百零二件三十五两同春荣；仙芽二五祁三百三十六件三十四两同春荣；龙芽二五土口四百廿件二十八两同春荣；惠香二五宁五百廿二件四十两隆泰昌。"
② "浔阳茶市"，《申报》1884 年 4 月 23 日。
③ "浔阳茶市"，《申报》1886 年 4 月 28 日。
④ "九江之茶"，《申报》1914 年 3 月 30 日。

九江茶市的五大茶区每到出茶的旺季，茶庄林立。例如在盛产红茶的义宁州茶庄，大多集中在县城西摆、漫江等地。"内部组织情形，与浮梁茶庄相同，惟规模较小，各家出产数量悬殊，多者至八百余箱，少者二十余箱，且其中除制造红茶外，更有制造菁茶者，而专就红茶一项，又有箱红、篓红之别，箱红与浮梁所制全同，相传祁红制造系仿自宁州云。"而且修水县的茶庄，并不完全是修水本地商人经营，也有很多外地商人在此经营，只是本地商人占多数而已。据调查，"修水桌、篓、菁各种茶庄，共计七十三家"①。《申报》1883 年 4 月 29 日记载了湖南、湖北与江西地区总共拥有茶庄为 614 庄。其中湖南、湖北拥有茶庄为 246庄；而在江西，以宁州最多，有 210 庄，武宁有 37 庄，吉安有 16 庄，祁门有 54 庄，河口镇有 18 庄，九江有 30 庄，合计 365 庄。由此可见，九江茶市背依的产茶区的茶庄有 365 庄，占总数的 59.4%，仅宁州（今修水）的茶庄就与两湖的茶庄数相当。九江海关 1882 年的贸易报告有如下记载：

> 茶叶的出口总量与上一年持平。绿茶的数量有所下降，但是红茶出口数量增长了。当茶季开始的时候，为了在茶区购买茶叶而设立的茶行有 344家，1881 年只有 252 家。虽然茶行数量很多，但很多茶行规模过小而显得微不足道。②

可见，开埠后，茶叶流通环节的茶庄、茶栈、洋行数量激增，也影响广大妇女的就业。但是，当宁红茶衰落以后，江西的茶商竞相把茶叶运送到汉口销售，九江洋行、茶庄因茶叶销售渠道的变化而歇业，使得茶庄或改营茶栈业，或有些从事转运、报关业，这是"九江茶业史上之一大变迁"③。

（三）近代茶工业的出现

所谓的"近代茶工业"，主要是相对于传统的手工业来说的，主要体现在机

---

① 　江西省社会科学研究院历史研究所、江西省图书馆选编:《江西近代贸易史资料》，江西人民出版社 1988 年版，196—197 页。

② 　Kiukiang Trade Report,For The Year 1882. 中国第二历史档案馆、中国海关总署办公厅:《中国旧海关史料(1859—1948)》第 9 册，京华出版社 2001 年版，第 598 页。

③ 　《工商通讯》第 1 卷，1937 年第 19 期。

器的使用上,九江的近代工业就是从茶业开始的。九江最早的外资工厂就是由俄国人在 1874 年建立的阜昌砖茶分厂①;次年,因俄国市场刺激,俄国商人又在九江开设了第二家砖茶厂——新泰;1881 年,俄第三家砖茶厂丰顺分厂也在九江出现,这是九江开埠后九江茶市中的一件大事。

中国传统的压砖茶是用人力来压制的,由于人力的不稳定和力道不足,制出来的砖茶产量不仅不高——每人每天只能压制 60 筐,而且几乎有 1/4 的废品。而机器压出来的砖茶却大不一样,由于机器用力均匀、持续,又没有人工的疲劳,所以机制砖茶不仅克服了手工制作的不足,而且大大地提高了产量和品质:"蒸汽机每天出茶砖 80 筐/台,只有 5% 的废品。"②这样每天就可以节省可观的费用。据统计,如果采用机器制茶,每出茶叶一筐约节省一两银子的费用,如果一天生产 80 筐,则每天可节省生产费用就达 80 两银子。所以"使用蒸汽机来代替手压机,不仅可以降低生产的成本,而且能提高砖茶的质量。此外,旧法制造的砖茶压得也不够坚固,路上辗转运送,到了目的地以后往往破碎,便影响了卖价;买的人喜欢坚固完整的砖茶"③。这也可能是众商人选择机器制砖茶的原因之一。

由于俄国市场上对中国茶叶需求的强劲增长,俄国商人在汉口专门设立洋行和茶叶加工厂。而汉口的茶叶有相当一部分来自九江茶市。从 1870 年开始,驻扎在汉口的俄国茶商则经常派人前往九江采购大量的白毫茶和砖茶。深入到九江茶市以后,俄国茶商又发现九江茶市与鄱阳湖流域、安徽、福建相邻地区的产茶区毗连,而且茶叶质量非常好,价格又便宜,彼此之间又有便捷的水路交通与汉口相通,十分便利。因此,在九江设立砖茶厂就近收购和加工砖茶可成为一项有利可图的生意。1874 年,俄国茶商在九江设立新泰砖茶厂生产砖茶,获利甚厚;受此影响,1882 年,汉口俄商在九江又设立了丰顺砖茶厂,每年"两工厂的产量约 23 000 担"④。

从茶叶生产来看,俄国商人的砖茶厂主要生产红砖茶和绿砖茶,而且也用茶末生产一种体积小且重量轻、便于携带的小京砖茶。由于俄国砖茶厂开足马力

---

①　孙毓棠:《中国近代工业史资料》第一辑上,科学出版社 1957 年版,第 5—8 页。

②　孙毓棠:《中国近代工业史资料》第一辑上,科学出版社 1957 年版,第 50 页。

③　孙毓棠:《中国近代工业史资料》第一辑上,科学出版社 1957 年版,第 47 页。

④　孙毓棠:《中国近代工业史资料》第一辑上,科学出版社 1957 年版,第 63 页。

生产，致使九江对俄国出口的砖茶数明显增加。据贸易统计数据显示：1882—
1891 年，九江出口砖茶共计 259,268 担，平均每年出口在 2.6 万担左右，高的年
份则在 3.5 万担不等；[①] 而 1892—1901 年，九江出口砖茶共计 342760 担，平均
3.4 万担/年，较前一个十年关期增长 50% 左右。[②] 到 20 世纪初期，俄商在福州
茶市茶叶的采购大幅降低，相应地俄国商人对九江茶市的茶叶采购则大幅度增
加，达 10 万担左右。尤其是 1912—1917 年的 6 年间，可以称得上是俄国商人在
九江砖茶生产的黄金时期，如下表：

表 7.1.3   1912—1917 年间俄商在九江生产砖茶一览表（单位：担）

年份	砖茶类别			年份	砖茶类别		
	红砖茶	绿砖茶	小京砖茶		红砖茶	绿砖茶	小京砖茶
1912	37124	34047		1915	39186	45929	6052
1913	94357	34532	1788	1916	44195	25666	3118
1914	32850	68953	1196	1917	35606	17814	1161

（资料来源：江西省社会科学院历史研究所、江西省图书馆选编：《江西近代贸易史资
料》，江西人民出版社 1988 年版，第 224 页。）

俄国商人在九江经营砖茶厂主要有两种方式：其一是到义宁州采购茶末，制
造砖茶；其二是在九江收购普通的红茶和绿茶，加工成红砖茶和绿砖茶。由于俄
国砖茶厂生产和出口砖茶数量的增加，江西茶叶出口在清末民初长达半个世纪
均呈上升趋势，每年平均 20 万～30 万担。从中国茶叶贸易衰落的整体情况看，
九江茶市的衰落相对于福州茶市要晚一些，其中一个重要的原因是俄国商人在
九江开设了砖茶厂进行茶叶的采购和砖茶的加工出口，俄商的活动客观上延缓
了九江茶市的衰落。十月革命后，通往俄国的商路中断，"自从 1917 年以来，九

① 孙毓棠：《中国近代工业史资料》第一辑上，科学出版社 1957 年版，第 63 页。
② Kiukiang Decennial Report，1892 - 1901，中国第二历史档案馆、中国海关总署办公厅：《中国旧海
关史料（1859—1948）》第 153 册，京华出版社 2001 年版，第 344 页。

江的两家砖茶厂一直处于关闭"①。九江的俄国茶商砖茶厂歇业,九江茶市顿形衰落。可见完全依附于洋商洋行的九江茶市体现出一定的依附性和不稳定性。

三、九江茶市与区域社会经济的变迁

（一）茶叶种植面积的扩大

九江开埠,由于茶叶出口的大量增加带动了鄱阳湖流域的茶叶普遍种植。19世纪50年代,"在玉山及河口镇一带即是在武夷山的北面,栽种及制造着大量茶叶以供外销。上万英亩的土地都栽种着茶树,而且大部分的土地显然是最近几年内开垦和栽种起来的"②。在赣东北传统茶区的浮梁、祁门、铅山等县开始大面积种植和加工红茶,号祁红茶区;婺源县由于茶叶贸易的拉动,到1931年茶叶种植面积有170000亩,③安义县"茶叶昔无近有,皎源西山最盛"④,这是因1871年受九江茶叶出口需求的拉动而开始普遍种植茶叶。

除了传统的产茶区婺绿茶区、浮红茶区、宁红茶区、河红茶区、遂庾茶区外,据统计,江西全省有30余县区出产茶叶,"赣江本支流各县之虔南、安远、寻邬、会昌、信丰、崇义、南康、赣县、兴国、万安、遂川、泰和、永新、宁岗、吉安、吉水、峡江、新淦、清江、新喻、分宜、宜春、萍乡、莲花、安福、瑞金、宁都、永丰、黎川、临川、崇仁以及鄱阳湖地区之九江、湖口、星子、德安、永修、鄱阳、进贤与南昌等县,亦均有茶园分布,皆以绿茶为主"⑤。据民国农商部1915—1919年的统计,全国共有16个省份产茶,但是植茶面积最大的还属江西省,全省种植茶叶1,267,935亩。⑥尤其在宁红茶区,除了武宁县和铜鼓县外,光在修水就有三个产量和质量不同的茶区,其中以武德所产茶叶品质最好,崇德乡相对次一点。由于以茶叶谋生计的农户比较多,在茶区社会经济荣枯与人民生计好坏与否,"悉视茶业盛衰

---

① KiuKiang Decennial Report, 1912–1921,中国第二历史档案馆、中国海关总署办公厅:《中国旧海关史料(1859—1948)》第156册,京华出版社2001年版,第342页。

② 姚贤镐编:《中国近代对外贸易史资料》第三册,中华书局1962年版,第1538页。

③ 《江西统计月刊》第3卷,第2期。

④ (清)杜林修、彭斗山纂:《安义县志》卷1,《地理志·物产》,同治十二年刻本。

⑤ 行政院新闻局印行:《茶叶产销》,见《近代农业调查资料》第16册,凤凰出版社2014年版,第292页。

⑥ 张景瑞:《江西产业现状之检讨》,《实业部月刊》1936年第2期。

为转移"①。茶经济孕育着茶农每年生活之所归依。

（二）茶价茶利与百姓生计

在五口通商时期，欧洲各国对中国茶叶需求量大，在茶叶供不应求的情况下，俄、英、美等国洋行抢购茶叶较普遍，相应地抬升了茶叶价格，外国洋行也因此获利甚多。中国茶叶商人同样也是获利不菲。"咸同时增开五口，互市使得，西人需茶急……收茶不计值……茶者辄抵巨富。"②"浮梁巨贾，获利颇多。"③就连最下层的茶农也是"努力议事种植，以期供求相称"④。总的来说，五口通商初期，茶价甚高，中国方面之生产者与经营商"因获得甚丰"⑤。兹将海关资料关于茶价记载兹胪列于下，以窥一斑。

1868 年贸易报告：在 1866 年,93,573 担红茶的价值为 2,620,000 两,单价相当于一担红茶 28 两。在 1867 年,84,118 担红茶出口总额达 1,768,571 两,平均一担红茶 21 两。在 1868 年,124,286 担红茶的出口总额为 3,988,231 两,平均每担 32 两。关于绿茶,在 1866 年,绿茶以每担 36 两的单价出口了 79,118 担;1867 年,绿茶以每担 31 两的价格出口了 69,809 担;在 1868 年,绿茶以接近 43 两每担的价格出口了 68,191 担。……并且外国进口的需求在不断上涨之中。⑥

1882 年贸易报告：上等宁州茶:41～44 两,上一年 39～43 两;中等宁州茶:33～37 两,上一年 34～37 两;Moning and Leekai:32～38 两,上一年 31～37 两;河口茶:17～20 两,上一年 20～22 两;祁门茶:32～34 两,上一年 34～37 两;本地茶叶:27～29 两,上一年 27～28 两。⑦

其实,茶叶出口的价格也是不断发展变化的。从总的趋势看是价格不断上升到逐渐缓慢下降的一个过程。笔者查阅了相关资料,对 1872—1901 年间 30

---

① 《工商通讯》第 1 卷,1937 年第 20 期。

② 谭嗣同:《浏阳麻利述》,《农学报》第 12 期。

③ 姚贤镐:《中国近代对外贸易史资料》第三册,中华书局 1962 年版,第 1475 页。

④ 姚贤镐:《中国近代对外贸易史资料》第三册,中华书局 1962 年版,第 262 页。

⑤ 姚贤镐:《中国近代对外贸易史资料》第二册,中华书局 1962 年版,第 973—974 页。

⑥ Kiukiang Trade Report,for the year 1868,吴松弟主编:《美国哈佛大学图书馆藏未刊中国旧海关史料(1860—1949)》第 173 册,广西师范大学出版社 2014 年版,第 147 页。

⑦ Kiukiang Trade Report,For The Year 1882,中国第二历史档案馆、中国海关总署办公厅:《中国旧海关史料(1859—1948)》第 9 册,京华出版社 2001 年版,第 598 页。

年的茶叶价值和价格进行了统计,详如下表:

表7.1.4　九江口岸出口茶叶价值和价格一览表(单位:担,海关两)

类别	1872—1881			1882—1891			1892—1901		
	数量	价值	均价	数量	价值	均价	数量	价值	均价
红茶	1,775,849	56,413,061	31.76	2,012,824	45,280,581	22.49	1,330,553	31,691,239	23.81
绿茶	563,558	20,408,832	36.21	412,930	9,183,679	22.24	398,528	12,166,001	30.52
茶砖	86,128	664,512	7.71	259,268	1,894,158	7.30	342,760	2,989,622	8.72
小京砖茶				3,700	41,000	11.08	37,974	549,289	14.46

(资料来源:根据 Kiukiang Decennial Report, 1882 - 1891,《旧中国海关史料(1859—1948)》第152册,京华出版社2001年版,第215页;Kiukiang Decennial Report, 1892 - 1901,《旧中国海关史料(1859—1948)》第153册,京华出版社2001年版,第344页,相关材料综合制成,均价一栏为笔者所加。)

由上表观察茶叶的出口长期价格趋势,在1872—1881年的10年间红茶的平均价格为每担31.76两,而后两个十年则下降至22～23两,红茶的出口价格呈逐渐下降之趋势;绿茶在1872—1881年间均价为每担36.21两,1882—1891年每担均价下降至22.24两,每担下降了14两,跌幅为达39%;到1892—1901的十年中回升至每担30.52两,呈波浪式发展;而砖茶价格比较平稳,长期保持在每担7～8两间;小京砖茶则从每担11.08小幅上涨14.46两,涨幅30%,上升趋势明显。

关于茶叶输出的利润问题,海关资料也记载不一,其获利和赔贴者均有之。如1894年华洋贸易情形论略,则记载该年茶利颇丰。

> 本口出产土货运往他口,价值关平银六百七十万五千余两。其中茶叶估价,关平银四百九十一万八千余两……九江出口之茶砖,运往通商各口岸,向不迳运外洋,本年叶茶各商,均得善价,获利甚丰;头春茶之利,每担可获十两至十五两,产茶各山户获利如常。……绿茶之利,每担可获约计三两

至十两,虽绿茶未有去年出产之美,而山中产茶各户,较去年每担尚可获利二两有奇,历年以来,未有如此大获利益者。①

而1895年华洋贸易情形论略,则记载该年茶叶出口盈亏兼而有之。

> 本年宁州头春红茶,在华历四月间,即经华商运到九江,迳行送往汉口者,比平常之好茶较美,其最上之宁州茶,系专售与俄商,而俄商亦愿出善价争相购买,每担给价八十两至八十八两之数;后到之祁门茶,色味稍逊于宁州,然其上等者……及运之汉口,其价便高,有俄商愿出每担七十两之值……其余河口、吉安等处之茶,本年则仍然照旧,无甚新奇,此等货俱由汉口运往美国行销,至业茶华商,缘上年能得善价,获利颇厚,故本年采办头春茶者,群趋若鹜,争相罗致,于是山价腾贵,成本亦由是较大,及运至浔不能得高价,以致各华商俱大受亏累。②

从产量上看,鄱阳湖流域茶叶产量纯粹与销路挂钩,销路通畅,茶农、茶户与商户则尽量采摘"以供贾客之采购,则是年之茶额自增"③。尤其在1871年,由于欧洲茶叶消费增长十分迅猛,乃至于超过了茶叶生产量的供应,④在国际市场强劲需求拉动下,鄱阳湖流域的茶叶种植面积迅速扩大,出口量扩大。

茶叶产量当以义宁州最多,鼎盛之时产量超过30万担,⑤其中仅修水红茶每年出口多达40余万箱、20余万担。⑥而整个江西全年茶叶总产量一般维持在40～50万担,如果以平均60元/担来计算,茶产量鼎盛时的货值总额高达四千二至五千万元。⑦如此之产量与价值,对江西经济的发展有极大的影响。茶叶

① 《光绪二十一年华洋贸易情形论略》,中国第二历史档案馆、中国海关总署办公厅:《中国旧海关史料(1859—1948)》第22册,京华出版社2001年版,第123—124页。
② 《光绪二十二年华洋贸易情形论略》,中国第二历史档案馆、中国海关总署办公厅:《中国旧海关史料(1859—1948)》第23册,京华出版社2001年版,第131—132页。
③ 商衍鎏:《江西特税纪要·调查》,1929年铅印本。
④ 姚贤镐:《中国近代对外贸易史资料》第三册,中华书局1962年版,第1474页。
⑤ (清)王维新修、徐家杰纂:《义宁州志·食货》,同治十二年刻本。
⑥ 《江西茶业之展望》,《经济旬刊》1934年第13期。
⑦ 《江西茶业之展望》,《经济旬刊》1934年第13期。

出口的多寡,还牵涉到茶农、茶工、拣茶工、茶商等一大群百姓的生计。

关于制茶工人:《光绪十五年(1889)华洋贸易情形论略》记载:"如当论红茶一项,为本处出口大宗,本年出口之数计有二十万五千二十三担,较去年多出一万八千四百九十七担。论砖茶一种甚关紧要,因其工作一切实于本地无业小民,多有倚为活计,藉资瞻养。惟本口所设两处砖茶栈,因上年生意大为减色,以致本年开工比上年较迟,查其每年所出砖茶之数,则可知砖茶栈开设实于本地有益。"这说明,九江俄国的砖茶厂也事关当地从业工人的生计,所以砖茶栈的开设与满负荷运转,实对本地发展有利。

关于拣茶女工:九江茶市的荣衰其实也关系到附属在茶叶交易中的挑拣茶叶的茶工。据《申报》关于"九江茶市"的相关记载,每当在春茶上市交易的旺季,各个茶栈所需要的从属在茶叶交易中的各色人员在 1000 人以上;而当红茶和绿茶开盘交易时,九江城乡周边的妇女为了生计到九江茶市来挑拣茶叶者"约以数千计"①。由于短迅之间聚集了如此多的挑拣茶叶的茶工,大家为了争得工作的机会以致相互拥挤踩踏,酿成伤亡的事件。为了规范茶市,避免妇女抢筹而出现踩踏事件,官府责成九江茶帮公司妥善解决这一问题。九江茶帮公司奉命出具要求各茶栈提前做好发筹事宜通知。事情记载在 1886 年 4 月 28 日的《申报》上:"现奉关宪示谕,九江为通商口岸,每当新茶上市,各栈向用妇女拣茶,往往滋生事端。奉饬将各茶栈之筹,会同保甲局员给发,每人只领筹一根,往栈凭筹拣茶。"

关于茶农:九江开埠初期,江西仅产绿茶,红茶出口较少。国际市场上红茶的需求量远远超过绿茶,为此有茶商在以往盛产绿茶的义宁州试制了一批红茶销往广州,宝顺洋行承销了这批红茶发往英国,受到热捧并被视为头等的红茶。"此后销路年年不断增加,同时中国茶商也经常源源供应。"②义宁州每年出口红茶达二三十万箱,带动了该地区的茶叶种植的发展,"故该地生产以茶叶为大宗,居民十之八九,赖茶为生。所产茶叶,向以红茶为主体,专销洋庄"③。"修水

---

① "浔阳茶市",《申报》1884 年 4 月 23 日。
② 姚贤镐:《中国近代贸易史资料》第 3 册,中华书局 1962 年版,第 1474 页。
③ 国民政府实业部上海商品检验局编:《江西之茶》,1932 年印行,第 2 页。

为该茶区产茶最多之县份。该县计分高、崇、奉、武、仁、西、安、泰等八乡，无乡无茶。"[1]据记载，祁红、宁红茶区涉及"三四百茶号，四五万茶工，百余万茶农"[2]。

（三）新式生产经营方式的出现

江西近代茶叶生产与加工存在着两种主要的方式：其一是传统的茶叶加工方式，它主要是茶农自产自销式家庭作坊制茶，也就是茶农既自己种植茶叶，也自己加工茶叶，除了自用外也投放市场，是自然经济支配下的生产；其二是商业资本支配下的茶叶加工业，它的规模相对较大，一般拥有相当大的资本，雇佣一定数量的工人，有些拥有自己的茶园，有些是收买茶叶进行加工，是带有资本主义性质的茶叶生产，以加工茶叶投放市场来获取一定的生产利润。

1. 传统的茶叶加工业

"江西茶业盛时，八十一县中除少数三十县左右外，俱无处无茶，一般农民亦多以茶为副业，竞植于田畔道左。"[3]制造茶叶习俗相沿，基本上是自家植茶、摘茶和制作成毛茶，除一部分自用外，其余售于市场或茶号，用以补贴家用。传统加工茶叶的茶农家庭作坊，有一些也往往受到包买商控制的现象，拥有资本的包买商主要从事茶叶的收购与销售业务，而茶农在茶叶的种植与加工过程中有时资金短缺，包买商乘时投入资金使家庭制茶者从属于自己。如婺源茶商在九江经营绿茶的出口业务，为了保证能收购到足够多的茶叶以供出口，每年一到初春即将采茶时，茶商有茶农需要启动资金时"即预将银支给山户"，到春茶制成时即收其已制成之茶至九江出口，"盖种茶者，多由入山为茶之经纪付给资本，是以敷其茶造收成之用，而茶经纪则只坐享其成，且更盘剥其重利焉"[4]。

2. 商业资本支配下的茶加工业

鄱阳湖流域各主要产茶区存在着相当数量的从事茶叶生产的茶号，也称为茶庄。它的主要任务就是收购茶农与茶户自己加工制成的毛茶，再通过细致挑拣、精制包装进行出售。其中。这些茶号有的也是以家庭作坊为主，有一些则是

---

① 金陵大学农学院农业经济系调查编纂：《江西宁州红茶之生产制造及运销》第 2 页，民国二十五年六月；《豫鄂赣皖四省农村经济调查报告》下册，国家图书馆出版社 2010 年版，第 412 页。

② 《皖赣红茶运销委员会设立经过及其成绩》，《经济旬刊》1936 年第 13、14 期合刊。

③ 江西省政府经济委员会：《江西之茶》，南昌新记合群印刷公司 1934 年印行，第 17 页。

④ 参见胡水凤：《近代江西茶叶的种植与加工》，《农业考古》1998 年第 2 期。

拥有小型加工厂。它们为了节省成本与工费,一般都是采取就地设栈招工,就地制作而获取再加工的利润。据江西省政府经济委员会所编《江西之茶》记载,在修水:

> 经营采办加工制造及运销国内各部之土装茶栈有二十六家。修水及武宁之茶庄,在修水县城者有吉昌、广兴隆、忠和昌、振泰隆、恒丰顺、元丰祥、盛发、元丰、宜记、裕记、牲记、晋丰昌、裕泰恒、恒丰隆、正大元(以上销海莊口)、春记、同裕、恒春、公和隆、吴松记(以上销南昌莊口)等二十家。除吉昌、广兴隆兼做绿茶箱篓外,余皆均做红茶篓子,在武宁县者有申大生、黄万顺、唐正兴、芳茗春、义大福、裕兴祥、公盛昌、庆昌等八家专做红茶篓子销往上海。其他尚有宝裕兴、大吉祥、乾和裕、春盛、怡和福、谦裕隆、荣大祥、余福隆、德记、元和祥、宝昌隆等十余家,分布于修武各乡镇。客帮占十之六七,资本多者一万元,少者三千元,职工多者二百余人,少者三十余人。专营中介业之茶行有六十余家,均属本帮。资本多者一千余元,少者百余元,职工多者百余人,少者十余人。只在门市或下乡收买茶叶,就近转售于洋装或土装茶栈之茶店,有二百二十余家,均属本帮,资本多者二百余元,少者仅二十余元。从前由修水各茶产地运往南昌,九江,汉口,上海销售之茶达八万担以上。①

浮梁与安徽祁门及婺源两产茶名区相毗连,祁门以产红茶而闻名,婺源却是以绿茶著称。导致浮梁茶叶生产既有红茶也有绿茶,在与祁门接壤西北部,受祁门红茶的影响,所产多系洋装红茶;而与婺源接壤的东南部则多制店装青茶(俗称绿茶),间亦有输入比邻婺源屯溪以制洋装绿茶者。"迄前年本客两帮在此设号办茶栈在六十家以上,全年箱茶产额约达三万余箱,价值不下一百五十万元……河口统聚玉山、广丰、上饶、铅山所产,民国初年河口、玉山两处茶号约计五六十家,平均每年输出四五万箱,近则茶号减少输出不多。德兴为本省绿茶最著之产地,与婺源毗连,其县地及四郊,绕二墩、海口、暖水、台湾等处,共有茶号四

①　江西省政府经济委员会:《江西之茶》,南昌新记合群印刷公司 1934 年印行,第 13 页。

十余家，上年约有万余箱输出，较前亦大减。此外，丰城、高安、清江、宜丰、铜鼓、瑞昌、永修、乐平、鄱阳、万年、贵溪、弋阳、金溪、余江、余干、南城、乐安、永丰、吉水、遂川、南康、大庚、崇义、安远、寻乌等地亦产茶，除上饶稍著外，余均已式微。"①

鄱阳湖流域的茶号均以手工制茶为主，家庭作坊式的茶号通常是以家庭成员或师徒组成，资本较少，一般仅有几十元就能开坊经营；制茶工人也较少，多者5～6人，少则1～2人；产量无多，也仅30～40篓不等。而拥有一定资本的茶庄，主要是加工外贸茶叶出口为主要，其销售的对象是洋行，而这些茶庄又往往是由上海的茶栈提供资本，有的实际上成为上海茶栈在江西的制茶分厂。

> 土庄茶栈与茶叶店（在江西此种店多称茶庄）收集毛茶后，皆自行焙制。焙制后土庄茶栈仍多托由洋庄茶栈，售与洋行。茶叶店所制则纯应所在地之需要，惟间亦有批发外埠者。九江此类店有三家，兼办南货，名源茂、裕茂、永和，皆属徽帮。源茂年销宁红约四十担，永和约五担，裕茂十余担，此外则输入安徽徽州绿茶约自数十担至二百余担不等。九江全市本自茶季开场至今，共运入祁门、秋浦、浮梁三地红茶约四万余担，修水武宁红茶约三万余担，德兴绿茶约数百担，他地绿茶不明。由祁门运来者道经景德镇、鄱阳、湖口，秋浦茶则直达九江，运费每担约十元至十四元，修水茶经由涂家埠转南浔铁路，运费每担五角余。由九江运上海，则红茶运费平均每担二元一角五分，绿茶每担二元三角五分。②

鄱阳湖流域也出现了用机器加工茶的茶号，在这些茶号里，机器生产代替旧的手工生产，生产效率提高了数倍。"在各市经营种植采办加工制造及运销外国之洋装茶栈，最大者曾有宁茶振植公司一家，原由粤沪及本地茶商合组而成，资本约十一万，职工五百四十余人，现由中央农业实验所及上海汉口两商品检验局组设茶叶改良场。"③俄国商人在九江开办茶叶加工厂有阜昌、丰顺等机制砖

---

①　江西省政府经济委员会：《江西之茶》，南昌新记合群印刷公司1934年印行，第14—15页。
②　江西省政府经济委员会：《江西之茶》，南昌新记合群印刷公司1934年印行，第41—42页。
③　江西省政府经济委员会：《江西之茶》，南昌新记合群印刷公司1934年印行，第13页。

茶工厂,利用江西的茶叶、茶末和茶梗等原材料以及九江当地的廉价工人,使用机械加工砖茶,已如前述。

第二节　过载与转口:以九江米市为中心的分析

鄱阳湖流域自唐宋以来就已经发展成为粮食的重要产区,也一直是各个王朝余粮的主要输出地。而背依鄱阳湖的九江也就成为鄱阳湖流域的米谷集散中心,素有"米盐入郡城"和"橹声相闻,转谷之舟络绎不绝,米市经久不衰"之记载。① 九江以长江流域的"四大米市"之一著称于世。有学者认为:"九江和南昌在清代前期,甚至早在入清以前,即已成为天下闻名的米市。"②从常关到海关,九江一直都是鄱阳湖流域的米谷运销和集散中心,成为社会转型的一个重要观察点。

一、常关时期九江米谷之运销

在我国历史上,芜湖、九江、无锡、长沙并称全国著名的四大米市。③ 它们均处于物产丰富的长江流域。九江港向为江西门户,进出口商品的咽喉,而且历代均为长江上的重要港口。九江的经济腹地,除赣、鄂、皖丘陵地带外,依傍鄱阳湖平原,素有"鱼米之乡"称谓。这是九江形成米市的地理条件,并在客观上决定了九江是个中转型的米市和港口。

(一)九江米谷运销中心的形成

九江米市的形成和发展,经过了一个较长的历史时期。它起始于唐宋,形成于明清,繁盛于清末民初。唐代的江州(九江)是一个"南去经三楚,东来过五湖。山头看候馆,水面问征途"④的市镇。交通便利,市肆兴旺。古时商运多用

---

① 《江西省粮食志》编纂委员会:《江西省粮食志》,中央党校出版社 1993 年版,第 11 页。
② 蒋建平:《清代前期米谷贸易研究》,北京大学出版社 1992 年版,第 154 页。
③ 相关研究有陈支平的《清代江西的粮食运销》,《江西社会科学》1983 年第 3 期;江国华的《谈谈九江米市的形成和发展》,《江西财经学院学报》1986 年第 6 期;姜海燕的《清代江西的粮食运销》,南昌大学硕士论文,2006 年;周霖的《1927—1937 年江西米粮产销市场化实证分析》,江西师范大学硕士论文,1998 年;何海林《九江米市与江西近代米粮贸易》,江西师范大学硕士论文,2008 年;等等。
④ 顾安颉核点:《白居易集》,中华书局 1979 年版,第 323 页。

舟楫，就便交易，江州则由于"野水多于地"，则更是"人烟半在船"①，一半人户"以船为家"，居住在水上，"泛舟谋生"，"从事商业或运输业"②，形成了街市和水市互为照应的景象，并为米市提供了客观条件。江南向出米甚多，以致"贵则下价而出之，贱则加值而收之"③。在货源上又为九江米市的形成打下了坚实的基础。港口除漕运外，商运亦当以米为常，似是无疑。

宋代农业经济与唐时相比，虽没有什么大的变化，但随着人口剧增，耗粮亦当增加。随着漕运的增加和米市交易的发展，宋天圣年间，在江州"置转搬仓"，转运江、饶、信、筠、袁、抚、吉、虔各州及兴国、南康、临江、南安、建昌各军的漕粮，岁运"漕米百二十万"。此外，宋时盐、茶、酒等属专卖商品，而米则不仅不属专卖商品，而且鼓励商人贩运，以致"米客"和"米客船"在大江南北非常活跃，据《宋史·食货志》记载，江南地区岁运粮少则50万石，多则100万石以上。宋时，由于商业兴隆，市场活跃，仅湖口和江州两处征收船商税即达29800贯以上④，可见，市场之活跃。这对水运交通便利的九江形成早期米市非常有利。

明清时期，随着粮食产品的提高，其商品化率也在提高。据《明史·食货志》载："夏税之米惟江西、湖广、广东、广西。"由于可供商品粮增加，一方面可以使一部分农业人口向非农业领域转变；另一方面，又需要活跃的米市交易市场和运输市场与之相适应。

九江"民习经商""人趋市利"，米客常从九江不断往来江浙一带贩运粮食，以致繁荣的南京，一旦"米客不至，则谷价骤涌"。频繁的商品交易，使九江逐渐形成兴隆的米市和繁盛的港口。史料表明，当时"长江中下游一线每年运销商品粮总量约为1000万石"⑤。粮食已成为长江各大港口的主要货物种类。不仅如此，江西及九江经济腹地的漕粮，也多从九江港集散，明洪武二十六年（1393）、弘治十五年（1502）、万历六年（1578）一直保持在250万石以上。为了适应繁重的漕粮吞吐需要，明洪武初年即在九江设立了"直隶九江卫"，至成化年间，九江卫尚辖有漕船165只，分"前后两帮"，专事漕粮转运。在历史上为九

---

① 顾安颔核点：《白居易集》，中华书局1979年版，第206页。
② 范文澜：《中国通史》第三册，人民出版社1978年版，第329页。
③ 《二十五史精华》卷三，岳麓书社1990年版，第181页。
④ 罗传栋：《长江航运史》（古代部分），人民交通出版社1991年版，第262页。
⑤ 罗传栋：《长江航运史》（古代部分），人民交通出版社1991年版，第342页。

江米市形成创造了条件。

清代以长江干流为依托的东西横向贸易比明代更有发展，粮食在商业贸易中已经占有重要的经济地位。特别是清政府利用商人进行地区间的粮食调剂，采取"免税惠商""借本招商"和"旌表褒商"的措施①，更进一步推动了"米客"和"米客船"的发展，以致有"九江米商云集，粮艘络绎，乾隆时出入九江关的粮船平均成月约 6600 多艘，载米约 150 多万石"②。清雍正和乾隆年间，江西湖广岁熟，米价每担不过九钱，运往江浙销售，每担可获利三四钱，于是"米客"和"米客船"齐集九江港口已属常理，仅乾隆三年八月至次年四月，九江关过米船即达53032 只，载米 1200 余万石。③ 清代漕粮运输虽有减少，但顺治二年（1645）、乾隆十八年（1753）和光绪十三年（1887），在九江转运的漕粮都在 50 万石以上，这些都是促使九江成为长江流域著名米市的重要因素，与米市贸易相适应的是，九江出现了 100 余家米栈、米行和米店，他们的经营活动非常活跃，成为九江商业的重要支柱。

（二）九江米谷运销方式

明清时期九江的米谷运销主要采取漕运输送、政府统制和长途商贩三种方式。

1. 漕运输送

所谓漕运，即通过水路向京师或其他要地运送漕粮的谓之漕运；所谓漕粮，就是历代封建政府规定由水道运往京师供官、军食用的粮食。

明清时期，鄱阳湖流域的漕粮主要通过产粮各县分段集中，然后通过各主要河流水运经鄱阳湖输送到九江集中，再由长江顺流而下经扬州转入运河水运而至北京。明朝江西漕粮的输送任务较重，在明洪武二十六年（1393）、弘治十五年（1502）、万历六年（1578）等几个年份，从九江启运北上京师的漕粮数量在 250 万石以上。为适应繁重的漕粮吞吐的需要，明洪武初年在九江设立了"直隶九江卫"，招募军勇 5700 名，屯田自食，并拥有屯田 1817 顷，负责漕粮运输。据乾隆《德化县志》记载："九江卫漕船原额一百六十五只，原属下江南承运，明初责

① 参见《历史档案》1988 年第 4 期，90 页。
② 罗传栋：《长江航运史》，人民交通出版社 1991 年版，第 342 页。
③ 参见《九江港史》，人民交通出版社 1991 年版，第 50—51 页。

军代办,止六十二只,成化年间又代运一百三只,相沿日久,子孙继之,不可以易。"造成"江省各属,属各承办漕艘造运,而独九郡之化邑较他邑为多","通江省漕军,惟九卫最疲"的局面。

清代,江西漕运粮输出任务有所降低,在九江转运的漕粮一般都在50万石左右。一旦朝廷缺米,江西作为南方重要的粮仓,也还是全国漕粮主要的征收区之一,其责任更不可推卸。兹将《清实录》有关九江、江西漕粮的相关记载胪列于下,以资证明:

雍正年间漕粮运京:"查有漕各省。惟湖广、江西产米最广。近年盛京年岁丰收,米价亦贱,此三处酌量动正项钱粮,采买数十万石,雇募民船,运送京师,大有裨益。"①

乾隆年间江西粮运津记载:"请将江西重运帮船、截留米二十万石。……今岁江西重运,抵津较迟,东省既须截留,自应如该抚所请办理。至该省现办赈济,如需用米石较多,不妨多为筹备,即于江西帮船内、截留米三十万石,更可以资接济。"②

乾隆年间有截留江西漕米接济淮安等地的记载:"请于现在截留黄河以南江西漕米二十八万余石内,酌拨十万石,分给淮安等五府属平粜,接济民食,所有粜价。"③

尤其是北方地区如果遇到自然灾害、大面积饥荒,则多由政府出面,从漕粮输送的江西截留漕米或者是改变漕运方向输往灾区,以助赈济。如乾隆年间:"山东连年荒旱,百姓艰食,朕夙夜焦劳,已谕巡抚多方赈济。近闻兖州等处、雨未沾足,诚恐小民乏食,无以为生。现今粮艘未入闸河,可乘此时,截留漕米,以备赈恤。……将江西省漕粮截留二十万石。交与山东巡抚,分贮府州县地方,以备赈济。"④

晚清的漕运输送方式在1901年取消。九江作为漕运基地的角色也开始发生变化,逐渐转向商品粮食的输出港口和基地。

---

① 《清世宗雍正实录》卷8,第7册,中华书局1985年版,第163页。
② 《清高宗乾隆实录》卷571—572,第23册,中华书局1986年版,第734—735页。
③ 《清高宗乾隆实录》卷1236,第24册,中华书局1986年版,第607—608页。
④ 《清世宗雍正实录》卷7,第7册,中华书局1985年版,第147页。

2. 政府统制

因为粮食的供求事关国计民生,为了控制商贩"囤积居奇""乘势谋利"的情况,政府也会采取一定的措施来统制粮食市场。一方面,政府对商贩加以管制,严禁富商广收米谷,囤积待价,从中取利。康熙四十八年(1709)"江西、湖广产米甚多,但恐富豪奸商广收米石囤积图利,以致贫民愈困。应檄各该督抚选委廉能官员,凡有名马头,令其严行察访。如有富豪人等,将市米囤积者,即令在围积之处,照时价发案,不许囤积,违者以光棍例治罪。其有贩米私出外洋者,令沿途文武官弁,严查禁止。"①另一方面,政府直接参与粮食的统供调拨,对粮食市场进行适度的统制,其方式方法大体有如下几种:

其一,政府采办。一些地方由于灾害缺粮,政府往往派遣官员或招募商贾往有余省份采买粮食,调剂余缺。如江南苏、松、杭、嘉、湖等府,地狭人众,粮食不能自给,依赖江西、湖广粮食补给。雍正二年(1724),在江浙沿海地区发生灾荒,朝廷担心该地区的粮食价格飞涨,危及百姓生计,下令动用了湖广的官府库银采买米十万石,动用了江西官府库银买米六万石,"运交浙江巡抚平粜"②。道光十二年(1832),福建省城及漳、泉二府粮价高企,朝廷谕令福建省巡抚委派专员到浙江、江西等地产粮富余、价格低贱的地区采购粮食,江西、浙江巡抚委员同往"每省各买米十万石"③。政府采办充分体现米谷运销的高效率。

其二,截留漕粮。朝廷运用截留漕粮的手段来调剂粮食的余缺,一般都是发生在特殊时期。如某些地区出现严重饥荒,或者是某些地区出现严重的自然灾害,粮食紧缺时,就直接截留漕粮以备积贮,平抑粮价而济民食。乾隆四十三年(1704)河南受灾严重,"又截拨江西增米二十万石"④,以供民食;乾隆四十七年(1708),山东兖曹等府州属发生水灾,朝廷谕旨在江西运输漕粮的船帮里面酌量筹办"截留米三十万石",以资接济。⑤截漕调剂对于清政府来说是强有力的,对于调剂余缺效果十分明显。

其三,调拨常平仓。乾隆三年(1738),由于江浙闽等省收成欠佳,粮食紧

---

① 《清圣祖康熙实录》卷238,第6册,中华书局1985年版,第377—378页。
② 《清世宗雍正实录》卷24,第7册,中华书局1985年版,第384页。
③ 《清宣宗道光实录》卷227,第36册,中华书局1985年版,第385—386页。
④ 《清高宗乾隆实录》卷1073,第22册,中华书局1985年版,第401页。
⑤ 《清高宗乾隆实录》卷1163,第23册,中华书局1985年版,第571—572页。

张,政府则从江西常平仓谷内拨运调剂。"酌拨常平仓谷,令委员自行领运,所留银价,即分发拨谷之府县,陆续买补还仓。"①乾隆六十年(1795),江西巡抚陈淮曾上奏朝廷谈到福建粮食价格高昂,要求到江西采购粮食补仓,但是江西也正值青黄不接时期,粮食价格也在上升,如果福建再来采购,势必导致粮食贩子囤积居奇,"现在常平仓谷尚属充裕,拟令各属即于仓贮内碾米十万石,赶交闽员运回"②。

在上述政府运用行政命令直接进行粮食调剂时就能明显地看到委员采买、截留漕粮以及常平仓的调拨等对于调剂各地区的粮食余缺、平抑粮食价格、减灾赈灾等事项发挥着积极的作用。

3. 长途贩运

明清时期,随着生产力水平的不断提高,社会经济飞速发展。在此基础上,各地区经济也有了显著发展,并形成了各自的区域经济特色。在江南地区,由于手工业的发展,形成了许多丝绸、棉纺织业的专业化市镇,长江中上游地区则是全国最大的商品粮输出区;彼此之间功能互补,米谷换苏布的大交易格局由此产生。据吴承明研究:明清时期,江苏、浙江地区粮食缺口是比较大的,每年从安徽、江西运销米粮多达500万石,同时也销纳了四川、湖南的米粮多达1000万石左右;③如此庞大的区际粮食流通,为商贩长途贩运"乘势逐利"提供了盈利条件。在乾隆时期,曾重申粮食贩运调剂余缺的重要性,因为正常年景各省的粮食丰歉不均,全部依赖粮商贩运流通,平衡各地粮食供给,以资接济。"米粮充裕,尤须商贩流通"④,政府对自由贩运的鼓励态度,促使商贩广泛参与粮食贸易。康熙四十七年(1708),江南江宁等府属米价腾贵,而湖广、江西等省官府又严禁商贩贩卖米谷出境,导致米价愈增。朝廷不得不特敕各督抚开禁听任米商贩卖。⑤ 雍正元年(1723),浙江及江南苏松等府歉收,朝廷迅速颁行公文至各省总督巡抚,"凡有米商出境,任便放行……毋得阻挠"⑥。由此可知,在粮食贩运和

---

① 《清高宗乾隆实录》卷77,第10册,中华书局1985年版,第219页。
② 《清高宗乾隆实录》卷1479,第27册,中华书局1985年版,第767页。
③ 吴承明:《中国资本主义与国内市场》,中国社会科学出版社1985年版,第255—257页。
④ 《清高宗乾隆实录》卷542,第15册,中华书局1985年版,第872页。
⑤ 《清圣祖康熙实录》卷233,第6册,中华书局1985年版,第329页。
⑥ 《清世宗雍正实录》卷12,第7册,中华书局1985年版,第227—228页。

调剂过程中,历朝皇帝都非常反对过籴。

特殊时期,政府甚至还免征贩运米谷的商船的船料来鼓励商贩尽量多地贩运米粮,以济民食。尤其在遇上灾荒或粮价高涨时更是如此,其目的就是为了更好调剂粮食、平抑粮食价格、解决百姓的粮食需求。《清实录》中多次记载了朝廷为了调剂各地的粮食紧缺,下令江西米商从九江贩米至灾区出售,并且给予种种政策优惠。乾隆五十年(1785),湖北被灾,急需各地米商贩运米谷接济,乾隆帝下令江西、湖北等地的米商紧急贩运江西米谷至湖北灾区接济。11月中旬,米商们调集了1300只帆船,装载了从江西各地调集的大米数十万石从九江港出发运往湖北灾区。而且要求江西、湖南、四川等省的督抚们提供必要的帮助,"遇有湖北商贩到境,毋稍留难阻滞……官为照料,更可迅速运往"①。另据官方统计,从乾隆三年八月至四年四月的八个月中,经九江港转口的粮船53,000艘,载运大米112万担。

（三）传统米市的历史特征

传统的九江米市具有以下几个鲜明的特点:首先,大型的粮食贸易由朝廷控制,由官方统一调配。每当邻省受灾时,清朝皇帝就要亲自降旨从江西调运大批米谷到灾区出售。其次,米谷的流向是江西、两湖的米谷经九江转口运输至缺粮的江浙等省。《雍正朱批奏折》记载:"浙江广东之米取给于广西、江西、湖广;而江浙需米皆取于江西、湖广。"复次,九江的米谷贸易以私营为主,但私商往往"囤积待价,从中取利"。为此,清廷曾采取措施,与投机商贩进行斗争。

需要指出的是,清代江西米粮贸易的繁荣更多的则是政府经济政策影响的结果。传统米市的兴盛也只是表面上的繁荣,其发展在很大程度上依存于封建政府对米粮的有效调配,而这种调配往往是建立在对赣省人民不合理的摄取基础之上的。因而,它的发展比较被动,缺乏灵活性,显得不够稳定,终究会被新型米市所取代。

二、海关时期九江米谷之运销

鸦片战争以后,中国被迫开放,开始卷入世界经济体系。由于商品经济的发

---

① 《高宗纯皇帝实录》1238卷,《清实录》第24册,中华书局1986年版,第658页。

展、机器工业的产生和通商口岸城市化等原因，导致粮食需求地发生变化。粮食销售市场逐渐向沿海口岸城市转移。上海、天津等商埠迅速崛起，它们变成全国最大的粮食消费市场。中国粮食流通格局由此发生了深刻的变化：与传统社会粮食流通主要体现为农业产品互通有无和与手工业产品交换不同，近代粮食流通主要体现为机器工业产品或者是专业化生产的经济作物产品与粮食交换的现象和趋势在不断加强，这在某种程度上反映了中国经济的转型。

（一）九江开埠初期米市的萧条

在近代海关设立后，在海关贸易报告中，有一整套详细的贸易数据记载进出商品状况。但是，在相当长一段时期，九江关年度贸易报告居然没有米谷出关的报告，自然也就很少有确切的数据记载。据笔者查阅相关的贸易年度报告和海关十年报告，多为茶叶、木材、纸张、夏布、烟叶、瓷器等相关的贸易报告和贸易数据；但不知是何缘故，粮食特别是大米出口量的数据和报道却非常少，这仍是一个值得人们去探究的问题。其实，从九江关的史料记载可以看出，江西的传统商品如茶叶、夏布、瓷器、药材、苎麻、靛青以及纸张等发展较为迅速，其出口数量获得了大幅度的增加。据徐正元考证，"九江1862年开埠后稻米输出一直很少，常年还不足10万市担"[1]。这种萧条的景象在清末民初时表现更为明显。从海关资料对九江关1904—1915年稻米输出量的记载可知，除1911年、1913年和1914年统计数字缺乏外，常年稻米输出量都不足10万担，最多的年份是1905年，仅为90434担，最少的年份是1908年，仅为1628担。此时米市出现如此萧条的原因也是多方面的，据笔者推测，可能有两方面的原因：

其一，从九江关出口的土货在1864—1894年间均以茶叶为大宗，占出口总值的80%以上，而其他的包括瓷器、纸张、夏布等农业和手工业产品总体占比均不到20%，因此，讨论九江海关的贸易一般不把米谷出口来做论列。我们把1872—1891年20年间的土货出口货值和比例分别列表于下，以资证明。

---

[1]　徐正元：《中国近代四大米市考》，黄山书社1996年版，第40页。

表 7.2.1　1872—1891 年间九江土货出口统计表

货物类别	1872—1881		1882—1891	
	海关两	占出口总值的比例	海关两	占出口总值的比例
茶叶	77,486,405	88.5%	56,399,418	80%
纸张	3,428,563	4%	5,061,170	7.2%
苎麻	2,203,143	2.5%	2,057,206	3%
夏布	1,376,798	1.6%	2,090,538	3%
烟草	701,332	0.8%	1,535,666	2.2%
瓷器	425,533	0.5%	949,676	1.3%
其他	1,941,538	2.1%	2,341,835	3.3%
出口总值	87,563,312	100%	70,435,509	100%

（资料来源：Kiukiang Decennial Report, 1882 - 1891. 出自《中国旧海关史料(1859—1948)》第 152 册,京华出版社 2001 年版,第 203 页。）

　　1872—1881 年,这十年间九江出口茶叶的价值一共达到 77,486,405 海关两,而这十年间九江出口货值总数经过计算得出为 87,563,312 海关两,茶叶占出口贸易的 88.5%。1882—1891 年间,九江的茶叶出口价值共达 56,399,418,这十年间九江出口货值总数累计达 70,435,509 海关两,茶叶占出口贸易的 80%。剩余的土货货值大多被烟草、纸张、苎麻、夏布和瓷器所瓜分;我们把上述土货出口货值表对照来看,我们就知道 1872—1881 年十年之间,茶叶、烟草、纸张、苎麻、夏布、瓷器的货值总比相加,占比高达 98%,也就是说,其他的土货出口货值总共加起来还不到 2%,甚至此十年瓷器出口货值额为 425,533 海关两,平均每年出口仅 4 万余海关两,占整个权重的 0.5% 都在贸易报告中有所描述;而粮食经过九江海关出口的货值额是比不上瓷器的,也就是年均交易量可能都没有突破 4 万海关两,货值太低,以致海关年度报告和十年报告均不加说明。

　　其二,经常关出口的米谷由帆船从湖口输出。南昌至九江水运里程为 210 公里,稻米轮运要 1~2 天,木帆船要 3~5 天;南浔铁路开通前,商贩考虑到节省稻米运往九江的运费和时间,赣省米谷有相当一部分就在湖口出口。有资料显示,1913

年经湖口出口到长江下游的江西米谷达 60 万担。[①] 在九江开埠初期，鄱阳湖流域产粮区县的米谷一般是采取分段集中而后外运。一般情况下是赣南、赣中地区的粮食在赣县、吉安等地集散，抚河和赣东北地区的粮食则在南昌汇集，尔后顺赣江而下入鄱阳湖，经湖口入长江输往消费区，即"各产米县输出稻米一般先在南昌、吉安、临川、赣州、市仪等地聚集，然后沿赣江等水路穿越鄱阳湖，直接入江顺流输往芜湖、南京、上海或溯江输往汉口，不在九江滞留"[②]。其时的米谷出口也可能通过姑塘关出湖口而下江南，一般不经九江海关；而常关只算船料，对米是不另外征税的，故出口米谷也均无确切的数据记载。正如时人所说："只见九江过路码头繁忙，而不见九江市场繁荣。"[③]这种情况影响了九江米粮聚集的规模。

其三，晚清江西灾害频繁，经常禁米出口。据卜凯针对 1904—1929 年间彭泽、都昌、德安、浮梁、高安、赣县、南昌 7 县的水旱灾害调查统计显示：这段时期，7 县遭受水灾总计 43 次，平均每县受灾 6.14 次，受灾面积平均达 57.57 ％；发生旱灾34 次，平均每县发生 4.86 次，受灾面积平均达 52.88％。[④] 自然灾害对农业生产的影响最为直接，往往造成惨重的损失。地方政府为了保民食、抑粮价而经常禁米出口。如 1906 年春季，鄱阳湖流域雨水奇多，河水暴涨，农田被淹，粮食减产，价格高昂，江西官府不得不发布禁米出口的告示："查禁本省及外来商客，不准贩运米谷出江，及出本省边界之外。"[⑤]这就直接影响了九江稻米的输出量。

（二）南浔铁路修筑后九江米市的兴盛

南浔铁路全长 128 公里，连接九江港口与南昌昌北的牛行镇，是赣北的陆路交通大动脉。由于铁路运载量大，用时短，费用低廉，其优势超越传统的水运帆船。导致鄱阳湖流通过帆船经湖口出长江流通的米谷，改由铁路运至九江出口。"于是九江在米谷运销之地位，顿行重要"[⑥]，九江传统米市由于交通运输方式的变化，迎来了新的发展机遇。由于大米的输出量是衡量一个米市运载、交易能力

---

①　《九江文史资料选辑》第 5 辑，《九江近现代史资料》下集，《清末以来湖口县粮食征、购、销概况》，1989 年。

②　徐正元：《中国近代四大米市考》，黄山书社 1996 年版，第 6 页。

③　方良：《九江经济发展的历史经验》，《九江师专学报》（哲学社会科学版）1992 年第 4 期。

④　程厚思：《二十世纪初叶江西米谷的生产及消费》，《农业考古》1990 年第 1 期。

⑤　《江西官报》丙午（1906）年，第十四期，《奏牍》。

⑥　农业部农业经济组：《江西米谷运销调查报告》，江西省图书馆特藏室缩微版，1937 年。

的重要指标,它的大小直接关系着米市的兴旺。现将这一时期江西米谷经九江关输出的数量列表如下:

表 7.2.2　　1916—1937 年经九江关输出米谷(单位:担)

年份	输出量	年份	输出量	年份	输出量	年份	输出量
1916	443,308	1922	319,228	1928	2,043,780	1934	89,360
1917	762,660	1923	1,509,472	1929	1,329,679	1935	648,000
1918	561,078	1924	2,960,847	1930	417,119	1936	3,674,308
1919	1,721,790	1925	823,647	1931	360,429	1937	4,457,036
1920	2,542,414	1926	81,228	1932	155,462	—	—
1921	197,076	1927	477,562	1933	642,216	年均	1,191,713

(资料来源:根据九江历年海关册贸易数据整理。)

从表中可以看出,此时九江大米输出总体保持了增长的势头,且有反复,呈波浪式发展,输出的年平均量约为 120 万担。就具体的年份来说,多数年份都在50 万担左右,输出米谷超过百万担的年份有 8 个, 1937 年输出米谷高达4,457,036 担,也是九江米谷输出的最高峰值。1932 年九江出运的大米仅 155,462 担,为此期间出口的低谷。九江米市集散江西粮食的同时,还吸引了九江附近的鄂东和皖西地区的粮食进入。与米市贸易相适应,九江粮行、米栈和米店也应运而生,极盛时有 130 余家。它们除在九江市场销售大米,主要还进行转口贸易,粮食在九江集中后,销往汉口以下长江沿线各港口,并以上海和江浙一带为主。

中国四大米市九江、芜湖、无锡、长沙米市成市早晚不一,成因也各不相同,市场类型也存在较大的差异;但是它们也有共同的特点,四大米市均是其所处省份或区域米谷输出的口岸,在地方乃至全国粮食市场占有重要地位。四大米市中,无锡未设海关,没有稻米外销量的连续记录,而芜湖、九江、长沙三个海关均有米谷出口记载,我们将它们的销量列表如下:

表 7.2.3   1904—1937 年长江米市历年稻米外销量比较表（单位：担）

年份	芜湖	九江	长沙	年份	芜湖	九江	长沙
1904	6,799,222	24,596	147,038	1921	2,719,277	197,0762	829,46
1905	10,206,548	90,434	364,174	1922	1,003,601	319,228	744,669
1906	6,040,806	36,816	45,400	1923	1,376,594	1,509,472	1,289,232
1907	3,022,395	89,448	427,233	1924	3,611,647	2,960,847	2,795,807
1908	5,837,134	1,628	1,102,077	1925	7,473,033	823,647	726,055
1909	5,981,280	16,268	808,764	1926	1,908,224	81,228	35,034
1910	4,333,294	82,398	43,487	1927	1,062,058	477,562	852,779
1911	3,223,713	—	1,305,611	1928	3,004,179	2,043,780	2,023,348
1912	5,518,340	32,816	1,238,073	1929	2,904,233	1,329,679	188,756
1913	2,992,301	—	380,669	1930	2,052,005	417,119	191,313
1914	2,699,276	—	72,599	1931	2,934,740	360,429	58,216
1915	3,213,991	72,442	129,898	1932	1,578,166	155,462	213,149
1916	4,053,020	443,308	225,564	1933	4,223,054	642,216	742,555
1917	2,103,437	762,660	232,144	1934	1,474,252	89,360	318,810
1918	3,859,561	561,078	—	1935	1,715,564	648,000	446,240
1919	10,750,947	1,721,790	135,328	1936	3,239,482	3,674,308	1,621,164
1920	5,703,289	2,542,414	2,757,132	1937	2,616,606	4,457,036	2,113,894

（资料来源：根据历年海关册相关口岸历年贸易数据综合制成。）

　　表格数据告诉我们：芜湖的米谷出口数值最高，年均约达 386 万担，最高峰值还超过千万担，也是清末民初的米谷出口的历史最高值。九江米市的米谷出口量年均为 86 万担，1937 年达 4,457,036 市担，是九江米市米谷出口的峰值；最低的年份是 1908 年，仅为 1,628 市担。长沙的年均最少，仅为 745,626 市担，而且稻米的输出量很不均衡，忽高忽低，表明米市的发展具有极大的不稳定性。无锡的米谷输出无海关册数据，据学者考证，晚清时期无锡米谷的交易额常年保持在600万石左右,民国初年成交额有所萎缩,在500万石上下,20世纪30年代无锡米市雄居四大米市之首,年成交额保持在1200万石左右①;也有学者据相关资料统计,无锡米市常年输出量在600万市担左右,仅次于芜湖。② 仅从出口数量而论,九江米市在四大米市之中落后于芜湖、无锡米市,排行第三。考察九江米市的外销量时,还应考虑以下因素:

首先,从九江稻米的外运方式上看,运往上游的稻米多系民船,海关未将此纳入统计之列。另外民国时期,商贩考虑到米谷运往九江出口的时间和运费等因素对其获利不佳,本应在九江关出口的不少大米,直接就在湖口出江了。可见,海关的统计不能全面反映九江关的实际输出量。

其次,从时间纵向上看九江的外销量,很容易发现外销量明显呈由少渐多的趋势。基本上以1916年为分界点,前段时期输出量很少,年均不足十万担;后段时期则增长迅猛,年均超过百万担,显然近代交通的完善即南浔铁路的开通对稻米的输出量发生陡转起了关键的推动作用。

最后,九江虽是整个江西米谷的出口咽喉,其之所以有相当数量的赣米外销,与本省具有巨大的米谷生产潜力与输出能力密切相关。但我们还应该看到,九江关出口的相当一部分米谷是来源于安徽的枞阳、贵池、太湖、潜山、望江、宿松和湖北的黄梅、浠水、广济等地,所以,九江米市对于调动本省米谷外运的主导作用以及带动周边省份米粮贸易发展的示范作用是功不可没的。这也是考虑九江米市历史地位时不可忽视的一个方面。

(三)近代九江米谷市场机制

1. 行帮控制

九江米市有粮行、米栈和米店等,经营方式比较灵活,范围也比较广,有的粮行还兼营钱庄、茶业、五金和海杂货等。和其他商业一样,粮食经营业也有帮派,九江米市由三个帮派所垄断:其一是广东帮,他们资本雄厚,米谷贸易量相当大,储存米谷的栈房宽敞,深购远销,销售目的地多为广州和香港,运输形式有从九江直接运往广州和香港,也有经上海中转,尔后销往广州和香港;其二是南昌帮,

---

① 程勉中:《谈无锡米市的历史成因与市场特色》,《粮食流通技术》2000年第4期。

② 徐正元:《中国近代四大米市考》,黄山书社1996年版,第41页。

其资本相对较大，同时在南昌和九江等地设有销售米行，九江设有囤米的栈房，而且也比较宽敞，如同济粮行资本高达四五万银圆，经营米谷贸易量也相当大；三是九江帮，主要是占有地利优势，为本土帮派，一般资本量比较小，多为零售粮店，也有粮行、米栈和米店兼营的。

2. 多种经营

九江米市的主要业务是组织出口，其经营主体通常可分为以下几大类①：第一类为大粮行，集零售、批发、转运为一体，在南昌设有机米厂和米店，在九江有堆栈，并有批发零售店，由于资本雄厚，获利甚多，有操纵市场的能力。第二类是转口商，他们在赣县、吉安、临川、南昌等内地米市收购制成的食米运到九江后，委托报关行转运至上海和汉口等地，此类米商在九江设有米行，不零售也不批发，只经营转口业务，故此，此类转口商在九江没有门市店铺，只是业务繁忙期间会临时租用堆栈。第三类是转运报关行，代客办理报关及装船业务，颇受外省米客欢迎，因为九江一切转运业务全由他们包办，米客只需付佣金即可将粮食运至目的地，此类行家在九江有30多家。报关转运行经营业务非常广泛，包括米粮、茶叶等输出品的报关，甚至自身还经营货物，也受米商委托办理有关进出口的手续，从中获取手续费用。从事这类行业的人一般与海关来往密切或者就是海关的家属和亲朋。第四类是零售店商，俗称"萝头行"，专收附近农民送来的零担食米，然后销售，从中取利，但本小利微，以门市为主，但在九江米谷进出口贸易繁忙时也偶有乘势把握获利情形，做一两单进出口业务。第五类是九江行家，亦称"河行"，就是代客买卖米谷而获佣金，外地（主要是鄱阳湖流域内）运来的批量食米，由他们来买卖，其形如中间商，有资本时也进行转口交易。第六类是米铺，接受外地（主要是接受南昌和临川）某机米厂所托代为经营进出口交易，自己则无什么资本，只是代理商。第七类是船家，亦称船户，平时是代客载货的航民，但是由于他们经常跑货运，熟悉行情，稍有资本时，也做米谷贩运生意，对沟通城乡经济、集散港口物资，也有积极作用。

3. 市场特征

第一，米商分布凌乱。九江米商主要分为门市米商与转运米商两类。民国

---

① 张一凡主编，张肖梅核订：《米业须知》，中华书局1948年版。

时期,九江商业大都集中在大中路及大经路一带,故米商亦多分布于该处。大中路既靠近长江码头又离南浔铁路车站非常近,有 26 家门市米商和 16 家转运米商聚集于此;其后依次为北径路 14 家,大经路、环城路各 11 家,庐山路 10 家,另外还有 23 家零散地分布在其他区域。

第二,经营出口转运。九江米商营业性质与南昌有所不同。南昌米商的经营者多兼营碾米厂、机米厂、砻坊等业;九江米商则以交通上的优势,大都专营出口转运及专售熟米。九江米商门售兼营出口有 78 家,占整个营业的 68.42%;转运栈 28 家,占 24.54%;专营出口 8 家,占 7.02%。据调查资料统计,九江米商经营堆栈者,其年均经营米谷贸易一般在 100 万担以下;米商门市经营者,每年经营米谷数量多在 100～500 担区间居多;经营米谷出口的米商,每年营业大都在 5000 担以上。

第三,粮商资本较少。九江米商的资本,据当时的调查所得,最高者达 10,000 元,最低者则在 50 元以下,此数字也因商人自行填报,不算完全正确,实际数字可能还要翻倍,故仅能反映其大概情形。根据调查的 94 家,其资本额情形列表如下:

表 7.2.4　九江米商资本额统计表(单位:百元)

米商资本额	家数	%	米商资本额	家数	%	米商资本额	家数	%
100	1	1.06	2—14	25	26.49	0.5 以下	4	4.25
10—20	9	9.57	1—12	30	31.91	不明资本者	7	7.45
5—18	11	11.64	0.5—1	7	7.45	共计	94	100

(资料来源:江西省政府建设厅印:《江西省稻米检验所概况》,1938 年版。)

总体比较鄱阳湖流域两大米谷市场,南昌是全鄱阳湖流域米粮聚集和转运之地,米谷堆栈和粮米的碾制和加工业发达;九江则主要是鄱阳湖流域米谷输出的港口,米商和粮贩主要以经营米谷的进出口业务为要,其过载与转口特征明显。

三、九江米市与江西米粮贸易

鄱阳湖流域粮食的外销路线十分复杂，其主要路径大体有四：一是九江关轮船运输米谷，上游运至汉口，下游通向上海；二是由帆运经九江或湖口运往长江上、下游各口岸；三是经赣东北沿昌江或陆运到徽州、浙西缺粮地区；四是经赣南梅岭陆运到广州的南销路径。但以九江出口为主要通道似无可疑。"输往上海、天津、广州等较远之地者，均以轮船载运；输往长江中游各近地者，则以帆船载运，输往汉口者，则轮运帆运均有之。"[①]因此，九江米市的兴衰与鄱阳湖流域稻米的生产密切相关。

（一）江西米粮贸易估算

历史上鄱阳湖流域粮食生产情况受人口、社会环境以及时局变化等诸因素的影响。在20世纪30年代，鄱阳湖流域大米年产量大约在六七千万石之间，除了在本区消费外，丰收之年可输出百万石。[②] 当然笔者还根据其他诸多史料进行了蠡测，为了说明问题，兹胪列于下，经资证明：

《江西之米谷》统计：江西省83县田亩产量的调查，全年稻谷产量总计为12,542万石，除去留存籽种302万石，尚有12,240万石，折成米约合6,120万石，常年消耗约计5270万石，常年有余850万石，假定此数为十成收获年之余额，则江西稻田如有八成五之收获，可以足食，如有九成之收获可余米230万石，如有九成五之收获可余米540万石。[③]

《江西经济问题》中认为：江西省"以土壤气候之适宜，农业最盛，每年出产之米谷，六千数百万石，其出口者常至二百四十万石"[④]。

《江西省贸易概况》记载：江西至少年产谷132,490,000石，折合米60,840,000石……除去年本省食用、种子、酿造及积谷外，尚未800万市石以上，约合6,000，

---

① 《抗战时期江西粮食统制问题》，《经济旬刊》1937年第8、9期合刊。

② 社会经济调查所编：《江西粮食调查》，1935年，第2页；孙晓村：《江西、安徽、江苏三省米谷运销之研究》，《国际贸易导报》1936年第6期。

③ 江西省政府秘书处统计室：《江西之米谷》，序，《江西经济丛刊》第十五种，1936年。

④ 江西省政府经济委员会：《江西经济问题》，《江西之产业》，收录在《江西近现代地方文献资料汇编》初编第五册，存于江西省图书馆特藏室。

000 公担。据当时南昌市米业同业公会中人估计，每逢丰登之年，江西省可销出大米 500～600 石，约合 450 公担。①

在 1938 年编印的《江西省谷米概况》中，《近五年来江西谷产数量估计》一文中对江西 1933—1937 年五年来的江西米谷产量做了一个大致的估计，详如下表：

表 7.2.5　1933—1937 年江西稻谷产量估计表②（单位：千市石）

产区 ＼ 年别	1933	1934	1935	1936	1937	平均
长江区：九江、德安、星子、瑞昌、湖口、彭泽、都昌	5,530	2,736	3,135	3,629	3,295	3,665
鄱阳江区：鄱阳、浮梁、乐平、万年、婺源、德兴	10,173	7,393	9,303	9,312	6,322	9,126
修水区：南昌、新建、安义、永修、靖安、奉新、武宁、修水、铜鼓	16,730	10,645	9,765	15,599	11,345	12,817
信河区：进贤、余干、东乡、余江、贵溪、弋阳、横峰、铅山、上饶、玉山、广丰	16,681	12,582	12,684	15,449	11,354	13,750
锦江区：丰城、高安、宜丰、上高、万载	10,246	6,911	7,926	15,339	9,938	10,072
袁江区：清江、新淦、峡江、新喻、分宜、宜春、萍乡	10,102	7,789	8,867	9,272	7,471	8,699
抚河区：临川、崇仁、宜黄、金溪、南城、资溪、光泽、黎川、南丰、广昌	11,264	9,048	11,085	14,581	10,285	11,465
乌江区：吉水、永丰、乐安	3,084	3,305	3,906	8,434	5,181	4,782
滤水区：吉安、泰和、万安、安福、永新、莲花、宁冈、遂川	12,939	13,034	12,722	12,640	10,700	12,406

---

① 江西省政府建设厅编：《江西省贸易概况》，1938 年印行，第 15—24 页。
② 《江西省谷米概况》，《近五年来江西谷产数量估计》，1938 年，收录在《江西近现代文献资料汇编》初编第 12 册（上），存于江西省图书馆特藏室。

续表：

产区＼年别	1933	1934	1935	1936	1937	平均
章水区：赣县、南康、上犹、崇义、大庚	4,845	6,283	5,697	4,931	3,957	5,142
桃江区：信丰、定南、虔南	2,648	3,323	3,521	3,908	4,430	3,566
贡水区：兴国、于都、宁都、石城、瑞金会昌、安远、寻邬	7,107	9,016	8,788	6,742	5,717	7,474
总计	111,369	92,065	97,399	119,836	89,995	102,965

（资料来源：本表是根据江西省政府前经济委员会即省政府统计室刊行《经济旬刊》所载资料，又综合各县农业情况通信报告，及其他方面有关农事文件估计数字而来。1933 年与1934 年婺源、光泽两县资料缺乏。）

　　根据当时江西省政府统计室的估计，这五年来的稻谷产量，如果以 1936 年的收成为基数进行推算，则 1933 年约为 7.9 成，可称中丰之年；1934 年旱灾，收获大减，约为 6.5 成；1935 年又因雨成灾，收获也少，统计约为 6.9 成；1936 年"承雨旱灾浸之后，农民对于稻作，不无勤劳，同时雨水均匀，生机畅茂，谷产收获"，当年的估计数为 8.5 成，可称丰年；1937 年稻谷收获期间，忽逢秋霖泛滥，复遭国难，乡村少壮农民奉令抽查，参加抗战，收获成数因之减少，约为 6.4 成，总计五年来平均收成数约 7.3 成，再以此推算本省十足产量，仅 141,048,000 市石有余，实不足供全省人民消费总量。

　　综上对江西省米谷产量的估计可以看出，除了基本的粮食用度，江西每年外运量少则二三百万担，多则五六百万担，这主要跟年成的好坏有关，从这里我们可以推算出，江西米谷的年外运量大概为 350 ~ 450 万担。但是，必须指出的是，江西省虽有大量米谷外运，并非在江西人民的基本需求得到满足之后的剩余量的外销，正如有"实际上江西农民之食料不纯为米，多参以杂粮，米价愈高则参食杂粮愈多"[1]，"近年米谷出口，由于乡村居民，多以各项杂粮充食"[2]之说。可

---

　　①　江西省政府秘书处统计室：《江西之米谷》序，《江西经济丛刊》第十五种，1936 年版。
　　②　《江西省谷米概况》，《近五年来江西谷产数量估计》（附注），1938 年，收录在《江西近现代文献资料汇编》初编第 12 册（上），存于江西省图书馆特藏室。

见江西省人民为了支持东部沿海地区的发展做出了巨大的牺牲，其米粮的外运从某种意义上来说，是建立在普通民众挨饿的基础上的。

江西《经济旬刊》记载，江西剩余之米，经商贩运输出省，除经九江关轮运输出数量之外，其他则由帆运经九江或湖口运往长江海关上、下游，经东北境陆运到浙西，经梅岭陆运而入广东者，至少当倍于九江关之数①。九江职员斯坦利·莱特估计：1914年至1918年江西货物经东、南、西、北四境输出之价值，已超出经九江关轮运输出之价值三分之二弱。是以经九江关输出之米，仅占江西省输出米总额三分之一。② 据前在九江之调查，1931年经九江轮运输出的大米，仅占帆运输出数量的三分之二，以此而言，经其他各处输出反比经九江关的更大。是则每年输出数量当较九江关轮运三倍以上，方足以代表江西全省每年米谷输出之总量也。③ 如果从海关册中关于九江关的米谷量输出数字看，江西米谷年输出总量不会少于360万担。

（二）米谷的外运流向

江西米谷市场"向以南昌，涂家埠，九江，鄱阳，余江，鹰潭，临川，吉安，赣县，樟树，丰城，高安等处为主要区域，其中南昌为集中枢纽，九江则为出口咽喉。江西省稻米出口由轮船运输者，皆集中九江，转运上海，汉口等地"④。而其中又分江西省域内的米谷集散方向和省域外的购销流向。

首先，江西省内的米粮聚集路线。鄱阳湖流域的米谷集散与输送，以内河水运为主，陆路的人力肩挑背扛和畜力拖拉输送为辅。大的米谷集散市场多在水运航线上的县治、府治之地或大市镇。其流向基本上是将各县乡生产地的稻米先运至离其较近的米谷市场，如赣县、吉安、临川、樟树、市仪等地集散，再通过赣江、抚河等水路运往米谷的一级聚散中心南昌，在南昌稍加工之后，又由南浔铁路运往中转市场九江出口；赣北及赣东北各县的稻米则依信江、饶河、修水等水路运至二级市场，如余江、瑞洪、鄱阳、涂家埠等地集散后，直接由鄱阳湖水道输往九江出口。

---

① 《抗战时期江西粮食统制问题》，《经济旬刊》1937年第8、9期合刊。
② 《抗战时期江西粮食统制问题》，《经济旬刊》1937年第8、9期合刊。
③ 《抗战时期江西粮食统制问题》，《经济旬刊》1937年第8、9期合刊。
④ 《江西省谷米概况》，1938年，第13页，收录在《江西近现代文献资料汇编》初编第12册（上），存于江西省图书馆特藏室。

1. 依托赣江大规模运输的米谷流向是:其一,在赣江上游的章水、贡水区域的大余、上犹、崇义、南康、信丰、全南、安远、瑞金—赣县—南昌—九江;其二,在赣江中游的吉泰盆地和泷水区的米谷流向是:安福、永新、永冈、万安、泰和、吉安、遂川—吉安—南昌—九江;其三,在袁江区的米谷流向是新喻(新余)、宜春、萍乡、分宜、清江—樟树—南昌—九江;其四,在锦江区的米谷流向是高安、宜丰、万载—市仪—南昌—九江。

2. 依托抚河大规模运输的米谷流向是:浒湾(金溪)、东乡、宜黄、崇仁、南城、资溪—临川—南昌—九江。

3. 依托饶河—鄱阳湖大规模运输米谷的流向是:赣东各县—余江—瑞洪(余干)、鄱阳—九江。

4. 依托修水大规模运输的米谷流向是:赣西、赣北各县—涂家埠—九江。

其次,江西米谷向外省的流向。其路径主要有:其一是通过九江关轮运的米谷,上游运至汉口,下游通向上海;其二是由帆运经九江或湖口运往长江上、下游各口岸,此条线路多在大姑塘纳船料出关;其三是经赣东北沿昌江或陆运到安徽、浙西缺粮地区;其四是经赣南梅岭陆运到广州的南销路径;九江是江西省米粮的出口咽喉,其米粮的外销方式为"输往上海,天津,广州等较远之地者,均以轮船载运;输往长江中游各近地者,则以帆船载运,输往汉口者,则轮运帆运均有之"[1]。经其他路线外运的米谷数量因无法做精确的统计,没有可靠的数字,但据20世纪30年代一些文献资料的记载,其外销量也不比经九江港出口逊色。

江西的大米经九江及湖口输出的主要地点为上海、汉口、广州、天津;次要地点是沿江而下的芜湖、大通、南京、汕头;沿江而上的武穴、黄石港、黄州。据前江西省经济委员会在九江的调查可知,上海每年约纳江西米输出总额的70%,汉口约纳26%,广州约纳2%,天津约纳1%,其他各处总共约纳1%。[2] 另据江西《经济旬刊》记载,江西省粮食(主要是米谷),多经九江出口外省,其中以上海与汉口为大宗,输往上海的达85%之多,而剩余的几乎都输往汉口。[3] 据1937年农艺部农业组《江西米谷运销调查报告》分析,1915年至1932年,除4年没有资料外,九江食米各年流向如下表所示:

① 《抗战时期江西粮食统制问题》,《经济旬刊》1937年第8、9期合刊。
② 《抗战时期江西粮食统制问题》,《经济旬刊》1937年第8、9期合刊。
③ 《统计》,《经济旬刊》1934年第4、5期合刊。

表 7.2.6　1915—1932 年九江米谷输出各口比例(%)

年份	上海	汉口	其他	年份	上海	汉口	其他
1915	76.26	23.74		1925	96.71	3.02	0.27
1917	99.70	0.14	0.16	1926	91.62	8.38	
1918	94.05	5.95		1927	91.16	8.84	
1919	99.51		0.49	1928	90.11	2.4	7.49
1920	95.75	0.14	4.11	1929	89.88	9.56	0.56
1921	41.19	4.69	54.12	1931	96.65	3.34	0.01
1922	51.43	48.25	0.32	1932	66.24	33.25	0.51

(资料来源:根据农艺部农业组编制:《江西米谷运销调查报告》,相关数据整理,1937 年。)

从上表分析中我们可以看出,九江米谷各年以输往上海为主,汉口次之。1922 年虽有 48.25% 输往汉口,但全港出运食米仅 263916 担(15961 吨),只有 1920 年出运大米的总量的 12.56%。1921 年输往上海的虽占 41.19%,但这年全港出运食米仅 162929 担(9853 吨),仅及 1920 年的 7.75%。这种情况当然是受港口经济腹地的农业丰歉状况影响。九江出运的食粮运费,据《江西米谷运销调查报告》称,1936 年运往上海的每公担五角,运往汉口的每公担三角五分。(此时九江大米价格约 7.59 元一担)这里还应当提及的是,由九江港输往上海的食米,并不是全在上海就地销售,有许多是由上海转口的。这一情况一直延续到 20 世纪 50 年代。

(三)江西粮食交易机构及其经营

江西粮食的交易机构主要是粮行,而粮食经营者亦称为粮商或米商。依据《江西省米谷概况》中的相关记载,我们将江西省粮行和粮商经营的概况胪列于下:

1. 江西省的粮行和粮商

粮行,在江西大部分地区称为"牙行",而粮商也称为"牙人",他们从事粮食贸易和经营。据《江西省米谷概况》的相关调查:1936 年,在鄱阳湖流域南昌、九江、吉安、赣县、临川等 26 个主要米谷聚散地,其中粮行最多者达 180 家,最少者仅 1 家,平均每个集散市场拥有牙行 20 家;而粮行拥有牙人最多达 50 个,最少者也有 10 人,平均每个牙行拥有 18 个牙人。从事牙业者总数每个集散市场最多为 560 人,最少 7 人,平均每市 118 人。从事牙业的牙人需要凭借执照经营（也称领帖）,每份领帖需要缴纳费用最高 120 元,最低 100 元。每个牙人每月还需要交纳一定数量的营业税,其中最高者需要纳税 24 元,最少也需要纳税 20 元。从事米谷交易的粮行及牙人则从米谷交易中抽取佣金,而佣金视情况分为从量佣金和从价佣金:从量佣金即是根据交易量来收取,谷子按每担抽佣最多 1 角,最少 1 分,平均 5 分;而每担米最多可抽取 1 角 7 分,最少 2 分,平均 7 分的佣金。所谓从价抽佣,按每成交一元抽佣金最多 3 分,最少 2 分,平均 2 分 5 厘。各地粮行的资本也多寡不一,拥有资本最多的牙行达 10000 银圆,而最少者仅有 50 元,牙行平均资本金为 2802 元。粮行从事交易的佣金收入,每年最多者可达 600 元,平均每个牙行佣金收入为 117 元 8 角 2 分。

2. 米谷市场的金融情形

米谷交易和流通环节离不开金融体系的参与。从事粮食交易中介的牙行和牙人在大量收购和转运粮食的过程中,由于需要大量的资金,经常需要向钱庄、银行贷款;如果在粮食集散市场没有设立银行及其他金融机构,则需要向私人借取高额利息的贷款（俗称高利贷）以资周转。粮商、粮农因急需现金陷入高利贷以后,则深受其中间商剥削之害。每当粮食收获季节,一些不法奸商往往与高利贷者相互串通和相互勾结,以此达到贱买贵卖、囤积居奇、趁势谋利、欺压农民,最终操纵整个粮食市场目的,这充分体现粮食交易过程中的寄生性和欺诈性特征。

3. 米谷市场的生产加工情形

据 1934 年的调查,南昌、新建、永修、德安、武宁、修水、高安、丰城、清江、新喻（新余）、宜丰、新淦、吉安、进贤、东乡、余干、余江、临川、宜黄等 24 市镇,米坊米厂比比皆是,其中以新喻为最多,计有 300 余家;以德安乌石门村和新建淞湖最少,计各有两家。所有米坊,共分旧式磨坊、旧式砻谷碾米坊、人力砻谷舂米坊、旧式砻谷新机碾米厂四种。其中南昌市拥有旧式砻谷新机碾米厂 70 家,每日可制谷 14,000 担,为全省加工能力之首。其次为新喻、吉安,日产各在 3,000 担以上。临川、修水县日出各在 2,000 担以上。市仪、丰城、清江、樟树、余江日制米在1,000担以上。永修山下渡城也能日出米900担,加工能力最小的为德安乌石山村,每日仅出米10余担。由于城市里比较富裕的人喜食晚米,故各机米厂机制晚米多费工力,每担取价较早米多1角4分至3角。

(四)江西米谷市场的兴衰

1. 江西米谷市场的繁荣

在九江米市的鼎盛时期,整个江西的米谷市场出现了繁荣的景象。20世纪30年代的江西《经济旬刊》对当时江西省的米商数量、商家资本、职工人数都有了较为详细的统计。

表7.2.7　江西各市场米商经营概况统计表

县属	市镇名称	米商家数	各家资本元 多	各家资本元 少	职工人数 多	职工人数 少	县属	市镇名称	米商家数	各家资本元 多	各家资本元 少	职工人数 多	职工人数 少
南昌	南昌市	460	10000	1000	10	2	丰城	城市	70	5000	200	10	3
南昌	市仪镇	30	3000	500	6	3	新喻	城市	112	5000	10	12	2
新建	生米镇	90	2000	500	2	1	高安	城市	20	300	50	4	2
新建	淞湖街	10	500	300	2	1	清江	樟树镇	8	5000	200	30	10
九江	九江市	138	5000	2000	10	2	宜丰	城市	46	200	50	4	2
永修	涂家埠	10	500	300	4	1	新淦	城市	50	5000	200	5	1
	山下渡	11	6000	300	18	1	吉水	三曲滩	5	2000	2500	2	1
德安	城市	88	5000	300	3	1	吉安	城市	200	5000	200	8	
	乌石门	2	500	300	10	3		固江市	15	1000	100	1	1
修水	城市	36	3600	300	24	5	临川	城市	160	5000	1000	16	3
	山口市	16	16	1200	14	4	进贤	城市	30	1000	100	2	1
	三都市	19	2000	320	16	5	余干	黄金埠	20	2000	50	7	7
	渣津	8	500	60	5	2	余江	城市	20	5000	300	4	1
武宁	城市	22	300	50	4	2	东乡	城市	12	130	40	3	2

(资料来源:江西《经济旬刊》第7卷,1936年第12期,第24—26页。)

从上述数据可知,鄱阳湖流域米商分布最多的米谷市场主要是南昌市,有米商460家;其次为吉安,拥有米商200家;再者为临川,有粮商160家;其他如九江和新喻,其米商数量也达138家和112家。尤当指出的是,九江作为鄱阳湖流域大米输出的咽喉,与米粮相关的商业却不够发达,其米商数量不到南昌的1/3,甚至较赣中的吉安及赣东的临川都要少得多,这也充分说明九江米市的过载与转口的特征。

2. 江西米谷市场的衰落

1937年抗日战争全面爆发,1938年九江沦陷,1946年国内战争随之而起,九江米市饱受战争的摧残,米粮贸易基本中断。表现在:其一,米谷销售市场的变动。本省粮食一直以九江、湖口为输出之口岸,粮食集散市场以南昌最大,临川次之,吉安又次之。自九江、南昌相继被日寇占领后,情形发生了重大变化:在赣东地区粮食集散市场转移到贵溪之鹰潭、金溪之浒湾、余江之邓家埠以及鄱阳等地;赣江赣中、赣南地区则为清江之樟树、吉安以及赣县等地;赣西北地区则为上高之涂家渡;且以鹰潭为最大集散市场,全年集散之米约计在100万市担。①其二,粮食贸易实行战时管制。1940年,抗战进入相持阶段,迫于形势,江西"以各县粮管处为贸易部之基层,使粮食商不再有操纵之机会,同时各县粮管处因与贸易部之合作,而得运用经济力量,以便达成管理粮食之目的"②,开始对本省的粮食实行严格的管制。目的主要是保证抗战的军粮供应、调剂省内粮食盈余、平衡省内粮食价格等。由此可见,江西省此时所剩的"余粮"仅用于接济抗战部队和救济本省的难民。江西省的米粮贸易基本上已经中断。

九江米市的作用不宜过分夸大,从目前掌握的贸易史资料来看,九江米谷贸易在九江口岸的出口贸易中所占的权重不是十分重要。它远没有像茶市那样,在九江进出口贸易中作用明显,茶市相应地带动鄱阳湖流域社会经济的发展,而米市充其量只是起到调剂粮食余缺的作用,所以它对带动粮食作物的商品化并

---

① 江西省粮食管理局编印:《江西省粮食管理概况》,《管理政策之演进》,1941年,收录在《江西近现代文献资料汇编》初编第12册(下),存于江西省图书馆特藏室。

② 江西省粮食管理局编印:《江西省粮食管理概况》,《实施管制之概况》,1941年,收录自《江西近现代文献资料汇编》初编第12册(下),存于江西省图书馆特藏室。

没有太多的作用。而且在近代海关设立后,粮商都是以自由商贩为主体,加上粮食市场层级过多,江西米谷市场呈现出以下特征:

其一,市场具有严重的寄生性。粮食市场层级繁多,业务庞杂,从业者过于繁复,寄生者过多。在产地市场、聚散市场、转载市场和消费市场分别广泛存在着农户、囤户、牙行、商贩、批发商、零售商、船贩、加工业者、金融业者,而这些从业者都是依赖粮食流通为生的,粮食每经其转手一次,价格就上升一层。据资料统计,江西临川产的米谷农户售与小贩每担仅 4.526 元,在上海的终端市场售给消费者的价格是 8.513 元,差价极大。其结果是农户低价出售,而消费者却高价买入消费。

其二,市场具有不成熟性的特征。表现在两个方面:其一,市场过度重叠。江西米谷市场表现为严重的交叉性,产地市场、聚散市场、转运市场同时也可以是消费市场,过度重叠不容易明晰分割。其导致的结果却是粮食被交叉重复地转运,既增加粮食流通的时间和成本,又人为地抬高了粮食价格,对整个粮食流通都是不利的。其二是切块分割。表现为粮食市场从业者带有明显的地域性特征,帮派林立分割市场,影响正常的流通;且粮食生产与流通之间存在复杂的借贷关系、陋规过多,掺假掺沙、欺诈讹诈、无端骚扰,不仅影响流通效率也使粮食市场存在巨大的安全隐患,体现出粮食市场的不成熟性。

其三,市场呈现新旧杂糅的特征。它表现在:一是运输方式的新旧并存,如水运体系中的轮船与帆船并用,陆路运输的人力、畜力与火车、汽车等现代化新型运输工具并存;二是在流通领域,新式银行、旧式钱庄与民间高利贷交相杂陈;三是在米谷加工环节新式机器碾米厂制米与传统旧式磨坊、旧式砻谷碾米坊、人力砻谷舂米坊相并存。这些均体现鄱阳湖流域米谷市场新旧杂糅的特性。

第三节　冲击与回应:近代江西产业改进与工矿实业的发展

九江开埠,伴随着西方经济方式的楔入,对鄱阳湖流域传统经济社会产生猛烈冲击。先是在九江、南昌、饶州等赣北地区,继而在吉安、袁州、广信、赣州等内地府州,开始出现了机制纺织冲击土纱土布、机制火柴代替传统火镰、照明的煤油取代植物油、洋铁代替土铁的趋向。外国机制产品由于价格低、使用方便等特点正在排挤着传统的手工制品，促使手工业逐渐发生嬗变和重组。在新的经济环境影响下，"振兴实业""挽回利权"，成为江西民族资本主义经济发展的内在动力。给江西城乡工矿业的行业结构、商品化程度、生产组织形式及生产技术构成带来了巨大而深刻的变化。

一、九江近代工业的发轫

城市近代化最重要的内容之一是以工业化为核心的经济近代化。作为通商口岸的九江，聚集优越的地理位置、便捷的交通以及鄱阳湖流域物资集散中心的功能于一身，奠定了九江城市工业化的扎实基础。

（一）外资工厂与九江近代工业发轫

九江开埠以后，俄国商人就在江西九江地区采购茶叶至汉口加工砖茶，在1863年于九江开办了丰顺砖茶厂。这标志着九江近代工业的起步。据《商埠志》记载：丰顺砖茶厂雇用了大量的中国工人，在俄国机器制茶工程师的指导下从事砖茶和茶饼制造，"这是一个很重要的工厂"[1]，被英国领事赞誉为"一种新的工业"，因为它对九江通商口岸的贸易有积极的推动作用。[2] 1875年，俄国商人在九江又建立了新泰砖茶厂，1901年增设阜昌砖茶厂。[3] 随后，日本商人于1900年在九江城外张官巷，开设了名为"东京公司"的鸡蛋加工厂。[4] 这些可以算是九江较早外商开办的新式近代工业企业。

九江海关兼管长江航道，需要放置航道指示灯标，为此，九江海关在1910年6月开设九江灯标修理厂。该工厂坐落在龙开河左岸，拥有30名正式员工，配备了工程师和外籍专家，还雇用了船帆制造工人、铁匠、木匠、铜匠、油漆匠等多行业人员在不同的岗位上工作；该修理厂设施也比较完备，有供锻造桅杆、修理灯标使用的锻工室，有供造船使用、制造灯标、修理旧船之用的轻便式下水台、起锚机，还配备有储藏室、货仓、木匠室，并建筑了外籍监督员办公室、生活住所等

---

① 孙毓棠：《中国近代工业史资料》第一辑，科学出版社1957年版，第1176页。
② 孙毓棠：《中国近代工业史资料》第一辑，科学出版社1957年版，第62页。
③ 孙毓棠：《中国近代工业史资料》第一辑，科学出版社1957年版，第6页。
④ 《中外日报》1900年11月11日。

一系列生产、修理和生活设施。①

　　但是,在 1894 年以前九江通商口岸的近代民族工业一直没有起色。以致在 1901 年之前的九江海关十年报告中均未列工矿业的项目。直至 1902—1911 的九江海关十年报告才列有矿山和矿产一项,其记载如下:

　　　　九江根本就没有现代化的工厂,本省经营的各种贸易都是手工业产品,这些货物生产自古以来就是如此。在本十年初,一家火柴厂在九江开业了,但是很快就倒闭了,它无法生产四级火柴,也无力承受与物美价廉的日本货竞争。大约在这同一时期,一家肥皂厂开工了,并且非常成功地生产出了一种优质的三级肥皂;但是不久前,肥皂厂的总经理去世(他也是主要的股东)导致了该厂的垮台。②

　　(二)民族工业的相继建立

　　19 世纪末 20 世纪初,九江士绅为"杜洋人攘利",逐渐学习西方科学技术,引进近代工业机器制造以及管理理念和经营方式,模仿西方技艺开办近代企业进行盈利,掀起了民族资产阶级兴办近代工业的小高潮。1894 年,辜茉荣、郑启东率先在九江开办了"荣昌火柴厂",成为九江最早的民族工业企业,后因经营不善和受洋火的竞争,业绩不佳;1899 年,涂子良接力续办了荣昌火柴公司,而且经营非常顺利,每年生产双鹤牌火柴十余箱,均能销罄。"近来荣昌洋火公司生意较前稍旺。"③接踵而至的是宛锡庚等人在德化县城开设了制蛋厂,黄钧等人在靠近龙开河码头的地方开设修理小型轮船的机器工厂。④ 1906 年,"职员徐武麟等,禀准在[九江]龙开河铁路车站附近官牌夹地方,开设机器厂一所,以备将来承修铁路机器,兼造轧花、榨油、打米各器具"⑤。《九江海关十年报告

---

　　① 《代理巡江事务长 L. R. 卡乐尔先生关于灯标修理厂的报告》,中国第二历史档案馆馆藏九江海关档案,全宗号 679,案件号 20922。

　　② Kiukiang Decennial Report,1902–1911. 中国第二历史档案馆、中国海关总署办公厅:《中国旧海关史料(1859—1948)》第 155 册,京华出版社 2001 年版,第 380 页。

　　③ 《中外日报》,1900 年 11 月 24 日。

　　④ 傅春官:《江西农工商矿纪略》,德化县·工务,1908 年石印本。

　　⑤ 汪敬虞:《中国近代工业史资料》第二辑,科学出版社 1957 年版,第 829 页。

(1912—1921)》中用"制造业"为标题对九江近代工业做了介绍:

> 制造业:1918 年由中国人一手创办了九江映庐电灯公司,以 3 个 200 马力的柴油机为发电设备给九江城镇、郊区以及英国租界供电,所供电压为 110 伏,0.36 美金 1 度电,价格偏高,但其供电质量十分好,那时有 5,000 家居民安装了电灯,映庐电灯公司希望在将来能不断扩大其发电工厂;1920 年裕生火柴厂以 250,000 美金为启动资金,开始营业,该火柴厂有机器 12 台,日产 50 箱火柴,这其中每一箱火柴中大约有 50 根不安全火柴,目前所有制造火柴的原料均由日本进口;1921 年利丰面粉厂在宾兴洲开设工厂,该面粉厂引进了每天能够产出 400 袋 50 磅面粉的美国现代滚压机,该工厂预计在 1922 年 4 月开始运营营业;目前久兴纺织厂以 2000,000 美金在九江城西官牌夹处创办工厂,从美国进口了 15,000 个纺锤,这个工厂望在以后不断扩大其规模。这些工程尽管进程缓慢,但均表明九江人民最终意识到现代技术的重要性。以上均表明,九江正尝试以机器代替手工劳动。[①]

由此以后,九江陆续建立了一些新式的工业产业和公司,具体情况详如下表:

表 7.3.1 九江近代民族资本设置工业企业一览表(单位:万元)

时间	企业名称	经理人	资本	地址	备 注
1894	荣昌火柴厂	辜茉荣 郑启东等	不详	老马渡	九江政协文史办编印:《九江百年》,企业为合股经营。
1899	荣昌火柴公司	涂子良	不详	老马渡	《中外日报》,1900 年 11 月 24 日
1906	制蛋厂	宛锡庚	不详	不详	《九江百年》,企业为独资经营。

---

① Kiukiang Decennial Report,1912 - 1921,中国第二历史档案馆、中国海关总署办公厅:《中国旧海关史料(1859—1948)》第 156 册,京华出版社 2001 年版,第 347—348 页。

续表:

时间	企业名称	经理人	资本	地址	备　注
1906	火柴公司	黄筹园	不详	不详	《九江百年》,企业为独资经营。
1917	映庐电灯公司	许鸿模	12	龙开河岸	《农商公报》第七卷第二册,第74期。合股
1919	久兴纱厂	朱仙舫 丁孝敬	200	官牌夹	事见《九江经济调查》,股东为陶家瑶、张勋等,有职员1500人。
1919	华昌制造樟脑公司	王荣华 王长华 林志通等	0.5	龙开路及马迴岭	《农商公报》第七卷第三册,1920年10月15日,企业为合股经营。
1919	高松大肥皂厂	高佩西 高德俦	0.5	西门城内	《农商公报》第七卷第三册,1920年10月15日,企业为合股经营。
1920	裕生火柴厂	金浩如 刘鸿生等	20	老马渡口	《九江海关十年报告》(1922—1931),1932年正式被上海大中华火柴股份有限公司兼并,500人。
1921	利丰面粉厂	傅紫庭等	30	不详	《九江百年》,企业为合股经营。
1922	益成针织厂	龚海清	不详	四码头街	附设织袜传习所,彭泽益:《中国近代手工业史资料》,独资经营。
1924	涌利纽扣厂	不详	不详	不详	《九江经济调查》。
1926	荣集纽扣厂	周云贵	0.4	琵琶亭旁	《九江经济调查》企业为独资经营,有职员工40人。
1930	机器修理行	余尚富	不详	不详	《九江百年》,企业为独资经营,有职员206人。
1935	光大瓷厂	不详	不详	不详	厂房设备就绪,因日寇入侵内迁四川,后迁回,更名九江瓷厂。

九江近代外资工业企业和民族资本工业企业的相继建立,使九江通商口岸城市经济结构发生相应的变化,从单纯的商业型口岸城市向综合性多功能的城市发展。这一点《农商公报》以《九江工业之发轫》一文给予高度评价:

> 九江一埠,凡百商业,均持贩售为生活。并无一制造厂可以树立实业之先声。近有两事可差强人意。一为纱厂,已由地方人士合力集股。并参入张某巨资,决计开办,地点勘定官排夹,先行建设厂屋,以为基础。一为火柴厂,为镇江巨商金浩如等合资开办,暂定股本十万元,厂屋建筑老马渡地方。所有章程、决算书、禀请书,手续均已办好,端节后事务所可告成立,着手进行。缘火柴为日用所必须,向系东货占其多数,金君自去年牺牲运货后,即思自行开办此项制造,以冀挽回利权,近既组织成功,亦不可谓非振兴实业之一助也。①

近代工业的不断发展,为九江通商口岸城市综合功能的提升奠定了物质基础,同时对于加快九江的城市化进程也发挥着重要的积极作用。但也应该看到,九江工业基础并不是很好,且均以轻工业为主,到 1934 年,"九江最大之工业为久兴纺织公司及裕生火柴公司,其次则为皂烛厂、纽扣厂及手工织布业,再其次则为针织厂、制面厂及机器厂"②等数家而已。

二、江西近代工矿实业的缓慢发展

九江开埠以后,越来越多的外国商品由九江口岸涌入江西内腹地区,尤其是甲午战争以后,大量的外国资本在中国设立近代化的工厂,进行商品生产。机制产品对传统的手工业产品冲击益加猛烈,导致鄱阳湖流域农村手工业和城镇手工业产品滞销而不断衰落或者歇业,直接刺激了江西的绅商尝试兴办近代实业来抵制洋人的侵权夺利。

---

① "九江工业之发轫",《农商公报》第 7 卷第 1 册, 1920 年 8 月 15 日。
② 《九江经济调查》(一),《经济旬刊》1934 年第 14 期,第 4 页。

（一）清末新政官府倡导下的实业展开

江西近代工业在九江诞生以后，在外国资本的影响下，江西的民间资本开始零星地开办小规模的工厂。1882 年，在南昌章江门外"罗新昌机器厂"开办，投资 5000 元，雇佣 20 余名工人，从事小型蒸汽机、碾米机、抽水机以及柴油引擎的制造和修理，这是江西第一家民族资本创办的工业企业，标志着江西民族资本主义工业的诞生。1897 年，由汉阳铁厂、轮船招商局、铁路总局三方共同出资 699000 元创办萍乡煤矿，这是江西第一家官督商办的近代矿业，是当时中国使用机械化采煤的大型煤矿之一，由道员张赞辰任总办，日产煤 1000 余吨、焦炭 600 吨。江西官办的首家近代工业是 1898 年江西巡抚翁曾桂在南昌设立的"江西子弹厂"。在 1900 年以前，整个江西近代工业企业只有 9 家，其中外国资本家开办的就占据 5 家，官办和商办的各有两家。江西没能与时俱进，没能赶上新时期经济发展的潮流。《九江海关十年报告(1902—1911)》记载：

> 江西唯一的煤矿位于靠近湖南边界的萍乡，那里出产着大量的煤炭。游客们提到萍乡就会在印象中浮现一个德国矿区的画面，成千上万被雇佣的人们在开采煤矿。然而，所有的煤炭都是通过湖南的一小段铁路运送到湘江，然后穿过洞庭湖，沿着长江向下到达汉口，因此丝毫不会促进本省的商业繁荣。[①]

进入 20 世纪，在晚清政府"新政"改革和"收回利权"运动的推动下，江西省颁布了一些确定商人身份、组成民办企业、确立专利权和矿产程序的政策法令，如《商人通例》《公司商律》《公司登记法》《矿产法》和《专利权法》等。政府为了保护和鼓励创设近代工业，对华人机器仿制洋货施行特别课税法，将这些仿制品按照进口税率表课税一次，以后转运各地免纳包括厘金在内的一切内地税等政策，也激励了江西实业的兴办，江西近代工业的创办出现了一个小小的高潮。

1. 近代工业的普遍兴起

[①]　Kiukiang Decennial Report, 1902—1911. 中国第二历史档案馆、中国海关总署办公厅：《中国旧海关史料(1859—1948)》第 155 册，京华出版社 2001 年版，第 380 页。

新政期间,实业的创办以设立工艺院为首倡,其目的为"提倡工艺……以期工业日臻发达"①。1900 年,南昌县士绅曾秉钰单独出资万金,在南昌城外设工艺局一所,广收艺徒,专门纺织各种洋布,"创开风气,成效可观"②。1901 年,江西巡抚李兴锐筹集银五千余两,在省城南昌设立工艺院。"院立三厂:一曰粗工厂,一曰细工厂,一曰学工厂。……粗工如蒲鞋、麦扇、草帽、麻绳诸事,教愚贱粗蠢之辈;细工则刷书、刻字、织带、缝衣、制履、结网之属,凡质稍好者,使人而习之;学工厂则凡良家之不肖子弟……分别教之,各有课程。"③在此基础上,李兴锐通饬各州县各设一院,各府州县工艺局也随之逐渐兴办。

表 7.3.2   清末新政期间江西府州县部分工艺局(厂、所)一览表

时间	院所名称	经理人	资金	制造物品
1900	工艺局	曾秉钰	万金	各种洋布
1901	江省工艺院	柯逢时	5000 两	蒲鞋、麦扇、草帽、麻绳、刷书、织带、缝衣、制履、结网
1902	金溪工艺所	杜璘光	捐廉	雕木器、棕扇、织布、缝纫
1903	临川劝工所	戚扬	县拨付	夏布、棉布、烛芯、竹镶联对、草鞋、竹篦
1903	南昌工艺厂	江毓昌	3000 金	西式木器、洋布
1903	南昌工艺院	倪延庆	县捐	牵纱织布、毛巾
1904	泰和工艺院	陈善垣	萧绍渠捐	爆竹、砻谷、舂米、织巾、布理、丝织凤眼、油纸扇
1904	永丰工艺院	吴国珍	捐廉	织蒲鞋、搓麻绳、织竹席、造竹器
1904	万安工艺所	王作□	不详	洋货、草席、草履
1904	信丰劝工局	向步瀛	集股	毛巾、东洋线布、土布等
1904	武宁工艺厂	王浚道	200～300 两	夏布、洋布、土绢

---

① 傅春官:《江西农工商矿纪略》,金溪县·工务,1908 年石印本。
② 傅春官:《江西农工商矿纪略》,南昌府·工务,1908 年石印本。
③ 《江西巡抚李兴锐奏设工艺院一所》(光绪二十八年正月八日),载《光绪政要钞本·实业三》。

续表:

时间	院所名称	经理人	资金	制造物品
1904	崇仁工艺院	黄焕垣	每年500元	夏布、棉布
1904	奉新工艺院	沈善谦	不详	竹木器具、纸捻麻线、毛巾、编草履、搓麻绳
1904	临川织教所	黄维翰	集股	毛巾、洋布
1905	于都工艺局	张承祖	440余元	裁衣、春米、织布、织履、搓绳等
1905	靖安习艺所	汪鸿	钱1000串	洋布、纱巾等
1905	丰城劝工所	左秉均	1000两	织布、纺纱、搓绳、织履、缝衣
1905	抚州工艺所	王乃征	不详	木器、藤器等
1905	定南工艺院	章家驹	不详	织线毯、打辫线、织棉带、做竹器、香棍烛芯、竹簟斗笠、谷箩粪箕、造米厂春米、篾丝洋操帽
1905	虔南工艺厂	艾廷栋	捐廉、不详	织毛巾、洋布,轧花纺纱
1905	兴国工艺院	欧阳保福	盐捐充拨	碾米、制竹器、织毛巾花毯、织洋布粗布
1905	广昌习艺所	王瑞同	300元	纺洋纱、织草履、搓绳索、织棉布夏布、辫带、蜡烛芯等
1905	吉水工艺院	徐元训	洋百元,钱八百串	结网织布、编草履、搓麻绳、做棕荐蓑衣、纺棉纱、织袜带腰带
1905	永新习艺所	张善择	百余金	分为织工、木工、竹工、缝工四厂
1905	讲习工艺所	唐继周	不详	不详
1906	安福习艺所	戴济清	1800缗	做竹器、卷爆竹、织夏布
1906	乐安工艺院	汪都良	洋30元	樟脑等
1907	广昌工艺厂	王树森	洋700元	织布、纺纱
1907	进贤劝工所	罗傅珍	集资、不详	夏布
1907	宜黄工艺厂	胡会昌	筹款、不详	夏布、草纸

(资料来源:傅春官:《江西农工商矿纪略》各府州县工务部分编制,1908年石印本。)

府州县工艺局绝大多数是政府出资兴办,也有少部分为地方士绅捐建或集资兴建。按照 1913 年的《世界年鉴》统计：江西全省有工艺局(含场、所)97 家，公私建筑工场 10 家。[①] 工艺局在产业升级方面作用较大。1904 年，鄱阳县成立工艺院，置买东洋轧花机数架，使用机器代替手工制作产品。一架轧花机每日能出净花两三百斤，与土车每日仅出十余斤相比，效率提高数倍，鄱阳城内"已有购机制造者，风气已开"[②]，提供了新式就业机会。

瓷器是江西最有特色的手工业产品，受洋瓷仿造和机器制瓷的冲击，"然中国之销数日绌，而外洋之漫灌日多。揆厥所由，实缘窑厂资本未充，不能与之相竞"[③]。1903 年 3 月，署理江西巡抚柯逢时创办景德镇瓷业公司，官商合办，官府筹拨银 10 万两(实拨 1 万两)，其余由公司自行集股，资本额 5.5 万元，该公司在景德镇建设窑厂，专造洋式瓷器。1904 年，黎景淑筹集 20 万元，创设商办萍乡瓷业公司[④]，兴安县(今横峰县)滕绅诚设立复古窑厂，以新法经营，"先后集三百股，每股洋银一百两……遵照商律及商会条款，明定章程，刊刻股票，以昭信守"[⑤]。1905 年，商人文乃麟与职员廖凤喈也集股 3 万元，设立窑业有限公司，雇佣景德镇工匠，议定工资，在上埠开窑造瓷。[⑥] 1905 年，景德镇职商陈赓昌不满瓷器釉料被洋料所排斥，"兹已邀集向贩滇料商号八家，合筹资本四万元，创办保源滇料公司……并拟添集股本二十万元"[⑦]。1907 年，江西巡抚瑞良"以振工艺，保利权"，奏请开办新的瓷业公司，"议集股二十万元，每股五元"，改为商办江西瓷业公司。该公司成为新政时期江西乃至全国范围内资本最雄厚的新式瓷业公司。1908 年，景德镇程箴等集股 2.8 万元创办日新瓷业公司。具体情况详如下表：

① 彭泽益：《中国近代手工业史资料》第 2 卷，生活·读书·新知三联书店 1957 年版，第 576 页。

② 傅春官：《江西农工商矿纪略》，鄱阳县·工务，1908 年石印本。

③ 《开办江西瓷器公司折·柯逢时陶务奏折》，《中国陶瓷信息资源网》2003 年 3 月 24 日发布。

④ 江西社会科学院历史研究所、江西省图书馆选编：《江西近代贸易史资料》，江西人民出版社 1988 年版，第 414 页。

⑤ 傅春官：《江西农工商矿纪略》，兴安县·工务，1908 年石印本。

⑥ 傅春官：《江西农工商矿纪略》，萍乡县·工务，1908 年石印本。

⑦ 傅春官：《江西农工商矿纪略》，浮梁县·工务，1908 年石印本。

表 7.3.3　新政时期江西建立新式瓷业公司一览表

时间	公司名称	公司性质	资本额	经理人	地址
1903	景德镇瓷业公司	官商合办	5.5 万元	孙廷林	景德镇
1904	萍乡瓷业公司	商办	20 万元	黎景淑	萍乡
1904	复古窑厂	商办	3 万两	滕诚	兴安
1905	保源滇料公司	商办	4 万元	陈赓昌	景德镇
1905	瓷业有限公司	商办	3 万元	文乃麟等	萍乡上埠
1906	振兴釉果公司	商办	1 万两	郑之梁等	浮梁东乡
1907	江西瓷业公司	商办	40 万元	李嘉德等	景德镇
1908	日新瓷业公司	商办	2.8 万元	程篪	景德镇

（资料来源:傅春官:《江西农工商矿纪略》,1908 年石印本。汪敬虞编:《中国近代工业史资料》第 2 辑,科学出版社 1957 年版,第 887 页。）

　　清末新政时期,江西创办的樟脑公司也较多。据英国人斯坦利·莱特(Stanly Wright)记述:樟脑业是一项利润十分丰厚的产业。从实际经验来看,含量最高的樟树每 40 担刨片可以生产一担樟脑,这样一棵樟树可以卖到 400 元,其产品如果在吉安出售,可卖到 1400 ~ 1600 元。即使扣除砍树、刨片和复种樟树的昂贵费用,樟脑蒸馏业的利润仍相当巨大,而且,这一回报还不包括由樟树籽熬出的樟脑油带来的利润。樟树在赣中和赣南最常见,但主要集中于吉安、临江、樟树和袁州,南昌和赣州次之,在当时"江西主要的樟脑提炼中心是吉安"[①]。1907 年,江西由政府拨款 3000 两,创办江西樟脑官局,委任洪嘉荫经理其事,为官商合办企业,公司位于南昌德胜门外。[②]　而商办樟脑公司也有大大小小 10 多家。具体情况详如下表:

---

　　①　(英)斯坦利·莱特著,杨勇译:《江西地方贸易与税收(1850—1920)》,江西教育出版社 2004 年版,第 45 页。

　　②　傅春官:《江西农工商矿纪略》,南昌府·商务,1908 年石印本。

表7.3.4 清末新政时期江西主要樟脑公司一览表

时间	公司名称	公司性质	资本额	经理人	地址
1903	生利樟脑公司	商办	10000 两	梁基	南昌
1903	兴利樟脑公司	商办	不详	薛维贞	新建
1904	益华樟脑公司	商办	不详	林品珊等	赣县
1904	务本有限樟脑公司	商办	不详	孙宪双	万安
1904	鸿宝公司	商办	不详	张震离	庐陵
1905	樟脑公司	商办	不详	刘寿山	吉水
1906	开源樟脑公司	商办	300 元	郭振声	龙泉
1907	江西樟脑官局	官商合办	69000 元	洪嘉荫	南昌
1907	章华熬脑官局	官办	不详	刘葆忠等	安福
1907	福利樟脑公司	商办	4000 元	陈振业	吉水
1907	裕华樟脑公司	商办	不详	许玉堂	庐陵
1907	志成樟脑公司	商办	3000 元	陈鸿宝	清江

(资料来源:傅春官:《江西农工商矿纪略》,各府州县商务与工务,1908 年石印本。)

随着樟脑业的发展,樟脑成为江西的重要出口产品。据贸易统计资料,"大部分樟脑的出口由上海一家著名的英国公司承担,而樟脑油则输往日本。在过去的十年(1908—1917)间,总的樟脑出口数为 21,835 担,樟脑油出口数为 10,738 担。另外还要加上从樟树籽中提取的樟脑油,不过这些完全在本省消费掉"[①]。

江西其他特色手工业也开始引进机器生产,开始向资本主义生产方式转型。主要有如下几个方面:

其一,造纸业。1905 年,黄大埧等在南昌成立江西机器造纸厂,属官商合办

---

① (英)斯坦利·莱特著,杨勇译:《江西地方贸易与税收(1850—1920)》,江西教育出版社 2004 年版,第 46 页。

企业,投资 42 万元,内有官股 6 万元;①刻书业中心之一金溪县浒湾镇,1905 年
11 月,"开设染纸作坊,销路甚广……往苏州雇请蜡笺工师,试作笺纸,以广销
路"②。1906 年,蔡荣昌等在信丰县筹集资本,先制改造白纸器具,再雇福建延平
纸匠,改良造纸。③

其二,纺织业。1904 年,铅山县饶曾春"集股龙洋四千余元,创设鼎兴织布
公司,赴沪汉购办织机纱棉"④,"招集股本一百份,每股英洋一百元……开办之
初,拟招募别处工匠四五十名,以为教习。……工艺勤熟,分别优劣,酬给工资,
以示鼓励"⑤。它是较早利用资本主义经营方式的纺织企业。1905 年,乐平本地
人与南昌人合集资本,聘请高等工匠专教刺绣各项上等用品,于何家台地方设立
春茂公司⑥。1906 年,清江县孙葆辰集股一万元,开办金凤有限公司,购买织机
50 余架,聘请上海 6 名头等机匠为指导,每日生产柳条洋布 10 余匹,销往袁州、
吉安、赣州等地。⑦1907 年,职员叶先均等在萍乡县城内开办志强织业公司,集股
一万元,章程大纲六条,纺织东洋花布,柳条布,"均合民间之用,将来可以抵制
洋货"⑧。

其三,制糖业。1904 年,金溪县艾朝鼎等在双塘墟集资置办糖榨,"设厂开
办,提升白糖……获利颇丰"。在此影响下,1907 年"会绅筹款,在城湖村、合市
街、植元村三处,各设糖榨一所"⑨。在余干县,戴书升等乡绅招股开办糖蔗公
司,城乡绅富均愿附股。"戴绅书升集股三千元举办质进种植公司。"该公司在
磻溪寺、蔡家洲各处所种甘蔗,熬糖售卖,获利颇厚。⑩ 同样,大庾县各乡将所产
甘蔗"选雇善于制糖匠师,榨汁煎糖。一年约计出糖三四千担,有冰花、雪白、仁
砂各色,每担价值洋银八九元至十元不等,有商贩来县收买,运赴饶州、广信两府

---

① 汪敬虞编:《中国近代工业史资料》第 2 辑,科学出版社 1957 年版,第 917 页。
② 傅春官:《江西农工商矿纪略》,金溪县·工务,1908 年石印本。
③ 傅春官:《江西农工商矿纪略》,信丰县·工务,1908 年石印本。
④ 傅春官:《江西农工商矿纪略》,铅山县·工务,1908 年石印本。
⑤ 张赞霖:《拟办鹅湖织布公司条议附呈简明章程六条》,《江西官报》甲辰年(1904 年)第 17 期函
告。
⑥ 傅春官:《江西农工商矿纪略》,乐平县·商务,1908 年石印本。
⑦ 傅春官:《江西农工商矿纪略》,清江县·工务,1908 年石印本。
⑧ 傅春官:《江西农工商矿纪略》,萍乡县·工务,1908 年石印本。
⑨ 傅春官:《江西农工商矿纪略》,金溪县·工务,1908 年石印本。
⑩ 傅春官:《江西农工商矿纪略》,余干县·农务,1908 年石印本。

销售"①。

其四,粮油加工业。1905 年,德安乡绅合股设立榨油厂。② 1908 年,商人肖庚良以资金 14 万元,在南昌广润门外创设厚生机器碾米公司,在城内设有许多分店。③ 1909 年,南昌恒泰面粉厂在西大街成立,资本额为 1000 元,工人 4 名,备有马达,每日产量 400 斤,每年出面总值 6000 元。④ 此后,各地碾米厂纷纷建立,还有一些小的碾米厂,除自己碾磨外,并代人加工,给人们生活带来方便。

其他一些民用工业中也出现了一些新式企业。1902 年,九江出现了肥皂厂,该厂第二年生产出 1150 箱肥皂,1907 年,产量达 3000 箱肥皂,产品质量与欧日产品接近。⑤ 光绪三十二年(1906)春间,南昌县士绅熊保丞,"独出资本,开设全体适制造厂,专制洋式木器"获利甚厚。候补知县徐象藩筹集资本 1.4 万元,在南昌创办商办吉祥机器砖瓦公司。

2. 矿务开采蓬勃发展

首先是煤矿的开采。在乐平县、萍乡县出产优质的煤,兴办了一大批煤矿公司。1902 年,周鸾、朱子春开设裕通公司,开办乐平南乡牛头山煤矿。1903 年,文聚奎开办乐平西乡虾儿坑狮儿口西安岭煤矿,蒋如松开办乐平南乡藕塘山煤矿,郭鞠开设羊乐公司,开办乐平东南乡保家岭荷树坳茅屋场煤矿。⑥ 1906 年,职员袁希祖"邀集股本三千零四十七元,在南乡铜鼓岭地方试办煤矿。……拟设美利公司,搭盖厂屋,兴工开采"⑦。在萍乡,1904 年,龚万泰领照开办茅山、青山两处煤矿;周蓬等领照开办乡塘煤矿,熊姓氏族开办洪水罔煤矿,熊、陈、张三姓开采猪婆岗煤矿,傅姓氏族开采神仙岭煤矿等。1906 年,江西朱载亭观察,招股十二万两,开办新建县之徐塘煤矿,月约出煤五百吨,可延八十年之久,厥利甚巨。⑧ 徐塘煤矿是当时江西最大的商办煤矿。

① 傅春官:《江西农工商矿纪略》,大庾县·工务,1908 年石印本。
② 傅春官:《江西农工商矿纪略》,德安县·工务,1908 年石印本。
③ 傅春官:《江西农工商矿纪略》,南昌府·工务,1908 年石印本。
④ 《南昌市工业状况》,《经济旬刊》1933 年第 18 期。
⑤ 江西省社会科学院历史研究所、江西省图书馆选编:《江西近代贸易史资料》,江西人民出版社 1988 年版,第 414 页。
⑥ 汪敬虞:《中国近代工业史资料》第 2 辑,科学出版社 1957 年版,第 784 页。
⑦ 傅春官:《江西农工商矿纪略》,乐平县·矿务,1908 年石印本。
⑧ 汪敬虞:《中国近代工业史资料》第 2 辑,科学出版社 1957 年版,第 785 页。

其次在铁矿开采方面,永新"向有本地绅民,就近挖取,设炉熔铸。……铁业一项,须设公司,方可广为采取。铁业公举贺绅赞元晋省,禀设铁业公司,改良冶铸"。1906 年,"邑绅贺赞元等设立保富铁矿有限公司。……保富公司已于县城设立经理处一所,并于吉安府城及庐陵县所辖永阳市各设转运分局一所。又于省城广润门外设立转运总局一所,领到新刊护照,办理尚为妥协,铁业可期振兴"①。在泰和县高行乡津洞地方,出产钢铁,封闭多年。1906 年,"两江矿政局派委矿学生沈凤祥来县查勘津洞铁矿,质优较充美。取由该矿师采取矿质,丛同呈验外,已谕绅集股开办"②。

据不完全统计,新政期间先后有 20 家新式矿业实业出现,其中,煤矿 10 家、铁矿 4 家、锰矿 3 家、铜矿 2 家、滑石矿 1 家,③标志着江西近代矿业的初步发展。新政期间,江西兴办 23 家万元以上的近代工矿实业,全省还兴办众多资本万元以下或资本不详的企业,有学者统计从 1900 年至 1911 年的 11 年中,江西共创办大小不同的企业近 200 个。④ 这些实业的创办,对江西经济转型起奠基作用。

(二)民国前期近代工业的持续增长

民国鼎革,中国各地掀起兴办实业的热潮。江西各地官绅富商也纷纷响应,积极筹集资金,兴办各种工矿实业,出现了近代工矿业创办的又一次高潮,近代工矿企业无论是在投资规模还是在数量上都有较大幅度的提高。

1. 北洋政府时期工矿业的发展

自 1912 年中华民国成立至 1927 年南京国民政府成立这段时间里,江西人的投资热情极高。由于江西矿产资源丰富,大力发展矿业是这个时期江西工业增长的一个显著特点。此外,单个工业企业的投资规模有所扩大,资本额在万元以上的工矿企业增加了 45 家。⑤ 其中资本额在 5 万元以上的工矿企业有 10 家,

---

① 傅春官:《江西农工商矿纪略》,永新县·矿务,1908 年石印本。

② 傅春官:《江西农工商矿纪略》,泰和县·矿务,1908 年石印本。

③ 江西省社会科学院历史研究所、江西省图书馆选编:《江西近代贸易史资料》,江西人民出版社1988 年版,第 413 页。

④ 许海泉、姜良芹:《近代工业和近代城市的兴起》,《百年巨变与振兴之梦——20 世纪江西经济研究》,江西人民出版社 2000 年版。

⑤ 温锐等:《百年巨变与振兴之梦——20 世纪江西经济研究》,江西人民出版社 2000 年版,第 54页。

仅这 10 家企业的资本总额就达 721 万元。而且,这个时期还出现了几家投资额达数百万元的工矿企业,如 1915 年设在德化县的仙居铁矿公司投资 200 万元,1919 年设在鄱阳、乐平的鄱乐煤矿公司投资 100 万元,1920 年设在九江的久兴纺织公司投资银 180 万两(约合 250 万元)。投资主体以商办为主,这表明民族资本已经成为这个时期工业投资的主导力量。

表 7.3.5　北洋时期江西省资本额 5 万元以上工矿企业统计表(单位:万元)

时间	企业名称	创办人	资本	性质	地址
1914	顺济煤矿公司	管尚华、河野久太郎	60	中日合资	丰城
1915	仙居铁矿公司	杨士骢	200	商办	德化
1916	上株岭铁矿公司	贺国昌	50	商办	萍乡
1917	映庐电灯公司	许鸿模、唐伯龙	5	股份有限公司	九江
1919	鄱乐煤矿公司	谢天赐、朱佩珍	100	商办	鄱阳乐平
1919	景耀电气公司	李偶耕、魏阜欧	10	股份有限公司	景德镇
1920	吉州电灯公司	肖子畲、王崇鼎	6	股份有限公司	吉安
1920	久兴纱厂	周学熙、张少轩	180 万两	股份有限公司	九江
1920	裕生火柴公司	刘鸿生、金少三	10	股份有限公司	九江
1921	利丰面粉厂	傅紫庭、胡养新	30	股份有限公司	九江

(资料来源:中国第二历史档案馆编:《中华民国史档案资料汇编》(第三辑),工矿业,江苏古籍出版社 1991 年版,第 348、902 页。)

除此之外,小型矿业的开采也是北洋政府时期工矿业发展的一个特色,据九江海关报告记载:

在萍乡,靠近湖南边界有个很大的煤田,采用的是现代方法对煤矿进行开采。而其煤矿作业是一方面为了给汉阳铁厂提供煤炭和焦炭,另一方面则是使得煤炭的运输更加便利:煤炭由萍乡至楚州的单行铁轨,运至楚州之后,再由帆船运往长沙。另一个煤矿丰富的煤田在鄱阳湖东面的罗坪地区。

该煤田产出了大量的汽煤。在该矿井,采用原始方法作业,且产出的煤大部分都自产自销,供于该地区使用。钨矿产出于大庚岭,1918 年第一次出现在我们的报告中。钨矿的价格低廉,且其运输到海外,所需运输费较高,于是便削减了钨矿的产量。而那些投资于矿产发展的公司均称其经济遭遇严重亏损。在永新地区,开采铁矿石。其开采的过程如蜻蜓点水一般,只掘到 5 英尺深。挖掘到的铁矿石含铁量极高:一担铁矿石能产 50～70 斤的铁。产出的铁大多用于当地农具的制造。[1]

笔者在中国第二历史档案馆"北洋政府农商部档案",查阅到"江西省实业厅、财政厅和中央农商部等部门呈请中央实业部要求发给江西商民采矿营业执照"的档案,共有 85 件之多,具体情况详如附表六。

国外大量商品的输入、城镇市场经济与商人资本的发展,一方面对工业品产生了广泛而持久的市场需求,从而为新兴工业提供了一定的市场和资本基础;另一方面也导致传统经济中的自然经济成分逐渐解体,一部分农民开始离开土地,进入城市另谋生计,同时,城乡手工业者也因产品无法与外国机制产品竞争而成批失业,这些城乡失业者组成了一支出卖劳动力的雇佣劳动者队伍,为资本主义工业的发展提供了劳动力市场。江西商民立足本地资源,大力发展矿业生产,特别是民国初年在赣南发现稀有金属钨以后,对钨矿的开采成为江西工业增长的一个新亮点。

2. 南京国民政府时期的工矿业发展

1927 年南京国民政府成立以后,继续实行发展近代工业的措施,1929 年先后颁布了《工厂法》《公司法》等,1930 年又先后颁布了《矿业法》《商标法》等法律,鼓励和保护民间资本投资近代工业。同时,政府实行裁撤厘金,改革币制,为工商业发展制造了良好的市场经济环境。

在江西,由于受国共内战的影响,近代工业出现了萎缩的迹象,"本省各主要特产,相率沦为凋败破产之境"[2]。1934 年,国联专家在视察江西的报告中指出:

① Kiukiang Decennial Report,1912－1921,中国第二历史档案馆、中国海关总署办公厅:《中国旧海关史料(1859—1948)》第 156 册,京华出版社 2001 年版,第 347 页。

② 《本省九大建设计划》,《经济旬刊》1934 年第 11 期。

全省工业破坏倒闭者，约居十分之八，往昔煤矿业中，有五十万人做工，今则仅有数千人，往昔钨之产量一年达六千吨，每吨价值千元，今几完全停顿，所产红茶，向来畅销俄国，往时每年出口价值达一千万元，而今亦跌落至一百万元矣……有名之江西瓷器业，其出品之价值，由每年八百万元之数，降至五百万元。①

1934 年，江西省政府为了复兴近代工业，拟定了促进江西生产建设的九大计划，包括：陶瓷工厂计划、水泥制造厂计划、纺纱工厂计划、开发赣南钨矿计划、振兴牧业计划、酒精制造厂计划、制纸工厂计划、制糖工厂计划、宁茶复兴计划。② 1935 年，江西省政府确定该年为"建设年"，制订具体的工业发展计划，整顿现有工厂和矿山，进行卓有成效的经济建设工作。③ 到 1936 年，江西各地新增工厂 54 家，④经济建设成效显著，被认为是江西民族资本主义经济发展的最高峰。从纵向来看，据 1932—1935 年江西省经济委员会等有关机构调查，民国前期江西的工业共有 10 大类 28 种，包括机械、电气、化学、纺织、饮食、文化、窑业、皮革、服用、油漆、洗染等，分布在城市的大小工厂共有 680 家，近代工业的确有一定程度的发展。

从横向上看，由于江西在相当长的时间内处在国共两党对峙和斗争的环境之中，在一定程度上影响了江西近代工矿业的发展。尽管这个时期江西出现了少数大型工矿企业，但和全国相比，还是明显落后的。省城南昌"虽为江西全省工业荟萃之区，所有巨细工业，不过十有三项，而资本在一万元以上者仅十家，其中五万元者一家"⑤，而且基本上全部是轻工业，重工业领域几乎还是一片空白。"不特重工业毫无着手，即轻工业，亦无足称道者。"⑥据统计，截至 1937 年，江西

---

① 《国联专家视察江西报告（二）》，《经济旬刊》1934 年第 10 期。
② 《本省九大建设计划》，《经济旬刊》1934 年第 11 期。
③ 胡家凤：《十年赣政之回顾与展望》，江西省政府编：《赣政十年》，1941 年。
④ 温锐等：《百年巨变与振兴之梦——20 世纪江西经济研究》，江西人民出版社 2000 年版，第 54 页。
⑤ 《南昌之繁荣问题》，《经济旬刊》1935 年第 3 期。
⑥ 张译垚：《十年来之江西工业》，江西省政府编：《赣政十年》，1941 年。

省数百家大大小小的工厂,其中合乎《工厂法》第一条之规定者,则只有 7 家。符合经过修正的《工厂登记规则》第一条之规定者,也仅有电灯公司 10 家、碾米厂 10 家、民生工厂 3 家、火柴厂 1 家、纺织公司 1 家、机械修理厂 1 家、灰釉厂 1 家、窑厂 1 家,共计 28 家,远低于全国平均水平。

综而观之,从南京国民政府成立到抗日战争全面爆发的 10 年时间里,江西近代工矿实业发展是比较缓慢的,整体工业化水平也不是很高。相比较于中部腹地省份,从工矿企业的数量上看,江西是落后的,仅仅比安徽省稍微多一些;从资本额相比较,江西排位第四,处在中游水平。大体而言,在南京国民政府时期,江西的工业发展水平与浙江、湖北两省差距较大,但是相较于周边其他省份,工业化水平尚处在同一档次。

表 7.3.6　南京国民政府时期江西商办矿业一览表

时间	名称	矿业主	矿产	矿址	时间	名称	矿业主	矿产	矿址
1927	花鼓山	燕春台	煤	新余县	1930	振兴	汪义	煤	乐平县
1928	晋成	毛毓汉	煤	丰城县	1930	广业	余秉九	煤	丰城县
1928	福中	丁福唐	煤	丰城县	1931	福德	卢翼翼	煤	高安县
1928		黄永秋	煤	吉水县	1932	励群	余达三	煤	丰城县
1929	顺兴	廖长卿	煤	崇仁县	1932	利群	李毓华	煤	丰城县
1929	华兴	伍人龙	煤	赣县	1932	合记	张垂宽	煤	丰城县
1929	益大	彭高义	煤	宜春县	1932	集成	熊公瑞	煤	丰城县
1929	有利	陈梦藻	煤	高安县	1932	久大	袁平章	煤	丰城县
1930	济民	文斐	煤	萍乡县	1932		任绍奚	煤	丰城县
1930	协记	韩祖昌	煤	临川县	1932	大同	公大道	煤	高安县
1930	裕丰	熊达	煤	丰城县	1932		梁景鹏	煤	临川县
1930	利用	叶向阳	煤	丰城县	1932		罗英	煤	余干县

(资料来源:实业部中国经济年鉴编纂委员会编:《中国经济年鉴》第三编,第 11 章,上海商务印书馆 1936 年版,第 54—56 页。)

（三）抗日战争时期赣中赣南地区实业的发展

1937 年 7 月 7 日，日本发动了全面侵华战争。武汉会战期间，日寇为了进攻和占领武汉，从 1938 年 6 月开始沿长江溯流而上进攻江西境内战略要地，先后攻陷马当要塞和彭泽县城；1938 年 7 月，日本侵略军又分别占领江西战略要地湖口、九江；1938 年 8 月，江西瑞昌、星子等县相继陷落；1938 年 10 月，日寇又攻陷德安，在永修、南昌一线与国军对峙；1939 年 3 月，日本侵略军为了占领江西省会南昌而发动大规模攻势，先后攻占安义、奉新、高安、靖安、武宁、新建之后，最后占领江西省会南昌。整个赣北包括省会城市南昌在内的 14 个市县为日本侵略者所占领。江西省政府被迫迁往赣中地区的泰和，并把泰和确定为临时省会。由此，江西省的抗日战争进入相持阶段。

抗日战争开始以后，江西的物资供应尤其是工业品的供应变得极为紧张。江西省政府主席熊式辉曾言：抗战期间，江西省政府和人民要秉持自力更生的政策方针和经济原则，“积极来发展与开拓自给自足的独立经济，以谋适应战时的需要”[1]。江西省政府自从迁往泰和以后的相当长时期内，在坚持抗战的同时，积极筹划经济建设，出台江西省政府三十年度行动计划，“确定以农村农民农业，以及与农业配合之工业建设，为工作之主要的对象”。把加强战时经济建设作为施政方针之一。在这些政策方针的推动下，江西省政府会同国民政府资源委员会并联络社会各界以及民族资本家等一切力量，在江西省大片非沦陷区，尤其是在赣中地区的泰和、吉安、赣南地区赣县等为中心投资创办了一大批工矿企业；赣中赣南地区的工业合作运动也在抗战的特殊时期蓬勃兴起和迅速发展起来，掀起了江西近代历史上第三次民族工业发展的高潮，堪称江西近代工业发展的“黄金时代”[2]。

其一，机械工业。1938 年，江西省政府将省公路处之配件制造厂扩充改建，成立了江西机械制造厂。该厂资本为 10 万元，除承接车辆修理、制造配件外，还制造农具，代客户修配机件；1941 年 8 月，江西省政府与经济部资源委员会双方合资 400 万元，共同组建江西机器厂。全厂拥有职员 70 人，工人 297 人，从事制造车床、刨床、钻床、木炭动力机以及小型五金器材等，并修造各种机械，是近代

---

① 熊式辉：《南昌撤退告全省民众》，《江西地方教育》1939 年第 143、144 期合刊。

② 陈其祥：《江西之工业》，《建设季刊》1948 年第 6 期。

江西规模最大的机械工厂。为了谋求加强战时交通运输力量,1942 年,江西省
建设厅与资源委员会合资 100 万元成立江西车船厂,工厂有职员 42 人,技工 83
人,粗工 16 人,由曾任江南造船厂技师的陈薰任经理。这家工厂在设备和技术
非常紧缺的情况下,自主设计和制造出以煤为动力燃料、适应在赣江中上游浅水
区域行驶的轮船。该类轮船投入赣江运营以后,极大地缓解了江西战时交通运
输紧张的问题。值得一提的是,上述 3 家机械工厂均设在抗战临时省会泰和,泰
和由此成为抗战时期江西机械工业的中心。

其二,火柴工业。抗战期间,九江沦陷,裕生火柴公司拆迁,江西的火柴供应
又需仰赖外省。为了保障民生,增加收入,江西省建设厅在吉安、赣县、临川、光
泽等地建立了 4 家民生火柴工厂,江西的火柴工业转移到赣中、赣南地区继续发
展。① 这个时期,江西日产火柴约 200 篓,除供应省内需求以外,还销往西南
各省。

其三,机器碾米业。江西省每年要负担军米 100 万包,需加工稻谷 300 余万
担。为了解决军粮供应问题,省建设厅在吉安设立民生碾米第一厂,在泰和设立
民生碾米第二厂,每年碾磨各种机米约 32,000 石。江西省贸易公司也在赣县和
南城各设立一家碾米工厂,每厂每年碾米约 14,000 石。江西的机器碾米工业集
中到了赣中、赣南。在保障军粮供应之外,多余的粮食也进入市场,供给民食。

其四,化学工业。由江西省政府和资源委员会在大庾县合办的江西硫酸厂,
资本额 130 万元。1942 年初开工,因太平洋战争爆发,在美国订购的机器没有
完全到位,每天只能生产 200 公斤硫酸。1943 年 2 月,工厂安装了自制的大型制
酸机以后,每天产量增加到 500 公斤。产品行销江西、湖南、福建等省,供不应
求。江西硫酸厂是近代江西规模最大的化学工业企业。抗战期间,汽油断供,在
赣县、吉安及泰和等地利用甘蔗、山薯、玉蜀等农产品来生产酒精以代替汽油,短
短几年时间里建立起数十家动力酒精厂。"江西的大小公私营酒精工厂不下数
十家,省营的有江西民生酒精厂,规模颇大,日出五百加仑;其私营资本近百万的
有赣县的平安酒精厂、华德酒精厂;其规模次大者有强华、宏丰、大中、荣茂、工
专、工业、力生、利华及大华十余家。吉安泰和两地亦共有十余家。江西酒精工

---

① 刘善初:《江西经济建设之路》,《经建季刊》1947 年第 2 期。

业之发达，于此可见一斑。"①

抗战时期，江西的近代工业发展最突出的特点是：一方面，该时期轻工业领域的投资比以往更加广泛，既包括了传统的纺织印染、瓷器窑业、木材加工等部门，也包括了新兴的化学化工、文化用品、食品加工、皮革制造等行业，几乎是遍地开花；另一方面，该时期江西的重工业也开始起步。如在钢铁冶炼方面有江西炼铁厂，在机械制造方面有江西机器厂、江西车船厂等，在酸碱行业有江西硫酸厂、江西水泥厂等，在电力行业有江西电工厂、吉安电厂等一批重型工业部门之工厂。这些工业企业的生产建设，既维持了抗战前线的后勤保障，也为维系人民生活提供了重要支撑。

由于近代工业的长足发展，抗战期间，江西的工业品不仅能够满足本省人民的需求，还能够供应外省。江西省度量衡检定所附属工厂生产的度量衡器，在抗战期间的桂林举办的全国工业品展览会上，获得特别优秀奖状，声名鹊起，湖南、广东等周边各省许多单位和学校纷纷前来定购大批检定用具，行销甚广。② 除此之外，江西水泥厂生产的水泥大量供应周边地区工程、道路、房屋修筑，甚至还供应到浙赣铁路工程的建设。还有些日常生活产品如瓷器、纸张、糖、药棉、卷烟、皮革等产品行销湖南、广东、云南、贵州等省；甚至还有一些薄荷脑、天蚕丝、苎麻纤维等特色物品通过其他渠道出口到欧美、香港。江西省建设厅的报告称江西省战时生产的产品与原料在与外省的进出贸易中常处于出超地位，全年进出口贸易数量平衡以后，"约多 1000 万元，情形甚佳"③。也就是说，常年与周边省份的贸易出超有一千多万元，这是非常了不起的成就。时人曾有如下描述：我们感觉到抗战时期，江西工业生产和建设是非常有计划和有序地在发展。在重工业领域中钢铁工业和机器工业可以足够地扶持和协助其他工业的发展。"而一般的轻工业，又足以维持和供应市场上的需要，使战时的江西，完成了物资自给自足毋须外求的计划；同时还有大部分的物资，专供应西南各省的需要。"④江西非沦陷区尤其是赣中、赣南地区的工业发展不仅对江西而言有极其重要的作用，同时也为整个中国全面持久抗战提供了有力的后勤保障，因而具有重要的战

---

① 潘奕蕃：《江西的酒精工业》，《中国工业》1944 年第 23 期。
② 胡嘉诏：《江西之建设》，《建设季刊》1948 年第 5 期。
③ 杨绰庵：《赣省十年经济建设》，江西省政府编：《赣政十年》，1941 年。
④ 徐劭文：《一年来之江西工业》，《工商知识》1948 年第 1 期。

略意义。

在抗战这种特殊环境下,江西的工业能够取得如此大的成绩实属不易,时人徐劭文曾经提出:"江西省虽然邻近战线,而且一部分的土地是沦陷过,但是为环境的迫使和大众的努力,在很短的时间以内,也完成了工业建设的初步,具有规模的工厂最高曾达到一百余厂。虽然从整个工业来看,是微乎其微,可是,在落后的江西,能达到这样的成绩,实在是堪以自慰的。"①笔者在中国第一历史档案馆检索经济部档案发现一份"关于江西省工厂登记情况",详见附表七。

从附表七可以看出,江西相当多的工矿业是在抗战期间艰难生存的,这些小规模的机械工厂只能在动荡的局势中挣扎。抗战结束以后,上述几家大型机械工厂陆续停办,江西的机械工业跌入低谷。据统计,到1947年,南昌和九江还有24家机械工厂。② 近代江西的机械工业终究难以发展壮大,而抗战以后存续下来的是少之又少。

三、江西近代工矿业发展的特点

江西近代工矿企业,虽然经历近百年的发展,有一些重要的成就,同时也存在诸多的局限,概括起来主要有如下几个特点。

其一,通商口岸城市引进了西方的工业文明,促进近代工业化的起步。从理论上说,物资的供给和需求,是由产业状况、交换水平决定的。围绕通商口岸市场的埠际贸易与海外贸易,给城乡市场带来了机器工业生产的商品,诸如机制棉纱、化学染料、五金交电等,这些是传统物质生活消费所没有的。随着内地市场和商品流通体系的逐步形成,这些商品的需求逐年扩大。因此,可以说口岸贸易是打破旧有平衡的始作俑者。但是,由口岸贸易和洋货输入诱发的新的生产及生活消费需求,不可能始终不变地完全由贸易来满足,也不可能依靠或通过旧的生产技术和工艺来解决,不断增长的新需求只能由工厂化的机器生产和新的生产工艺来满足,只能在产业创新、产业改进的基础上来加以解决。因此,贸易和市场的扩大为工业的产生提供了诱因和条件。

九江开埠以后,建立在口岸贸易基础之上的商品流通改变了日常的物质生

---

① 徐劭文:《一年来之江西工业》,《工商知识》1948年第1期。
② 陈真编:《中国近代工业史资料》第四辑,生活·读书·新知三联书店1961年版,第839页。

活需求;日常物质生活需求的变化则为产业变革与改进提了动力和市场基础,促使近代机器工业产生。对外贸易的兴起与发展、流通规模的扩大,一方面造就了新的消费需求和新的消费者,另一方面也造就了新的增量资本。由此,买办资本、行栈资本、商业资本、银钱业资本的增长恰是私人资本参与近代工业化进程的先决条件。如果说清末官办企业的动机尚带有浓厚的御侮自强政治取向和色彩,那么到民国后,尽管振兴民族经济的意愿仍不失为动机之一,私人资本仍然具有一种发展民族工业,使民族迅速富强起来的愿望,但是在市场需求供给机制的作用下,工业企业的兴办多数却是以市场现实与潜在的需求为动力,它们在商品市场的孕育下产生。这实际上是对西方工业文明冲击的一种回应。

其二,政府强有力的推动和实施是江西工业化进程中的重要因素。在江西,除了外国资本兴办的少数几家企业外,最初工业企业的兴办完全由政府官员参与主持,从资本投入到企业经营管理,几乎由官吏来经营运作。企业的开设不是当时市场消费需求的结果,而是服务于清政府政治与军事等方面的需要。甲午中日战争的耻辱,使晚清政府开始重视兴办实业,并宣旨:"叠据中外臣工条陈时务,详加披览,采择施行,如修铁路、铸钞币、造机器、开各矿……以恤商惠工为本源,此应及时举办。"[1]晚清政府改变了洋务运动期间单纯依靠国家资本进行工业化的政策,从压制民间资本从事工商业转变为"恤商惠工",鼓励民间资本参与国家的工业化。在朝廷一系列改革政策的督促下,江西地方政府也逐渐顺应历史潮流,时任布政使柯逊庵提出了其中包括讲求水利、巡察农务、振兴商务、振兴工务等十八条的"新政"[2],并号召"江西土货甚多……皆宜集公司用机器开办……江省矿产之富,名驰五州,急宜内开利源,外资抵制"[3]。

江西地方政府组建农工商矿总局,承担起推动本省经济发展的领导责任,并且制定农工商矿章程十条:"造调查表、设试验场、备物陈列、条举庶政、广设农学、广设工厂、振兴商业、劝说矿股、申明禁约、申明奖励。"这是江西地方政府实施工业近代化的第一个行动纲领。以此推动本省工商业的发展,鼓励民间资本

---

① 朱寿朋:《光绪朝东华录》,中华书局 1958 年版,第 3631 页。
② "札行新政",《申报》1902 年 3 月 9 日。
③ 《江西官报》甲辰年(1904)第 16 期。

创办工商实业，为民间资本进入工商领域提供保障。在江西省政府的鼓动下，各府、州、县地方政府也迅速行动起来，依据本地区的地域特色和资源禀赋，多方筹集资金，积极创办各式各样的新式工矿企业。

清末新政时期，江西地方政府实行较为开明务实的工商业政策，兴办了一大批工艺局、樟脑公司、瓷器公司和煤矿企业，江西的工业化步伐开始加快。民国初年，受当时政府实业政策的激励，涌现出一批私人资本创办的中小企业。这些中小企业的投资规模和水平与当时私人资本的积累水平相当，固定资本往往只有几万元，甚至数千元，生产设备简陋，加工过程使用大量人力劳动，产品只是对舶来工业品的低层次仿制。但是，由于市场对低档工业品存在着广泛的需求，这些企业的产品成为最初的进口替代商品，同时企业经营亦为商办工业的发展积累了经验。

其三，江西近代工矿业的发展显现产业结构与地域结构不平衡性。江西产业结构的不平衡表现在：以轻工业为主，而且在轻工业部门中，民间资本的投资多集中在日用消费品生产领域，在生产资料部门的投资严重不足而发展极为缓慢。这种在行业结构间的发展不平衡，使得多数企业只能重复生产技术档次低的日用消费品；在重工业领域，投资生产资料的重工业企业为数甚少，在工业基础的钢铁、重化工等部门则基本上是空白。基础工业发展的滞后，使得机器、火柴、橡胶、染料工业生产所需原料基本依靠国外进口，企业主要机器设备和技术工艺须依赖国外引进。另一方面，矿业的发展是以萍乡、乐平的煤矿和赣南大庾等地的钨等为主体资源性矿产开发为主体，投资巨大，获利亦甚多，存续时间较长；而在江西其他地方的矿业投资以小型煤矿公司为主，盈利者少，关闭歇业者众。

就地域分布结构而言，近代机器工业主要集中在南昌、九江、萍乡等少数几个城市。这种集中既与上述城市商人资本的发展有关——新型企业的创办者多为靠贸易起家的城市商人，他们对投资工业有着浓厚的兴趣；另外也与开埠城市基础设施相对较完善有关，因为城市是交通、商业、金融与资本汇聚的中心，聚集了大量廉价自由的劳动力，原料、技术易于获得，产品也易于销售。

其四，近代江西的工业化显现出明显的二元结构模式。晚清以来的中国近代工业化进程，受近代市场变迁和传统经济因素的双重影响，形成独特的"二元结构",即新与旧并存,发展与困顿相随。

新与旧并存表现在纺织、印染、机械制造、化工、农产品加工等行业,机器制造与手工制造并存,近代工厂与手工作坊并存。在许多行业中,供给与需求之间往往存在相互依存的关系,如机器纺纱业的产品大部分供应给手工织布业,而机器印染业的原料则来自手工织布业。在二元结构下,产业改进沿着两条路径发展:其一条路径是手工业接受近代工业的影响,逐步改进生产工具和采用新工艺,是传统制造业适应市场变迁所做出的反应,也是手工业在经受进口商品和国内工业品的冲击后,仍能生存甚至有所发展的重要原因。如织布业中脚踏铁轮机对抛梭木机的替代,榨油业中楔式榨机向螺旋式榨机的过渡,造纸业大量引进机器,制瓷业用机器轮盘代替手工轮盘,用煤和电烧代替柴烧等。另一路径是机器工业自身技术及管理的改进、创新和提升。20世纪二三十年代,民族纺织工业、面粉工业、火柴工业、染料工业正是通过不断扩充设备,改进技术,才得以在竞争中获得发展。比较言之,后一路径是产业现代化的必由之路。然而,工业化给传统产业带来的变化只是局部的,始终是"近代的"与"传统的"二元结构并存。

发展与困顿相随是指:一方面,在西方资本主义势力开始楔入九江后,刺激了九江及其腹地的产业结构的逐步调整,出现了三次大规模兴办实业的浪潮。先是在府州县兴办大小不一的数十家工艺院所,数十家瓷器、樟脑、矿业公司等实业;民国初年又出现了大小不等的数十家民用工业企业和80余家近代小型煤矿公司;抗战期间,又有大批工业企业在赣中和赣南艰难地生存着。另一方面,由于资金、技术或者管理的原因,一些企业的经营状况不佳。各级官绅创办的工艺局因为资金少、技术落后,效率低下,以致"农工商矿四事,开办已及两年……而各厅州县察报设局开办者,因属寥寥,及各府委查察称实有成效者,尤难多得"①。根据1908年的调查,萍乡煤矿每日开销需银4000两,可所出之煤每日仅得银2000两,所以,到1912年萍矿共欠债676.9万两。赣州铜矿也因主办官吏池贞栓"专事嫖赌,挥霍公款,为数颇巨",效益不佳,而于1910年停办。② 民族

---

① 《江西官报》甲辰年(1904年)第16期。
② 《赣省官办矿业历史》,上海《时报》1911年1月29日。

工业的投资规模普遍较小,由于缺少资金,绝大多数民族工业使用半机械半手工生产,甚至完全是手工生产,生产技术落伍。据余行鲁回忆:在新中国建立之前,南昌的民族工业企业涉及40多个行业800多户,约5000名工人。其中大部分是轻工业部门的中小型工厂和手工业作坊,而拥有机械设备的不到100家,半机械半手工生产的作坊在170家左右,其余的是纯手工业企业达500余家,"充分体现了当时的民族工业落后状况"①。

① 余行鲁:《回忆解放前南昌市的民族工业》,《南昌文史资料选辑》第一辑,1983 年。

结　语

九江城市转型与鄱阳湖流域社会变迁

一、九江城市转型的作用与制约因素

（一）九江城市转型的作用和影响

城市转型是指城市在发展道路与发展模式上发生根本性变革，它包括城市的经济转型与社会转型。城市在转型中会主动迎接产业的升级与更替，摆脱发展停滞与衰落的困境，从而达到城市生态、城市空间、城市文化以及城市社会转型。九江作为一个港口城市，从常关到海关的变换历程中，由于区位因素的变化，使其在全国和鄱阳湖流域地区发挥的作用也在不断地变化。考察九江口岸城市的功能转型应从三个方面来分析：一是九江设关对九江城市社会发展的影响；二是九江设关对鄱阳湖流域的影响；三是九江设关在长江流域的地位和作用。

1. 九江城市转型对九江城市社会发展的影响

九江从常关变为海关，对其城市的发展无疑是起了一定的积极作用。常关时期，九江因地处长江中下游交汇处，政府在此设关，首先从制度上给予了九江作为长江中下游的流通枢纽的功能定位，使得九江获得了发展的重要契机，成为长江流域的重要货物调剂中心，其过往商货十分频繁，食盐、米谷、茶叶、木材等传统社会的基本生产、生活用品在九江得到大量流转。它一方面丰富了长江中下游的货物流通，促使其内腹地区——鄱阳湖流域商品流通和社会经济的发展；另一方面，也使得九江城市经济得到发展，成为享誉全国的三大茶市和四大米市之一，城市规模和城市人口不断增加，基础设施也得到完善，致使九江在鄱阳湖流域乃至全国占有相当重要的地位。

海关时期，由于西方势力的楔入，九江传统城市的一元化政治体制开始解体，九江城市功能也逐渐开始转型。随着时间的推移和对西方冲击的回应，九江城市社会出现了许多近代化社会所具有的新的增量因素，并引起了具有长远影响的质的变化。租界的开辟，不仅拓展了九江城市的空间和规模，也引进了西方先进的市政建设理念和城市管理模式，近代化的市政建设使城市功能发生改变；外国洋行和公司的进驻，客观上造成了对近代化有利的经济环境，促进了九江城市产业结构的逐步调整，突破了传统的封闭的经济方式，刺激了资本主义的产生；新的机器技术和管理方法的引入，以及近代工业生产的城市经济多样化的产生，促使资产阶级、工人阶级和各种新式的职业团体兴起；新的教育制度以及近代报刊的出现，促进新的知识分子群体和新的社会交流工具产生；商会、同业公会等中间组织的正规化，增加了人们参与政治的热情，民主思想开始深入人心，逐渐改变人们的价值观念；新的医疗机构、近代邮政、新式通信设备、新的建筑群等基础设施的完备，逐渐改变着人民的生活。而九江城市社会这些新的质的变化，正反映了它已开始走出传统，正在沿着近代化方向发展的趋势。

但是，也应该看到，由于九江传统的经济结构、政治素质以及长期处于江西地方行政中心之一的地位等因素，九江城市在应对西方冲击时，亦产生了很强的弹性机制，导致一些新的质的变化尚停留在初步阶段，城市经济离工业化还很远；城市政治生活中的大众参与、新式教育的普及率很低；大众传媒时停时办，甚至被扭曲；传统观念依旧占据人民的头脑。所有这些均表明九江社会的转型呈现新旧杂糅的特性，这种特性说明九江社会的转型是一种不完全转型，其间还有相当长的路程要走。

2. 九江城市转型对鄱阳湖流域社会经济发展的影响

九江从常关到海关，对鄱阳湖流域社会而言，也起了一定的促进作用：它为相对封闭的鄱阳湖流域开启了对外接触的窗口，传递着外界的信息；使得鄱阳湖流域整体社会经济也逐渐向近代化方向转型。所谓的"近代化"，是社会历史在传统基础上的一个发展突破阶段，反映社会在新的起点上连续的动态发展过程。其中以经济发展为动力（不排除外力的作用）来带动社会的全面进步，囊括商品经济内容和资本主义的社会性特征。九江开埠后，进出口贸易使鄱阳湖流域的农产品商品化程度有所提高，产业结构亦得到局部的调整，甚至对江西地区的近代工业化也有催化作用，从而引发经济结构及其他社会特征的改变，主要体现在如下几个方面。

其一，鄱阳湖流域经济的近代化。鄱阳湖流域社会的近代化首先表现在传统经济向近代经济转变。从市场方面来看，随着开埠，九江逐渐形成了对外开放的贸易体系，鄱阳湖流域的乡村集市、城市中心市场、区际市场逐渐连接；从商业角度上看，近代化的新式商业得到发展，商品交易结构和商品种类发生极大的变化,进出口商品贸易量剧增,城乡商品经济出现繁荣;从产业结构方面看,近代工业开始起步,新兴工厂和公司不断涌现,投资增加,产业结构出现转变;机械动力逐渐取代人力和畜力,提高了劳动生产率,传统的手工业开始逐渐转型;从金融角度来看,传统的票号、钱庄、典当业逐渐向新式的近代银行转变,金融领域的近代化,使得金融服务的方式和手段也更加完善,资金的横向联系和区际流动也逐渐建立起来,工矿企业和贸易商号的筹资、融资渠道更加广泛和便捷;从传统的乡村社会经济看,随着农产品商品化程度的提高,农村商品经济得到一定程度的发展,农业经营的专业化和市场化开始出现,农村自然经济开始解体。上述社会经济领域的一系列转变,标志着鄱阳湖流域社会经济近代化趋势的出现。虽然这些新出现的近代经济成分在整个鄱阳湖流域社会经济中所占的比重还不是很高,但是它作为社会经济体系中一种强有力的介质,对鄱阳湖流域传统社会体系发挥着侵蚀作用。这均表明鄱阳湖流域社会经济变迁是传统经济成分逐步缩小、近代经济成分日益增加的一种趋势。

其二,鄱阳湖流域社会组织的重构。为了适应新的经济结构的变化和对西方冲击的回应,鄱阳湖流域社会组织也开始不断注入新的因素,也在不断推陈出新,重新构建,实现传统组织的近代跨越,成为社会转型的推动力量。九江开埠后,商会、同业公会、教师协会、律师协会等各类中间组织开始纷纷出现,它们开始通过团体的影响力广泛参与地方事务,逐渐发展成为清末民国时期国家与社会近代化的重要推动力。特别值得一提的是,近代新式商人的团体——商会的成立,标志着江右商的社会组织已经从传统的行帮转变为新式的近代化的商人群体组织,而且也打破了传统会馆的行业和籍贯的区分,不仅在商业活动领域发展资本主义工商业,与"洋人攘利";同时也积极参与地方社会事务,反对帝国主义经济侵略,具有鲜明的政治经济倾向和强烈的时代色彩。它预示着江右商人正在努力突破地理和心态上的传统意识,从一个相当高度,在一个更大范围去争得自己的权利,具有明显的社会近代化特征。

其三,社会阶层的流动日益明显。对外开放使得商品市场日益扩大,产业结构不断升级改造,人们越来越多地通过个人奋斗去争取自己的地位,加速了社会阶层流动。鄱阳湖流域社会随着九江开埠后经济和社会的发展,吸引了不少士绅参与进出口贸易,从而晋升为新式商人,随着他们的队伍的扩大和财富的不断积累，他们的价值观念、思维方式、社会心态也逐渐发生变化，直接参与社会事务活动，加快社会变革的步伐；农村商品经济得到一定程度发展，表明在鄱阳湖流域农村社会中，新的经济形式在破土而生，出现了一批新式富农阶层，新的阶级正在不断分化而出。新式教育的出现，留学人员的增加，近代科学的不断传播，使得传统的知识结构得到拓展，产生了一批新兴知识分子，观念意识得到升华，并表现出相当的时政关怀。

其四，鄱阳湖流域社会价值观的变化。一是经济观念的变化：九江开埠以后，西方资本主义生产方式的传入，率先促使鄱阳湖流域人们经济观念的变化，传统社会耕读为上的价值观向近代工商为重的观念转化，绅商们大量投资农工商矿企业，促使鄱阳湖流域社会经济转型。二是教育观念的变化：西方教会学校开办和近代科学技术的传入，人民也开始倾慕新式教育。"民智未开，非广兴教育，无以开风气而祛锢蔽，窃谓鼓舞振兴之法。"[①]传统书院被近代学堂所取代，新的数理化知识课程的开设，形成追求新学的风气，这为社会转型奠定教育基础。三是思想文化观念的变化：新报刊的创办、新书籍的刊印、新思想的传播，成为思想文化变迁的新趋势。更由于经济、教育的发展和新知识的传播，部分下层群众开始接受西方教义文化。传统的价值观在近代思想文化浪潮的冲击下不断瓦解，人们形成了重商意识、忧患意识，更加积极主动地去关注民族和国家的命运。

但是，作为鄱阳湖流域经济的一个新的增长极，九江在鄱阳湖流域地理趋中性较差，对其腹地的辐射功能需要通过传统的政治中心城市——南昌来传动。南昌由于其政治上的制导作用，往往扼制了九江通商口岸的职能发挥。因此，九江设关以来，鄱阳湖流域农村虽然受到九江口岸商品经济的冲击，但其程度十分有限。从上述因素来分析九江对江西内腹地区的影响，其作用亦就不太明显了。即使是九江开埠，直接面对世界市场，由于其处于二流的中介口岸城市的地位，对江西内腹地区经济的牵引作用也十分有限，并没有扼制江西近代百年以来的边缘化趋势。

3. 九江在长江流域的地位和影响

作为长江流域的港口城市，九江从常关变海关，其在长江流域的地位和影响

---

① 傅春官：《江西农工商矿纪略》，饶州府·商务，1908 年石印本。

也发生一定变化。常关时期,随着全国商品市场和劳动力市场的不断扩大,各层次的城市、市镇经济网络的形成和发展,交通条件的改善,转运贸易的发展,国内市场突破区域性地方市场进一步向全国市场发展。相应地,在流通的格局上也发生了很大的变化,明代以运河为主干、江南为中心的流通格局,至清代逐渐发展为以长江、沿海交通为主要的商品流通干线。九江因处长江中下游之交,区位优势得以释放,它上可接纳长江中上游四川、湖北、湖南等省份的商品,同时也可承接长江下游浙江、江苏与安徽等省的货物;更为主要的是,九江还是全国其他省份的过境物资借道鄱阳湖—赣江水路南下广州的一个重要通道,使九江发挥着全国物资或长江流域货物调剂中心的功能。茶叶、粮食、棉织品、食盐、竹、木材等重要商品莫不在此中转流通。九江关税收入持续增长,至乾隆年间曾达70余万银两,不仅居全国内河关之首,就是在全国榷关中,其征税额也仅次于粤海关而居第二位,在长江流域商品流通中发挥着重要作用。

海关时期,由于长江流域逐渐开埠通商。先是汉口、九江、镇江三口开放,后是宜昌、芜湖、重庆、沙市、南京、长沙、万县相继开放。它们分别成为各自省份的进出口转口基地。从传统社会长江流域九江一关独大,到近代长江流域诸关并存;尤其是上海、汉口和重庆的崛起,成为长江上、中、下游的重要进出口贸易中心。九江在长江流域的张力受到扼制,其腹地范围和影响空间逐渐缩小,其地位不断降低,最终沦为二流口岸。这种变化既有全国商路变化的背景,也有时势造就的结果。外界因素的变化,使九江的区位优势逐渐丧失,而呈边缘化之态势,城市发展基础和空间受到影响。[1]

综合考察九江从常关到海关的历史过程,实际上是一个从相对封闭的国内市场走向日益开放的世界市场的过程。在这一过程中,九江作为一个区域性中心城市,其位势的变化就江西地区而言,是从传统社会的经济边缘走向近代贸易中心的过程,其作用在不断增强。就长江流域而论,则是从全国货物调剂中心走向世界贸易的边缘之历程,其影响力却在不断地降低。在日益扩大的市场空间背景下,这种角色错位使九江丧失了在长江经济链的发展优势,也就使其失去成为长江流域中心城市的可能。这里面既有中国从传统社会到近代发生剧变的背

---

① 陈晓鸣:《从常关到海关:九江在长江流域贸易地位的变迁》,《江西社会科学》2018 年第 12 期。

景,同时也有中国传统商路和贸易格局的变化的影响。从中可以看出区位因素的变化对一个城市的兴衰影响至深。

(二)九江城市转型的制约因素

制约九江城市功能的发挥以及城市经济发展的因素很多,我们简单归纳起来大致体现在如下几个方面:

其一,九江城市经济结构不完整。从常关到海关,九江在长江流域的城市体系中所扮演的角色是商品流通和进出口贸易的中心,其走的路线也是以商兴市,导致城市商业畸形发展,而忽视了其他领域产业的建设和发展。"各银行大都注重商店及住户,而予农村之拯救,工厂之接济,尚鲜注意之。"①这种结果导致九江在工业、农业等生产领域发展滞后,城市经济结构不合理。即使在商品流通循环链条中,九江充其量仅是商品集散的中继站,而不是商品生产的供给地,这反过来又使九江经济繁荣不得不依赖商品流通和进出口贸易的发展;而过度的商业投机,又严重阻碍了商业资本向产业资本转化,更因它会极力吸引工业资本从而使九江城市工业化受到严重的削弱。城市经济的不稳定性制约了其作为区域中心城市的集聚和扩散效应。

其二,缺乏对外发展的战备意识。常关时期,封建政府只是把九江作为商品流通的重要征榷机关,从未把其作为长江流域一个重要集散中心加以开拓,而江西地方政府只是把九江作为一个地方行政中心来发挥作用。海关时期,由于对外开放,市场空间和机会都不断扩大,一些开明的政治家面对外来威胁,迅速做出反映,建立实现近代化的基本环境。如与九江同期开放的汉口,就是一个典型的例子。张春霆在《张文襄公治鄂记》中说:"抑知武汉所以成为重镇,实公二十年缔造之力也。其时工厂林立,江汉殷赈,一隅之地,足以耸中外之视听。"而当时江西的统治者,多以九江开埠通商为契机,苛剥抄括。仅厘卡"就江西而论,多至七十余处,商货往来,各卡分成扣收,已不无借端抑勒之弊,而多一局即多一处之销,多一差即多一人克削"②。苛杂繁重的捐税使九江商业深受影响,"武穴

---

① 《经济旬刊》1935 年第 4 期,第 14 页。
② 江西省社会科学院历史研究所、江西省图书馆选编:《江西近代贸易史资料》,江西人民出版社1988 年版,第 343 页。

及安庆等处商贩,因无利可图,皆改向芜湖或汉口等埠采购,该埠商业因之减少大半"①,致使九江通商口岸的影响力逐渐缩小,失去在长江经济链拓展的机会。

其三,经济腹地压缩、市场空间受限。港口城市经济的发展依赖其腹地的支撑,腹地范围越大,聚合力则强,腹地经济富庶则其支撑力更大。常关时期,得益于广州独口通商,鄱阳湖流域凭借优越的地理区位和水运条件,过境贸易十分繁荣,社会经济不断发展,给当时的九江口岸贸易有利的腹地支撑。九江城市经济辐射江西全省及安徽、湖北部分地区。近代开埠以后,一方面,由于商路的变迁和流通格局的变化,鄱阳湖流域过境贸易衰落,给九江口岸的支撑有限;另一方面,在长江流域,随着上海与汉口的崛起,限制了九江口岸的发展势头,市场空间和腹地范围受到挤压。以航运业为例:"各外轮开行扬子江轮时,初仅有上海至汉口之长江班一路耳。然在最初之时期内,往来之停靠轮码头亦仅镇江与九江两埠耳。其后因沿线之货日多,内地之交通渐开,而各外轮,又陆续在南京、通州、泰兴、江阴、仪征、大通、芜湖、安庆、湖口、武穴以及黄石港等处,添加停靠轮处,或建码头、或立趸船,所以扩充航业,而便行旅者也。②"各处停靠码头的兴建,使九江货物集散功能受到极大的制约,经济腹地也被削夺。城市发展空间受到扼制,九江在长江流域的张力明显受到限制,不利于九江城市功能的进一步发挥。

除此之外,九江因扼长江要冲,历来为兵家必争之地,因而,九江的战乱频繁,动荡太多。其先后经历的大动荡有太平天国运动、辛亥革命、二次革命等,小的动荡,则不计其数。每一次动荡均给九江带来了一定的影响,如九江开埠之初,因太平天国运动还在继续,九江及其附近地区商路不通,致使九江"民力拮据,百货滞销,商贾类多歇业"③。又比如1922年8月2日发生在九江的兵变,亦使其蒙受巨大损失:"焚烧抢劫、几及全城,繁盛之区,悉成焦土、死亡载道,惨不忍言,统计此次损失,不下一千余万,被难灾民,在六七千人以上"④。许多大商家因此破产。政局动荡不仅导致财富被毁,资产流失,经济遭受沉重打击,从长

①　《九江经济调查》(三),《经济旬刊》1934年第1期,第5页。

②　《扬子江航业概况》,《申报》1926年10月10日。

③　彭益泽:《中国近代手工业史资料(1840—1949)》第1卷,生活·读书·新知三联书店1957年版,第593页。

④　参见陈晓鸣、钟凌云:《九江兵变述略——以〈申报〉报导为中心》,《历史教学》2019年第4期。

远来看,亦影响九江整体城市经济的积累,同时也破坏了投资环境。《九江海关十年报告(1922—1931)》:"九江扼长江航路之中枢,为赣省出入之孔道,近十年来,内地不宁,交通间阻,货运濡滞,加以本埠商家,频惊风鹤,咸具戒心,对于内地,不敢尽量茂迁,以免发生意外,于是进出贸易,均鲜发展。"①在此我们引用一则贸易报告来说明问题:

> 比年九江,迭遭变故,商务情形,异常衰落。推原其故,不外数端:"赤匪"(指红军)区域,农工崩溃一也;讨逆军兴,运输阻滞二也;增税输饷,负担加重三也;匪区经济,严厉封锁四也;银行缺乏,邮务间断五也;人民困苦,购买力弱六也。以上种种不利情形,皆予贸易以严重之打击。②

我们不同意其立场,但无可否认,其所分析制约九江经济发展若干因素的观点还是不无启发的。

二、近代鄱阳湖流域边缘化的思考

社会变迁是社会逐渐进化的过程。社会的进化一般是以潜流的方式逐渐发生着深层的变革,在此,时间是重要的矢量。九江从常关到海关的变迁,促使鄱阳湖流域社会变迁的作用是巨大的,甚至可以说某些方面发生了质的变化。一方面,由九江口岸进口的洋货,通过新与旧的商业运销网络倾销腹地市场,对鄱阳湖流域的商品、市场和消费结构产生巨大的冲击;另一方面,土货的大量出口,又促使鄱阳湖流域农业种植、手工业生产、商业、交通运输业等领域发生深刻的变化。但是横向比较,鄱阳湖流域近代化却远远低于东南沿海地区,甚至在中部省份也是处于边缘化的趋势。究其原因,有如下几个方面:

---

① KiuKiang, Decennial Report, 1922–1931,中国第二历史档案馆、中国海关总署办公厅:《中国旧海关史料(1859—1948)》第 157 册,京华出版社 2001 年版,第 585 页。
② 《海关中外贸易统计年刊》卷一,贸易报告,上海总税务司署统计科 1933 年编印,第 27 页。

（一）经济条件的不充分

促进经济发展的条件殊多,包括交通环境、资本积累、商品生产以及产业结构等一系列因素。九江开埠后,单靠进出口贸易的推动来形成一个良好的经济环境,促进近代江西社会的整体演变,其相应的经济发展的条件还不够充分。

其一,近代交通欠发达。鄱阳湖流域水系发达,但是地理环境相对封闭,在接受外界冲击时应变能力较差。九江开埠通商,鄱阳湖流域被迫开放,但对于身处东南腹地、身在大山环抱的鄱阳湖流域来说,流域城市或多或少地受外来势力的冲击和影响,但是广大农村却较少被触及,很重要的原因是交通不便。鄱阳湖流域对外交通主要以水运为主,陆路交通落后。英国人斯坦利·莱特(Stanly Wright)曾指出:"江西几乎没有铁路,这方面它是中国最落后的省份之一;公路很少,适合繁忙运输的高等级公路则还未见到。从发展的角度看,江西有了不起的水运网,它是无路地区的天然商道,但可惜也被忽视了。别说发展,即使是维持现有状况,也还不时出问题。"①在近代交通工具极度缺乏的情况下,造成近代工商业的发展十分艰难。总体而言,若一地区地理环境封闭,经济的独立性较强,受外界商品的冲击就小。即使是外界商品(含洋货)不断涌入,而交通运输的不发达会增加商品流通的成本。虽然赣江—鄱阳湖航道后来出现机轮运输,但由于受到涸水季节的限制,整个鄱阳湖流域交通困难的状况并没有从根本上发生改变。而公路的建设和修筑,在很大程度上还是为了国共两党对峙和斗争的需要,服务于军事行动。这种情况制约着鄱阳湖流域社会经济的变迁。

其二,资本积累不足。社会经济的变迁主要表现为生产方式的变化,即由传统的农耕生产方式转变为近代工业生产方式;要实现这种转型,就要迫使生产者和生产资料的分离,并积累起资本主义工业发展所必需的货币财富。鄱阳湖流域资本的原始积累十分有限。主要有两个原因:一是鄱阳湖流域是被迫卷入资本主义经济体系中,大量的资本被外国洋行所掠夺,而一般商人及买办等大多挣钱度日,资金数量不大,积累无多,富商巨贾少之又少,即使有一些资本积累也大量地用于土地购置。二是江西的税赋普遍比较重,也导致资本积累不足。从税

---

① （英）斯坦利·莱特著,杨勇译:《江西地方贸易与税收》,江西教育出版社 2004 年版,第 121 页。

收机构来看,主要有常关、海关、厘金局(统税局)、保商局、米捐局、回收九五官票处、烟酒专卖局与盐务局等机构;从税收种类来看则有关税、捐税和专卖税等。每年的征税额据斯坦利·莱特的估算为:海关税50万海关两、九江常关税30万海关两、赣关税5万海关两、湖口铁路捐7万海关两、米捐22.5万海关两、回收九五官票税1万海关两、烟酒专卖税13万海关两,此外最大头的是统税(即厘金),高达300万海关两。"所有各局所征收的出口税合计约为4285000海关两,这一数字决非小数。"①"再者,这些机构(尤其是厘金)的长期存在,创造了一批不利于扩大内部贸易的既得利益群体。"②关税机构繁多且随意苛剥抑勒,使得鄱阳湖流域资本主义工商业始终缺乏经济支撑,经营环境欠佳,发展缺乏后劲,社会变迁缓慢。

其三,金融货币体系混乱。阻碍江西贸易健康发展的一般因素是货币种类的繁多和兑价的不稳定。当然这个因素对全国都有影响,但它的制约作用在江西这样的落后省份体现得更为明显。除了库平和海关两两种官方的平砝外,江西各大商业中心都有自己的银两标准,如九江就有曹平和所谓的行平。大型交易活动一般都使用银两,但小型商业活动,如日常生活品的买卖,用的则是制钱或当地的钱票。江西的钱票种类很多,各地钱庄自行发行,每一种钱票的流通范围都有严格限制,这不仅限制了用途,而且使商人在该地区外兑换时造成损失。如果对这些私人发行的钱票采取一些控制措施,应该会有利于商业的发展。江西的辅币与银圆之间没有统一的兑价,更不用说省际的货币兑换了。银行发行的银票也在流通,它们主要是由江西民国银行、交通银行和中国银行发行。江西民国银行发行的银圆票曾被设想为在省内任何地方实现价值与面值等同,但由于准备金不足和官方的挪用使这一设想破产。因而,毫不奇怪公众对这种货币信心不稳,甚至这两家最大的国家银行的钞票,在某一城市或市镇能按票面金额足值使用,但一走出这一地区就得打折扣。由银两、制钱、钱票、铜圆、银圆、银辅币和银行钞票构成的混乱的货币体系中,任何一种货币与其他货币间的兑换比率每天都变化不定,而币制的不稳定性也吸引了商人们的投机本能,但与此同时,如果要真正地促进江西的商业发展,这种混乱的货币体系必须让位于一种更

① (英)斯坦利·莱特著,杨勇译:《江西地方贸易与税收》,江西教育出版社2004年版,第117页。
② (英)斯坦利·莱特著,杨勇译:《江西地方贸易与税收》,江西教育出版社2004年版,第119页。

安全、更稳定的货币标准。

其四,农产品专业化生产不足。九江开埠,虽然带动了鄱阳湖流域农产品的商品化程度的提高。但是,整体而言鄱阳湖流域农业生产缺乏区域分工,集约化程度不高,制约了商品经济的发展。如水稻在赣江—鄱阳湖流域普遍而分散种植;烟草在广信府、赣州府、宁都州、饶州府属大部分县均有种植;茶叶则在全省50余县的盆地丘陵及四周高山地区广泛种植;麻则遍布于赣江、抚河、饶河、袁水、信江等流域;其余如棉、芝麻、靛蓝等在全省各地皆有分布。这种同质同类的商品生产结构,限制了商品生产专业化和社会分工以及经济效益,导致鄱阳湖流域商品市场的狭小和不足,严重制约着其社会的空间拓展。

其五,近代工业呈低度发展态势。鄱阳湖流域的近代工业起步较晚,并受资金、投资心理等经济环境因素影响,发展很不充分,主要表现在规模小、设备落后、资金不足、竞争力差以及依赖性强等方面。从规模上看,没有形成产业集团。集团化的优势在于多种经营,彼此互补,如果形成良性循环,则容易产生乘数效应,加快工业化进程。如张謇在南通“既营纺事、乃思开拓棉植、是以续兴垦牧。既有实业而无教育,则业不昌,乃导源于师范。师范所传,实孳群校,不广实业,则学又不昌,乃推波及于盐、油、面、皂诸业”①,开创了近代化进程中的“南通模式”。“在民国建立前后形成的大生资本集团,有力地推动了南通及整个南通地区的工业化。”②作为江西工业化发源地的九江近代工业均经营比较单一,没有兼业现象,就是资本相对雄厚的久兴纱厂,亦仅以纺纱为业,一旦棉纱市场萧条,则面临歇业关闭。故此30年代存在之工厂仅数家,工业基础薄弱。这些特点决定了九江工业发展的主体方向是零散而不集中,形成不了产业优势。民国前期江西近代工业的发展,仍然维持着此前的格局,没有什么大的改观。尽管这个时期江西出现了少数大型工矿企业,但是普遍建立的仍是小规模的企业。省城南昌“虽为江西全省工业荟萃之区,所有巨细工业,不过十又三项,而资本在一万元以上者仅十家,其中五万元者一家”③。据1932—1935年江西省经济委员会

---

① 张謇:《张季子九录·政闻录》,卷三。

② 虞晓波:《比较与审视——“南通模式”与“无锡模式”研究》,安徽教育出版社2001年版,第55页。

③ 《南昌之繁荣问题》,《经济旬刊》1935年第3期。

等有关机构断断续续调查，当时江西的工业共有 10 大类 28 种，包括机械、电气、化学、纺织、饮食、文化、窑业、皮革、服用、油漆洗染等，分布在城市的大小工厂共有 680 家，基本上全部是轻工业，重工业领域几乎还是一片空白。① 根据有关方面的统计，截至 1937 年，江西省数百家大大小小的工厂，符合经过修正的《工厂登记规则》第一条之规定者，仅有 28 家，包括电灯公司 10 家、碾米厂 10 家、民生工厂 3 家、火柴厂 1 家、纺织公司 1 家、机械修理厂 1 家、灰釉厂 1 家、窑厂 1 家，其中合乎《工厂法》第一条之规定者，则只有 7 家。工业的低水平发展态势，无疑成为社会近代化进程的极大制约因素。

（二）区域发展的不平衡

从常关到海关，九江由传统社会国内贸易的枢纽之一转变为以进出口贸易为主体的通商口岸，给江西带来的变化是全方位的。就江西城市网络而言，其一是形成了九江—南昌的双中心格局的形成；其二是促使江西全省的经济重心，尤其是对外贸易重心向北位移，相应地整个江西近代的城市网络格局亦发生变化，造成鄱阳湖流域的经济发展不平衡。

其一，政治经济中心南昌的地位突显。五口通商尤其是九江开埠后，南昌的经济聚集和传导功能日显突出。进口洋货亦以九江入口至南昌集中尔后分销各处，江西出口土货如瓷器、纸张、米谷等均是以南昌为集散中心而至九江出口。粮食："省米谷运输，以赣江抚河及南浔铁路为主干，米谷集中之趋势，大致以南昌为总汇，赣县、吉安、樟树、丰城、市仪、临川、黄金埠、瑞洪、鄱阳、涂家埠等为主要集散市场。尚有出口，铁路则经九江，（亦有少数由水路运至九江），水路则经湖口，尤以九江为重要门户。"②纸张："关于全省纸的交易重心是在石城之横江镇，瑞金、万载、宜春不过是据点，但是真正的出口交易，却仍在南昌，且占有重要地位。但纸的运输比较麻烦，为了减轻成本，大都是利用船只，内产地集中南昌，然后再由水陆运输出口。"③据史料记载，"瓷为本省著名特产，本市（南昌）虽非直接出产所在地，但忝居江西省会之区，交通便利，商贾辐辏，各省人士，慕于赣

---

① 白突：《江西工业之现势及其改进之原则与政策》，《经济旬刊》1935 年第 10 期。

② 农艺部农业经济组编制：《江西米谷运销调查报告》，1937 年，第 4 页。

③ 江西省政府经济委员会编印：《江西经济问题》，1934 年。

省盛名,屡多因便利关系,则在本市购买,至于各地批发,本市亦有一部分营业。……是以本市瓷器营业,每年亦颇巨大,综计大小瓷店,约有七十余家"[1]。由于南昌经济职能、地位的日益突出,到 1936 年,南昌的商业店铺数已达 2595 家,从业人员多达 15407 人。[2] 南昌与九江城市的互动关系表明,南昌的内贸中心地位强化了九江的腹地支撑,使九江进出口贸易额明显增加;江西内贸中心和外贸中心出现分离,外贸中心九江对内贸中心南昌的依赖加重。就整个江西腹地而言,九江只是一个进出口贸易的中转基地,其核心功能的发挥在一定程度上还取决于南昌的传动。

其二,阻隔了九江城市功能向内腹地区的传输。首先,港口与腹地的割裂。从港口的产生与发展看,港口与腹地是有机统一的区域组合体,港口与腹地之间有着内在的必然联系,客观上要求港口与腹地之间形成有序的要素流动与整体资源的优化配置,从而使这一区域组合体内部更加协调统一。但是,从九江与南昌的互动关系来看,九江口岸城市对江西内腹地区渐进式的经济影响往往需要通过南昌这个政治中心来传导。而从整个江西的政策来看,无论是九江设立常关,还是设立海关,政府并没有把它作为经济发展的一个新的增长极,而只是把九江作为一个搜刮敛财的机器。因此,九江从常关到海关,虽然给江西内腹地区的社会生活产生了一定的影响,但是,这种影响又往往被南昌的政治调控功能所取代,割裂了港口与腹地有机的经济联系。其次,九江城市经济的发展与农村经济的关联度很低。九江作为江西一个重要的口岸城市,它与江西内腹地区关系,除了一部分产品的市场交换外,缺乏生产上的有机联系;其城市的集聚和扩散效应对江西内腹地区的影响相当微弱;城市经营性资本极少向农村流动,而农村的生产社会化、机械化的微弱,又反过来导致农村市场的贫瘠和市场组织、制度的落后。复次,从商业的角度而言,九江作为一个中介口岸,其对江西内腹地区的经济结构的调整亦只是随着国内外贸易的商品结构进行调整。比如茶、瓷等商货的衰退,代之而起的却是芝麻、烟叶、棉花等。这一方面说明江西自然经济相对顽固,其弹性机制十分强劲;另一方面也说明九江作为一个口岸城市对江西社会经济的冲击力度很微弱,远没有达到使自然经济断裂的程度。而且对外贸易

---

[1]　《南昌市商业盈亏之回顾》,《经济旬刊》1934 年第 2、3 期合刊。
[2]　《民国二十四年江西省各县商业概况统计》,《经济旬刊》1936 年第 18 期,第 32—39 页。

的商品结构局部调整在一定程度上还有加深江西自然经济的弹性机制的作用。

其三,赣北中轴的发展,导致其他地方发展的不均衡性。南浔铁路在1916年建成通车,不仅进一步加速了赣北、赣中的物资流通,促进了江西经济特别是赣北经济的发展,而且使得南昌—九江的发展轴线在江西占有举足轻重的地位,从而加强了南昌在江西内外贸易中的重要杠杆职能,同时也强化了江西城市网络的双中心模式。江西在点轴上得到发展,但在区域面上普遍欠发展。如赣南地区,一口通商时期,江西乃南北贸易水陆运输的必经之地,相应地带动了信江流域、吉泰盆地以及赣南地区的经济繁荣,该地区城镇亦得到了迅速发展。五口通商以后,广州的外贸重心地位让位于上海,并随着长江沿岸各口开放,长江流域成为全国对外贸易的重心地区。江西"向为要冲,今为迂道",赣江两岸昔日的繁华不再,这种格局导致的直接结果是江西的对外贸易市场重心亦随着全国外贸重心的改变发生位移。赣南地区的商品流通量日益减少,沿线城镇逐渐衰落。赣东地区,在常关时期,由信江带动的闽浙皖赣地区货物交流,由于昌九双核结构的形成而顿开衰落;而赣西地区,由江西填湖湖广的移民路线而出现的湘赣贸易的长期出超也由于经济衰落而变成了湘赣贸易的逆转,出现严重入超现象。

(三)社会转型的矛盾与冲突

九江从常关到海关,鄱阳湖流域对外开放,启动了近代化的进程。在西方的冲击之下,新的生产方式、社会机制、社会结构等逐渐深入内腹地区;鄱阳湖流域社会呈现出新旧交替、中西杂处、传统与近代并存等过渡社会形态的特征。在社会整合与重构过程中,社会价值取向和认知标准,在外力作用下处于深刻变革之中。受西方文化影响的精英阶层在政治、经济、文化上提出变革要求时,传统的社会结构未能做出相应调整以致存在着矛盾与冲突。在晚清鄱阳湖流域,民族矛盾、阶级矛盾、社会阶层矛盾相互交织,冲突不断。在西方列强的经济、政治及文化的侵略下,反洋教斗争、抵制洋货、收回租界斗争等事件此起彼伏;因人地矛盾、人粮矛盾、赋税矛盾、官绅矛盾、绅民矛盾等原因,先后出现了太平天国运动、"赣人治赣"运动、反对北洋军阀统治、宪政运动、苏区革命等一系列对抗和武装起义,说明阶级矛盾和社会矛盾的进一步加深。

鄱阳湖流域社会转型同时也带来深刻的社会分裂。社会近代化的不断深入,逐渐打破了传统社会封闭状态,对传统社会相对稳固的社会心态、人格特征产生了冲击。廉价的机制工业品的输入冲击着传统手工业产品,使小农家庭手工业歇业破产;新式教育的发展使传统科举仕途断绝;新式近代化的交通出现,侵夺了大批帆船业主的工作机会;通商口岸城市的发展,使破产的小农、手工业者流向城市。凡此各种,使得传统士农工商群体失去共存感、归属感,从而产生极度焦虑,心理逐渐失去平衡,由此对近代化产生仇视,发泄不满。晚清江西发生的反教斗争、抵制洋货事件等,正是人们矛盾心态的反映。

总之,九江从常关到海关的变迁时期,鄱阳湖流域是在传统封建主义和近代资本主义的搏击中走过的。九江开埠后的鄱阳湖流域社会虽然在近代化变迁的里程上迈出了关键性的第一步,但应该清醒地看到,这一步只不过是很小的一步。近代化是一个崭新的发展过程,在历史发展的反复对比和较量中,社会的近代化变迁必然是充满着曲折和痛苦,必然是缓慢的。

三、结　论

通过前文对九江从常关到海关的角色转变考察九江城市转型与鄱阳湖流域社会经济变迁的历史,我们可以得出以下几点简短的结论:

1. 九江襟江带湖的地理区位,使它在长江流域和鄱阳湖流域均扮演着重要角色。它扼运河—长江—鄱阳湖—赣江—广州的"京广大通道"的交汇处,上承湖北、湖南、四川的货物,下接安徽、浙江、江苏的物流;同时还是这些省份通过赣江—鄱阳湖水路过境物资南下广东的重要通道。从传统到近代,九江在长江流域以及鄱阳湖流域均是重要的贸易枢纽,成为全国为数不多的常关、海关并置的城市。

2. 常关时期,九江与鄱阳湖流域的关系是一个渐趋加强的过程。明钞关时代,鄱阳湖流域以九江关、赣关为节点,以河口、樟树、吴城、景德镇为枢纽的过境贸易繁荣,赣关承担外销功能,九江关担当长江流域内销职责;清雍正元年(1723),九江关在大姑塘设分关,解决商船至湖口而趋长江下游的"遗算于湖口"问题,九江关在鄱阳湖流域的地位逐渐上升,成为同时扼控鄱阳湖流域与长江流域的重要榷关,带动该流域茶、米、盐、药、木材等大宗商品在长江沿线中转流通。乾隆年间,九江关征榷税额甚至高达 70 余万两,位列内河关之首,在 24 个户部关之中,其地位仅次粤海关而居第二。其在长江流域乃至全国的贸易地位显而易见。

3. 近代海关设立,九江成为鄱阳湖流域进出口贸易的中心,其城市的集聚效应带动了鄱阳流域的经济社会变迁。新兴市场和口岸贸易的吐纳促进了传统的农业和手工业生产结构的变化,逐渐瓦解了传统的自然经济;租界洋行的设立,传入了新的经济方式和经营理念,逐渐塑造了鄱阳湖流域商业、商人群体和商贸网络,逐渐建立了新的开放的市场体系;机制洋货以及一系列日用品渐入寻常百姓家并对传统工矿业产生巨大的冲击,对近代工矿业的兴起起了催化和调整的作用;轮船、火车和汽车等现代化新型运输工具的应用,也促使鄱阳湖流域现代化交通、邮电和金融业的近代转型。

4. 九江开埠通商,其城市的扩散效应给鄱阳湖流域的社会生活也带来一定的影响。通过海关办邮政、九江茶市以及近代工矿实业的个案分析:由于九江在鄱阳湖流域地理趋中性较差,其城市功能的发挥需要传统政治中心——南昌的传导,导致外部效应与内部要素的相互渗透,鄱阳湖流域近代转型呈现复杂多元、交错共生、地区发展不平衡的格局,这表明鄱阳湖流域社会的近代转型带有明显的不彻底性,而呈新旧杂糅的特征。

5. 九江从常关到海关,实际上是一个从相对封闭的国内市场走向日益开放的世界市场的过程。九江作为一个区域性中心城市,其城市功能的发挥就鄱阳湖流域而言,作用在不断增强;就长江流域而论,其影响力却在不断地降低。在日益扩大的市场空间背景下,这种角色错位使九江丧失了在长江经济链中的发展优势,九江没有担当起鄱阳湖流域近代转型中心的重任。当下实施"鄱阳湖生态经济区"的国家战略,应以此为历史鉴戒。

附　表

（表 1—表 7）

附 表 1

清前期长江流域主要榷关税收比较表 （单位：银两）

年份\关别	九江关	赣关	夔关	武昌关	荆关	芜湖关	龙江西新关
雍正元年							107,099
雍正二年		68,784					
雍正三年		79,251					
雍正五年	326,184.304	66,674.22					
雍正六年	211,109.085						
雍正八年	223,758.6		93,232.943				139,595.6
雍正九年	252,122.68		83,976.75				
雍正十年	256,083.71	51,994.57					
雍正十一年		102,859					152,000
雍正十二年							197,021
雍正十三年	371,852	118,337.83	114,987.2			332,117.44	
乾隆元年		106,184.2					
乾隆二年		87,856.18					
乾隆三年		89,649.85					
乾隆四年		90,436.73		39,589.88		425,900	
乾隆五年		89,676.42		40,518.63		343,287.34	
乾隆六年	367,686.39	101,730.85		44,674.27		334,902.24	
乾隆七年	356,348.2	97,342.65				342,812.4	175,061.6
乾隆八年		92,959.91		51,663.76	74,188.92	382,607.4	190,497.1
乾隆九年	369,911.38	85,343.92		53,581.71	69,035.33	408,674.34	201,680.8

续表：

年份＼关别	九江关	赣关	夔关	武昌关	荆关	芜湖关	龙江西新关
乾隆十年	371,468.818	88,927.14		52,521.2	66,314.128		
乾隆十一年	372,105.38	91,161		49,083.76	55,224.128		181,132.7
乾隆十二年		91,408.55		49,084.22	51,103.145		168,572.5
乾隆十三年	401,695.225	96,193.35		50,938.93	61,024.628	342,191.63	200,174.64
乾隆十四年		101,035.58		50,515.16	60,011.913	328,368.64	
乾隆十五年		105,532.18		54,547.54	55,285.159	384,604.46	192,967.16
乾隆十六年					37,269.28		196,623.54
乾隆十七年					48,245		188,841
乾隆十八年		100,340			41,617	379,174.2	
乾隆十九年		96,501	172,457		45,926	378,530.2	189,563.2
乾隆二十年	370,741.3	94,543	166,572.5	56,981.66	40,953.9	359,401.2	173,820.13
乾隆二十一年	384,013.3	91,988		57,526.81	46,272.4	372,507	189,536.2
乾隆二十二年	431,605.3	94,295	147,806.1	57,819.86	46,685.4	335,346.99	194,323
乾隆二十三年	419,470.92	94,886	168,537.9	57,996.91	42,754	380,692.36	207,329.37
乾隆二十四年	409,687.92	96,104	169,629.8	58,196.03	44,341.95	352,819.69	218,888.96
乾隆二十五年	444,106.37	96,659	170,101	58,363.92	46,134		
乾隆二十六年	393,468.55	98,297	170,140.2	58,369.48	46,183		219,477.77
乾隆二十七年	367,694.02		177,263.7	58,371.5	46,202.4	380,848.88	220,879
乾隆二十八年	398,451.45		182,041	58,376.7			230,570
乾隆二十九年	398,482.62	99,810	181,701.01	58,378.3	46,412.9	379,212.59	224,687.4
乾隆三十年	390,100.52	101,841	192,869.84	58,487.11	46,742.7	379,504.63	221,164.1
乾隆三十一年		101,991	182,343.17		46,421.2		221,608.5
乾隆三十二年	422,856.63	101,838	193,685.34	58,492.53	47,045.8	380,784.38	210,261.74

续表:

年份＼关别	九江关	赣关	夔关	武昌关	荆关	芜湖关	龙江西新关
乾隆三十三年	499,920	102,093	186,365.62	58,463.74	47,355.8	380,972	
乾隆三十四年	547,853	102,108	185,894.68	58,532.06	49,046.767	333,870.4	190,803
乾隆三十五年	545,639	102,724	185,923.1	58,572.91	49,076.86	334,983.23	188,991.81
乾隆三十六年	639,438	102,880	186,332.6	58,594.47	49,384.8	346,083	199,293.86
乾隆三十七年	651,767	102,654	186,331.46	58,598.46	32,876.9	347,193	213,737.34
乾隆三十八年		102,765	191,528.92	58,605.35	49,921.92		
乾隆三十九年	661,384	102,769	186,885.46	58,608.4	50,676.19	349,797	214,339.32
乾隆四十年	662,129	102,958	200,041.55	58,609.61	50,699.95	349,913.5	221,524.62
乾隆四十一年	655,919.206	102,981			50,656	350,131.73	222,373.97
乾隆四十二年	667,890.698					350,610.5	
乾隆四十三年	684,722	102,989	194,906.67		50,669.43	350,780.29	225,319.14
乾隆四十四年	647,753.45	103,292.2			50,685.18	350,984	226,339.39
乾隆四十五年	687,113.54	103,221.9		58,623.54	40,211.35	351,288.84	227,063.81
乾隆四十六年	704,556.82		195,817.47		44,065.183	351,608	
乾隆四十七年	734,467.639		188,574.35	58,635	50,688.93	351,958	
乾隆四十八年	742,077.329		188,704.32	58,643	50,702.36	352,108.86	
乾隆四十九年	743,103.539	103,341.7	200,990.83	58,651.45	50,706.98	352,172	243,461.42
乾隆五十年	743,310.027	103,346.1	188,333.48	58,658.91		341,765.59	195,792.71
乾隆五十一年			201,059.31	58,666.25			
乾隆五十二年	701,890.042	103,353.8		58,676.31	50,714.16	322,511.43	
乾隆五十三年	658,986.166			58,676.45	42,341.57	302,723.41	211,971.36
乾隆五十四年	702,220.052	93,968	201,080.95	58,680.91	36,587.372	352,518.98	244,519.15
乾隆五十五年	690,970.414	103,371.4		58,685.38	36,272.32	352,626.9	245,042.73

续表：

年份＼关别	九江关	赣关	夔关	武昌关	荆关	芜湖关	龙江西新关
乾隆五十六年	703,304.614	103,373.6		58,689.38	44,977.36	352,642.41	245,101.27
乾隆五十七年	704,056.81	103,376.9	201,103.19	58,695.53	40,939.287	352,650.2	
乾隆五十八年	612,990	103,379.9		58,699.92	42,788.358	352,655.16	200,312.34
乾隆五十九年	534,651.056	103,385.7		58,702.93	47,433.917	315,152.7	174,968.17
乾隆六十年	546,347.827				43,136.63		175,118.3
嘉庆元年					38,088.125	329,160.6	180,336.4
嘉庆二年					27,224.62	352,748.6	193,907.1
嘉庆三年					23,791.219	352,752.5	193,151.9
嘉庆四年	521,521.6				29,819.507		194,099.98
嘉庆五年	567,821.3					347,975.44	193,092.17
嘉庆七年					25,530.769	347,471.14	
嘉庆八年	513,948.156					347,853.9	185,283.96
嘉庆九年	542,951.3				30,707.754	347,438.04	183,315.89
嘉庆十年	561,521.396				30,695.317	347,240.45	178,121.8
嘉庆十一年	492,187.103				27,036.696	347,239.9	148,270.19
嘉庆十二年	528,760.309					347,240	188,101.52
嘉庆十四年	552,154.465				23,554.933		187,295.88
嘉庆十五年	514,948.258				26,669.545	347,252.14	187,317.13
嘉庆十六年	492,123.389	122,136			28,214.178	347,252.5	187,341.91
嘉庆十七年	582,486.949	121,611			23,952.888	347,251	187,219.39
嘉庆十八年	581,323.657				25,834.413	347,209	182,129.97
嘉庆二十年	496,809.991				22,069.858		157,369.97
嘉庆二十一年	520,566.741					347,065	176,287.68

续表：

年份 关别	九江关	赣关	夔关	武昌关	荆关	芜湖关	龙江西新关
嘉庆二十二年	403,372.396					348,071	189,022.17
嘉庆二十三年	542,679.118				24,600.955	349,068.6	
嘉庆二十四年					24,663.601	357,593	159,350.82
嘉庆二十五年	530,623.188				29,749.451	357,896.87	
道光元年	584,565.218				29,976.118	349,165.6	192,103.38
道光二年	584,687.079	122,521.5			30,103.068		195,656.1
道光三年	579,403.747				30,689.073	311,654.3	174,428.13
道光四年	584,127.27	135,316				347,166.6	
道光五年	540,674.56				30,687.227		163,231.21
道光六年	523,121.571					322,541.4	167,723.62
道光七年	526,917					347,210.44	188,885.19
道光八年	539,493.426					347,195.2	188,318.62
道光九年	600,008.52					347,165.2	187,299.79
道光十年	541,493.976	123,876				347,175.2	
道光十一年						315,554.9	
道光十二年	463,842.086						
道光十三年						334,913.7	
道光十四年	522,468.632					321,040.8	131,061.21
道光十五年	531,621.97						131,523.46
道光十六年	599,670.298					347,163.4	156,095.05
道光十七年	603,039.464						151,967.91
道光十八年							140,759.94
道光二十年		93,048				330,992.6	

续表：

年份 ＼ 关别	九江关	赣关	夔关	武昌关	荆关	芜湖关	龙江西新关
道光二十二年		82,711					
道光二十三年						347,369.2	
道光二十五年		93,184					
道光二十七年							162,829.22
道光二十八年						347,885.9	140,218.93
道光二十九年		93,771					128,378.88
咸丰三年		24,944					
咸丰五年							105,327.56
同治二年							110,375.24
同治六年		60,424.24					
同治十年		75,728.61					
同治十一年		75,728.61					
同治十二年		88,318.48					
同治十三年	442,522.824						
光绪十三年	449,711.362	52,628.17					
光绪十四年	455,308.092	52,681.1				321,040.7	
光绪十五年	458,221.055	59,015.39				139,463	
光绪十六年		52,721.88					
光绪十七年	456,730.092	59,686.34				139,479.3	
光绪十八年	414,375.88	60,046.25					
光绪十九年	421,576.089	53,415.48					
光绪二十年	426,192.135	52,768.85				139,637.23	
光绪二十一年	426,793.589	60,597.16				139,755.38	

续表:

关别＼年份	九江关	赣关	夔关	武昌关	荆关	芜湖关	龙江西新关
光绪二十二年	427,384.072	52,607.73				139,868.29	
光绪二十三年	422,051.165	52,614.85				139,976.8	
光绪二十四年	390,584.595	52,600.27				139,971	
光绪二十五年	393,198.975	52,609.88					
光绪二十六年	430,193.183					139,975.8	
光绪二十七年	402,712.264	52,608.52					
光绪二十八年		52,599.19					
光绪二十九年		52,621.49				139,496.87	
光绪三十年		50,682.63				123,450	
光绪三十一年		39,678.56					
光绪三十二年		31,448.33				141,233	
光绪三十三年		37,931.45				136,959.7	

（资料来源:中国第一历史档案馆藏:《朱批奏折》综合整理,参考廖声丰:《清代常关与区域经济研究》,人民出版社 2010 年版,附表之数据综合制成。）

附 表 2

九江子口贸易下进口货值统计表　单位:海关两

年份	持子口税单的进口货值	进口总值	占比	年份	持子口税单的进口货值	进口总值	占比
1873	568,942	3,382,277	16.8%	1906	509,915	9,277,606	5.5%
1874	775,614	3,775,667	20.5%	1907	594,500	14,018,104	4.2%
1875	764,472	3,433,842	22.3%	1908	1,596,571	14,150,908	11.3%
1876	863,411	3,416,786	25.3%	1909	1,291,486	14,725,513	8.8%
1877	828,495	2,985,143	27.8%	1910	1,484,388	18,612,614	8%
1878	854,539	3,163,411	27%	1911	1,587,782	15,930,223	10%
1879	849,447	3,476,832	24.4%	1912	2,084,237	16,957,769	12.3%
1880	879,191	3,916,650	22.4%	1913	2,025,200	17,220,733	11.8%
1881	934,434	3,568,671	26.2%	1914	4,171,458	21,229,910	20%
1882	1,034,007	3,247,193	31.8%	1915	4,028,659	18,640,312	21.6%
1883	936,548	2,897,275	32.3%	1916	3,741,313	19,678,684	19%
1884	848,569	2,852,825	29.7%	1917	5,022,129	19,274,106	26%
1885	976,530	3,597,714	27.1%	1918	5,197,841	19,278,489	27%
1886	1,122,687	3,876,538	29%	1919	6,718,117	19,330,178	34.8%
1887	1,234,206	4,504,579	27.4%	1920	8,336,960	24,295,954	34.3%
1888	1,377,564	4,685,375	29.4%	1921	8,958,217	25,313,745	35.4%
1889	1,630,840	4,575,428	35.6%	1922	9,563,058	21,760,682	44%
1890	1,692,082	5,007,885	33.8%	1923	12,680,184	30,912,468	41%
1891	1,828,523	5,578,958	32.8%	1924	12,522,024	32,820,260	38.2%

续表:

年份	持子口税单的进口货值	进口总值	占比 %	年份	持子口税单的进口货值	进口总值	占比 %
1892	2,110,121	5,622,262	37.5%	1925	11,805,596	29,712,814	40%
1903	2,646,247	11,362,590	23.3%	1926	12,929,982	30,351,965	42.6%
1904	1,934,430	12,114,345	16%	1927	9,050,965	22,527,767	40.2%
1905	697,865	11,103,561	6.3%	1928	8,189,965	29,884,821	27.4%

（资料来源:根据九江海关历年贸易统计"Transit Trade""Inland Transit"整理得出。出自《中国旧海关史料(1859—1948)》第5—85册;《美国哈佛大学图书馆藏未刊中国旧海关史料(1860—1949)》第139册、第144册、第148册。）

附表3

1873—1928年九江关持有子口税单入内地的货值统计表

（单位：1873和1874年为两，之后为海关两）

| 年份 | 目的地 | | | | | | | | 总计 |
| | 江西 | | 安徽 | | 湖北 | | 福建 | | |
	货值	占比	货值	占比	货值	占比	货值	占比	
1873	407,820	71.6%	148,711	26.1%	12,236	2.1%	175		568,942
1874	546,101	70.4%	215,642	27.8%	13,871	1.8%			775,614
1875	621,799	81.3%	123,080	16.1%	19,593	2.5%			764,472
1876	739,637	85.7%	110,598	12.8%	13,178	1.5%	80 两①		863,484
1877	628,208	75.8%	185,956	22.4%	14,331	1.7%			828,495
1878	677,616	79.3%	162,154	19%	14,769	1.7%			854,539
1879	674,844	79.4%	156,492	18.4%	18,111	2.1%			849,447
1880	717,910	81.7%	131,640	15%	29,641	3.4%			879,191
1881	782,106	83.7%	127,303	13.6%	25,025	2.7%			934,434
1882	890,445	86.1%	119,173	11.5%	24,389	2.3%			1,034,007
1883	794,013	84.8%	118,596	12.7%	22,739	2.4%	1,200		936,548
1884	745,743	87.9%	81,275	9.5%	17,665	2.1%	3,886		848,569
1885	870,435	89.1%	83,046	8.5%	20,494	2.1%	2,555		976,530
1886	1,064,736	94.8%	29,616	2.6%	23,785	2.1%	4,550		1,122,687
1887	1,175,938	95.3%	29,386	2.3%	23,488	1.9%	5,394		1,234,206
1888	1,299,829	94.4%	52,089	3.8%	21,229	1.5%	4,417		1,377,564
1889	1,508,422	92.5%	84,261	5.2%	31,643	2%	6,514		1,630,840

① 50匹洋布,价值80两,运往了福建省的崇安县。（原海关贸易统计中注）

续表：

年份	目的地								总计
	江西		安徽		湖北		福建		
	货值	占比	货值	占比	货值	占比	货值	占比	
1890	1,596,320	94.3%	54,081	3.2%	34,688	2%	6,993		1,692,082
1891	1,679,770	91.8%	114,324	6.3%	30,290	1.7%	3,922		1,828,306
1892	1,956,917	92.7%	125,762	6%	20,357	1%	7,085		2,110,121
1893	1,417,541	92.9%	90,674	6%	16,545	1.1%	2,560		1,527,320
1894	1,279,796	93.8%	64,523	4.7%	16,700	1.2%	3,608		1,364,627
1895	1,760,510	94.8%	71,122	3.8%	21,567	1.2%	3,729		1,856,928
1896	2,713,187	95.5%	98,392	3.5%	24,955	0.9%	4,685		2,841,219
1897	3,612,460	95%	152,213	4%	30,620	0.8%	3,750		3,799,043
1898	4,399,696	97.2%	95,314	2.1%	27,296	0.6%	2,896		4,525,202
1899	5,001,340	96.9%	137,798	2.7%	19,771	0.4%	4,742		5,163,651
1900	4,242,673	97%	107,445	2.5%	21,435	0.49%	1,319		4,372,872
1901	5,664,611	96%	227,452	3.8%	10,988	0.18%	2,382		5,905,433
1902	4,733,776	96.9%	139,261	2.8%	11,907	0.24%	1,136		4,886,080
1903	2,458,354	92.9%	175,582	6.6%	11,174	0.4%	1,137		2,646,247
1904	1,795,189	92.8%	117,316	6%	21,606	1.1%	319		1,934,430
1905	600,594	86%	76,544	11%	20,583	2.9%	144		697,865
1906	392,288	76.9%	101,688	20%	15,786	3%	153		509,915
1907	421,970	71%	152,436	25.6%	19,728	3.3%	366		594,500
1908	272,393	65%	130,750	31%	16,081	3.8%	163		419,387
1909	166,147	58%	104,788	36.8%	13,520	4.7%	162		284,617
1910	95,046	40.3%	123,222	52%	13,440	5.7%	49		231,757
1911	204,967	58%	136,978	38.9%	10,359	3%	216		352,520

续表：

年份	目的地								总计
	江西		安徽		湖北		福建		
	货值	占比	货值	占比	货值	占比	货值	占比	
1912	71,831	35.9%	119,750	60%	8,407	4.2%	116		200,104
1913	39,574	18.7%	168,005	79%	4,195	2%			211,774
1914	358,436	67.9%	168,074	31.9%	126		355		526,991
1915	31,567	17.9%	139,694	79%	1,484	0.8%	3,750	2.1%	176,495
1916	82,386	25.6%	223,408	69.5%	15,600	4.8%	44		321,438
1917	522,855	72%	186,619	25.7%	16,685	2.3%	102		726,261
1918	29,761	20.9%	92,370	64.9%	15,714	11%	4,540	3.2%	142,385
1919	125,521	37.8%	162,982	49%	6,375	1.9%	37,140	11.2%	332,018
1920	544,863	70.6%	212,712	27.6%	243		13,500	1.8%	771,318
1921	38,184	19.1%	155,820	78%	627		5,381	2.7%	200,012
1922	96,523	44%	118,903	54.2%	705		3,238	1.5%	219,369
1923	378,453	58.9%	203,685	31.7%	26,208	4.1%	34,599	5.3%	642,945
1924	175,647	51.2%	133,542	39%	13,645	4%	20,019	5.8%	342,853
1925	92,471	23.4%	272,301	69%	8,074	2%	22,137	5.6%	394,983
1926	494,236	61%	120,087	14.8%	6,671	0.8%	188,829	23.3%	809,823
1927	53,865	45%	58,047	48.5%	6,578	5.5%	1,108	0.9%	119,598
1928	44,164	49%	31,554	35%	14,380	16%			90,098

（资料来源：根据九江海关历年贸易统计中的"Transit Trade""Inland Transit"整理得出。出自《中国旧海关史料(1859—1948)》第5—85册；《美国哈佛大学图书馆藏未刊中国旧海关史料(1860—1949)》第139册、第144册、第148册、第182册、第185册、第188册、第191册、第194册、第197册。所占比例不到0.1%，表格中均未标出。）

附 表 4

1886—1897年九江关子口税单下洋货运销江西各地的货值统计表

年份	南昌	广信	饶州	抚州	建昌	临江	瑞州
1886	480,074	106,820	68,617	4,402	57,053	12,689	13,518
1887	440,663	97,633	51,917	4,675	64,915	21,543	15,707
1888	457,507	99,539	59,006	2,682	68,354	19,089	12,013
1889	571,026	108,604	110,193	9,517	87,534	26,577	26,220
1890	548,979	101,818	64,496	3,963	57,655	52,349	34,376
1891	608,204	94,777	70,260	3,306	61,627	91,448	58,116
1892	608,934	90,870	66,754	43,273	154,647	153,599	112,978
1893	601,314	87,086	75,908	25,005	109,256	29,361	39,161
1894	570,902	70,314	54,369	14,313	77,543	16,450	25,604
1895	764,863	93,646	59,685	30,047	110,286	17,044	28,286
1896	1,238,451	146,041	98,396	86,972	195,934	63,484	48,522
1897	1,529,809	142,759	110,788	202,453	268,688	193,666	75,751
年份	袁州	赣州	南安	吉安	南康	九江	宁都州
1886	54,179	27,005	190,449	49,865	65	—	—
1887	25,786	122,245	236,190	67,664	—	—	—
1888	58,790	53,073	390,278	75,801	3,697	—	—
1889	63,870	131,131	292,028	52,020	29,702	—	—
1890	71,225	115,496	487,934	50,661	7,368	—	—
1891	70,025	161,032	394,887	66,088	—	—	—
1892	76,850	101,969	547,199	89,830	14	—	—
1893	61,784	106,603	239,805	42,052	152	54	—

续表：

年份	南昌	广信	饶州	抚州	建昌	临江	瑞州
1894	36,942	73,952	281,992	57,098	177	—	140
1895	52,392	95,944	441,298	65,798	126	—	1,095
1896	89,115	116,804	525,609	102,204	490	—	1,165
1897	171,437	169,397	610,472	130,213	5,941	98	988

（资料来源：根据1886—1897年九江海关贸易统计中的"Transit Trade"部分整理而成，出自《中国旧海关史料(1859—1948)》，第12—25册，京华出版社2001年版。）

附 表 5

1863—1922 年九江茶叶出口数量统计（单位：担）

时间	红茶	绿茶	茶末	毛茶	红砖茶	绿砖茶	小京砖茶	茶梗	总计
1863	73,639	117,930		6,639					198,208
1864	76,330	55,532		2,644					134,506
1865	63,138	136,056	49	1,146					200,389
1866	93,573	79,118	6,175	985	170				180,021
1867	84,118	69,809	4	884	—				154,815
1868	124,286	68,191	2,447	1,571	379				196,874
1869	109,763	68,773	—	836	—				179,372
1870	116,332	48,179	14	999	2,475				167,999
1871	151,514	39,206	138	791	3,209				194,858
1872	148,420	58,076	258	779	5,843				213,376
1873	149,342	69,568	561	720	5,535				225,726
1874	165,736	72,904	4,711	670	701				244,722
1875	166,131	65,322	2,953	363	14,325				249,094
1876	190,038	48,830	3,138	392	8,715				251,113
1877	176,500	51,477	9,237	480	7,452				245,146
1878	206,799	40,316	9,182	517	11,286				268,100
1879	190,213	40,368	3,663	510	14,797				249,551
1880	185,000	57,015	8,981	1,052	9,448				261,496
1881	195,804	59,681	9,822	752	8,026				274,085
1882	206,847	48,240	11,428	581	12,941				280,037
1883	213,467	35,709	6,113	539	22,320				278,148

续表：

时间	红茶	绿茶	茶末	毛茶	红砖茶	绿砖茶	小京砖茶	茶梗	总计
1884	208,079	44,238	7,114	462	19,108				278,001
1885	202,900	50,516	12,133	324	19,746				285,619
1886	219,07	45,580	7,232	394	34,793				307,096
1887	193,188	41,500	5,726	379	35,821				276,614
1888	186,526	38,903	2,702	423	49,273				277,827
1889	205,023	38,882	5,217	176	31,407				280,705
1890	184,992	34,744	6,169	1,695	15,114				242,714
1891	192,630	34,617	3,322	672	15,042		3,700		249,983
1892	136,942	37,447	1,532	2,584	34,833		4,474		217,812
1893	139,904	43,173	1,292	1,050	29,030		4,909		219,358
1894	137,356	41,586	3,345	1,307	21,775		5,749		211,118
1895	178,226	53,424	198	1,771	25,915		6,547		266,081
1896	141,928	38,793	187	2,207	41,194		6,058		230,367
1897	117,394	38,734	112	661	32,839	548	2,449		192,737
1898	121,985	40,300	300	635	33,831	—	3,632		200,683
1899	131,145	40,901	1,686	1,524	43,352	—	1,130		219,738
1900	123,211	35,997	2	4,713	51,067	—	1,003		215,993
1901	102,491	28,173	34	3,114	28,924	—	2,018		164,754
1902	118,281	35,790	2,775	4,959	39,401	—	2,459	3,020	206,685
1903	107,021	52,618	15,375	15,768	35,773	—	1,119	–	227,674
1904	106,567	37,586	15,685	3,762	18,760	—	129	399	182,828
1905	95,413	34,556	23,866	6,210	12,852	—	834	2,150	175,881
1906	89,021	30,992	47,030	5,259	20,767	706	2,246	3,092	199,113
1907	100,922	33,049	47,945	6,501	55,802	—	3,661	3,472	251,352

续表:

时间	红茶	绿茶	茶末	毛茶	红砖茶	绿砖茶	小京砖茶	茶梗	总计
1908	103,965	44,237	21,736	10,103	44,467	—	1,825	2,952	229,285
1909	101,136	44,934	32,990	15,836	46,199	—	2,917	3,756	247,768
1910	106,505	44,363	25,572	18,720	35,276	—	962	2,965	234,363
1911	104,818	47,105	36,101	12,408	39,807	—	906	3,735	244,880
1912	104,495	44,339	35,130	20,792	37,124	34,047	1,842	3,916	281,685
1913	80,634	43,766	30,328	26,729	94,357	34,532	1,788	2,966	315,100
1914	91,844	57,057	43,877	29,579	32,850	68,953	1,196	5,366	330,722
1915	115,559	48,019	52,056	22,997	39,186	45,929	6,052	3,722	333,520
1916	114,159	52,885	47,959	16,137	44,195	25,666	3,118	3,281	307,400
1917	90,675	41,832	5,078	21,626	35,606	17,814	1,151	2,122	215,904
1918	51,694	32,210	32,104	34,972	1	479	41	2,819	154,320
1919	67,686	41,028	16,756	36,310	6,162	5,441	570	3,832	177,758
1920	37,106	42,136	1,396	37,251	5,779	—	3	—	123,671
1921	6,642	34,810	719	40,190	12	1,999	—	—	84,372
1922	33,050	37,207	3,512	38,276	—	—	14	—	112,059

　　(资料来源:根据1863—1922年九江历年海关贸易统计中"Export Trade"整理得出。出自《中国旧海关史料(1859—1948)》第5—85册;《美国哈佛大学图书馆藏未刊中国旧海关史料(1860—1949)》第139册、第144册、第148册。)

附　表 6

江西省财政厅、实业厅、农商部等呈请实业部给发营业执照表

序号	时间	营业执照内容	案件号
1	1925	农商部关于发给刘世昌请探萍乡县峰子冲等处煤矿执照	0989
2	1915	财政厅呈俞绵基禀探进贤县大园岭煤矿请给予执照	0974
3	1916	财政厅呈刘耀光请探安福县林付刀坑煤矿准予给照	0973
4	1916	财政厅呈矿商彭鸾年请采萍乡东南路高坑煤矿核准给照（附图）	0961
5	1916	财政厅呈李肇蓉请探安福县迡溥乡仙子虎形山煤矿执照	1048
6	1916	财政厅呈送矿商徐泽霖请探乐平县沿水村鸡笼山煤矿可否给照	1053
7	1918	财政厅呈请核发张周垣试探赣县牛子坪煤矿探照及展延试探	0963
8	1919	财政厅呈请核发唐德叶请探瑞昌县老鸦尖等煤矿执照（附图）	0962
9	1920	财政厅请核发叶表可开采吉安县昌安洲潦煤矿执照	1039
10	1915	实业厅呈核发谢天锡试探余干县呈请煤矿执照	1064
11	1915	实业厅呈核发谢天锡试探余干县大廊山赤岗岭煤矿执照	1065
12	1916	实业厅呈请核发爱钟毓呈请试探余干县乌港村煤矿请准予备案	1019
13	1916	实业厅呈发刘耀光请探安福县李竹山矿矿图及履历保结	1047
14	1917	实业厅呈进贤县陈政德禀陈传寅等拟开煤矿恳准予查办	0958
15	1917	实业厅呈周景福开采吉安县宣化乡三十三都洲倍村南坡黄茅等处煤矿和萧瑜开采该县煤矿执照	0997
16	1917	财政厅呈送曾人熙试探余干县阳春魏姓雷鼓岭埝里岭煤矿资料请核发探照（附图）	1029
17	1918	永新县商人请发勘采铁矿执照及申请注销有关文件	1348
18	1918	实业厅呈核郭运泰试探高安县圹山煤矿执照（附图）	0968
19	1918	实业厅呈李杰请探乐平县庵前山煤矿禀照	0996
20	1919	实业厅呈核发吴谦吉试探高安县泉溪山煤矿执照（附图）	0969

续表：

序号	时间	营业执照内容	案件号
21	1919	实业厅呈核发矿商付猷模请探进贤县六都培珠岭煤矿执照	0972
22	1919	实业厅呈矿商马鹍请探乐平县桥头圩煤矿呈请给照	0977
23	1919	实业厅呈洪吉常继承洪乃勋试探乐平县莲花形煤矿	0995
24	1919	实业厅呈请填发尹瑞珍试探德安县八里铺九仙岭煤矿执照	1036
25	1919	实业厅呈发熊正琦请探武宁县北鹤等处煤矿及部批复	1046
26	1920	实业厅呈陈瑄请探进贤县张家山万家山虎山等处煤矿（附图）	1960
27	1920	实业厅呈核发肖瑜请采吉安县毛霸处矿执照	1056
28	1920	实业厅呈廖石城请探丰城县埝拨山等处煤矿（附图）	0993
29	1920	实业厅呈汪寿仁等请探鄱阳县月山坞煤矿第一矿区税执照：附图	0990
30	1920	实业厅呈矿商徐凤标请探乐平县梨树嵋等处煤矿呈请给照	0978
31	1920	实业厅呈请王云五请探余干县詹姓村煤矿执照	0980
32	1920	实业厅呈请林中桂请探上饶县莲花山等处煤矿（附图）	0981
33	1920	实业厅呈张梦祖请探余干县华林岗等处煤矿执照及请求延长探矿期限	1028
34	1920	实业厅呈核发胡光铭请探吉安县水大垅矿执照及更正矿图	1061
35	1920	实业厅呈请发周兆麟请探鄱阳县南山培煤矿探矿执照（附图）	0984
36	1920	实业厅呈请核发邹牟请探余干县坞石山古塘煤矿探矿执照	1005
37	1920	实业厅呈请核发梁盛大试探吉安县滩头等处煤矿执照（附图）	1015
38	1920	宣化乡三十三都胡姓村白马陇煤矿执照（附图）	1016
39	1920	实业厅呈核发矿商张万鹍请探进贤县陈恩坑等处矿给予执照	0971
40	1920	实业厅呈核发矿商张万鹍请探进贤县寒婆岭煤矿发给执照	0970
41	1920	实业厅呈何熙曾请探萍乡县胡家坊等处煤矿	1024
42	1920	实业厅呈何熙曾请探萍乡县五口塘等处煤矿执照及展限探照	1042
43	1920	实业厅呈陶德镕请探鄱阳县磨山刀等处煤矿	1020
44	1921	实业厅呈核发王岳镇请采丰城县大内岭等处煤矿执照（附图）	0965

续表：

序号	时间	营业执照内容	案件号
45	1921	实业厅呈请核发欧阳瑞试探吉水县苦竹寨山等处煤矿执照	1001
46	1921	实业厅呈请核发叶永清请探乐平县西乡鸣山黄泥岭等处煤矿执照	1320
47	1921	实业厅叶功甫请探乐平县西锦庵前凤凰山等处煤矿呈请给予执照	0976
48	1921	实业厅呈请核发刘溢清请探吉水分水岭煤矿执照及填发龚希丞在该县源水村煤矿执照（附图）	1007
49	1921	实业厅呈请核发欧阳暄请探吉安县随子岭等处煤矿执照（附图）	1013
50	1921	实业厅呈请核发侯铭鼎试探吉安县羊角山等处煤矿执照（附图）	1014
51	1921	实业厅呈请核发骆家铣试探九江县桂家墩煤矿执照（附图）	1018
52	1921	实业厅呈龚洪癸请采丰城县来龙山煤矿	0959
53	1921	实业厅呈请核发周如锦试探永新县维礼公山等处煤矿执照	1021
54	1921	实业厅呈吴亚森请探乐平县正西乡大石窑岭等处煤矿	1022
55	1922	实业厅呈请杨唤椿请探上饶县平安山煤矿（附图）	0988
56	1921	实业厅呈核发肖赓韶请探吉安县吴仙山等处煤矿执照:附图	1032
57	1921	实业厅请发傅有庆请采武宁县石翅尖泉等处煤矿执照请展探限	1043
58	1921	实业厅呈叶清予试探安福县南乡西江垅等处煤矿执照	1049
59	1921	实业厅呈刘德垂请探安福县鱼形等处煤矿执照	1050
60	1921	实业厅呈矿商贺云霞请探安福县西江藤纹岔等处煤矿	1051
61	1921	实业厅呈核发曾兆瑞开采吉安县宣化乡州坑双山岔矿展限三年	1059
62	1921	实业厅呈财政厅呈核发胡光啸采吉安县洲汽潒树摇蓝窝矿执照胡充骆申请继承矿权并更正矿图	1060
63	1921 1922	实业厅呈请核发叶永清请探乐平县西乡鸣山等矿执照 实业厅呈请填发袁烂试探湖口县坚山煤矿执照	1068
64	1922	实业厅呈请给予周景福开采吉安县枫山等处优先矿权及矿商叶表可呈请丰昌矿图	1011
65	1922	实业厅呈请发颜丙临请探宜春县蕉源地方煤矿执照	0985
66	1922	实业厅请核发叶表可开采吉安县昌化乡煤矿执照（附图）	1030

续表：

序号	时间	营业执照内容	案件号
67	1922	实业厅呈请核发颜诠探宜春县化南乡下石湖等处煤矿执照	1031
68	1922	实业厅呈发傅有庆请采武宁县天尊山煤矿请展限二年	1044
69	1922	实业厅呈丰城方孝宽探上饶县横坑管山等处煤矿（附图）	0991
70	1922	实业厅呈发傅有庆请采武宁县坑流岭等处煤矿执照	1045
71	1923	实业厅呈矿商石国磐请探乐平县湧山等处煤矿执照	1002
72	1923	实业厅呈发王云五请探余干县亦岗岭煤矿探矿执照（附图）	1003
73	1923	实业厅呈张宏猷试探万载县福寿桥等处煤矿转让郭君桂继承试探	1027
74	1923	实业厅呈核发胡花环继承探吉安县水大垅及安福县火厂窝煤矿执照及延展试探期限	1057
75	1924	实业厅呈丰城县坑塘里等处煤矿区合办公司管尚华等呈增加矿区改换股东（附图）	1067
76	1924	实业厅呈请核发陈绍元九江县属仙居乡杨家桥细煤矿执照	1017
77	1924	实业厅呈李师晟请探丰城县富水乡西洋彩山等处煤矿执照	1041
78	1924	令实业厅呈准发曹全拨宜春荐外乡煤矿探照	0986
79	1924	实业厅呈请核发傅景花请探宜春县化南乡大水平坪汉塘峡严须窝探采矿执照（附图）	0983
80	1924	实业厅呈核发曾兆瑞开采吉安县双山岔煤矿执照	1058
81	1924	实业厅呈核发程宝权试探高安县煤矿执照（附图）	0966
82	1925	实业厅呈张万鸥请探进贤县走马岭等处煤矿（附图）	0957
83	1925	实业厅呈请吴思诚等请上饶县南乡五十五都乌砂殿定坞等山小煤矿执照	0982
84	1926	实业厅呈请发给矿商龚洪发丰城县均益煤矿公司探照	1062
85	1926	实业厅呈龚洪发领探丰城县龙山等处可否发给矿照	1063

（资料来源：中国第二历史档案馆馆藏"北洋政府农商部档案"，全宗号：1038）

附 表 7

经济部档案关于江西省工厂登记情况一览表

案件号	日期	标题(内容)
1197	1948.02	江西省南昌市兴华建筑器材厂登记
1198	1946.12	江西省南昌市永安洋瓦制造厂登记
1199	1948.07	江西省九江县新华机制砖瓦厂登记
1200	1944.07	江西省泰和县建业陶瓦工厂登记
1201	1947.01	江西省南昌市三星砖瓦厂登记
1202	1947.08	江西省南昌市信泰砖瓦石灰制造厂登记
1203	1943.01	江西省赣县华德动力酒精厂登记
1204	1944.02	江西省赣县公益动力酒精厂登记
1205	1944.02	江西省新建县建泰砖瓦制造厂登记
1206	1948.08	江西省南昌市赣源机制砖瓦厂登记
1207	1948.02	江西省南昌市正中印刷所登记
1208	1947.07	江西省南昌市大公印刷所登记
1209	1948.02	江西省南昌市知行印刷厂登记
1210	1948.03	江西省南昌市光华印刷厂登记
1211	1948.03	江西省南昌市华南印刷厂登记
1212	1948.04	江西省南昌市天健印刷厂登记
1213	1947.02	江西省南昌市大文印刷厂登记
1214	1947.05	江西省南昌市铭记印刷厂登记
1215	1947.06	江西省南昌市民国印刷厂登记
1217	1948.01	江西省南昌市金星印刷厂登记
1218	1947.10	江西省南昌市大德机器锯木厂登记

续表：

案件号	日期	标题（内容）
1219	1940.04	江西兴业股份有限公司所属赣县机械厂,吉安纺织厂等厂登记
1220	1943.10	江西省赣县建华织染股份有限公司织染工厂登记
1221	1944.01	江西民生实业社股份有限公司吉安总工厂登记
1222	1944.02	江西省吉安县惠工纺织染厂登记
1223	1944.11	江西省吉安县天华纺织染厂登记
1224	1944.05	江西省吉安县益新纺织漂染工厂登记及章程
1225	1943.07	江西省赣县永用工艺社登记
1226	1943.07	江西省赣县建新钉厂登记
1227	1943.12	江西省赣县建华动力酒精厂登记
1228	1944.02	江西省赣县大华动力酒精厂登记
1229	1948.05	江西省南昌市华利电机米厂登记
1230	1948.10	江西省南昌市江南机器面粉碾米厂登记
1231	1944.02	江西省赣县宏丰动力酒精厂登记
1232	1944.02	江西省赣县江西荣茂工业动力酒精厂登记
1233	1942.11	江西省赣县森茂工业动力酒精厂登记
1234	1942.06	江西省萍乡县安源平民纺织工厂改组增资变更登记
1235	1944.02	江西省赣县又新和动力酒精厂登记
1236	1943.12	江西省黎川县建业酒精厂登记
1238	1947.11	江西省南昌市远大油脂化工厂登记
1239	1941.11	江西省赣县□记印刷厂补办登记
1240	1944.04	江西省赣县合群印刷厂登记
1241	1944.04	江西省赣县大业印刷厂登记
1242	1944.06	江西省泰和县江西教育用品厂登记
1243	1943.10	江西省赣县建业印刷厂登记

续表：

案件号	日期	标题（内容）
1244	1948.01	江西省南城县建东机器砻谷碾米厂登记
1245	1948.03	江西省南昌百代铁工厂登记
1246	1943.10	江西省新淦县建华酒精厂登记
1247	1943.09	江西省新淦动力酒精厂登记
1248	1948.01	江西省南昌市金兰室印刷厂登记
1249	1943.07	江西省宜春县厚生纺织厂登记
1250	1943.07	江西省泰和县复兴纺织厂登记
1251	1943.06	江西省泰和县南昌义民手工纺织社,赣县江西永备铁工厂登记
1252	1943.06	江西省河口正中烟厂歇业注销登记
1253	1946.01	江西省乐安县乐安动力酒精厂登记
1254	1946.06	江西省吉安县国兴织造厂登记
1255	1948.03	江西省南昌市华安成染织厂登记
1256	1948.03	江西省南丰县求精纺织厂登记
1257	1948.04	江西省临川县协成染织厂登记
1258	1946.07	江西省九江县兴中纱厂登记及请购美汇的有关文书
1259	1946.04	江西省南昌市振华纺织印染厂及所属分厂登记、贷款
1260	1942.08	江西省赣县利华动力酒精厂登记
1261	1943.08	江西省吉安县福星纺织漂染厂改称三五染织工厂改组变更登记
1262	1947.06	江西省吉安县厚生炼铁工厂登记
1263	1941.12	江西省民生药棉药布厂赣县工厂登记
1264	1943.02	江西省吉安县励群手工纺织漂染工厂登记
1265	1947.09	江西省南昌市振昌棉纺织厂登记
1266	1943.08	江西省泰和县松林烟厂登记
1267	1941.04	江西省民生火柴第三厂吉安工厂登记

续表：

案件号	日期	标题（内容）
1268	1941.08	江西省民生火柴第二厂赣县工厂登记
1269	1941.11	江西省民生火柴第一厂临川工厂登记
1270	1942.02	江西省民生火柴第四厂光泽工厂登记
1271	1947.10	江西省南昌市广益染织厂登记
1272	1947.06	江西省南昌市豫光火柴厂股份有限公司登记
1273	1945.06	江西省吉安五丰皮革制造厂登记
1274	1948.01	江西省南昌市源发森棉织厂登记
1275	1948.05	江西省南昌市茂祥肥皂厂登记
1276	1947.07	江西省南昌市志艺织造厂登记
1277	1947.04	江西省南昌市三星针织厂登记
1278	1947.06	江西省南昌市建兴漂染针织厂登记
1279	1947.07	江西省南昌市德成漂染针织厂登记
1280	1941.03	江西省民生文具厂泰和工厂登记
1281	1946.03	江西省宜丰县立改良瓷厂登记
1282	1944.03	江西省吉安县建成酒精厂登记
1283	1944.05	江西省金溪县汝阳动力酒精厂登记
1284	1943.12	江西省兴国县江西胜利动力酒精厂登记
1285	1943.12	江西省永新县永泰动力酒精厂登记
1286	1948.06	江西省南昌市华明玻璃制造厂登记
1287	1942.05	江西省工业动力酒精厂及所属分厂登记
1288	1941.04	江西省光泽县华南卷烟厂改称华松卷烟厂变更登记
1289	1941.03	江西省民生卷烟厂宁都工厂登记及申请贷款
1290	1947.11	江西省南昌市天伦纺织印染厂登记
1291	1947.11	江西省南昌市汉记棉织厂登记

续表:

案件号	日期	标题(内容)
1292	1948.04	江西省南昌市鹤记棉织厂登记
1293	1948.04	江西省南昌市复兴祥棉织厂登记
1294	1941.03	江西省遂川县民生天蚕丝厂登记
1295	1941.04	江西省吉安县民生纺织厂登记
1296	1941.03	江西省光泽县民生染料厂登记及复兴国产蓝靛刍言
1297	1948.02	江西省南昌市森泰酱油工业社登记
1298	1941.09	江西省赣县天工酿造厂登记
1299	1947.01	江西省南昌市味余酿造股份有限公司登记
1300	1947.07	江西省南昌市百代酿造股份有限公司登记
1301	1946.12	江西省南昌市咸泰兴化学酿造酱油厂及天生酱油厂登记
1302	1941.03	江西省民生手工业纺织社所属分厂登记
1303	1941.07	江西省光泽县民生农村工业社登记
1304	1943.09	江西省宜春县化工造纸厂登记
1305	1948.08	江西省遂川县惠群纸厂补办登记
1306	1947.09	江西省上饶县中国洪都烟厂登记
1307	1947.01	江西省赣县中国永安烟厂登记
1308	1941.03	江西省赣县民生罐头厂登记
1309	1943.06	江西省泰和县华丰面粉厂登记
1310	1948.09	江西省九江县兴华机器面粉厂登记
1311	1941.11	江西省赣县大德面粉厂登记
1312	1941.05	江西省上犹县营前村生铁生产运销合作社登记
1313	1941.04	江西省上犹县亿记生铁厂登记
1314	1941.04	江西省上犹县公和生铁厂及莲花县建国铁坊登记
1315	1942.06	江西省萍乡县赣萍造纸厂登记

续表：

案件号	日期	标题（内容）
1316	1941.01	江西省宜丰县黄冈镇纸张产销合作社文化纸厂登记 吉安县江西水泥厂股份有限公司登记
1317	1941.03	江西省宜丰县民生造纸厂登记
1318	1941.07	江西省萍乡县萍实造纸厂登记
1320	1943.12	江西省泰和县江西车船厂登记及工作契约
1321	1947.07	江西省中国榨油厂登记
1322	1947.06	江西省南昌市光丰机器锯木厂登记
1323	1943.10	江西省赣县国华机器锯木公司登记
1324	1947.12	江西省南昌市美亚电池厂登记
1325	1946.11	江西省南昌市永安皂厂及所属分厂登记
1326	1947.06	江西省赣县亮记棉织工业社登记
1327	1948.09	江西省清江县天然酱油酿造厂登记
1328	1947.08	江西省南昌市义懋祥仁记漂染工厂登记
1329	1947.07	江西省南昌市合兴和漂染工厂登记
1330	1947.06	江西省南昌市协昌漂染工厂登记
1331	1947.06	江西省南昌市福聚祥漂染工厂登记
1332	1947.07	江西省南昌市顺泰潍印染工厂登记
1333	1943.11	江西省泰和县江西电工厂登记
1334	1943.11	江西省赣县兴业电化工厂登记
1335	1947.11	江西省南昌市熊安记棉织厂登记
1336	1942.07	江西省南康县赣南樟脑厂登记
1337	1946.12	江西省上犹县同昌铁厂登记
1338	1945.10	江西省光泽县南光火柴厂登记
1339	1944.10	江西省于都县光大公司火柴厂登记
1340	1947.05	江西省南昌市同明玻璃制造厂登记

续表：

案件号	日期	标题（内容）
1341	1944.02	江西省宁都县行健化工厂登记
1342	1943.02	江西省赣县利原化学工厂登记
1343	1941.03	江西省民生植物油灯厂（泰和县）工厂登记及雇佣工匠合约
1344	1941.05	江西省南康县兴华化学工业社 江西省民生瓷厂（萍乡县）工厂登记
1345	1946.12	江西省南昌市培荣机器锯板工厂登记
1346	1947.07	江西省南昌市天伦机器锯木厂登记
1347	1943.07	江西省于都县君武动力酒精厂登记
1348	1943.12	江西省黎川县利工动力酒精厂登记
1349	1947.07	江西省南昌市祥记呢帽工厂登记
1350	1948.02	江西省南昌市同春瑞记衫袜工厂登记
1351	1944.04	江西省江西动力酒精厂吉安第二厂改称江西科特酿造工厂股份有限公司南昌总公司变更登记
1352	1947.07	江西省南昌市天香酱油酿造厂登记
1353	1946.11	江西省南昌市家族豆类社登记
1356	1944.04	江西省吉安县江西四方面粉碾米厂登记及组织章程有关文书
1357	1948.09	江西省南昌市谭荼记棉织厂登记
1358	1947.04	江西省南昌市建业染织工厂登记
1359	1943.09	江西省信丰县江西动力燃料制造厂登记及计划书有关文书
1360	1943.08	江西省赣县大陆机器锯木厂股份有限公司登记 泰和县建泰锯厂登记及章程草案有关文书
1361	1944.02	江西省赣县天一锯木厂登记
1362	1943.09	江西南城县江西建国动力酒精厂改称江西建康动力酒精厂变更登记
1363	1943.10	江西省南丰县重华动力酒精厂登记
1364	1943.07	江西省南城县宏大动力酒精厂登记

续表：

案件号	日期	标题(内容)
1365	1947.06	江西省南昌市新中染织工厂登记及补办登记
1366	1943.07	江西省南城县建国动力酒精厂登记
1367	1944.05	江西省吉安县中华美利坚纺织厂登记
1368	1943.04	江西省于都县曲阳动力酒精厂登记
1369	1943.11	江西省南城县江西公路处南城酒精厂登记
1372	1943.08	江西省南城县中华酒精厂登记

(资料来源:中国第二历史档案馆馆藏"中华民国经济部档案",全宗号:四。)

参考文献

一、档案和报刊资料

（一）档案资料

1. 中国第一历史档案馆藏：宫中档，朱批奏折·财政类。

2. 中国第一历史档案馆编：《康熙朝汉文朱批奏折》，档案出版社 1984 年版。

3. 中国第一历史档案馆编：《雍正朝汉文朱批奏折》，江苏古籍出版社 1991 年版。

4. 台北故宫博物院编：《宫中档光绪朝奏折》，台湾文海出版社 1974 年影印本。

5. 台北故宫博物院编：《宫中档雍正朝奏折》，台湾文海出版社 1977 年影印本。

6. 台北故宫博物院编：《宫中档乾隆朝奏折》，台湾文海出版社 1983 年影印本。

7. 中国第二历史档案馆藏：海关总税务司署档案，全宗号 679，有关九江部分。

8. 中国第二历史档案馆藏：南浔铁路管理局档案，全宗号 458，案卷号 1—40。

9. 中国第二历史档案馆藏:交通部邮政总局档案,全宗号 137,有关江西、九江部分。

10. 中国第二历史档案馆藏:交通部电信总局档案,全宗号 142,有关江西、九江部分。

11. 中国第二历史档案馆藏:实业部档案,全宗号 422,有关江西、九江部分。

12. 中国第二历史档案馆藏:工商部档案,全宗号 613,有关江西、九江部分。

13. 中国第二历史档案馆藏:招商局档案,全宗号 468,有关九江部分。

14. 九江市档案馆藏:招商局九江分局档案,全宗号 1006,案卷号(略)。

15. 九江市档案馆藏:九江封建帮会材料档案,全宗号 1013,案卷号(略)。

16. 九江市档案馆藏:伪九江县敌伪材料档案,全宗号 1013,案卷号(略)。

17. 中国第二历史档案馆、中国海关部署办公厅:《中国旧海关史料(1859—1948)》,京华出版社 2001 年版。

18. 吴松弟主编:《美国哈佛大学图书馆藏未刊中国旧海关史料(1860—1949)》,广西师范大学出版社 2014 年版。

(二)近代报刊

1.《江西官报》

2. (江西)《经济旬刊》

3. (江西)《工商通讯》

4.《申报》

5.《江南商务报》

6.《东方杂志》

7.《商务官报》

8.《农商公报》

9.《湖北商务报》

10.《湖北官报》

11.《文化建设》

12.《万国公报》

13.《中外日报》

14.《教会新报》

二、普通文献资料

（一）政书

1. 朱寿朋编:《光绪朝东华录》,中华书局 1958 年版。

2. 沈同生辑:《光绪政要》,台湾文海出版社 1971 年版。

3.《筹办夷务始末》(咸丰朝),中华书局 1979 年版。

4. 沈师徐、席裕福辑:《皇朝政典类纂》,台湾文海出版社 1982 年版。

5. 光绪《钦定大清会典》,中华书局 1990 年影印本。

6. 光绪《大清会典事例》,台湾文海出版社 1992 年版。

7. 乾隆朝官修:《清朝通典》,浙江古籍出版社 2000 年版。

8. 乾隆朝官修:《清朝通志》,浙江古籍出版社 2000 年版。

9. 乾隆朝官修:《清朝文献通考》,浙江古籍出版社 2000 年版。

10. 刘锦藻撰:《清朝续文献通考》,浙江古籍出版社 2000 年版。

11. 乾隆《钦定户部则例》,海南出版社 2000 年版。

（二）方志著作

1.（明）赵秉忠撰:《江西舆地图说》。

2.（清）蒋湘南:《江西水道考》。

3.（清）顾祖禹:《读史方舆纪要》。

4.（明）王宗沐:《江西省大志》,明嘉靖刻本。

5.（清）于成龙、安世鼎等修,杜果等纂:《江西通志》,康熙二十二年刻本。

6.（清）谢旻等修:《江西通志》,雍正十年刻本。

7.（清）曾国藩、刘坤一等修:《江西通志》,光绪刻本。

8. 吴宗慈主撰:《江西通志稿》,民国年间未刊本。

9. 林传甲:《大中华江西省地理志》,裕成印刷公司 1919 年初版。

10. 吴宗慈:《庐山志》,1933 年铅印本。

11.（明）冯曾、李汛修纂:《九江府志》,嘉靖刻本。

12.（清）朱棨修、曹芸缃纂:《九江府志》,嘉庆二十三年刻本。

13.（清）达春布修,黄凤楼、欧阳焘纂:《九江府志》,清同治十三年刊本。

14.（清）高植等修纂:《德化县志》,乾隆四十五年刊本。

15.（清）陈鼐修、吴彬纂：《德化县志》,同治十一年刻本。

16.（清）陈荫昌、石景芬等修纂：《大余县志》,清同治十三年刻本。

17.（明）管大勋、刘松：《临江府志》,隆庆刻本。

18.（清）张湄等修纂：《清江县志》,道光四年刻本。

19.（清）潘懿修、朱孙诒纂：《清江县志》,同治九年刻本。

20.（明）笪继良等修纂：《铅书》,万历刻本。

21.（清）郑之侨等修：《铅山县志》,乾隆八年刻本。

22.（清）张廷珩等修：《铅山县志》,同治十二年刻本。

23.（清）承霈修、杜友棠、杨兆崧纂：《新建县志》,同治十年刻本。

24.（清）崔登鳌、彭宗岱、涂兰玉等修纂：《新建县志》,道光二十九年刻本。

25.（清）陈兰森、王文湧修,谢启昆纂：《南昌府志》,乾隆五十四年刻本。

26.（清）谢永泰修、程鸿诏等纂：《黟县三志》,同治十年刻本。

27.（清）朱宸等修纂：《赣州府志》,乾隆四十七年刻本。

28.（清）魏瀛修、鲁琪光纂：《赣州府志》,同治十二年刻本。

29.（清）双贵、王建中修,刘绎等纂：《永丰县志》,同治十三年刻本。

30.（清）黄德溥 、崔国榜修,褚景昕纂：《赣县志》,同治十一年刻本 。

（三）文集、史料丛刊

1.（明）费元禄：《甲秀园文集》。

2.（明）李鼎：《李长卿集》。

3.（明）吴应箕：《楼山堂集》。

4.（清）龚溥庆：《师竹斋笔记》。

5.（清）刘坤一：《刘坤一遗集》,中华书局 1959 年版。

6. 黄炎培、庞淞编：《中国商战失败史：中国四十年海关商务统计图表》,商务印书馆 1917 年版。

7. 陈重民编纂：《今世中国贸易通志》,商务印书馆 1924 年版。

8. 江恒源编：《中国关税史料》,上海人文编辑所 1931 年版。

9. 九江指南社编印：《九江指南》,1932 年。

10. 龚骏：《中国都市工业化程度之统计分析》,商务印书馆 1933 年版。

11. 实业部国际贸易局编：《最近三十四年来中国通商口岸对外贸易统计》,

商务印书馆 1935 年版。

12. 九江市政府编印:《九江市政》,1935 年。

13. 蔡谦、郑友揆编:《中国各通商口岸对各国进出口贸易统计》,商务印书馆 1936 年版。

14. 江西省政府统计室编印:《江西年鉴》,1936 年。

15. 农艺部农业经济组编制:《江西米谷运销调查报告》,1937 年。

16. 蒋慎吾编:《近代中国市政》,上海中华书局 1937 年版。

17. 江西省政府建设厅编印:《江西贸易概况》,1938 年。

18. 王彦威、王亮编:《清季外交史料》,收入沈云龙主编《近代中国史料丛刊》三编,台湾文海出版有限公司印行。

19. 夏燮:《中西纪事》,收入沈云龙主编《近代中国史料丛刊》正编第 11 辑,台湾文海重印本。

20. 韩启桐编:《中国埠际贸易统计(1936—1940)》,中国科学院 1951 年版。

21. 严中平等编:《中国近代经济史统计资料选辑》,科学出版社 1955 年版。

22. 王铁崖编:《中外旧约章汇编》,生活·读书·新知三联书店 1957 年版。

23. 中国史学会编:《鸦片战争》,上海人民出版社 1957 年版。

24. 彭益泽:《中国近代手工业史资料(1840—1949)》,生活·读书·新知三联书店 1957 年版。

25. 孙毓棠:《中国近代史工业史资料》,科学出版社 1957 年版。

26. 陈真等编:《中国近代工业史资料》,生活·读书·新知三联书店 1961 年版。

27. 姚贤镐:《中国近代手工业史资料》,中华书局 1962 年版。

28. 中国近代经济史资料丛刊编辑委员会主编:《帝国主义与中国海关》系列资料,中华书局 1962 年版。

29. 聂宝璋:《中国近代航运史资料》第一辑(1840—1895),上海人民出版社 1983 年版。

30. 许道夫编:《中国近代农业生产及贸易统计资料》,上海人民出版社 1983 年版。

31. 江西文史资料丛书:《江西近代贸易史资料》,江西人民出版社 1988

年版。

32. 江西文史资料丛书：《江西近代工矿史资料选编》，江西人民出版社 1989 年版。

33. 汤象龙编：《中国近代海关税收和分配统计》，中华书局 1992 年版。

34. 彭益泽：《中国工商行会史资料集》，中华书局 1995 年版。

35. 刘庐生、杨华履主编：《九江市金融志》，江西人民出版社 1995 年版。

36. 刘新发：《九江二中校志》，江西高校出版社 1996 年版。

37.《九江市粮食志》编纂委员会：《九江市粮食志》1997 年版。

38. 聂宝璋、朱荫贵：《中国近代航运史资料》第二辑（1895—1927），中国社会科学出版社 2002 年版。

39. 九江市政协文史办编印：《九江文史资料》1—5 辑。

40. 政协九江市文史委员会编印：《九江老字号》。

41. 九江市政协文史办编印：《九江百年》。

三、论著

（一）专著

1. 黄序鹓：《海关通志》，商务印书馆 1917 年版。

2. 杨德森：《中国海关制度沿革》，商务印书馆 1925 年版。

3. 陈向元：《中国关税史》，世界书局 1926 年版。

4. 商衍鎏：《江西特税纪要》，1929 年铅印。

5. 马寅初：《中国关税问题》，商务印书馆 1933 年版。

6. 周念明：《中国海关之组织及其事务》，商务印书馆 1934 年版。

7. 彭雨新：《清代关税制度》，湖北人民出版社 1956 年版。

8. 樊百川：《中国轮船航运业的兴起》，四川人民出版社 1985 年版。

9. 陈荣华、何友良：《九江通商口岸史略》，江西教育出版社 1985 年版。

10. 隗瀛涛主编：《近代重庆城市史》，四川大学出版社 1990 年版。

11. 张仲礼主编：《近代上海城市研究》，上海人民出版社 1990 年版。

12. 罗澍伟主编：《近代天津城市史》，中国社会科学出版社 1990 年版。

13. 费成康：《中国租界史》，上海社会科学出版社 1991 年版。

14. 吴量恺：《清代经济史研究》，中国人民大学出版社 1991 年版。

15. 孙述诚主编：《九江港史》，人民交通出版社 1991 年版。

16. 沈兴敬主编：《江西内河航运史》，人民交通出版社 1991 年版。

17. 张洪祥：《近代中国通商口岸与租界》，天津人民出版社 1992 年版。

18. 中国社会科学院近代史研究所编：《走向近代世界的中国》，成都出版社 1992 年版。

19. 皮明麻主编：《近代武汉城市史》，中国社会科学出版社 1993 年版。

20. 唐力行：《商人与中国近世社会》，浙江人民出版社 1993 年版。

21. 茅家琦主编：《横看成岭侧成峰——长江中下游城市近代化的轨迹》，江苏人民出版社 1993 年版。

22. 陈诗启：《中国近代海关史》晚清部分，人民出版社 1993 年版。

23. 王笛：《跨出封闭的世界——长江上游区域社会研究（1644—1911）》，中华书局 1993 年版。

24. 张海鹏、张海瀛：《中国十大商帮》，黄山书社 1993 年版。

25. 戴一峰：《近代中国海关与中国财政》，厦门大学出版社 1993 年版。

26. 丁日初主编：《上海近代经济史》第一卷，上海人民出版社 1994 年版。

27. 张仲礼主编：《东南沿海城市与中国近代化》，上海人民出版社 1996 年版。

28. 陈争平：《1895—1936 年中国国际收支研究》，中国社会科学出版社 1996 年版。

29. 顾卫民：《基督教与近代中国社会》，上海人民出版社 1996 年版。

30. 王孝槐主编：《江西邮政通信简史》，江西人民出版社 1997 年版。

31. 隗瀛涛主编：《中国近代不同类型城市综合研究》，四川大学出版社 1998 年版。

32. 许怀林：《江西史稿》，江西高校出版社 1998 年版。

33. 戴鞍钢：《港口·城市·腹地——上海与长江流域经济关系的历史考察》，复旦大学出版社 1998 年版。

34. 陆玉麒：《区域发展中的空间结构研究》，南京师范大学出版社 1998 年版。

35. 张仲礼等主编:《中国近代城市发展与社会经济》,上海社会科学出版社1999 年版。

36. 陈文华、陈荣华主编:《江西通史》,江西人民出版社1999 年版。

37. 熊月之主编:《上海通史》,上海人民出版社1999 年版。

38. 唐力行:《明清以来徽州区域社会经济研究》,安徽大学出版社1999 年版。

39. 金耀基:《从传统到现代》,中国人民大学出版社1999 年版。

40. 汪敬虞主编:《中国近代经济史》(1895—1927),人民出版社2000 年版。

41. 温锐等著:《百年巨变与振兴之梦——20 世纪江西经济研究》,江西人民出版社2000 年版。

42. 杨天宏:《中国的近代转型与传统制约》,贵州人民出版社2000 年版。

43. 庄维民:《近代山东市场经济的变迁》,中华书局2000 年版。

44. 杨天宏:《口岸开放与社会变革——近代中国自开商埠研究》,中华书局2000 年版。

45. 吴承明:《中国的现代化:市场与社会》,生活·读书·新知三联书店2001 年版。

46. 虞和平主编:《中国现代化历程》,江苏人民出版社2001 年版。

47. 杨念群主编:《空间·记忆·社会转型》,上海人民出版社2001 年版。

48. 严中平主编:《中国近代经济史》(1840—1894),人民出版社2001 年第二版。

49. 方志远:《明清湘鄂赣地区的人口流动与城乡商品经济》,人民出版社2001 年版。

50. 万振凡、林颂华主编:《江西近代社会转型研究》,中国社会科学出版社2001 年版。

51. 张仲礼、熊月之等主编:《长江沿江城市与中国近代化》,上海人民出版社2002 年版。

52. 吴景平、陈雁主编:《近代中国的经济与社会》,上海古籍出版社2002 年版。

53. 陈秀山、张可云:《区域经济理论》,商务印书馆2003 年版。

54. 何一民:《近代中国城市发展与社会变迁(1840—1949)》,科学出版社2004 年版。

55. 张利民:《华北城市经济近代化研究》,天津社会科学院出版社2004年版。

56. 赵世瑜:《小历史与大历史——区域社会史的理念、方法与实践》,生活·读书·新知三联书店2006年版。

57. 黄志繁:《"贼""民"之间:12—18世纪赣南地域社会》,生活·读书·新知三联书店2006年版。

58. 邹逸麟:《中国历史地理概论》,上海教育出版社2007年版。

59. 刘义程:《发展与困顿:近代江西工业化历程(1858—1949)》,江西人民出版社2007年版。

60. 钟起煌主编:《江西通史》,江西人民出版社2008年版。

61. 郑锐达:《移民、户籍与宗族——清代至民国期间江西袁州府地区研究》,生活·读书·新知三联书店2009年版。

62. 邓亦兵:《清代前期商品流通研究》,天津古籍出版社2009年版。

63. 廖声丰:《清代常关与区域经济研究》,人民出版社2010年版。

64. 陈晓鸣:《区位与兴衰:九江关与江海关地位变迁的历史考察》,《明清以来长江三角洲地区城镇地理与环境研究》,商务印书馆2013年版。

65. 陈晓鸣:《九江开埠与城市近代化述论》,《中国社会转型研究》第一辑,江西教育出版社2017年12月。

(二)论文

1. 吴建雍:《清前期榷关及其管理制度》,《中国史研究》1984年第1期。

2. 中国第二历史档案馆编:《1921年前中国已开商埠》,《历史档案》1984年第2期。

3. 中国第二历史档案馆编:《内务部经办商埠一览表》,《历史档案》1984年第2期。

4. 萧放:《明清江西四大镇的发展及其特点》,《平准学刊》1989年第5期。

5. 黄长椿:《近代九江经济发展述略》,《江西师范大学学报(哲学社会科学版)》1986年第3期。

6. 杜德凤:《从南浔铁路看中国民族资本发展的艰难与曲折》,《江西师范大学学报》(哲学社会科学版)1989年第2期。

7. 梁洪生:《吴城商镇及其早期商会》,《中国经济史研究》1995年第1期。

8. 许檀：《清代前期的九江关及其商品流通》，《历史档案》1999 年第 1 期。

9. 周飞、许海泉：《被迫开埠与九江城市近代化》，《江西师范大学学报》（哲学社会科学版）1998 年第 3 期。

10. 黄桂兰、白水：《略论近代九江城市经济衰退的原因》，《江西师范大学学报》（哲学社会科学版）1998 年第 3 期。

11. 汪兴华：《近代武汉九江发展之比较——试谈九江近代发展缓慢之因》，《江西师范大学学报》（哲学社会科学版）1997 年第 4 期。

12. 许檀：《清代前期流通格局的变化》，《清史研究》1999 年第 3 期。

13. 丁友文：《九江贸易与近代江西市场的演变》，《东华理工大学学报》（社会科学版）2009 年第 4 期。

14. 丁友文：《九江开埠与江西市场经济近代化的困境》，《江西社会科学》2009 年第 12 期。

15. 陈晓鸣：《九江开埠与近代江西社会经济的变迁》，《史林》2004 年第 4 期。

16. 陈晓鸣、张蕾：《中国近代城市史个案研究举要》，《上海师范大学学报》（哲学社会科学版）2004 年第 2 期。

17. 陈晓鸣、张蕾：《九江开埠以后江西农业生产结构的变化》，《农业考古》2005 年第 3 期。

18. 张蕾、陈晓鸣：《双重角色：九江的历史与现实》，《南昌大学学报》（人文社会科学版）2006 年第 3 期。

19. 李学忠、陈晓鸣：《开埠通商对近代沿江城市商业空间结构的影响——以九江为例》，《农业考古》2011 年第 1 期。

20. 陈晓鸣、钟凌云：《昌九双核城市空间结构演变的历史考察》，《理论导报》2017 年第 9 期。

21. 陈晓鸣：《从常关到海关：九江在长江流域贸易地位的变迁》，《江西社会科学》2018 年第 12 期。

22. 陈晓鸣、钟凌云：《九江兵变述略——以〈申报〉报导为中心》，《历史教学》（高教版）2019 年第 8 期。

23. 陈晓鸣、钟凌云：《从土货出口看九江与鄱阳湖流域经济关系》，《江西师范大学学报》（哲学社会科学版）2020 年第 2 期。

24. 陈晓鸣、钟凌云:《九江海关十年报告(1882—1891)》,《长江学研究》,第一辑,2021 年 12 月。

25. 陈晓鸣:《近代九江茶叶贸易效益分析——以海关资料为中心》,《农业考古》2022 年第 2 期。

26. 廖声丰:《清代赣关研究》,南昌大学 1997 年硕士论文。

27. 丁晓春:《家族与商镇——以筠门岭商镇为个案》,江西师范大学 1997 年硕士论文。

28. 周霖:《1927—1937 年江西米粮产销市场化实证分析》,江西师范大学 1998 年硕士论文。

29. 刘生文:《近代九江海关及其商品流通(1861—1911)》,南昌大学 2005 年硕士论文。

30. 庞振宇:《清末江西新政与社会变迁》,江西师范大学 2007 年硕士论文。

四、外文资料及译著

1. H. B. Morse, *The Trade and Administration of China*, Revised Edition, Kelly and Walsh,1913.

2. J. K. Fairbank, *Trade and Diplomacy on the China Coast: The Opening of the Treaty Ports*, Harvard University Press, Cambridge,1953.

3. Roads Murphey, *Shanghai: Key to Modern China*, Cambridge, Mass, Harvard University Press,1953.

4. David D. Buck, *Urban Change in China: Politics and Development in Tsinan, Shantung, 1890 – 1949*, The University of Wisconsin Press,1978.

5. William T. Rowe, *Hankow: Commerce and Society in a Chinese City, 1796 – 1889*, Stanford University Press,1984.

6. Frederic Wakeman, *Policing Shanghai, 1927 – 1937*, Stanford University Press, 1995.

7. 日本东亚同文会编:《支那省别全志·江西省》,1918 年。

8. 日本外务省通商局编:《在九江帝国领事馆管辖区域内事情》,1923 年。

9. [日]长野朗著,丁振一译:《中国领土内帝国主义者资本战》,上海联合书店 1929 年版。

10. [日]高柳松一郎著,李达译:《中国关税制度论》,商务印书馆 1929 年版。

11. [意]马可·波罗著,陈开俊等译:《马可波罗游记》,福建科技出版社 1981 年版。

12. [美]费正清编,中国社会科学院历史研究所编译室译:《剑桥中国晚清史》,中国社会科学出版社 1985 年版。

13. [美]吉尔伯特·罗兹曼主编,国家社会科学基金"比较现代化"课题组译:《中国的现代化》,江苏人民出版社 1988 年版。

14. [美]费维恺著,虞和平译:《中国早期工业化》,中国社会科学出版社 1990 年版。

15. [美]郝延平著,陈潮、陈任译:《中国近代商业革命》,上海人民出版社 1991 年版。

16. 李必章编译,张仲礼校订:《上海近代贸易经济发展概况(1854—1898)——英国驻沪领事贸易报告汇编》,上海社会科学出版社 1993 年版。

17. 穆和德著、李策译:《近代武汉经济与社会——海关十年报告:汉口江汉关》,香港天马图书有限公司 1993 年版。

18. [英]丹尼斯·麦奎尔、[瑞典]斯文·温德尔著,祝建华、武伟译:《大众传播模式论》,上海译文出版社 1997 年版。

19. [美]施坚雅主编,叶光庭等译:《中华帝国晚期的城市》,中华书局 2000 年版。

20. [美]马士著,张汇文等合译:《中华帝国对外关系史》,上海书店出版社 2000 年版。

21. [美]柯文著,林同奇译:《在中国发现历史——中国中心观在美国的兴起》,中华书局 2002 年版。

22. [德]沃尔夫冈·查普夫著,陈黎、陆宏成译:《现代化与社会转型》(第二版),社会科学文献出版社 2000 年版。

23. [英]斯坦利·莱特著,杨勇译:《江西地方贸易与税收(1850—1920)》,江西教育出版社 2004 年版。

后　记

　　本书是我主持的国家社科基金项目"九江城市转型与鄱阳湖流域社会经济变迁研究(1450—1949)"(批准号:14BZS068)的结项成果。首先要感谢全国哲学社会科学工作办公室给予的项目立项资助,使得本课题的研究能顺利展开,并完成结题。

　　特别要感谢方志远教授在本课题的申报立项中给予的提携和帮助;张艳国教授、张芳霖教授、廖声丰教授、庞振宇研究员等师友在本课题的申报和研究中提供了宝贵的意见和支持,在此表示衷心的感谢!

　　在项目的执行过程中,钟凌云硕士全程参与了该项目的研究,包括对海关资料的收集、整理与翻译以及第五章的撰写,并帮助制作了书中的大部分地图,她辛勤的付出成就了本书的出版;另外,李学忠与何海林两位同志对本课题的申报和研究提供过帮助,九江市史志办刘浔豫先生提供了大量九江老照片,九江市博物馆前馆长汪建策先生在课题的调研中给予了指导,九江市档案馆为本书的资料收集提供了大量的便利。在此对以上各位的支持表示感谢!

　　江西人民出版社李月华主任为本书的出版付出了大量的辛劳,江西师范大学历史文化与旅游学院为本书的出版提供了经费支持,在此也一并致谢!

　　尽管我用了6年时间并尽了最大的努力来完成本书,但限于笔者的学识和学力,书中一定存在不少错误与不足,敬请读者批评指正。

作者于 2022 年 8 月 29 日